FRENCH OPINION
ON THE
UNITED STATES AND MEXICO
1860–1867

# FRENCH OPINION

## on the

# UNITED STATES and MEXICO

## 1860-1867

*Extracts from the Reports of the*
*Procureurs Généraux*

COMPILED AND EDITED BY

## LYNN M. CASE

ARCHON BOOKS
1969

SBN: 208 00791 1
LIBRARY OF CONGRESS CATALOG CARD NUMBER: 69-19212
PRINTED IN THE UNITED STATES OF AMERICA

# PREFACE

This volume is not an exhaustive treatise on French opinion on the American Civil War and the Mexican expedition. It is rather, as its subtitle indicates, an edited compilation of extracts from the reports of the *procureurs généraux*. Hence this material is but one original source among many for the study of opinion on these two subjects. Furthermore, not all the reports nor all passages in any one report are here reproduced. Instead, only relatively important extracts dealing with the United States and Mexico have been selected from the reports between 1860 and 1867. This selection was facilitated to some extent by the common practice of the *procureurs* of reserving distinct parts of their reports for discussions of the Civil War and the Mexican expedition.

Although this documentary collection may be but one source among many on these topics, the editor believes that it is far superior to any one original source yet consulted, not only for a description of opinion but also for an explanation of the economic effects of the American Civil War on France. An examination of the Introduction, which follows, will reveal in detail the basis for this favorable evaluation. And yet, until recently these reports have remained almost unknown to historians on this side of the Atlantic, and their value for the study of American and Mexican history has been entirely overlooked. Even after their discovery and evaluation these documents are still rather inaccessible to Americans three thousand miles away. The reason for this documentary publication is, therefore, understandable; and the editor hopes that it will prove to be a helpful and valuable addition to the printed sources for North American history.

In the process of collecting, editing, and publishing these extracts the editor has incurred many debts of gratitude. The Social Science Research Council by a liberal grant-in-aid helped to defray the expenses of collecting and selecting the material. The Rice Institute generously supplemented this assistance and kindly permitted the editor's absence on one occasion. The American Historical Association by means of the Albert J. Beveridge Memorial

Fund assumed the cost of publication, and the members of the Beveridge Fund Committee were themselves very helpful through their encouragement and supervision. For all this kind and generous assistance the editor is deeply appreciative. Nothing less than the highest praise can do justice to the extraordinary favors shown to the editor by the French *Archives Nationales*. The traditional kindness of all such institutions in all countries notwithstanding, the editor has never before experienced such enlightened solicitude on the part of a library or archival staff as he did at the *Archives Nationales* where, on different occasions, special facilities and accommodations were gladly furnished. He feels especially obligated to M. Georges Bourgin, Secretary-General of the *Archives,* whose personal attention and interest deserves much thanks. To the staff of the New York Public Library, as well as to those of the libraries of the Rice Institute, Cornell University, and Syracuse University, the editor also owes much. M. Abel Doysié deserves a special measure of appreciation not only for his timely counsel and guidance in France on many critical occasions but also for his willing assumption of the many inconveniences connected with the supervision of verifications of some of the material after the editor's return to America. The editor is particularly grateful to his former teachers of history in undergraduate and post-graduate years, Professor M. L. Bonham, Jr. of Hamilton College and Professor William E. Lingelbach of the University of Pennsylvania, for their kindness in reading many parts of the manuscript and in making valuable suggestions and corrections. A former colleague on the Rice Institute faculty, Mr. Barnes Lathrop, was a constant witness of the progress of this work, and his vigilant scrutiny resulted in many desirable improvements. Miss Helen Elizabeth Johnston, a graduate student in the Rice Institute, merits much more than these inadequate words for her patient and careful labors in proof-reading and manuscript preparation of the obviously difficult text. These many acknowledgements, however, must not leave the slightest impression that any one but the editor himself is responsible for the final form and content of the present volume.

LYNN M. CASE

Houston, Texas

# INTRODUCTION

Historians of the period since the American and French revolutions give considerable attention to the influence of public opinion on political events because of the existence, to some degree, of democratic forms in governments during and since those important political upheavals. In their researches on opinion these historical scholars usually rely on popular elections, legislative debates and votes, petitions, and newspaper agitation for their information. All of these sources, however, are to a certain degree unsatisfactory in furnishing the investigator with a clear-cut picture of public feeling. Election results are often based upon multiple reactions to many confusing issues; legislative acts tend to represent party regularity and political jobbery; petitions, demonstrations, and lobbying are hardly more than vociferous utterances of interested and prejudiced minorities. Quite often the historian of domestic or foreign policies comes to rely on the expression of opinions in newspapers and magazines as the truer representation of national sentiment. Newspapers can be brought together from many regions within a country to give a unified view of various sectional reactions; they speak on a specific issue disentangled from other simultaneous ones; and they are not hampered by legislative expediency. Indeed, so adequately does the press seem a reflection of opinion that in the vocabulary of historians press opinion and public opinion become almost synonymous terms, and detailed studies of the press are often published as analyses of "public opinion." [1]

And yet these writers themselves, like all thoughtful people, realize that even the so-called free press is but a fallible mirror of true public sentiment. The influence of governments and political parties, the ownership of newspapers by financial and industrial leaders, the outside business interests of publishers and editors, and the pressure of advertisers—all tend to make the press of the modern

[1] Among works showing this tendency are E. M. Carroll, *French Public Opinion and Foreign Affairs 1870–1914* (N. Y., 1931); W. R. West, *Contemporary French Opinion of the American Civil War* (Baltimore, 1924); O. J. Hale, *Germany and the Diplomatic Revolution* (Philadelphia, 1931); D. Jordan and E. J. Pratt, *Europe and the American Civil War* (N. Y., 1931).

industrialized democracy the voice of a favored few rather than that of the general public.[2] To a certain unknown degree this artificial press opinion sometimes creates, perhaps, a corresponding real public opinion.[3] Walter Lippmann in his analysis of public opinion seems to doubt, however, that the press either makes or even reflects it.[4] The French press of today even in a relatively less industrialized democracy suffers from what is popularly called *la publicité financière*. Georges Boris, editor of *La Lumière*, in a recent article declares that "cabinets of all political complexions had, for the purpose of hushing up attacks, been paying very considerable sums to newspapers and newspaper writers," that "blackmail, moreover, is the only means of subsistence for any number of small periodicals," that "newspaper opinion [in France] undoubtedly lies to the right of public opinion," and finally that foreign ideas of French opinion based on the French press are "often very far removed from reality." [5] The utility, then, of the "free" press as a source for the study of general opinion is quite often exaggerated.

If we turn, however, from present-day opinion and its means of

[2] L. M. Salmon in *The Newspaper and the Historian* (N. Y., 1923), 439–440, states that "the very nature of the press prevents it from representing public opinion. . . ." "The instability of the claim of any paper to represent public opinion is evident from an examination of its basis; the judgment of the press can not be regarded as final, and it is not altogether reasonable to hold it responsible for not doing what, from its very nature, it can not do." Again on p. 436 the same author declares: "The newspaper that is inherently weak or dishonest may yield to temptation . . . and withhold news disadvantageous to its chief advertisers. . . . It is often said that editors, business managers, and the upperclass of journalists are well paid, that they meet at social clubs and associate with capitalists, bankers, and men of wealth, and that they therefore unconsciously reflect the views of this class; to this extent they do not represent the masses of the people." On p. 470 of the same book is also found this observation: "Lamartine spoke of the scum that rises to the surface when the nation boils and the editorial sometimes reflects the superficial rather than the fundamental public opinion."

[3] Hale in his *Germany and the Diplomatic Revolution*, 1, states that "at times it [the press] follows or keeps step with public thinking; on other occasions it leads or directs." Carroll in *French Public Opinion*, 8, asserts that "the newspaper press was by all odds the most effective instrument for influencing public opinion and the most important medium for its expression." S. B. Fay in his *Origins of the World War* (2 vols. N. Y., 1928), I, 47, declares that one "underlying cause of the War was the poisoning of public opinion by the newspaper press." Fay also describes (I, 270, 339, 419, 458) Izvolski's bribery of the "free" French newspapers to obtain press sentiment favorable to Russia.

[4] Walter Lippmann, *Public Opinion* (N. Y., 1929), 362, 363. L. M. Salmon (*op. cit.*, p. 252) expresses the opinion that "the editorial was a guarantee of the personal views of the editor, but was not a guarantee that these same opinions were widely prevalent." "How far they reflected public opinion can not be measured with any degree of certainty."

[5] Georges Boris, "The French Press," *Foreign Affairs* (Jan., 1935), XIII, 322, 324, 326–327.

expression to the same problem during the French Second Empire, we encounter even greater difficulties. Public opinion was one of the chief concerns of Napoleon III, Emperor of the French from 1852 to 1870.[6] The Bonaparte dynasty had to retain public favor to a greater degree than the old traditional ruling families by developing policies that would gain the widest support and alienate the fewest groups. Louis Napoleon's career, even before his return to France, was designed to appeal alike to liberals, workers, bourgeois, and clericals. His adoption of universal manhood suffrage and plebiscites in 1851, however innocuous these privileges may have been made, was intended to impress the public with its share in the government. His avowed principle was the sovereignty of the people with himself as their elected servant.[7] Whomever the people could elect they could supposedly at some other time reject. His subsequent policies as Emperor were carefully chosen to avoid any such contingency by retaining his popularity with as many factions as possible.

In order to decide upon popular policies Napoleon III needed to keep in touch with public sentiment as closely as any political leader of a democratic state. Yet he had deliberately deprived himself of the usual means of feeling the public pulse. The plebiscites were mere popular ratifications of *faits accomplis* with no real choice offered the voters.[8] By his system of official candidates accompanied by the threats, pressure, and scrutiny of the prefects he effectively thwarted the much-boasted universal suffrage.[9] But even more effectively did the Emperor break his connections with public opinion by throttling legislative procedure and imposing a rigid censorship of the press.

The legislature under the Constitution of 14 January 1852 could scarcely be a reflection of the collective sentiments of the constituencies. The Senate was chosen by Napoleon and, therefore, was not

---

[6] Carroll, *French Opinion*, 8. Ch. Seignobos, "Le Second Empire," in Ernest Lavisse, *Histoire de France Contemporaine* (10 vols. Paris, 1921), VI, 144, 247.

[7] The report to the Senate (6 Nov. 1852) in favor of the title of Emperor stated: "La République est virtuellement dans l'Empire à cause du caractère contractuel de l'institution et de la délégation expresse du pouvoir par le peuple." Pierre de la Gorce, *Histoire du Second Empire* (7 vols. Paris, 1899–1905), I, 101. Louis Napoleon on the eve of accepting the title declared: "Mon règne ne date pas de 1815, il date de ce moment même où vous venez de me faire connaître les volontés de la nation." *Ibid.*, p. 106.

[8] "Il fallait opter pour lui, à peine de se livrer au néant." "Les faits étant accomplis, la liberté morale du vote n'existait plus." *Ibid.*, pp. 12–13.

[9] *Ibid.*, pp. 53–59.

expected to be an organ for popular expression. The Legislative
Body, or lower house, was in its inception "packed" by the system
of official candidates. The Emperor chose its president; his Council
of State initiated its legislation; it might neither discuss nor vote
a reply to the Emperor's address; its discussions were not public;
its debates were not published; and its votes had to be practically
for the whole bill or no bill.[10] Although the right to vote a reply
to the Emperor's address and to publish the full debates was con-
ceded in 1861, these parliamentary expressions could in no way
indicate the amount or distribution of a divided opinion.[11] If a
freely elected representative legislature of a democracy seems to
reflect public opinion inadequately, certainly this legislative arrangement could not be thought to reflect it at all.

The press under Napoleon III was an even sorrier instrument
for registering popular thought. In addition to many of the handi-
caps of the so-called free press, French newspapers under the government of the Second Empire were subjected to a régime of stern
censorship. From 1852 to 1868, the period which includes the American Civil War and the Mexican expedition, newspapers had to
obtain a government permit to be established; their editors and
proprietors had to be approved by the government; they had to
make a monetary deposit and pay a special tax on each number as
well as increased postage rates. A news sheet was warned whenever
it published an article that appeared merely "excessive, dangerous,
or disagreeable"; after two warnings the paper, on the occasion of a
third offense, was suspended for two months.[12] The application of
this régime was irregular, sometimes lenient, more often harsh;
and from time to time its severity shifted from one political group
to another following the vicissitudes of Napoleon's political moods.[13]
The confusion was further increased by government attempts to
create opinion by inspiring its official and semi-official journals to

[10] Carroll, *French Opinion*, pp. 27–31.

[11] *Ibid.*, III, 444–445. Cowley, the British ambassador, reported the following
significant conversation with the Emperor himself: "Did he [the Emperor] think,
I asked, that the Legislative Body represented fairly the opinions of France. He
seemed to think not, but that would be seen, he said, at the next election."
Cowley to Russell, Paris, 1 April 1861. V. Wellesley and R. Sencourt, *Conversations with Napoleon III* (London, 1934), 196.

[12] *Ibid.*, pp. 43–46. Seignobos, *loc. cit.*, VI, 230–232.

[13] Seignobos, *loc. cit.*, VII, 63. Jean Maurain, *Histoire ecclésiastique du
Second Empire de 1852 à 1869* (Paris, 1930), 156–161, 349–351.

stress certain ideas and policies.[14] Other journals were enticed or
bludgeoned into line by being given or denied the lucrative priv-
ilege of publishing government notices.[15] The press's need for funds
to cover the cost of the heavy government exactions also encouraged
the tendency to accept bribes. Nearly all writers and journals had
their price when approached by propaganda agents. De Leon, a
Confederate agent, wrote home: " 'France wants money' literally,
and not figuratively. . . . We must buy golded opinions from them
if at all." [16] L. M. Salmon points out the particular unreliability of
the French press of the Second Empire when it tried to express
general opinion on foreign affairs:

> The foreign policy of the [Second] Empire was an equally dangerous
> field for the press to enter. Here there must be no criticism of the im-
> perial programme or of the foreign policy of the Emperor; the temporal
> power of the Pope must not be questioned; advice must not be given to
> Italy; the trouble between Austria and Prussia must be ignored; the
> Polish question and Mexican situation were alike taboo.[17]

Consequently, what has just been said of the French press of the
Second Empire should be enough to show that no valid conclusion
about public opinion can possibly be reached by a perusal of its
pages. If, then, analyses of public opinion based on the "free"
French press are untrustworthy, certainly conclusions about French
opinion, founded largely on the newspapers of the Second Empire,
would be extremely hazardous.

But, if the Emperor wanted to keep in touch with opinion within
his country and yet could put no faith in the evidence offered by
his electorate, legislature, and press, how did he obtain his knowledge of the trends of public sentiment? Recent researches in the
*Archives Nationales* reveal that Napoleon depended largely on his

---

[14] F. L. Owsley, *King Cotton Diplomacy* (Chicago, 1931), 179, 220–221, 305–
306, 318–320. Jordan and Pratt, *op. cit.*, pp. 220–222. Maurain, *op. cit.*, p. 158.
[15] Carroll, *French Opinion*, 9. L. M. Salmon, *Newspaper and Historian*, 90.
[16] West, *op. cit.*, p. 110, quoted from the *N. Y. Daily Tribune*, 16 Nov. 1863.
Hotze, another Confederate agent, stated that French journalists thought of
their profession "as purely that of an advocate who earns his fee." Hotze to
Benjamin, 12 March 1864, *ibid.*, p. 111, quoted from Picket Papers. Dayton and
Bigelow, for the North, were also buying press support. Owsley gives this account
(*op. cit.*, p. 183): "All unattached writers soon found themselves well supplied
at a good rate with plenty to do. Even the political director of the French press,
one of Napoleon's henchmen, was bought up at the time by American friends
who took care of his gambling debts and I. O. U.'s."
[17] L. M. Salmon, *The Newspaper and Authority* (N. Y., 1923), 86–87.

prefects and *procureurs généraux* to furnish him with detailed and regular reports on public opinion.[18] The confidential nature of these reports exonerates them from the charge, often made against newspaper articles, of distorting the facts to create a desired effect on the public. Indeed the administration let it be known that an accurate account of opinion was required and necessary.[19] There may be room for inaccuracy in these reports— which will be pointed out below— but they seem to have furnished the imperial government, and incidentally the historian, with a relatively more reliable picture of the state of public opinion than could be given by the contemporary newspapers and periodicals. In order to understand more clearly the advantages of this type of source in a study of opinion, it might be well to consider in more detail the nature of the two important collections in question.

The prefect was appointed by the minister of interior to head the government of a *département* (the principal administrative subdivision of France). The prefects, therefore, were responsible solely to the ministry of the interior for the administration of the *départements,* the preservation of order, and the execution of national laws. In the fulfillment of their duties they might be expected to make such constant and varied contacts with the populace, either directly or through the medium of their subordinates, that they would have an intimate knowledge of the trend of public thought.[20] The reports that they were required to make to the minister of interior ought, then, to be a very valuable aid in approximating opinion. These reports, now in the *Archives Nationales* as series F1c III, were monthly from 1848 to October 1852, bimonthly until December 1854, quarterly until June 1859. With the exception of one or two semi-monthly reports in October 1864 there are, however, no reports extant after 1859 until November 1865. From then until September 1870 the reports become just monthly two-page

18 E. M. Carroll, "French Public Opinion on the War with Prussia in 1870," *American Historical Review,* XXXI, 681. Carroll, *French Public Opinion and Foreign Affairs,* 6–7. Maurain, *op. cit.,* pp. xi–xii, xxii–xxiii. Seignobos, *loc. cit.,* VI, 137, 158. L. M. Case, *Franco-Italian Relations 1860–1865* (Philadelphia, 1932), 21, 334.

19 Rouher, the minister of justice, after asking for "une appréciation motivée de la situation morale et politique," charged his *procureurs généraux* "d'apporter la plus grande exactitude et le plus grand soin à l'exécution de la présente circulaire; je suis persuadé que vous en comprenez toute l'importance." Circular, 24 Nov. 1849, *Archives Nationales* (hereafter cited as A. N.), BB30 367. All the *procureur* reports reproduced in this volume come from series BB30.

20 Carroll, *French Opinion,* 7.

forms.[21] From 1857 to 1858 the quarterly reports are supplemented by brief monthly summaries, and from June 1858 to October 1859 the reports become more informative than those of all the preceding period.

Nevertheless, on questions of foreign affairs, and on the American Civil War and the Mexican expedition in particular, these reports are very disappointing. Although the prefects did report on reactions to diplomatic questions, their principal interest lay in domestic problems. A great deal of space was devoted to administration, police, clergy, and other internal matters. Many reports are lacking before October 1852. Those from 1854 to 1857 are here and there rather superficial.[22] For the period of the Civil War none exist,[23] and for the remainder of the period of the Mexican question the two-page forms allotted so little space to the discussion of all foreign affairs that the sentence or two, now and then, on the Mexican expedition yields only an infinitesimal amount of data.[24]

In order to obtain, then, a knowledge of what Napoleon III learned about opinion on the Civil War and Mexico from his administrative reports we must turn to those of the *procureurs généraux*. Fortunately these compensate amply for the disconcerting gaps and inadequacies of the prefect reports. The *procureurs généraux* had somewhat the same relation to the minister of justice that the prefects had to the minister of interior. They were the legal agents of the ministry of justice in the twenty-eight districts (*ressorts*) of Imperial Courts,[25] which were higher courts with appellate jurisdiction. They were public prosecutors-in-chief having general supervision over the *procureurs impériaux* (similar to district-attorneys in the United States) and over the prosecution of criminal cases in these higher courts. These officials, in the performance of their duties and by their contacts with their subordinates even down to the justices of the peace, were also able to

---

[21] For a corroborative detailed description see Maurain, *op. cit.*, p. xi.
[22] *Ibid.*
[23] Maurain thinks they may have been lost. *Ibid.*, pp. xi, 355, note 1.
[24] Maurain's evaluation confirms this when he asserts: "Ce sont des cadres imprimés, où les préfets donnaient, pour chaque rubrique une brève appréciation. . . . Ils sont moins intéressants que les anciens rapports trimestriels. . . ." *Ibid.*, p. xii.
[25] These districts included three *départements* and were located in the following cities: Agen, Aix, Angers, Amiens, Bastia, Besançon, Bordeaux, Bourges, Caen, Chambéry, Colmar, Dijon, Douai, Grenoble, Limoges, Lyons, Metz, Montpellier, Nancy, Nîmes, Orléans, Paris, Pau, Poitiers, Rennes, Riom, Rouen, and Toulouse.

gather a great deal of very pertinent information on the state of public opinion.[26] Although their duties were more limited and specialized than those of the prefects, the central government, it seems, depended more on their reports than on those of the prefects for information on opinion. The numerous digests composed especially for the Emperor are evidence of the attention he gave these reports. During the Austro-Sardinian War the *procureurs généraux,* and not the prefects, were instructed to give *weekly* reports on opinion.[27] Certainly after 1865 the government had but one choice when it compared the two-page prefect reports with the twenty-five-page reports of the *procureurs.* Time and again the government turned to the *procureurs généraux* when it wanted special information on such subjects as the election of the general councils of the *départements,*[28] the celebration of the Emperor's birthday,[29] insults against the Emperor,[30] opinion on the Emperor's speech in November 1863,[31] and agitation on the Roman question in 1860 and 1861.[32]

A survey of the correspondence between the ministers of justice and their *procureurs généraux* reveals the importance they all attached to the accounts of opinion contained in these reports. Rouher's instructions (24 November 1849) to his *procureurs généraux* concerning the contents of their reports required "an exact description of the moral and political situation on the first day of each month." In closing he added: "I do not need to suggest that you execute the present circular with the greatest precision and care; I am sure that you understand how important it is." [33] By a circular of 27 December 1852 the requirements were somewhat relaxed. "A brief survey of your region every three months will be

---

[26] One *procureur général* wrote: "Je transcris . . . le rapport de mon substitut qui par ses alliances et par ses relations vit au coeur de la grande industrie." Report of De Bigorie de Laschamps, Colmar, 14 July 1862. A. N., BB30 376. On another occasion this same *procureur général* wrote: "J'étais dernièrement à Logelbach et je voyais avec plaisir, etc. . . . ; sur la fin de la journée, visitant M. Barth [a mill owner], je lui demandais, etc. . . . ." *Ibid.,* Colmar, 24 Jan. 1863. Here was an instance of a personal investigation by a *procureur général.*

[27] A. N., BB30 369. This probably stands out as one of the most thoroughly reported diplomatic incidents from the point of view of opinion.

[28] A. N., BB18 1632, A3, 4904. The general councils were closely associated with the prefects, and yet this task was assigned to the *procureurs généraux.*

[29] A. N., BB18 1636, A3, 5379.

[30] A. N., BB18 1644, A3, 6191.

[31] A. N., BB18 1681, 9787.

[32] A. N., BB30 450–451.

[33] A. N., BB30 367, 24 Nov. 1849. See above, note 19, for the original French version.

enough to determine any changes in public opinion. . . ." [34] A
year later the practice was reduced to reports each January and
July.[35] But a confidential circular of 11 March 1859 started up again
an ambitious and systematic program of reports which continued
for a whole decade and is of such great significance and value that
the text of this circular is reproduced here in fuller form. The communication contains a list of subjects on which the *procureurs
généraux* must report every three months. The second item read:
"What effect do the principal events of each quarter produce on
the different classes?" The instructions continue with this exhorta-
tion:

It will not suffice to observe and report the state of public sentiment in
a general way; it is absolutely necessary that I find in your communications evidence of a personal study and a clear and exact appreciation of
everything characterizing the period in question and of anything revealing the tendencies and demands of the population.[36]

At the same time a new element was injected which is of special
value after the outbreak of the American Civil War:

I also think it to be of great importance that you give me the results
of your observations on the principal economic questions with which the
government and the country are concerned. Consequently I should wel-
come with great interest whatever you may have to report on the condition of the industries in your district, the causes of their prosperity or
decline [and] the condition of the workers employed. . . .[37]

Whatever may have been the reason for adding an economic part
to the reports, this innovation came very conveniently just before

[34] *Ibid.*, 27 Dec. 1852.
[35] *Ibid.*, 31 Dec. 1853.
[36] In July 1858 Napoleon III had already made his Plombières agreement with
Cavour which provided for a future war with Austria. By March 1859 the war
was only a month away, and this renewed vigor on the part of the minister of
justice may reflect the government's desire to check up on opinion as it approached the crisis.
[37] This economic element was something new, increasing very much the value
of these reports after 1858. The effects of the panic of 1857 may have prompted
this scrutiny of industrial matters, but it may also be quite possible that
Napoleon III was already thinking about free trade and a treaty with England.
Although Dunham shows that the Emperor was converted to the idea of a free
trade treaty in the Chevalier and Cobden interviews of 27 Oct. 1859; on the
other hand he admits that "the Emperor must have thought about the subject
before consenting to a commercial policy which was so vigorously pursued, and
Chevalier in 1852 stated that he had often talked with him about it." A. L. Dunham, *The Anglo-French Treaty of Commerce of 1860* (Ann Arbor, 1930), 59–
60, 63. Thus it is quite possible that Napoleon III had the policy of free trade in
the back of his mind as this new instruction went out to the *procureurs généraux*.

the opening of the conflict in America and furnished invaluable information on its economic effects on France all during the period of the war. The minister of justice closed his instructions with the parting reminder: "I attach great importance to these regular reports." [38]

The replies of the *procureurs généraux* to this confidential circular indicated that they, too, realized the importance of the new instructions. One promised "exact and complete information"; another vowed that his reports would "have the character of special exactness and practical usefulness in form as well as in content"; while they all echoed the sentiments of a third who assured the ministry that he was "indeed very much impressed with the importance of these regular communications." [39]

Their methods of obtaining information and guaranteeing its authenticity seemed to bear out these earnest promises. One report described the usual procedure:

> The heads of the *procureurs'* offices [*les chefs du parquet*] at Vesoul, Gray, and Lure have taken the trouble to verify carefully by personal investigations the information furnished them by the unanimous reports of the justices of the peace. They interviewed officials, industrialists, landowners, farmers, and plain workmen, and they have not met one who showed the least sympathy for a war in the interest of Piedmont or even of Italy. [40]

It is also interesting that this information was a criticism of the government's policy. Another *procureur général* indicated his detached attitude in the following terse words: "Such is the opinion dominating the whole industrial class in Rouen. I do not pretend to discuss or comment upon it; I merely state it as a fact." [41]

The reports written as a result of these successive instructions and the subsequent thorough inquiries are voluminous. They fill twenty bulky cartons, and the reports from each district fill about six bound books of manuscripts (a total of about 170 books). The average length of an individual report after 1859 is about twenty-five pages although some contain as many as ninety or a hundred. [42] Each report is usually divided into three sections: political (*i. e.*

---

[38] A. N., BB[30] 367, 11 March 1859.
[39] *Ibid.* Replies to the confidential circular of 11 March 1859.
[40] Report of Loiseau, P. G., Besançon, 9 April 1859. A. N., BB[30] 373.
[41] Report of Millevoye, P. G., Rouen, 10 July 1862. A. N., BB[30] 387.
[42] This differs considerably from the two-page forms of the prefect reports.

opinion), economic, and moral. The political is again divided into opinion on domestic and foreign questions, and these in turn by marginal headings are subdivided into the current topics. The economic section is divided into agricultural and industrial subjects which, in turn, are subdivided into the various occupations, industries, and localities. Thus by a minute examination and a full report we are given a conscientious survey of all France over a period of twenty years.

There is every indication that when these reports were received, they were examined with care. Their pages are replete with red-pencilled underlinings; their margins abound with lines, checks, and comments.[43] A delay in the dispatch of one report caused the following expression of impatience:

> I beg you to hasten the dispatch to the chancellery of your report on the moral and political situation in your district during the last quarter of 1859. I absolutely must have this document to complete a digest of the descriptions by the *procureurs généraux* of the present state of public sentiment over the whole extent of the Empire.[44]

Digests, accompanied by copious extracts, are known to have been made for the Emperor's personal use in August 1855, July 1859, and April 1860.[45] In 1861 a digest was made of the trend of French opinion in every judicial district and *département* from 1853 to 1861, and on 28 June 1863 long extracts from the January reports of 1863 were arranged under three headings— *"Industrie cotonnière,"* *"Guerre du Mexique,"* and *"Question romaine"*— and were likewise sent to the Emperor.[46] Both the ministry of justice and the Emperor, then, scrutinized closely these reviews of local public opinion.

The question arises, however, whether these *procureur* reports may not be, to some extent, faulty in their reflection of public sentiment. There are some factors which would certainly lessen our confidence in them. The *procureurs généraux*, narrowed by their specialty and accustomed to pleading cases, frequently would not

[43] In reproducing the extracts from these reports the editor has taken care to indicate the underlinings and marginal notations.

[44] *Directeur des affaires criminelles et des grâces* to Bonafous (P. G. at Grenoble). Paris, 17 Jan. 1860. A. N., BB[30] 368.

[45] Copies of these digests are found in A. N., BB[30] 368, but they do not contain any marginal notations by Napoleon because they are evidently not the originals which he examined.

[46] *Ibid.*

be able to furnish an objective analysis of general sentiment. Their connection with the government would make the opposition groups hesitate to confide their views to them or their agents. Furthermore, these officials were political appointees and would hesitate to bite the hand that fed them. The British ambassador, writing home, once remarked: "French functionaries are so much in the habit of stating that which they think will be agreeable to their superiors, that too much reliance must not be placed on their opinions." [47]

While all these limitations certainly should be recognized, yet the *procureur* reports would seem to be considerably more reliable and useful than other sources of opinion available for the Second Empire. They describe provincial opinion as well as that of Paris; and they are, furthermore, very regular, detailed, and confidential. As a source of information on opinion the reports of the *procureurs généraux* appear also to be decidedly superior to those of the prefects. They have no serious gaps such as are found in the prefects' reports.[48] From 1865 to 1869 they are detailed and lengthy while the corresponding ones of the prefects are mere two-page forms. It is interesting to note that Seignobos, who is evidently familiar with both collections, preferred the reports of the *procureurs* almost to the exclusion of those of the prefects in his discussions of opinion. He remarked that "the principal source [for the study of political opinion in the provinces] is the series of reports of the *procureurs généraux*." He then went on to say:

To see how these opinions are shared by Frenchmen, whether they result only from personal preference, whether they depend on social position, or whether they are bound up with the region, it is necessary to pass from Paris to a survey of all France. Local historical studies have not been carried far enough to give a complete and detailed picture. But the election returns and the secret reports of the *procureurs généraux* are sufficient to make known the general distribution of opinions in each region [*pays*], the dominant influences, the means of propaganda, the nature of demonstrations.[49]

[47] Cowley to Russell, Paris, 3 Sept. 1861. Public Record Office, Foreign Office Documents, France, 1396: no. 1088. A similar warning is given in Carroll, *op. cit.*, p. 7.

[48] There is one gap of some importance in the *procureur* collection. The reports from the court at Angers are lacking except for 1864, 1868, and 1869, but this is small in comparison with the 1859–1865 gap of the prefects.

[49] Seignobos, *loc. cit.*, VI, 137, 158–159, and then 159–185 passim. Maurain remarks that the *procureur* reports are "very important." *Op. cit.*, p. xxiii.

Whatever may be the suspicions concerning their partiality, the intentions of both the ministry of justice and the *procureurs généraux* seemed to be to obtain frank and truthful accounts. In addition to demands for accurate reports in their instructions, the ministers of justice showed by their marginal notes that they wanted objective studies. On one report which claimed that opinion was favorable to the Mexican expedition, the minister wrote: "He's the only pr. g$^{al}$ who reports any such public sentiment." [50] When Dessauret of Montpellier waxed eloquent on how the people adored the Empire, Delangle sarcastically remarked at the end, "It can't be possible that this is M. Dessauret's report. —He undoubtedly must have assigned its composition to some student of rhetoric." [51] On another occasion when a *procureur général* tried to sugar-coat unfavorable opinion by mentioning in detail the favorable opinion and then by revealing the unfavorable majority opinion in a final summary, the minister scrawled out: "Then all that up above is not the opinion of his district, but his own." [52]

As far as the *procureurs généraux* were concerned, the preceding instances appeared to be, however, exceptions and not the rule. One *procureur général* expressed his attitude toward his duties in the following unequivocal terms:

In composing these quarterly reports, I do not intend to indicate political solutions; I think of myself purely as a witness, observing and listening with all possible care and revealing with absolute sincerity what I believe I see and hear. It is in this spirit that I propose to indicate to Your Excellency the feeling aroused in our city by the recent elections.[53]

A careful examination of the texts in this volume will amply prove that time and again the *procureurs généraux* fearlessly asserted that

[50] Notation probably by Delangle on the report of Dufour, P. G., Amiens, 1 Jan. 1863. A. N., BB$^{30}$ 371.

[51] Comment signed by "D." at the end of the report by Dessauret, P. G., Montpellier, 5 July 1859. A. N., BB$^{30}$ 380.

[52] In the margin of the report by Durand-Fornas, P. G., Pau, 10 April 1862. A. N., BB$^{30}$ 384. One report, which failed to find very much opinion during the first quarter of the important year 1864, earned the comment, "Voilà un rapport qui n'a pas coûté grand travail." At the beginning of the report by Grandperret, P. G., Orléans, 9 April 1864. A. N., BB$^{30}$ 382.

[53] Report of Imgarde de Leffemberg, P. G., Dijon, 11 Jan. 1864. A. N., BB$^{30}$ 377. Later he expressed the same idea when he said: "Je n'ai ni les lumières nécessaires pour apprécier la question [Mexican] ni la mission de la résoudre; j'ai pour seule devoir de discerner et de dire ce que pense sur ce sujet l'opinion publique, et j'affirme sa fatigue et son ennui." *Ibid.*, 12 Jan. 1866.

opinion was opposed to certain government policies. The whole section of extracts on the Mexican expedition, almost without exception, reports opposition to the government. Since the Mexican expedition was Napoleon's own pet venture, a frankness on that subject would incline us to judge the remarks on other topics to be equally fearless and truthful. Usually, after a few complimentary remarks at the beginning of their secret reports, the *procureurs généraux* heeded the emphatic commands of their superior and, with some embarrassment to be sure, tried to set down the truth.

Historians must necessarily continue to study public opinion however unsatisfactory their sources may be. Without popular referenda on every important subject, they usually must have recourse to the press as one of their instruments of popular expression, checking this with any other sources at their disposal. In the case of the Second Empire, however, when the press was so unreliable and the *procureur* reports were so full and frank, the latter would seem to deserve first place as the basis of approximating opinion, while the press and legislative debates must serve merely to qualify or amplify this main source. Owsley in his *King Cotton Diplomacy* (p. 185) indicated that something stood between the historian and the press in the discovery of basic opinion when he observed: "To what extent Hotze [a Confederate propagandist] influenced [French] public opinion by such a campaign [in the press] cannot be judged." It is the purpose of this volume to help the investigator so to judge, at least for the questions of the American Civil War and the Mexican expedition, by publishing pertinent extracts from the *procureur* reports. These extracts will also serve to reveal the intimate relation between international economics and opinion on foreign affairs. Moreover, by their publication the investigator will no longer need to rely on a corrupt and censored press for his main channel of information, nor erroneously to consider Paris as the barometer of the really more influential provincial opinion.

# EXPLANATIONS TO READERS

INTRODUCTORY NOTES. At the beginning of Part I and of each chapter in Parts II and III the editor furnishes an introductory note to review the events of the period covered by the chapter, to summarize the general contents of the extracts, and to discuss some of the controversial historical literature dealing with the subject involved.

HEADINGS OF EXTRACTS. Each heading contains the name of the writer of the report, his rank, the city where the court is located, and the date. The rank of the writer is abbreviated as follows: P. G. for *procureur général,* A. G. for *avocat général,* S. P. G. for *substitut du procureur général.* To avoid unnecessary repetition the editor omits the archival reference to each specific extract. They are all from the Reports of the *Procureurs Généraux* to the *Ministère de la Justice, Archives Nationales* (A. N.), series BB³⁰. Each judicial district is given a separate number within the series BB³⁰ as follows: Agen, 370; Aix, 370; Amiens, 371; Angers, 371; Bastia, 372; Besançon, 373; Bordeaux, 374; Bourges, 374; Caen, 375; Chambéry, 375; Colmar, 376; Dijon, 377; Douai, 377; Grenoble, 378; Limoges, 378; Lyon, 379; Metz, 380; Montpellier, 380; Nancy, 381; Nîmes, 382; Orléans, 382; Paris, 383 and 384; Pau, 384; Poitiers, 385; Rennes, 386; Riom, 386; Rouen, 387; Toulouse, 388. The ministers of justice, who received these reports during the period covered by this volume, were Delangle (1859–1863) and Baroche (1863–1870).

TEXTS.

*Arrangement.* The texts are arranged first by chapters. Part I, much longer than the others, contains all the material on the economic effects of the Civil War on French industries. Chapters IV, V, VI, and VII deal chronologically with French opinion of the Civil War. Chapters VIII, IX, and X deal chronologically with French opinion of the Mexican expedition. Within each chapter the quarterly reports are grouped into quarters: January, April, July, and October of each year. If any report bears the date of a month other than the above, it is put in the nearest chronological group. Within each group the extracts are arranged alphabetically according to the name of the city where the court is located.

*Spelling and Punctuation.* In every case the editor endeavors to reproduce exactly the original spelling, punctuation, and capitalization. This, of course, involves the reproduction of many errors. The editor, therefore, avoids the use of *sic* except in case of quite serious mistakes. Consequently with the common errors, such as *Etats-unis, évènement, tems,* etc., no *sic* is used; but after such an error as *rénumérateur, sic* is inserted.

*Ellipses.* Because this printed material consists entirely of extracts, the editor often finds it necessary to omit irrelevant passages within sentences and paragraphs, and even entire paragraphs here and there. Whenever a word or passage is omitted within a selected extract, the appropriate ellipses marks are used. For the sake of smoothness connecting phrases and words are inserted in brackets. Ellipses appearing in the original text are so indicated in the footnotes in order to distinguish them from those of the editor.

FOOTNOTES. All marginal checks and notations, as well as all pencilled underlinings, on the original texts are carefully described in the footnotes. Footnotes are also used to clarify terms or events mentioned in the texts. Only one such clarification is given however. Thereafter a repeated necessity for a similar explanation is cared for by a cross-reference to a preceding footnote or to a passage in one of the Introductory Notes.

CROSS-REFERENCE GUIDE TO REPORTS. Three topics are contained in this publication: economic conditions, Civil War, and Mexican expedition. Extracts on these will be found in three different places in the book. Hence three parts of the same report may be scattered in as many different places with duplicated headings. If the reader wants to find all the extracts from one particular report, he needs only to look chronologically and alphabetically (by cities) through the chapters dealing with these three major topics for a duplicate heading. The reader should be reminded, however, that some reports of a particular quarter dealt with none, or only some, of the three topics involving the United States and Mexico.

# CONTENTS

# PART I

## THE INFLUENCE OF THE AMERICAN CIVIL WAR ON FRENCH INDUSTRIES

DISTRICTS OF THE FRENCH COURTS OF APPEAL BEFORE 1871

District boundaries are shown by dash lines, department boundaries by
dotted lines. Court cities are underlined.

# Introductory Note

Researches in diplomatic history have been greatly facilitated by the abundance of new official and private documents recently made available both in archives and in printed collections. Some investigators, however, have not been satisfied merely to study official documents and personal memoirs. Carroll, for example, became convinced that "historians of international relations have rarely concerned themselves in detail with any phase of public opinion" although it was "a fairly constant factor in the conduct of foreign affairs."[1] With this fault in mind he and a few others began to investigate the influence of public sentiment on diplomacy.[2] While this historical school was thus emphasizing the opinion behind world politics, another was beginning to investigate the economic forces behind opinion. Parker T. Moon in his *Imperialism and World Politics* set out to study "the economic and social forces behind diplomacy,"[3] and other writers have done some worthy pioneering in the same direction.[4]

Napoleon III's *procureurs généraux* have unwittingly contributed to this new field of study by including in their reports detailed information on the economic conditions of every part of France along with their accounts of opinion on foreign affairs. Perhaps in no other official documents do we find the economic motive and opinion brought so closely and systematically together as in these *procureur* reports after 1859.[5] The economic sections of the reports are much longer and more detailed than the corresponding ones

[1] Carroll, *French Opinion*, 3.

[2] Fay in his *Origins of the World War*, I, 48, remarked that "it is to be hoped that some careful scholars will turn their attention to this problem of the influence of the newspaper press as one of the underlying causes of the War." Hale in *Germany and the Diplomatic Revolution*, 2, observed that "a careful examination of news and editorial columns is as essential as diplomatic documents."

[3] Parker T. Moon, *Imperialism and World Politics* (N. Y., 1926), p. viii.

[4] The very titles of some of their studies indicate this new trend: B. H. Williams, *The Economic Foreign Policy of the United States* (N. Y., 1929); H. Feis, *Europe, the World's Banker 1870–1914* (New Haven, 1930); S. Nearing and J. Freeman, *Dollar Diplomacy* (N. Y., 1925); F. L. Owsley, *King Cotton Diplomacy;* and Jeannette P. Nichols, "Silver Diplomacy," *Political Science Quarterly*, XLVIII (1933), 565–588.

[5] See Introduction at note 37.

3

dealing with opinion on foreign policy, and they produce their greatest yield of pertinent information where they describe French industry and trade in connection with the American Civil War. In one report after another the very theme of the more recent school of investigators is reiterated. One typical statement runs as follows:

> The Civil War in the United States by prolonging the crisis in the cotton industry, which involves so many fortunes and lives in Alsace, continues to hold first place in public interest.[6]

The *procureurs généraux* seemed to take great pains to make their information on economic matters as accurate as that on opinion. One report testifies to the following precautions:

> The figures which I have the honor of submitting to Your Excellency have been scrupulously checked by my *substituts*. They accepted them only after having them carefully verified by the justices of the peace. . . .[7]

Nevertheless, it must be admitted that the *procureurs* and their *substituts* are not, perhaps, the best channels of information on economic matters. As lawyers and prosecutors they could not claim to be expert statisticians and business observers; the information furnished by them was often second- or third-hand; and they did not always question the facts given them by interested parties with ulterior motives. In their attempt to justify the Emperor's free-trade policy with England they may sometimes have blamed the Civil War too much in the case of cotton. But, the value of these reports is more truly appreciated if they are judged less absolutely and more in relation to other sources, such as exaggerated speeches by interested deputies from industrial districts and articles by journalists as poorly versed in economics as the *procureurs* themselves. Indeed, the usefulness of newspaper accounts is questionable because Napoleon III has been suspected of suppressing news of industrial distress in order to encourage domestic tranquility.[8] What the French government denied to the public it sought for itself, however, in the confidential reports of the *procureurs*. Marginal notes and underlinings in the reports appear in profusion, and in January 1863 all the passages dealing with the "Cotton Industry" in these reports were copied for the Emperor's personal examination.[9] It is well

---

[6] Report of De Baillehache, Colmar, 16 October 1863. A. N., BB30 376.

[7] Report of Millevoye, Rouen, 10 January 1863. A. N., BB30 387.

[8] "The Imperial censorship," Pratt asserted, "kept the facts [about industrial distress] almost entirely out of the press." Jordan and Pratt, *op. cit.*, p. 208.

[9] 28 June 1863. A. N., BB30 368.

known that Napoleon used the cotton famine as one of his strongest talking-points for mediation and against the blockade.[10]

There is very little mystery surrounding the relation of cotton to the diplomacy of the Civil War. As early as 1850, Owsley tells us, "the King Cotton idea came to its logical culmination" in the South. From then on in Christy's famous pamphlet *Cotton Is King* and in the speeches and articles by other Southerners the idea became almost an obsession.[11] After the war the diplomatic and economic histories of the struggle were replete with discussions of cotton in respect to both Great Britain and France. In 1870 a French parliamentary investigation of industrial conditions also furnished some statistics on the cotton famine.[12]

But after an examination and use of most of the literature on the French cotton famine Dunham still felt that "we have scanty information on the prolonged crisis produced in the French cotton industry by the Civil War in the United States." [13] Under such circumstances the voluminous economic reports of the *procureurs généraux* meet an evident need. Not only do they furnish valuable corroborative evidence on the cotton famine to fit in with the data already known, but they are probably as detailed, regular, and extensive as any other documentary source on this subject hitherto uncovered. The *procureur* reports have the additional advantage of linking the economic conditions with the simultaneous moral and political trends of the period. In the extracts from Rouen, Caen, Amiens, Paris, Nancy, Colmar, and Dijon, edited in this chapter, investigators may now follow all the phases of the rise, progress, and gradual recession of the cotton famine in France. Here are minutely described such factors as the stock of raw cotton on hand in 1861, the decline of imports after 1861, the speculation in the cotton marts, the stagnation in the port of Havre, the rise in prices of raw cotton and cotton piece goods, the importation and use of Indian cotton, the closing of mills, the reduction of hours and wages, unemployment, the physical and moral suffering of labor, the substitu-

---

10 Owsley, *op. cit.*, pp. 294–296.

11 *Ibid.*, pp. 12–24.

12 *Enquête parlementaire [1870] sur le régime économique en France* (Paris, 1872). This is not a very reliable source, however, because the investigation was initiated by the protectionists to discredit the free-trade régime. Therefore in the case of cotton the committee would be inclined to minimize the effects of the Civil War in order to put more of the blame on the Anglo-French free-trade treaty.

13 Dunham, *op. cit.*, p. 195.

tion of wool and linen for cotton, the price fluctuations caused by the alternating successes and disasters of the two belligerents, the continuance of the crisis immediately after the war, and the gradual improvement after 1865. Whether they corroborate, contradict, or amplify evidence available elsewhere, these reports merit consideration as an invaluable source for the history of the French cotton industry in general and for its relation to the American Civil War in particular.

In glaring contrast to the vast literature on cotton and the Civil War is the relative lack of attention given to the effect of that struggle on French industries other than cotton. The United States, both North and South, had been very important purchasers of French luxury articles before 1860. To a large extent the debit accounts thus incurred were settled by cotton exports to France. And yet few students seem to have realized that the interruption of cotton exports would cause a corresponding interruption of imports from Europe.[14] But this was only one of several factors which discouraged exports to the United States. The blockade, such as it was, worked both ways; and the new American tariffs, instituted at first to finance the war, hit many other French articles. Nevertheless, in none of the histories of the Civil War or of the Confederacy is any detailed study made of the reduced exportations to America during the struggle. On the French side only a few writers give as much as passing notice to the subject, although this phase concerned France particularly. Levasseur in his two-volume work on the *Histoire du commerce de la France* devotes two sentences to French non-cotton industries in relation to the War between the States.[15] The report of the French parliamentary investigation of 1870 takes up in its prejudiced way only the woolen, linen, and silk industries, but its silk sessions were interrupted by the Franco-Prussian War. In only two American studies do we find any detailed attempt to mention French exporting industries in connection with the Civil War. West devotes parts of

[14] Owsley did mention this fact (*op. cit.*, p. 13). "In 1859," he said, "the South exported in cotton, tobacco, rice, etc., $198,389,351 out of a total for the whole country of $278,392,080. . . . Without this, the North would dry up, according to Southern belief, for it would lose the middleman's profits. . . . More than that there would be nothing with which to pay for the goods imported from Europe and sold to the South at such a large profit." However, Owsley did not develop in much more detail this hint of another phase of "King Cotton Diplomacy."

[15] E. Levasseur, *Histoire du commerce de la France* (2 vols. Paris, 1912), II, 268 and also note 1.

three pages to this more limited subject in which he mentions linen, silk, wool, hair, leather, millinery, furniture, wine, gloves, and bronze.[16] Dunham has less than ten pages all together for the effect of the American conflict on French woolen, linen, and silk industries. Although he has one chapter on the French wine industry, Dunham fails even to mention the damage done to it by the Civil War, and is silent on the other industries treated by West.[17] If the cotton famine influenced French opinion in regard to the Civil War and therefore deserved the close attention of historians, certainly the distress in the more extensive non-cotton industries was bound to have almost as great a repercussion on opinion and does not merit this apparent neglect.

On this matter the reports of the *procureurs généraux* offer material to fill a serious gap. Every three months between the years 1860 and 1867 from most of the twenty-eight judicial districts of France come distressing accounts of the slump not only in the industries mentioned by West and Dunham but also in others—such as hosiery, lace, embroidery, porcelain, glass, brandy, clocks, watches, baskets, perfumery, madder dye, jewelry, corsets, spectacles, musical instruments, brushes, buttons, rope, pencils, and glue. Realistically they describe the temporary benefits enjoyed by woolens, linen, and resin; and with equal frankness they depict the starvation, drunkenness, and prostitution inevitably accompanying the destitution and despair born of wartime dislocations.

West, who relied principally on Paris newspapers, concluded that by 1863 and thereafter only the French cotton industries suffered.[18] This impression reveals one occasion when the *procureur* reports refute and amplify the scanty testimony of the press. In at least forty-four separate passages the *procureur* reports describe, often in detail, the misery in non-cotton industries between January 1863 and July 1865—the period when, according to West, only cotton seemed to suffer. Among such industries were lace, embroidery, silk, ribbon, gloves, wines and brandies, glass, clocks and watches, and musical instruments.[19]

In the extracts which are edited in Part I are found, then, data to

[16] West, *op. cit.*, pp. 56–58.
[17] Dunham, *op. cit.*, ch. xi, xii, xiii, xiv, passim.
[18] West, *op. cit.*, pp. 60, 64.
[19] These references are too numerous to be listed separately here. They may be found in the extracts which follow.

expand and verify the story of the cotton famine, as well as facts to introduce and put in its proper place the account of the decline in the non-cotton industries of France. The first three chapters will serve, finally, as a fitting economic introduction to the succeeding ones on opinion.

# CHAPTER I

## EARLY EFFECTS
## 1860 TO APRIL 1862

### YEAR 1860

1. *Gaulot, P. G.   Lyons, 5 April 1860.*

Quoiqu'il en soit de l'avenir, Monsieur le Garde des Sceaux, la situation industrielle [silk] est encore languissante. Les incertitudes politiques,[1] l'encombrement des produits Lyonnais sur les marchés des Etats-Unis d'Amérique,[2] ainsi que le prix élevé des matières premières[3] sont autant de causes de stagnation.

2. *Gaulot, P. G.   Lyons, 9 July 1860.*

Malheureusement, les mauvaises nouvelles de l'éducation des vers à soie, et la hausse de la matière première qui en a été la conséquence,[3] ont nui à [une] reprise, bien que la situation ne soit pas aussi fâcheuse qu'on avait pu le craindre. Paris et l'Angleterre ont demandé beaucoup dans ces derniers jours; tous les métiers qui

[1] The many political uncertainties in France in April 1860 included a change in foreign ministers from Walewski to Thouvenel accompanied by signs of an altered policy toward the Pope. This was complicated by insurrections in Sicily about which, La Gorce said, the public "ne recueillait que des rumeurs confuses." La Gorce, *Second Empire*, III, 375. The negotiation with England for a free-trade treaty had just been made known to the public and had alarmed some industrialists. *Ibid.,* pp. 220–221. The public was also uncertain on domestic policy. An amnesty for political prisoners and exiles had been proclaimed on 15 Aug. 1859 (*ibid.,* pp. 121–122), and this had emboldened the press and the chambers to see how far they could criticize the government unchecked. "Depuis un an [before November 1860]," La Gorce declared, "il était visible que la Constitution de 1852 tendait à s'altérer un peu." *Ibid.,* pp. 442–443. Napoleon III was "habile à s'envelopper de ténèbres . . . homme de coups d'Etats, homme de coups d'éclats. . . ." *Ibid.,* p. 222.

[2] The United States had imported abnormally large quantities of silk in 1859 amounting to 138,000,000 francs in comparison to 90,000,000 in 1858, an increase of almost 50%. This caused a surplus on the American market which, Dunham asserted, was one "cause of the depression [in the French silk industry]" because the political uncertainty of 1860 to 1861 retarded its absorption. Dunham, *op. cit.,* pp. 263–264, 276.

[3] A disease was attacking the silk worms at that time which "raised the price of all raw silk." *Ibid.,* p. 275.

9

donnent les étoffes façonnées sont en activité, et, si l'Amérique avait des besoins,[4] bientôt les étoffes unies seraient également recherchées.

## JANUARY 1861

### 3. *Camescasse, P. G.    Douai, 8 January 1861.*

Pendant ce trimestre, le tissage et la filature ont occupé un plus grand nombre d'ouvrier que jamais et présenté au métrage public une masse plus considérable de marchandise fabriquée. . . .

Cambrai, au contraire subit une certaine stagnation qui ne résulte nullement de nos nouvelles lois de douane, mais uniquement de la crise actuelle des Etats-Unis.

### 4. *Saint-Luc-Courborieu, P. G.    Limoges, 12 January 1861.*

les transactions n'ont pas l'activité normale: les préoccupations politiques,[5] la crise financière,[6] les faits graves qui se produisent aux Etats-Unis, devaient nécessairement exercer une fâcheuse influence sur le mouvement des affaires.

on craint spécialment à Limoges, une diminution notable des commandes d'Amérique.

jusqu'à présent, s'il y a malaise, il n'y a pas eu ralentissement dans la production: toutes les fabriques sont en pleine activité. la Manufacture d'armes à tulle, l'industrie des tapis à Aubusson, la confection des Gants à St Junien, des flanelles à Limoges, ne sont pas en souffrance. à Limoges, la cordonnerie n'est pas aussi occupée qu'à l'ordinaire.

### 5. *Gaulot, P. G.    Lyons, 1 January 1861.*

La fabrique a de l'activité et serait très prospère sans la crise Américaine et sans les menées de division qui pèsent sur les Etats-Unis.

.    .    .    .    .    .    .    .    .    .    .

Les événements qui agitent les Etats Unis paralysent les fabricans de velours.

---

[4] See ch. i, note 2.
[5] See ch. i, note 1.
[6] A financial crisis existed in France from 1856 to 1862. It reached its greatest intensity in 1857–1858 but did not disappear until about 1862. E. Levasseur, *Histoire des classes ouvrières et de l'industrie en France de 1789 à 1870* (2 vols. Paris, 1903–1904), II, 483–484.

6. *Gaulot, P. G.  Lyons, 2 February 1861.*

Quant au mouvement Américain, on ne prévoit encore ni sa gravité ni sa durée. En attendant nos fabricants ne s'abandonnent pas aux défaillances; ils comprennent que la consommation restera la même et que nos etoffes de soie seront recherchées après comme avant la séparation des Etats du Sud. Toutefois une guerre civile, des désastres financiers viendront paralyser le mouvement commercial. Déjà les commandes ne sont plus livrées et sur notre marché les étoffes préparées pour l'Amérique se livrent avec pertes. Les prix des soies par une conséquence naturelle ont baissé et cette diminution inattendue excite des résistances parmi les commissionnaires qui ne voudraient pas prendre livraison à des conditions désavantageuses.

## APRIL 1861

7. *Lespinasse, P. G.  Dijon, 6 April 1861.*

Les événements dont l'Amérique est en ce moment le théâtre ont eu un contre-coup fâcheux pour une industrie qui avait pris de grands développements dans le département de la H$^{te}$ Marne, l'industrie de la ganterie qui y occupe plus de quatre mille bras. Elle est sur le point de cesser brusquement ses travaux. Déjà un tiers des ouvriers qu'employait l'importante manufacture de Chaumont a été congédié. Les autres ne conservent du travail que par des efforts désespérés de son propriétaire. Tous les produits de ces établissements qui étaient autrefois exportés dans l'Amérique du Nord trouvent depuis la séparation des Etats-Unis, les ports fédéraux fermés, et non seulement toutes les commandes ont été désavouées, mais encore les envois refusés. Cette crise est sans précédente, et nul malheureusement ne saurait y assigner un terme. Le chef de la meilleure maison de Chaumont est à la veille de fermer ses ateliers et d'abandonner sans ressources 400 ouvriers dont la plupart sont pères de famille.

8. *Saint-Luc-Courborieu, P. G.  Limoges, 14 April 1861.*

ROCHECHOUART.

Quelques fabriques de porcelaine, de Papiers de paille, ont du ralentir leurs travaux, faute de Commandes Suffisantes.

à S$^t$ Junien, la confection des gants est relentie; mais, tous les ans, la saison actuelle produit un résultat pareil.

S<sup>t</sup> Yrieix.

Souffrance dans l'industrie des fers et l'extraction de Kaolin pour la porcelaine. On attribue ce résultat . . . à la crise Américaine, à laquelle, évidemment, se rattache le malaise de nos porcelaines dans le département de la Haute-Vienne.

.    .    .    .    .    .    .    .    .    .    .

Bourganeuf.

Porcelaine– ralentissement.

9. *Gaulot, P. G.   Lyons, 4 April 1861.*

Dans le département du Rhône et surtout à Lyon, les incertitudes politiques et économiques [7] pèsent lourdement sur toutes les industries, et principalement sur la fabrication des étoffes de soie. La crise américaine a suspendu à peu près complètement les commandes importantes qui à cette époque arrivent ordinairement des Etats-Unis sur le marché Lyonnais et forment la base principale de ses opérations.

.    .    .    .    .    .    .    .    .    .    .

Les industries accessoires, et notamment la teinturerie, subissent l'influence inévitable de cette triste situation. Le chômage envahit progressivement les ateliers; un grand nombre d'ouvriers teinturiers ont été déjà congédiés et les autres peuvent à peine compter sur quatre jours de travail régulier par semaine.

10. *Gaulot, P. G.   Lyons, 4 May 1861.*

La crise qui traversent les Etats Unis produit à Lyon de désastreux effets. Les fabricants arrêtent le travail et de nombreux ouvriers se trouvent plongés dans la misère. Aucune commande n'est venue et d'ailleurs on ne peut plus rien livrer à un peuple qui va se précipiter dans les douloureuses épreuves de la guerre civile.

A S<sup>t</sup> Etienne le commerce des Rubans languit et souffre.

Nos administrateurs organisent des secours et préparent des mesures nouvelles pour donner du travail à ceux qui en manquent.

11. *Neveu-Lemaire, P. G.   Nancy, 10 April 1861.*

Dans l'arrondissement de Remiremont, les tissages réalisent des bénéfices plus importants encore que les filatures, tandis qu'ordi-

---

[7] These uncertainties included, in addition to the American troubles, the financial crisis (see ch. i, note 6), the constitutional revisions in France of 24 Nov. 1860, and the Anglo-French Commercial Treaty of 23 Jan. 1860. La Gorce, *op. cit.*, III, 213–236.

nairement c'est l'inverse qui a lieu. Ce changement trouve d'ailleurs son explication dans le cherté des matières premières causée par le médiocrité de la récolte des cotons [8] et peut-être aussi par les appréhensions qu'a pu faire naître la crise américaine. Ce qui indique cependant qu'elle inquiète peu les fabricants, c'est le développement toujours plus considérable donné a leurs établissements.

## JULY 1861

12. *Dufour, P. G.   Amiens, 2 July 1861.*

La crise américaine [9] a produit toutefois à St. quentin un résultat assez marqué. Plusieurs fabricants ont suspendu leurs travaux ou réduit le nombre d'heures durant lesquelles ils employaient leurs ouvriers, mais les travaux agricoles peuvent occuper utilement les bras que l'industrie laisse libres. On n'a pas à redouter un chômage de nature à causer des troubles.

13. *Loiseau, P. G.   Besançon, 4 July 1861.*

L'industrie en général n'a pas suspendu ses travaux, mais les affaires sont difficiles: dans l'arrondissement de Monbéliard l'horlogerie manque de commandes et un certain nombre d'ouvriers quittent leurs ateliers pour s'occuper d'agriculture. Cet état de malaise tient à la situation des Etats unis et à la concurrence que fait au petit commerce la maison Japy et C$^{ie}$, qui fabrique de la grosse horlogerie et qui a baissé ses prix d'une manière ruineuse pour les maisons moins riches.

14. *Duval, P. G.   Bordeaux, 7 July 1861.*

Le commerce se plaint toujours du ralentissement que mes précédents rapports ont signalé dans les mouvements des affaires. Les inquiétudes soulevées par l'ensemble des événements européens, la crise Américaine, la perspective d'une mauvaise récolte sont autant de causes, qui, réunies rendent raison de la stagnation commerciale.

15. *Rabou, P. G.   Caen, 11 July 1861.*

Arrondissement de Falaise.

Mon substitut me représente, comme laissant a désirer, la situation du commerce et de l'industrie. Les filatures de coton ont

---

[8] The cotton crop of 1860, to which this refers, cannot be described in any sense as mediocre. ". . . The years 1859 and 1860," Owsley asserted, "had been years of abnormally large cotton crops in America and elsewhere." Owsley, *op. cit.*, p. 146.

[9] See Introductory Note to ch. i.

fonctionné avec une certaine activité. Mais les chefs de ces établissements sont toujours inquiets des résultats que produira, au 1er octobre prochain, l'application du nouveau régime.[10] A ces préoccupations viennent se joindre celles que causent les évènements de l'Amérique du Nord.[11]

Arrondissement de Lisieux.

La situation industrielle est très satisfaisante. Il n'y a aucun chômage et les bras manquent dans les usines.

Arrondissement de Vire.

L'industrie du coton, à Condé-sur-Noireau, est dans un état très prospère; elle emploie tous les bras disponibles.

16. *De Baillehache, A. G.  Colmar, 4 July 1861.*

La situation industrielle, sans être précisément mauvaise, est loin d'être satisfaisante: Il n'y a ni entrain ni activité dans les affaires. L'incertitude de l'avenir et le manque de confiance entravent les transactions à long terme; d'un autre côté la crise américaine et les difficultés politiques et pécuniaires de la Turquie pèsent lourdement sur le marché: tel établissement dont les transactions annuelles avec ces pays dépassaient plusieurs millions, n'a pu obtenir cette année que des commandes s'élevant à quelques centaines de mille francs.

Ce sont surtout les articles en fin, les étoffes de luxe, ces produits recherchés ordinairement sur tous les marchés du monde et qui ont fait la réputation de la fabrique du Haut-Rhin, qui sont délaissés. C'est que cette branche de fabrication a besoin surtout, pour se développer, de la paix et de la confiance, sans lesquelles l'argent se cache et la luxe s'arrête.

La situation de l'industrie en gros, des cotons ordinaires, des impressions courantes, est moins précaire; aussi plusieurs manufactures qui travaillent sur le fin sont-elles en voie de se transformer. Il y a pour la marchandise commune, des besoins à remplir qui suffisent pour alimenter la production; mais ce n'est pas sans inquiétude que l'on voit approcher, pour cette partie moins éprouvée de l'industrie cotonnière, l'échéance du premier octobre.[12]

Les pessimistes se demandent ce que deviendra cette industrie quand les marchandises anglaises repoussées en ce moment de l'Amérique ébranlée par la guerre civile, de l'Inde décimée par la

---

[10] The Cobden, or Anglo-French Commercial Treaty, was to go into effect on 1 Oct. 1861 for many of the articles involved. Dunham, *op. cit.*, p. 98.

[11] See Introductory Note to ch. iv.

[12] See ch. i, note 10.

faim, de la Turquie ruinée, déborderont sur la France, et inonderont notre marché!

17. *Lespinasse, P. G. Dijon, 3 July 1861.*

la crise qui avait atteint la ganterie à Chaumont n'a pas cessé. En présence des événements dont les Etats-Unis sont le théâtre il est impossible d'en prévoir le terme.

18. *Saint-Luc-Courborieu, P. G. Limoges, 21 July 1861.*

l'industrie de la porcelaine est en souffrance; la situation est, à peu près, pareille à celle que j'ai indiquée dans mon dernier rapport. la fabrication est moins active à raison de la crise Américaine qui a singulièrement réduit, si non fermé temporairement, un énorme débouché.

19. *Gaulot, P. G. Lyons, 6 July 1861.*

Pendant plusieurs mois nos fabricans ont espéré une conciliation entre les Etats du Nord et ceux de Sud et ils n'ont pas arrêté leurs métiers. Mais depuis l'état de guerre ils ne savent plus comment écouler leurs marchandises, ils ne reçoivent plus d'argent des maisons Américaines. Aussi les salaires s'abaissent et de nombreux ouvriers demandent vainement du travail. Les sociétés charitables et les bureaux de bienfaisance distribuent des secours à plus de vingt mille indigents.

. . . . . . . . .

Seule l'industrie des rubans est plus que menacée. Parmi les 40 ou 50,000 personnes employées, les deux tiers n'obtiennent point de travail. Ces malheureux ne profèrent pas une plainte, ni contre le Gouvernement, ni contre les autorités. Ils sont pleine de résignation et ils reconnaissent que de persévérants efforts sont fait pour les soutenir. . . .

Plusieurs causes se réunissent pour aggraver le mal: le prix élevé des soies qui arrête la consommation des rubans à l'intérieur;[13] les évènements de la Chine et de l'Amérique. . . .

. . . . . . . . .

A Roanne, l'industrie du coton n'a rien perdu de son activité et ses 10 ou 12,000 ouvriers sont bien payés.

[13] See ch. i, note 3.

20. *De Gérando, P. G.   Metz, 11 July 1861.*

Quelques commerçants et manufacturiers des Ardennes ont subi des pertes considérables dans plusieurs faillites à Paris occasionnées par la crise de l'Amérique du Nord où se faisait un important commerce d'import^on des mérinos.

21. *Neveu-Lemaire, P. G.   Nancy, 6 July 1861.*

[Les] filatures de coton . . . sont toutes en pleine activité et les produits s'écoulent à des prix largement rémunérateurs. Peut-être quelques manufacturiers qui n'ont point fait d'approvisionnements assez considérables seront-ils réduits à des bénéfices moins grands; mais tous ceux, qui ont la véritable intelligence commerciale, ont su préparer en temps opportun, les ressources de l'avenir. Les propriétaires des principaux établissements du canton de Saulxures, par exemple, se sont empressés d'échapper à la crise, et l'un d'eux achetait des matières premières pour une valeur de 800,000 francs la veille du jour où se déclarait la hausse.

.    .    .    .    .    .    .    .    .    .    .

Quant aux dentelles de Mirecourt et aux broderies de Nancy, objet de luxe dont l'Amérique est le principal débouché, elles ne se sont point relevées du contre-coup de la crise politique des Etats-Unis. On considère ce résultat comme un bien pour nos compagnes, et l'agriculture et la morale n'auront qu'à gagner à la suppression de cette énervante industrie.

22. *Dubeux, P. G.   Rennes, 12 July 1861.*

A Nantes, ville essentiellement commerciale et industrielle, on peut constater une certaine stagnation dans les affaires qu'expliquent les incertitudes de la politique extérieure.

23. *Salneuve, P. G.   Riom, 8 July 1861.*

il y ait certains arrondissements où les affaires seraient languissantes, notamment ceux de Riom et de Clermont. Dans la Haute-Loire où la fabrication de la dentelle est la principale industrie et repand le bien-être dans une foule de familles, cette industrie paraît éprouver quelque ralentissement. Il faudrait l'attribuer aux troubles qui règnent aux Etats-Unis où l'on exportait une grande quantité de ces articles.

Il en serait de même, dans l'arrondissement d'Yssingeaux de la fabrication des rubans. La concurrence de la Suisse lui portait déjà préjudice.[14] Aujourd'hui cette branche d'industrie est à peu près arrêtée par suite de ces mêmes troubles de l'Amérique du Nord. Sur 10,000 métiers montés dans l'arrondissement les 3/4 ne marchaient pas.

24. *Imgarde de Leffemberg, P. G.   Rouen, 8 July 1861.*

Si donc j'excepte la partie du tissage, je puis dire que l'industrie cotonnière est prospère, tant au point de vue des bénéfices qu'à celui de l'activité du travail et de l'élévation des salaires.

Les évenèments [*sic*] d'Amérique [15] ont apporté le trouble dans une industrie locale et importante de l'arrondissement de Dieppe; je veux parler de l'horlogerie de Saint Nicolas d'Aliermont qui occupe 1,200 ouvriers et qui voit se restreindre pour elle le principal marché où se dirigeaient ses exportations. Jusqu'ici les fabricants se sont bornés à ralentir leur production sans l'arrêter et les ouvriers se sont prêtés avec intelligence aux nécessités du moment, mais la situation actuelle ne peut se prolonger longtemps.

## OCTOBER 1861

25. *Bécot, A. G.   Amiens, 12 October 1861.*

A l'annonce des conventions internationales qui allaient changer le régime,[16] les intéressés jetèrent un cri d'alarme; mais ils sont en grande partie rassurés de leurs terreurs, réelles bien qu'exagerées, et ils reconnaissent aujourd'hui que l'économie de ces traités, procurant à un prix abaissé l'outillage et la force motrice, leur permettra de soutenir la concurrence. Ils auraient donc traversé sans grave préjudice la crise inévitable de transition entre le travail manuel et celles des machines; par malheur, la guerre des Etats-unis est venue les surprendre dans le moment critique et leur fermer des débouchés dont ils avaient plus besoin que jamais. Il en résulte sans contredit une très fâcheuse complication. Quelle influence aura-t-elle? On ne saurait le dire, puisque le sort de notre industrie est aussi lié aux évènements qui n'étaient entrés dans les prévisions de personne et dont l'issue reste inconnue. Il faut remarquer d'ailleurs

---

[14] Dunham agreed that "the silk industries of England and Switzerland . . . were . . . able to compete with France in cheap silks or in mixed goods containing cotton, wool, flax, or mohair." Dunham, *op. cit.*, p. 266.

[15] See Introductory Note to ch. iv.

[16] See note 1 of Introductory Note to Part I.

que ce ne sont en aucune façon les cotons de provenance américaine qui font défaut à l'industrie picarde, elle est suffissamment pourvue de matière première, mais les placements de ses produits en Amérique, où les velours français de qualité supérieure étaient en grande faveur. Cet état de choses, au surplus, pourra offrir une compensation, car les fabricants anglais n'ayant pas comme les nôtres une réserve de matière textile, ne pourront pas, comme on le cragnait, inonder nos marchés de leurs tissus. Aussi, aucun des principaux fabricants d'Amiens et de St. Quentin ne songe-t-il à fermer ses ateliers, ils sont animés d'un bon esprit, audessus du découragement, et préparés à combattre avec énergie. Je ne doute pas qu'ils ne triomphent et je puise cette conviction dans les entretiens mêmes que l'ai eus fréquemment avec plusieurs d'entre eux.

26. *Poignand, A. G.   Besançon, 22 October 1861.*

Toutefois l'Etat de cette industrie [watch] n'est pas aussi prospère dans les arrondissements de Montbéliard et de S$^t$ Claude, et la guerre d'Amérique a momentanément suspendu dans ces contrés l'écoulement des produits. . . . ["Les filatures"] continuent . . . à fonctionner; la guerre des Etats-Unis ne leur inspire pas de craintes sérieuses pour l'approvisionnement des matières premières, et si quelques-uns de ces établissements paraissent souffrir de la crise actuelle d'autres au contraire sont en voie de se construire et seront prochainement actives.

27. *Jorant, A. G.   Bordeaux, 12 October 1861.*

La guerre civile qui sévit aux Etats-Unis porte une grave atteinte aux intérêts du commerce.

.    .    .    .    .    .    .    .    .    .

Les opérations d'armement et le commerce des vins de Bordeaux qui avaient pris dans ces dernières années une très grande extension dans les Etats-Unis, sont assez gravement atteints par la guerre civile dont ce pays est le théâtre. Il en est de même de l'industrie de la chapellerie qui trouvait dans l'Amérique du Nord l'un de ses principaux débouchés. Un assez grand nombre d'ouvriers occupés dans les établissements affectés à cette fabrication, soit à Bordeaux, soit dans les environs, ont été renvoyés à cause de l'impossibilité d'écouler les produits.

Toutefois, le commerce avait réalisé avant cette guerre des bénéfices importants parmi les maisons qui ont quelques années d'existance, celles-là même qui entretenaient leurs principales relations avec les Etats-unis, ont des ressources suffisantes pour surmonter les difficultés de la situation; je ne pense pas que le nombre des faillites augumente sensiblement dans la saison où nous allons entrer.

. . . . . . . . . . .

Dans la Charente, le commerce des eaux de vie est de plus en plus languissant. La guerre d'Amérique, la pénurie de la récolte, et l'abus de sophistication qui a discrédité ces produits, expliquent la stagnation de cette branche d'industrie si importante pour ce département.

28. *De Chenevière, P. G. Bourges, 4 October 1861.*

Je n'ai, comme précédemment, que des renseignements favorables sur tout ce qui touche à l'industrie céramique. Les tuileries, les poteries, les verreries, les fabriques de porcelaine, ont dû augmenter leur mains d'oeuvre pour faire face à de nouveaux besoins. Parmi ces dernières, une seule est stationnaire, le porcelainerie de Vierzon, dont les expéditions étaient à la destination de l'Amérique du Nord. Toutefois elle a maintenu jusqu'à ce jour son contingent normal d'ouvriers (660).

29. *Rabou, P. G. Caen, 10 October 1861.*

La situation industrielle et commerciale n'est pas aussi satisfaisante que dans les précédents trimestres.

Les principaux centres industrielles du département du Calvados sont Lisieux, Falaise, Vire et Condé-sur-Noireau.

. . . . . . . . . . .

Dans l'arrondissement de Falaise, dont l'industrie cotonnière est la principale richesse, plusieurs fabricants, effrayés du prix élevé que l'état de l'Amérique fait subir à la matière première, ont réduit le nombre de leurs ouvriers.

A Vire, le commerce est assez languissant: la fabrication des draps a éprouvé un ralentissement très-sensible: les commandes sont rares et beaucoup de fabricants ont en magasin une quantité considérable de produits dont ils ne trouvent pas l'écoulement.

A Condé, les filateurs de coton sont émus des conséquences que peut avoir pour eux le guerre d'Amérique. Dans le but d'éviter le chômage, quelques uns pensent à diminuer le nombre des heures de travail.

Mêmes appréhensions, mêmes ralentissements dans les fabriques et filatures de coton de Flers et de la Ferté-Macé qui font partie du département de l'Orne. Néanmoins, il n'y a pas de chômage et les salaires subviennent aux besoins des familles.

### 30. *De Baillehache, A. G.   Colmar, October 1861.*

La filature des numéros élevés a suspendu la fabrication et a dû se convertir, non sans préjudice et sans perte d'un certain nombre de broches, en filature en gros. Cette dernière travaille encore, mais à des prix à peine remunératoires; c'est là assurément un grand malheur pour les intéressés, mais il n'y a encore ni renvoi d'ouvriers, ni diminution dans les salaires ni dans les heures de travail; et quoi qu'on appréhende vivement de tristes extrémités que l'on considère comme le résultat fatal de la concurrence Anglaise, je ne désespère pas de voir conjurer ce péril à l'aide de grande sacrifices, il est vrai, mais que tôt ou tard les maîtres seront obligés de s'imposer.

Du reste, je le repète, ces plaintes, ces terreurs, semblent limitées jusqu'à présent à l'arrondissement de Mulhouse. . . .

### 31. *Leviel de la Marsonnière, A. G.   Limoges, 5 October 1861.*

c'est surtout au sein de la ville de Limoges que se trouve la grande préoccupation du moment. L'industrie porcelainière y est dans un état de crise d'autant plus triste qu'il est impossible d'en prévoir la fin, et qu'il s'aggravera nécessairement en se prolongeant. La durée est, en effet subordonnée à celle de la guerre américaine qui ferme à nos porcelaines leur principal marché.

. . . les ouvriers conservés dans les fabriques n'y sont plus tous dans les mêmes conditions qu'autrefois. les fabricants intéressés à ne pas perdre leurs bons ouvriers, font des sacrifices pour les garder près d'eux; mais ils bornent ces sacrifices et quelques uns d'entr'eux ont diminué de moitié les heures de travail et par conséquent les salaires. il y a donc gêne, et peut être mécontentement même parmi les ouvriers qui travaillent, et l'hiver qui amène toujours un surcroit de besoins et de dépenses ne peut qu'aggraver cet état de chose déjà mauvais.

l'administration municipale fait tout ce qu'elle peut pour conjurer les malheurs de cette situation.

### 32. *Onofrio, A. G.   Lyons, 8 October 1861.*

J'ai déjà fait connaitre à Votre Excellence les caractères de la crise commerciale que traverse en ce moment le villa de Lyon. L'espoir conçu il y a quelques semaines d'une reprise dans l'industrie de la soie a été complètement déçu. Les troubles politiques des Etats Unis d'Amérique sont la cause certaine de ce mal; et durera avec des phases diverses tant que la paix n'y sera pas rétablie. En ce moment le travail manque à peu près des deux tiers des ouvriers en soie de Lyon et ceux qui sont occupés ont du subir une diminution notable dans le prix de la main d'oeuvre. Toutes les industries accessoires telles que la teinture, le dévidage, etc. . . .[17] subissent naturellement les mêmes épreuves.

La misère qui est la suite de cette cessation de travail se manifeste par des signes certains et notamment par une déplorable augmentation dans la prostitution clandestine.[18] Mais elle n'est la cause d'aucune agitation politique. Les ouvriers paraissent subir ces épreuves avec résignation. On entend des plaintes mais on ne signale aucun murmure ni contre le Gouvernement, ni contre l'autorité locale. L'administration se préoccupe d'ailleurs avec sollicitude de cette situation; elle organise et prépare des travaux et des secours. Il n'est pas douteux que la charité privée lui viendra largement en aide.

Toutes les villes du Ressort auxquelles l'industrie de le soie donne le plus souvent de l'activité et de l'aisance éprouvent aussi les mêmes souffrances. J'ai fait connaitre à Votre Excellence les causes qui ont amené à St Etienne la décadence de l'industrie du ruban. Elles se sont compliquées et accrues par les évènemens d'Amérique, et la stagnation est là à peu près complète.

33. *Gaulot, P. G.  Lyons, 9 November 1861.*

aujourd'hui les commissionnaires sont à Lyon et à St Etienne, promenant leurs doléances, trouvant que les prix des soies sont encore trop éleves, que les marchandises ne s'écoulent pas, que les crédits sont restreints etc. . . .[19] Il parait trop constant qu'ils demanderont peu de nos belles étoffes.

Je n'ai pas besoin d'insister, Monsieur le Garde des Sceaux, sur les causes trop connues de cette stagnation. Les événemens qui s'accomplissent en Amérique ont fermé notre plus grand débouché. L'Angleterre souffre [20] et les affaires n'ont pas d'élan à Paris.

[17] Ellipses in the original text.
[18] This same situation in England was described by Owsley: "Many of the girls in despair resorted to prostitution, selling themselves for a pittance with which to feed the aged parents or the helpless children who often lay slowly dying from want of food upon piles of dirty straw." Owsley, *op. cit.*, p. 160 (based on Watts, *Facts on the Cotton Famine*, pp. 112–180).
[19] Ellipses in the original text.
[20] For evidence on English economic suffering during the American Civil War see M. L. Bonham, Jr., *British Consuls in the Confederacy* (N. Y., 1911), ch. xi.

Au milieu de ces épreuves, c'est à peine si le quart des métiers reste en mouvement. Aussi les ouvriers en trop grand nombre cherchent du travail et du pain.

L'administration vient puissamment à leur aide. De grands ateliers se forment pour les terrassemens.

### 34. De Gérando, P. G.    Metz, 9 October 1861.

Dans les Ardennes, la fabrication et le commerce des tissus de laine souffrent considérablement de l'introduction des marchandises anglaises et de la crise américaine, et plusieurs maisons de Rethel, notamment, ont éprouvé de grandes pertes. La filature d'Ecly [?] a été fermée, et un autre filateur a été obligé de réduire le travail aux ⅔ de la journée.

.    .    .    .    .    .    .    .    .    .    .

Le contre-coup de la situation des Etats-Unis pèse, dans l'arrondissement de Sarrequemines, sur les fabriques de peluches et sur les verreries. La fabrication de la colle-forte est aussi en souffrance à Givet.

### 35. Neveu-Lemaire, P. G.    Nancy, 10 October 1861.

Si l'industrie cotonnière de la Meuse et des Vosges est en souffrance, cela tient surtout, comme je l'ai fait remarquer, à l'évènement imprévu de la crise américaine qui a déjà fait hausser le prix des cotons et menace, dans un avenir prochain, d'arréter l'importation de cette matière première. Il n'y a point encore eu, du reste, de ralentissement marqué dans la fabrication qui même, dans les derniers mois, avait pris des proportions inaccoutumées. C'est aussi à la crise américaine qu'il faut attribuer la stagnation qui existe dans la fabrication des instruments de musique de Mirecourt, ainsi que dans celle de la dentellerie et de la broderie, dont les produits s'écoulent principalement au-delà de l'Atlantique.

### 36. Greffier, A. G.    Orléans, 1 October 1861.

A l'exception de la ville de Tours où les fabriques de soieries sont toujours en souffrance, par suite de la guerre civile qui désole les Etats-unis et interrompt les relations commerciales dont s'alimente l'industrie du chef-lieu du département d'Indre & Loire, les usines établies dans les divers arrondissements sont en voie de prospérité.

E. D. Adams, *Great Britain and the American Civil War* (2 vols. N. Y., 1925), I, 55, 246, 294; II, 6, 11ff., 294. Owsley, *op. cit.*, pp. 146–163. Jordan and Pratt, *op. cit.*, pp. 104–105, 107, 120.

37. *Thévenin, A. G.   Riòm, 30 October 1861.*

[Des] industries capitales sont en souffrance, et parmi elles on me signale la rubanerie, et l'industrie des velours qui occupent sept à huit mille ouvriers dans l'arrondissement d'Yssingeaux et dont un grand nombre a dû être congédié.

.    .    .    .    .    .    .    .    .    .    .

Cette stagnation doit être attribuée [in part] à . . . la situation politique de l'Italie, des Etats-unis et de l'Orient ralentissant l'exportation qui se faisait dans ces contrées.

38. *Millevoye, P. G.   Rouen, 12 October 1861.*

La filature a vu diminuer progressivement ses bénéfices énormes qui, dans les deux années antérieures ont atteint jusqu'à 60 et 80 centimes par kilogramme. Toutefois, ses travaux ne se sont pas ralentis pendant les deux premiers mois du trimestre parce qu'elle n'était pas chargée de produits et qu'elle avait des commandes à remplir. Mais aujourd'hui, son activité diminue. Les prix de la matière première se sont tellement élevés que, pour les filatures qui se trouvent dans les meilleures conditions d'outillage, il ne reste que des bénéfices fort modiques, et que pour les autres, il n'en reste plus. Or, en industrie, l'absence de bénéfices équivaut à une véritable perte, car le capital engagé reste inproductif, de plus le matériel s'use et se déprécie sans compensation.

J'ai à peine besoin d'indiquer ici que lorsque la principale industrie de l'arrondissement de Rouen, l'industrie cotonnière, est en souffrance, toutes celles qui s'y rattachent plus ou moins directement subissent forcément le contre-coup de ce malaise. Il en est de la teinture surtout pour les petits teints, de la fabrication des cardes et de la construction mécanique.

Que si l'on recherche les causes de l'état de choses que je viens d'indiquer, on en trouve deux principales: la mise en exécution prochaine du traité de commerce avec l'Angleterre et la guerre entre les Etats d'Amérique.

.    .    .    .    .    .    .    .    .    .    .

J'ai dit que la seconde cause [21] des difficultes qu'éprouve actuellement notre principale industrie, se trouve dans la lutte engagée

---

[21] The first cause of industrial difficulty was the commercial treaty with Great Britain. (See ch. i, note 10.) Dunham, however, insisted that "there is no evidence that any important French industry was seriously injured by the tariff policy which

entre les Etats du Nord et ceux du Sud de l'Amérique, et, à mon avis, cette cause de perturbation est la plus sérieuse, parce qu'elle tend à priver complètement l'industrie cotonnière de la matière qui lui sert d'aliment.

Le coton en laine employé dans les filatures Européennes provient en presque totalité des Etats du Sud de l'Amérique. Or, par suite de la guerre, les ports d'où s'exportaient les cotons se trouvent bloqués.[22] D'un autre côté, les Etats du Sud, afin de priver les fabriques du Nord du coton nécessaire à leur alimentation, ont décrété sous les peines du crime de haute trahison, une prohibition absolue d'exporter le coton, soit par terre, soit par mer.[23] Depuis que ces mesures ont été prises, pas un seul navire n'est sorti des ports d'Amérique pour apporter du coton en Europe. De telle sorte que si, dès avant la guerre, les dépôts européens, Liverpool et le Hâvre, n'avaient été assez abondamment garnis de cette marchandise, la filature et la fabrication d'étoffes de coton auraient du s'arrêter immédiatement.

D'après les renseignements recueillis à diverses sources et qu'il y a lieu de croire exacts, le stock de Liverpool en coton était, au mois de septembre de 589,000 balles; celui du Hâvre, à la même époque, était de 241,000 balles. Les ventes du mois de septembre et surtout celles de la dernière semaine (38,000) balles, ont fait descendre le stock du Hâvre à 180,000 balles. Cet approvisionnement pourrait suffire à alimenter l'industrie française pendant cinq mois, la consommation atteignant à peine 400 milles balles par année. Mais il ne faut pas compter sur une assez longue durée. Le stock du Hâvre subira les prélèvements que les manufacturiers d'Allemagne, de Hol-

---

it [the Cobden Treaty] inaugurated." "The Anglo-French Treaty of Commerce of 1860 . . . was not a disaster but a benefit to the cotton industry of France. . . ." Dunham, *op. cit.*, pp. 367, 214.

[22] See Introductory Note to ch. iv.

[23] The Confederate government did not actually pass such a restrictive embargo. Owsley in *King Cotton Diplomacy* stated (p. 31) that embargo sentiment in the South "was never translated into an outright embargo." On 10 May 1861 a bill was passed prohibiting trade with the North (p. 32), but the really effective Southern embargo against Europe was brought about by various forms of state action and by committees of public safety which forbade and prevented the export of cotton to Europe as well as to the North. "Here, then," Owsley declared (p. 40), "was a real embargo for the greater part of the first year of the war, partly legal, but for the most part extra-legal or actually illegal." "The effectiveness of the embargo, during the year 1861, and far into the winter of 1862," he went on to say (p. 43), "was complete." From September 1860 to January 1861 the five most important Southern ports had received from inland 1,488,000 bales of cotton; but during the same months of 1861 to 1862 only 9,800 bales arrived (p. 43). "After the spring of 1862," Owsley found (p. 43), "the cotton embargo was slowly relaxed until it completely ceased."

lande, et de Suisse y viendront faire, car c'est au Hâvre que ces divers
pays s'approvisionnent. En outre, un fait étrange, résultât de la
guerre civile américaine, se produit à Liverpool et au Hâvre. Privés
de coton, par suite du blocus des ports du Sud, les manufacturiers du
Nord de l'Amérique ont fait opérer des achats sur les places de Liverpool et du Hâvre, et plusieurs navires chargés de coton sont partis
de ces deux ports en destination de Boston et de Philadelphie. En
présence des perspectives menaçantes que contient un pareil état de
choses, les prix se sont élevés dans des proportions depuis longtemps
inconnues. Ainsi les cotons d'Amérique coté, au commencement de
l'année, 1f80 le kilog. ont atteint les cours de 2f70, 2f80, sans qu'on
puisse savoir où s'arrêtera cette hausse qui va constamment progressant depuis plusieurs semaines.

Je n'ai pas besoin d'insister pour faire comprendre quelle perturbation doit résulter pour l'industrie du coton, de cette rareté de
la matière première. En Angleterre on s'ingénie à remplacer le coton
américain par le coton de l'Inde;[24] mais indépendamment de ce que
cette substitution ne peut se faire sans de grandes difficultés industrielles, la fibre indienne étant à la fois plus sèche, plus courte
et plus chargée de matière étrangère que la fibre américaine, la
production de l'Inde, quels que soient ses développemens possibles
pour l'avenir, est loin d'équivaloir actuellement à la production
américaine, et ne saurait, dès lors, en tenir lieu.[25] Provisoirement,
les manufacturiers anglais ont résolu, pour ménager autant que
possible leur stock, de diminuer la production et ils ne travaillent
plus que trois jours par semaine. Jusqu'à ce jour, dans le ressort de
la cour de Rouen, aucun changement n'avait été encore apporté à
la durée du travail; mais, à compter du 1er octobre, trois grandes
filatures occupant à Rouen 450 ouvriers se sont mises en chômage
partiel, en réduisant soit les heures soit les jours de travail.

Il est fort à craindre que ces exemples ne soient suivis, soit, parce-

[24] For England's imports of Indian cotton during the Civil War see Owsley,
op. cit., pp. 571–572.

[25] This observation is confirmed by an article in the London Economist (13
April 1861) which stated: "The Surat [Indian cotton] when cleaned, though of a
richer color than the bulk of American, is always much shorter in staple or fibre;
the result of which is that in order to make it into equally strong yarn it requires
to be harder twisted. . . . The consequence is that the same machinery will give
out from 10 to 20% more American yarn than Surat yarn." "The working people
prefer the American as it spins better, does not break so easily and cause delay
in work." "The cloth from Surat does not take the finish so well, and is apt, after
washing, to look poor and thin. . . . In all respects (except color) the Indian cotton is an inferior article." Quoted in Owsley, op. cit., p. 5.

qu'à raison de l'élévation des cours des cotons en laine il deviendra impossible d'obtenir pour les cotons filés des prix rénumérateurs [*sic*], soit parce qu'enfin la matière première après avoir été très rare, finira par manquer complètement. On ose à peine envisager les conséquences qu'aurait cette éventualité si elle venait à se réaliser; le chômage des filatures entraînerait celui des tissages, et non seulement celui des tissages mécaniques, mais encore celui des métiers à la main qui occupent un si grand nombre de bras dans les arrondissemens du Hâvre, d'Yvetot et de Dieppe. Inutile d'ajouter que toutes les industries accessoires à celle du coton, seraient frappées du même coup et condamnées forcément à l'inaction. Toutefois, pour ne rien exagérer, il me semble impossible qu'un chômage général et absolu se produise: les meilleurs usines se provisionnant, soit avec ce qui reste des cotons américains, soit avec les cotons de l'Inde ou de l'Egypte, me paraissent devoir résister à la crise et continuer de marcher, quelle que soit la prolongation de la lutte américaine. Mais tous les établissements dont l'outillage est défectueux, ou ceux dont les chefs n'ont pas un crédit bien solide, s'arrêteront forcément si les circonstances qui s'opposent à l'importation des cotons d'Amérique, ne se modifient promptement.

## JANUARY 1862

39. *Léo Duprez, P. G.    Agen, 6 January 1862.*

Les vins ne se vendent pas et les eaux de vie de l'Armagnac qui avaient aux Etats-unis leur principal débouché sont absoluement délaissées. L'exportation pour l'Amérique représentait une valeur moyenne de dix à douze millions pour l'arrondissement de Condom seulement, où le commerce est généralement si actif que le chiffre des affaires du comptoir d'escompte s'est élevé, en 1860, à 84 millions. Cette prospérité ne se retrouve plus cette année. La grêle . . . a diminué la production en même tems que ces circonstances extérieures diminuaient plus encore la consommation. A Auch et à Nérac l'industrie de l'eau de vie est paralysée par les mêmes causes.

40. *Sigaudy, P. G.    Aix, 9 January 1862.*

Le malaise du jour pèse particulièrement sur les fonderies de plomb, les tanneries et les chapelleries. Les articles d'exportation sont peu demandés.

41. *Dufour, P. G.   Amiens, 8 January 1862.*

L'expérience démontre que les articles étrangers à bas prix sont discrédités par leur mauvaise qualité et que les articles bien confectionnés ne peuvent, à raison de frais de transport et de magasinage, être donnés aussi bas compte que les marchandises françaises.

On se rassure donc et le chômage qu'avaient entretenu durant l'été la crainte ou la mauvaise volonté assure aujourd'hui du travail aux ouvriers: heureuse reprise, car la cherté des subsistances ont rendu la misère grande et l'ordre publique difficile à maintenir.

42. *Courvoisier, S. P. G.   Besançon, 24 January 1862.*

Dans l'arrondissement de Lure, l'industrie cotonnière est dans l'anxiété. Les fabriques n'ont d'approvisionnements que pour l'hiver ou pour fin février. Cette crise tient aux evènements d'Amérique et si elle se prolonge, les fabriques devront arrêter ou réduire la fabrication. Dans tous les cas, de nombreux ouvriers resteront sans ouvrage. Aussi les phases de la guerre sont-elles suivies avec une entière anxiété par les industriels. Ils reconnaissent que le traité de commerce n'exerce aucune influence sur cette situation.[26]

.    .    .    .    .    .    .    .    .    .

Une fabrique de S^te Suzanne spéciale aux boites à musique est meancée par la crise financière de l'empire turc et les évènements d'Amérique. . . .

L'AVENIR des filatures de coton s'est montré d'abord plus inquiétant, cependant ni les salaires ni les bénéfices n'ont jusqu'à présent pas diminué. Ce résultat est dû à la prévoyance des fabriquants qui avaient fait en 1860 des approvisionnements tel qu'ils souffiront [*sic*] encore pendant six mois au roulement des usines. Une baisse immédiate sur la matière première pouvait seule leur nuire.

43. *Courvoisier, S. P. G.   Besançon, 29 January 1862.*

L'industrie de la filature est dans l'attente d'une solution des événements d'Amérique. Les fabriques de Montbéliard ont encore des approvisionnements pour six mois: celles de Lure sont moins favorisées: les unes ont déjà ralenti leur fabrication, les autres sont encore approvisionnées pour un mois ou deux; mais partout la

[26] See ch. i, notes 10, 21.

prévoyance des industriels a su créer d'importants bénéfices, grâce aux achats de coton faits par eux à temps utile.

L'horlogerie prospère à Besançon. . . . Dans l'arrondissement de St. Claude, l'industrie de la montre est au contraire en décadence.

### 44. *Rabou, P. G.    Caen, 13 January 1862.*

L'industrie des dentelles est en souffrance et le travail des ouvrières ne leur procure qu'un salaire insuffisant. Elles gagnent en moyenne, 70 centimes par jour.

A Bayeux, le même ralentissement se fait remarquer dans la fabrication de la dentelle. Les meilleurs ouvrières trouvent seules de l'ouvrage et encore a-t-on été obligé d'abaisser leur salaire.

A Falaise, la filature et le tissage du coton occupaient un grand nombre de bras, mais on m'écrit que les cotons filés et tissés sont en abondance, dans les magasins et qu'il n'y a plus d'intérêt à fabriquer. Par suite du prix élevé de la matière première la fabrication ne peut se continuer qu'à des conditions très désavantageuses, presque impossible. Beaucoup d'ouvriers se trouvent donc et vont se trouver encore en plus grand nombre sans travail et sans ressources. Pour remédier à cette situation, on espère la prochaine ouverture des travaux de la ligne du chemin de fer entre Caen et Flers.

A Lisieux, les filatures de coton sont en souffrance: l'une d'elles a été fermée, en raison du manque de la matière première.

Les fabricants de drap se plaignent aussi. Quelques-uns ont réduit le nombre des heures de travail et diminué de 50 centimes le salaire de leurs ouvriers. Mais, du moins, il n'y a pas de chômage; on cite même une usine où l'on travaille le jour et la nuit.

### 45. *De Bigorie de Laschamps, P. G.    Colmar, 9 January 1862.*

La position de l'industrie s'était légèrement améliorée au début de ce trimestre. Sous l'influence des prix toujours croissants des cotons en laine du Havre (Prix qui en effet se sont élevés à un chiffre qu'ils n'avaient point atteint depuis cinquante ans) et en présence d'une disette imminente de cette matière première, de nombreuses transactions tant en filés qu'en tissus, ont été conclues à des prix assez satisfaisants; tout faisait même prévoir une reprise sérieuse des affaires et une campagne d'hiver active, lorsque tout à coup, l'incident du Trent et la perspective d'un conflit entre l'Angleterre et l'Amérique [27] sont venus arrêter ou entraver l'essor des fabriques.

[27] See Introductory Note to ch. iv.

On a pensé en effet, qu'une guerre entre les deux pays aurait pour
première conséquence la réouverture des ports de la Confédération
du Sud et la libre exportation des cotons. Devant cette perspective
les prix au Havre ont baissé en un jour de cinquante centimes par
Kilogramme. Les acquéreurs de cotons manufacturés ont pretendu
que cette baisse réagît immédiatement sur les marchés de l'intérieur.
Les filateurs qui avaient payé cher leur coton n'ont pas voulu consentir à une réduction qui les mettrait en perte. De là un temps
d'arrêt complet: acheteurs et vendeurs se tiennent dans l'expectative,
attendant d'Amérique, des nouvelles qui seules pourront rendre
quelque vie aux transactions. Cette situation est particulièrement
sentie à Mulhouse qui doit être considéré comme le principal régulateur du mouvement industriel en Alsace.

46. *Dagallier, A. G.   Dijon, 8 January 1862.*

D'autres industries sont dans une situation moins bonne encore.
La coutellerie et la ganterie se ressentent d'une manière fâcheuse de
la crise Américaine qui a supprimé l'exportation, l'une de leurs
principales ressources.

47. *Pinard, P. G.   Douai, 10 January 1862.*

L'industrie cotonnière souffrira .plus chez nous que l'industrie des
laines. Elle souffre de deux côtés, et de la crise Américaine, et de la
concurrence Anglaise et Belge.[28]

La crise Américaine pèse sur nos filatures et nos fabriques. 1º parce
qu'elle a fait augmenter le coton, leur matière première, de 30 à 40%;
2º parce qu'elle ferme les debouchés à l'exportation.

Les approvisionnements considérables qu'avaient fait depuis longtemps un grand nombre de certaines maisons, ont permis à plusieurs
de nos fabricants de ne pas subir cette hausse considérable. Mais tout
supportent ce second mal de la crise américaine: *les débouchés
fermés.*

48. *Saint-Luc-Courborieu, P. G.   Limoges, 20 January 1862.*

j'ai invité mes substituts à me faire connaître dans les termes les
plus précis, 1º l'état de chacune des principales industries dans leur
arrondissement; 2º l'influence du traité de commerce sur la situation; 3º les mesures prises par l'administration pour venir au secours
des ouvriers sans travail.

[28] See ch. i, note 21; and Dunham, *op. cit.,* p. 203.

afin d'éviter l'inconvénient des appréciations vagues qui sont l'écueil ordinaire où viennent échouer les rapports d'ensemble, je crois devoir exposer la situation industrielle par arrondissement.

LIMOGES.

l'industrie de la porcelaine emploie habituellement environ 4,000 ouvriers des deux sexes dans la ville de Limoges, en ce moment, 2900 travaillent à journée entière—1,000 à ¾ de journée—100 environ, les moins habiles et les moins actifs, sont sans travail.

toutes les fabriques ont courageusement lutté contre la crise provoquée par le défaut de commandes provenant de la Guerre Américaine. la nécessité fait naître souvent les procédés ingénieux: les fabricants ont modifié leurs produits et les ont adoptés aux besoins de la consommation intérieure en recherchant le bon marché. il y a malaise, sans doute, mais, en somme, la classe ouvrière travaille. . . .

.    .    .    .    .    .    .    .    .    .

ARRONDISSEMENT DE ROCHECHOUART.

les fabriques de gants établies à Sᵗ Junien, sont sous le coup d'une crise; les commandes sont rares, les magasins sont encombrée de marchandises qui se détériorent en partie, les fabricants ont réduit le personnel de leurs ouvriers; 150 environ sont sans travail. . . .

deux fabriques de porcelaine existent, dans cet Arrondissement; l'une d'elles est fermée momentanément, elle n'employait que 22 ouvriers—l'autre fonctionne, elle reçoit 150 ouvriers qui travaillent à heures réduites.

.    .    .    .    .    .    .    .    .    .

ARRONDISSEMENT DE BOURGANEUF.

les fabriques de papiers de paille sont en activité comme à l'ordinaire; celles des porcelaines languissent.


49. *Gaulot, P. G. Lyons, 27 December 1861.*

Dans le Département du Rhône les diverses industries se soutiennent; mais la plus importante, celle des soies est rudement atteinte par le conflit Américain. Quelques commandes reçues pendant les mois d'Octobre et de Novembre, celles envoyées depuis la mort du Prince Albert [29] pour vêtemens de deuil ne donnent qu'un travail insuffisant et peu rémunérateur. Les souffrances sont donc très vives.

.    .    .    .    .    .    .    .    .    .

[29] Albert of Saxe-Coburg-Gotha, Prince Consort of Queen Victoria of Great Britain, died on 14 Dec. 1861.

A Villefranche, à Thizy et à Tarare, le prix élevé des cotons arrête les transactions ou les limite aux besoins pressans de chaque jour.

Mes reflexions seront plus tristes encore pour le Département de la Loire ou plutôt pour la ville de S$^t$ Etienne. L'industrie des rubans se meurt et le petit nombre d'ouvriers encore occupés ne reçoivent qu'un salaire insuffisant. La pensée seule d'une guerre entre l'Angleterre et l'Amérique ajoute aux alarmes: un conflit entre ces deux puissantes nations causerait la ruine de nombreuses familles tandis qu'avec la paix la rubanerie pourrait encore espérer des jours meilleurs.

. . . . . . . . . . .

Les fabriques de coton créées à Roanne subissent aussi le contre-coup des évènemens. Les ateliers ne sont point désorganisés toutefois et sans la hausse des matières premières, ils soutiendraient avec ardeur la concurrence.

50. *Gaulot, P. G.  Lyons, 16 January 1862.*

Dans les deux grandes villes de ce Ressort, à Lyon et à S$^t$ Etienne, la situation commerciale, sur laquelle se portent les bienveillantes sollicitudes de Votre Excellence, n'a point changé et cependant je suis heureux de constater des symptômes plus favorables depuis quelques jours.

Les esprits sont calmes, ils s'abandonnent moins au découragement. A côté d'un mal certain, il y a toujours la peur du mal et celle là du moins est en partie guérie par la décision du Gouvernement Américain.[30] La guerre n'éclatera plus entre l'Angleterre et les Etats-Unis telle est la consolante certitude qui a été saluée avec toutes les espérances d'un avenir meilleur.

Les Anglais ont envoyé quelques commandes; des fabricans se décident à travailler pour l'avenir; des soies en assez grande quantité ont été achetées; des ateliers de teinture ont repris une certaine activité, telles sont les données que l'opinion publique commente. Elle serait presque tentée d'attribuer en ce moment à ces faits une trop grande signification car enfin la guerre civile désole encore les Etats de l'Union et paralyse toutes nos relations commerciales.

Du reste, Monsieur le Garde des Sceaux, l'épreuve est peut-être plus cruelle pour les fabricans que pour les ouvriers. Les premiers, ceux toutefois qui n'étaient pas encore arrivés à la fortune, voient

---

[30] For the dénouement of the Trent affair see Introductory Note to ch. ii.

leur crédit menacé, leurs affaires arrêtées et l'avenir de leurs familles compromis. Les seconds peuvent chercher d'autres travaux, se porter vers les industries qui prospèrent et atendre [sic] la fin de cette crise avec quelques ressources.

51. *De Gérando, P. G.   Metz, 8 January 1862.*

Mais la crise américaine pèse lourdement sur d'importantes industries de mon ressort, notamment sur les fabriques de peluches dont les commandes sont arrêtées, sur les verreries & les fabriques de verres de montres, sur les manufactures de draps de Sedan & sur les filatures de laine de l'arrond^t de Rethel. Plusieurs de ces filatures font chômer tour-à-tour, pendant une journée, une partie de leurs ouvriers, ou ne les font plus travailler que pendant les deux tiers de la journée.

La fabrication des mérinos, qui occupe ordinairement tant de bras dans le même arrondissement, est complètement paralysée par la guerre d'Amérique.

Les chômages et la cherté des subsistances ont rendu fort précaire l'existence des ouvriers employés par l'industrie de la laine, un ouvrier fileur ne gagnant, les jours où il travaille, que 2^fr à 2^fr.50^c, un ouvrier-rattacheur et un ouvrier-tisseur qu'1^fr à 1^fr.50, salaires tout-à-fait insuffisants pour ceux qui ont une famille à soutenir.

La guerre éventuelle de l'Angleterre avec les Etats-Unis [30] est fort redoutée et exercerait une action désastreuse non seulement sur la plupart des industries, mais aussi sur le commerce de mon ressort. Elle ferait affluer à vil prix, sur le continent européen, la masse de marchandises que la Grande-Bretagne déverse sur le Nouveau-monde.

52. *Neveu-Lemaire, P. G.   Nancy, 5 January 1862.*

L'effet qui se produit à Nancy et dans une grande partie de la Lorraine ne se produit-il pas à Glasgow et surtout en Irelande, et le contre-coup de la guerre des Etats-Unis ne se fait-il pas ressentir de l'autre côté du détroit comme de ce côté? Je veux que l'excès de production ait fait descendre en 5 ans le nombre des 200,000 brodeuses irlandaises à 75,500 où il se trouve aujourd'hui réduit, toujours est-il que le défaut d'exportation ne pouvait rendre à cette fabrication l'essor et l'activité qui lui manquent. Il est même douteux qu'elle reprenne jamais chez nous son ancienne prospérité combattue qu'elle sera à l'intérieur par les broderies communes de la Suisse, et à l'extérieur par les tristes conséquences d'une lutte, dans les efforts de laquelle le Nord et le Sud auront épuisé pour longtemps la plus grande partie de leurs ressources. Quoiqu'il en soit, l'avilissement de la main-d'oeuvre est tel que les femmes qui percevaient autrefois 1 franc et 1 fr. 25ᶜ, touchent à peine 40, 35 et même 30 centimes.

Il en est de même des dentelles de Mirecourt. Plusieurs fabricants ont entièrement suspendu leurs travaux, et le salaire que les autres donnent à l'ouvrière est tellement faible qu'elle préfère souvent ne point aliéner sa liberté. Tel ouvrage qui se payait 1 franc ou même 75 centimes n'en rapporte plus que 25 ou 30.

Mais c'est surtout sur les vastes et nombreux établissements qui emploient le coton, que pèse de tout son poids la guerre des deux Amériques.

. . . . . . . . . .

Il est au reste un sujet d'inquiétude bien autrement sérieux [than the commercial treaty with England] en ce moment pour leurs fabricants et les nôtres. Il est evident que l'Europe finira par manquer de coton, si le blocus des Etats du Sud [31] n'est pas enfin levé, ou s'il est respecté par nos vaisseaux. L'opinion s'émeut surtout à la pensée que l'intervention la plus prompte, la mieux dirigée, la plus féconde en résultats immédiats ne parviendrait plus peut-être à conjurer le péril, tant l'approvisionnement s'épuise rapidement. Dans mon ressort, cependant, les difficultés qui naissent de cet état de choses ne se sont point encore traduites par des sinistres industriels ou financiers, et il est permis d'espérer que nos grands établissements du moins résisteront à la crise. Je puis dresser au surplus le bilan de la situation locale avec la plus rigoureuse exactitude.

Dans le département de la Meurthe où le développement de cette industrie est moins grand, les deux maisons les plus importantes de l'arrondissement de Nancy ont leur approvisionnement assuré jusqu'au mois de Septembre. Les autres filatures, teintureries ou fabriques de cotonnade, achètent la matière première au jour le jour, en subissant toutes les rigueurs d'une hausse dont on ne peut prévoir la fin. Quant au tissage mécanique situé au Val de bon Moutier, près de Sarrebourg, il n'a point ralenti sa marche, emploie le même nombre d'ouvriers et n'a point baissé les salaires.

Dans la Meuse, et spécialement dans l'arrondissement de Bar-le-Duc, où 4,000 individus vivent entièrement de l'industrie coton-

[31] See Introductory Note to ch. iv.

nière, de vives préoccupations se concentrent aussi sur cette question capitale. Les principaux filateurs peuvent cependant travailler jusqu'au mois de Mars. Quelques uns, même, ont des approvisionnements pour une année entière. Les patrons personnellement ne souffrent pas encore parcequ'ils ont réalisé sur la hausse des cotons en balle des bénéfices considérables. En général, l'activité des filatures est la même qu'avant la crise. Celle de Robert-Espagne, seule, n'emploie plus ses ouvriers que pendant 3/4 de jour.

Quant aux fabricants de toile de coton, sur 23, 8 ont déjà renvoyé un certain nombre d'ouvriers. Tous annoncent qu'ils seront dans le Nécessité de suivre cet exemple, si la situation se prolonge. Sept enfin ont diminué le prix de la main d'œuvre dans des proportions qui varient de 1 à 10 centimes par mètre.

Sur 7 fabricants de tricots à la mécanique, un seul a congédié 9 ouvriers. Les autres produisent dans les mêmes conditions que par le passé. L'industrie des corsets sans couture n'a point ralenti son travail, quoique l'important débouché qu'elle avait de l'autre côté de l'Atlantique ne lui soit plus actuellement ouvert. Un seul teinturier a fermé son usine. Non loin de Verdun, la filature d'Orles ne parait pas disposée non plus à suspendre sa production.

Dans les Vosges enfin, où les moteurs hydrauliques font marcher tant de manufactures, rien n'est désespéré sans doute; mais la Situation n'est pas moins précaire. Sur 60 filateurs ou tisseurs de l'arrondissement de Remiremont, 17 seulement qui emploient 4,900 bras sont suffisamment approvisionnés pour atteindre les derniers jours de l'hiver sans chômage: ce sont les Usines de Thillot, de Cornimont, de Bussang, de St Maurice, du Val d'Ajol, de Saulxures, de la Bresse, d'Eloyes, de Vecoux, du Tholy, de Jeanménil . . .[32] etc. Celle de Cornimont qui occupe 800 bras a du coton pour l'année entière. Il en est de même au Thillot; Bussang, St Maurice et le Val d'ajol en ont jusqu'au 1r Septembre, et au 1r juillet; Saulxures, qui emploie 900 ouvriers, jusqu'au 1r juin; 6 en possèdent jusqu'au mois de Mai et 5 jusqu'en Avril.

Sur les 43 autres qui comptent ensemble 4,260 ouvriers, deux sont pourvues jusqu'au 1r Mars; 18, dont les ateliers contiennent 2,100 individus jusqu'au 11 février; 19 n'en avaient que jusqu'au 1r janvier; 2 faisaient travailler sans marchés et pour un temps déterminé; 2 autres enfin avaient épuisé leurs approvisionnements dans les derniers jours de Novembre et cherchaient un remède au mal dans

---

[32] Ellipses in the original text.

le travail à la façon. Ainsi en supposant que les traités de fabrication à la façon puissent recevoir leur exécution, sur une population de 9,160 ouvriers, 2,400 pourront atteindre le milieu de février et 3,745 paraissent voués à une misère hélas! trop prochaine. Si l'état des choses dure longtemps encore, il y a tout lieu de craindre que les Manufactures ne ferment les unes après les autres, suivant que les propriétaires auront eu moins de prévoyance, de courage ou de capitaux. A Epinal les filatures semblent encore se soutenir; à Monthureux sur Saône, la seule usine de l'arrondissement de Mirecourt, a des cotons en magasin pour un an, sans restreindre la durée des heures de travail. A Saint-Dié, enfin, parmi les principaux filateurs qui avaient acheté aux premiers bruits de guerre, un seul peut atteindre le mois de Juin, les autres n'iront que jusqu'en février. Quant aux tissus fabriqués à domicile, et connus sous le nom d'articles de S$^t$ Dié et de S$^{te}$ Marie, l'état de souffrance n'est pas moins sérieux. Le salaire a subi une baisse assez sensible et beaucoup de bras restent sans emploi. Heureusement, les tisserands du pays ajoutent à leur profession une petite culture qui leur fournit au moins les objets de première nécessité.

Aussi les patrons redoutent-ils à bon droit de pareilles éventualités. Quant aux ouvriers, ils ne manifestent pas d'inquiétude et vivent au jour le jour, avec l'imprévoyance naturelle à leur classe. Jusqu'alors ils sont restés calmes. Il est vrai qu'en général et contrairement à ce qui se pratique en Angleterre, on ne leur a point encore imposé des sacrifices par la réduction des salaires ou des heures de travail. Leurs rapports avec les maîtres sont même plus satisfaisante qu'il ne l'ont été à d'autres époques, et il est très-rare qu'il se produise des réclamations de leur part. Une force supérieure pèse sur tout le monde, et nous n'avons encore eu à réprimer ni troubles ni murmures.

. . . . . . . . .

L'industrie des fécules a naturellement suivi le sort de l'industrie des cotons à laquelle sa prospérité est étroitement liée. La crainte d'un chômage prochain a dû arrêter la commande des filateurs, en sorte que les fabricants de fécule, privés de leur principal débouché, ont vu le prix de leur marchandise tomber de 45 francs les cent Kilogrammes, à 32 ou 33 francs. Ils fabriquent dés lors en perte, le taux de ce produit devant atteindre la somme de 38 francs au minimum, pour être vraiment rémunérateur.

. . . Grâce à la fourniture de 5000 mètres de draps destinés à l'armée des Etats-Unis, ["la fabrique de draps et d'étoffes de laine"], la fabrique la plus importante de Nancy, a assuré du travail à ses ouvriers.

La lutherie de Mirecourt est également dans un état de stagnation déplorable, frappée dans sa vitalité par la même impossibilité d'expédier ses produits au delà des mers.

53. *Thourel, P. G.   Nîmes, 31 January 1862.*

La situation économique des départmens du Ressort, pendant le dernier trimestre, est loin d'être favorable—

Dans les arrondissemens séricicoles, et notamment dans celui du Vigan (Gard), aux désastreuses campagnes de la sériciculture s'est ajoutée la perturbation commerciale occasionnée par la guerre d'Amérique— L'industrie des filateurs de soie est gravement atteinte— Le prix de la matière ouvrée n'étant plus en rapport avec celui de la matière première, la plupart des filateurs ont fermé leurs ateliers et laissé ainsi sans travail un personnel nombreux, qui, les hivers précédents, trouvait dans ces établissements, des ressources assurées et précieuses— Dans le seul canton du Vigan, sur 14 filatures, 3 seulement demeurent ouvertes avec un personnel restreint et des salaires réduits— Dans la seule ville d'annenay, dans l'arrondissement de Tournon, plus de 1200 ouvriers manquent de travail— Les mêmes causes ont produit les mêmes effects dans l'industrie des bas de coton et de la bonneterie— Presque la moitié des artisans employés à cette fabrication sont actuellement inoccupés, et les salaires de ceux qui travaillent ont subi des réductions qui leur donnent à peine de quoi vivre— Les autres industries ont moins souffert; mais elles se ressentent du malaise général, et leurs produits s'écoulent difficilement—

Toutefois, cette détresse du commerce n'a nulle part enfanté des désordres—

54. *Chaix d'Est-Ange, P. G.   Paris, 26 November 1861.*

L'arrondissement de Dreux.

. . . . . . . . . .

Les fabriques de tissus de coton et les filatures situées dans le canton de Brezolles et qui occupent plus de mille ouvriers, étaient encore à la fin du trimestre en pleine activité. On n'etait pas cependant sans quelques appréhensions pour l'avenir; à l'incertitude qui règne encore sur les résultats de la lutte imminente avec les produits manufacturés étrangers, dégagés de l'entrave des droits protecteurs,[33] vient de joindre la crainte du renchérissement de la matière première, conséquence de l'état de guerre qui existe aux Etats Unis d'Amérique et du blocus des ports du Sud; [34] si la situation actuelle devait se prolonger, on pense que les filateurs et les fabricants seraient obligés de ralentir la production et de réduire le nombre de leurs ouvriers. Le département de la Marne est le seule où la crise ait éclaté avec une certaine intensité. A Reims au commencement d'octobre, les ouvriers congédiés et sans travail étaient au nombre de plus de 1500; cette situation était le résultat de la stagnation absolue des affaires et de l'encombrement des marchandises dans les fabriques. . . . Le commerce des vins souffre également tant à Reims que dans les autres cantons producteurs du département de la Marne. La récolte de la vigne, sans être aussi mauvaise que celle des céréales, n'a pas été abondante. D'un autre côté la crise américaine n'exerce pas seulement une influence fâcheuse sur l'exportation des vins de cette année, elle a eu également pour effet de rendre extrêmement difficile la rentrée des fonds dus par les négociants des Etats Unis et un certain nombre de maisons a découvert pour des sommes importantes et ne pouvant les recouvrir ont été forcées de reprendre leurs paiements. Cette branche importante de l'industrie champenoise est donc également atteinte par la crise actuelle et on comptait, à Reims seulement, près de 400 ouvriers tonneliers que leurs maitres étaient obligés d'employer à d'autres travaux que ceux de leur profession habituelle.

55. *Camescasse, P. G.   Rennes, 9 January 1862.*
  A Nantes et dans les villes de son rayon, il y a de la stagnation et de l'inquiétude, mais là c'est la crainte du conflit entre l'Amérique et l'Angleterre [34] qui paralyse l'essor commercial.

56. *Salneuve, P. G.   Riom, 9 January 1862.*
  cette même guerre des Etats-Unis, nuirait à l'industrie des rubans dans l'arrondissement d'Yssingeaux.
  La fabrication de la dentelle, cette cause de prospérité du pays, serait en souffrance dans l'arrondissement du Puy, tandis qu'elle serait florissante dans celui d'Yssingeaux.

 . . . . . . . . . .

[33] See ch. i, notes 10, 21.
[34] See Introductory Note to ch. iv.

La guerre des Etats-Unis cause un préjudice considérable aux fabriques de porcelaine de Lurcy-Lévy, arrondissement de Moulins (Allier).

### 57. *Millevoye, P. G.    Rouen, 9 January 1862.*

Mais si nos manufacturiers ont lieu d'être rassurés du côté de la concurrence anglaise, leur activité continue à être entravée par l'effet de la crise américaine. A la faveur des évènements la spéculation agit incessamment sur les cours, et selon qu'elle est impressionnée dans tel ou tel sens, elle détermine de notables variations, soit en hausse, soit en baisse. Le prix des cotons en laine qui, avant la crise, était 1ᶠ80ᶜ le kil., était monté, à l'époque de mon dernier rapport à 2ᶠ70 et 2ᶠ80. Il s'est élevé dans le cour du trimestre jusqu'à 2ᶠ87 et 2ᶠ90; il a même atteint 3ᶠ; puis, dans les premiers jours de décembre, à la nouvelle de la possibilité d'une guerre entre l'Angleterre et les Etats du Nord,[34] les cours sont rapidement descendus à 2ᶠ60 et 2ᶠ55, pour remonter, le 5 de ce mois, à 2ᶠ84. En présence de ces fluctuations continuelles, chaqu'un se tient sur la réserve et ne renouvelle ses approvisionnements que dans la mesure de ce qui est nécessaire pour satisfaire aux commandes. C'est là une conduite indiquée par la plus simple prudence, car si la fin de la guerre américaine, ou un conflit entre les Etats du Nord et l'Angleterre, faisait cesser le blocus des ports du Sud, le coton tomberait probablement même au dessous des prix anciens, parce que les magasins du Sud sont encombrés, non seulement des produits de la dernière récolte mais encore d'une grande partie de ceux de la récolte précédente, qui ont été toutes deux très abondantes, et qui trouveraient encore sur le marché, la concurrence des cotons de l'Inde, de l'Egypte et du Brésil, dont l'industrie, surtout en Angleterre, a déjà contracté l'habitude et qui entreront, désormais, dans la consommation pour une part beaucoup plus forte que par le passé.

Si l'incertitude est toujours, ainsi que je l'ai dit, le grand mal de la situation, il est, du moins, permis de constater qu'elle ne va plus jusqu'à faire douter de la possibilité de l'approvisionnement. Le stock du Hâvre qui était, il y a trois mois, de 241,000 balles, est aujourd'hui encore de 150,000, de sorte que, dans les trois mois écoulés, 91,000 balles seulement ont été absorbées soit pour les besoins de l'industrie nationale, soit pour ceux des manufacturiers étrangers. Ces chiffres prouvent que les stocks particuliers des filatures, étaient beaucoup plus considérables qu'il ne l'avait déclaré, et des renseignements qui doivent m'inspirer toute confiance me portent à penser qu'il existe encore dans les grandes usines des quantités considérables de cotons achetés avant la crise. D'après ces données, on peut apprécier que le stock actuel et les approvisionnements des manufacturiers, pourraient fournir au travail de cinq mois environ. Cette appréciation qui m'a été donnée par des hommes très compétents en cette matière, doit être exacte, car, s'il est vrai que nous entrons dans une phase d'activité ordinairement plus grande que celle des trois derniers mois et s'il est juste de prévoir un certain accroissement de consommation, il convient aussi de ne pas perdre de vue que les arrivages de l'Inde et de l'Egypte,[35] viendront, dans une certaine mesure, alimenter notre réserve. Il faut ajouter enfin qu'on n'a pas à craindre de voir l'Angleterre la diminuer par ses achats; son stock qui, à l'époque de mon dernier rapport, était de 589,000 balles, s'est plutôt élevé qu'a baissé; il est aujourd'hui d'environ 600,000 balles dont plus de moitié, il est vrai, en coton de l'Inde.

La production de la filature a eprouvé quelque ralentissement en octobre et en novembre, mais cet état de choses a complètement cessé dans la première quinzaine de décembre. Les états statistiques de cet année, comparés à ceux de l'année précédente, démontrent même une légère augmentation du personnel. Quant à la durée du travail, elle est de 12 heures dans deux tiers des établissements; dans l'autre tiers, les ouvriers perdent de deux à trois heures par jour; dans un très petit nombre d'usines peu importantes dont les propriétaires n'ont ni approvisionnement, ni beaucoup de crédit, il y a chômage de un à deux jours par semaines: six où sept petites filatures me sont signalées comme ayant cessé de fonctionner; mais les ouvriers de ces éstablissements ont, de suite, trouvé du travail dans d'autres usines. Nulle part, les salaires n'ont subi d'autre réduction que celle résultant de la suppression des primes que l'on accordait aux ouvriers qui produisait davantage, ou de la diminution des heures de travail. Mais déjà l'on m'annonce que la plupart de ceux des industriels qui avaient supprimé les veillées, se proposent de les rétablir; leur intérêt bien entendu les invite en effet à ne plus restreindre le travail. Les uns parce qu'ils s'étaient approvisionnés de coton avant la crise et qu'aux cours actuels, ils réaliseront de grands bénéfices;

[35] See ch. i, note 24. For Egyptian imports see West, *op. cit.,* p. 63.

les autres, parce qu'il leur importe d'écouler sans attendre la baisse, les produits dont la matière première leur a été vendue à un prix élevé.

J'ai cherché à me rendre compte de la situation d'une filature, en prenant pour base les prix de la fin de décembre. J'ai constaté les résultats suivants: les cotons en laine coûtaient en moyenne, $2^f55$ ou $2^f60$ le Kilog.; les frais de filature y compris les frais généraux, s'élevent de 60 à 70 centimes, suivant les conditions des établissements, la qualité de leur outillage et l'habilité des ouvriers. Ce qui donne pour les filés un prix de revient de $3^f.30^c$. Or, pour ne prendre que les numéros de cotons filés le plus généralement employés, savoir: le n° 26 pour les chaînes et les n°$^s$ 22, 24 et 26 pour les tissures dont les prix étaient, fin décembre, de $4^f$, $3^f.85$, $3^f.80$, $3^f.75$, on trouve un bénéfice de 70, 55, 50 et 45 centimes par Kilogramme de coton filé. On peut se faire une idée du chiffre qu'ont atteint les bénéfice totalisés, quand on sait qu'une usine montée dans des conditions très ordinaires produit 4000 Kil. par semaine.

Le tissage mécanique se maintient dans d'assez bonnes conditions. Les cinq sixièmes des ouvriers de cette industrie sont occupés pendant les douzes heures du travail réglementaire; pour le dernier sixième employé dans les plus petits établissements, la journée a été réduite à 10, 9 et 8 heures de travail effectif. A la fin de décembre, des calculs analogues à ceux que j'ai presentés plus haut pour les cotons filés, donnaient pour la pièce de 83 mètres se vendant $35^f.69$, un prix de revient de $32^f.90^c$; d'où résultait un bénéfice de $2^f.79$. Or, un tissage monté pour 75 ouvriers, fabrique, en moyenne, 50 pièces par jour, ce qui donnait, d'après les prix de décembre, un bénéfice quotidien d'environ 140f.

Cette situation a subi, depuis quelques jours, de notables variations, sous l'influence de nouvelles venues d'Amérique et qui semblent diminuer les chances d'un conflit entre l'Angleterre et les Etats du Nord.[36] Les cotons en laine sont montés à $2^f.84^c$, le prix de revient des cotons filés se trouve donc de $3^f.54^c$ au lieu de $3^f.30^c$. Les prix des filés n'ayant pas augmenté, les bénéfices sont réduits pour les numéros généralement employés à $0^f.26$ centimes au lieu de 70, pour les chaines n° 26 et pour les tissures n°$^s$ 22, 24 et 26, à $0^f.06^c$–$0^f.11^c$–$0^f.16^c$. Les bas numéros de tissure ne donnent plus ou presque pas de bénéfices, en supposant les frais de filature à $0^f.70^c$ par Kilog.; mais je dois faire observer à Votre Excellence que ce chiffre est celui des usines établies dans les moins bonnes conditions; dans les filatures bien montées la main d'œuvre et les frais généraux ne s'élèvent pas à 0$^f$.60$^c$.

Il ressort aussi des cours comparés des filés et des calicots (compte 30) que les tisseurs ne réaliseront plus qu'un bénéfice de 1$^f$.70 par pièce de 83 mètres, au lieu de 2$^f$.79. Ces brusques changements confirment ce que je disais, en commençant ce rapport, sur la situation actuelle et sur l'incertitude qui la caractérise. Les transactions se sont arrêtées. Elles ne reprendront pas tant qu'on ne connaîtra pas la réponse du Président Lincoln aux réclamations de l'Angleterre.[36]

Rouenneries.

Le tissage à la main ou à la JAQUART, employé principalement dans l'arrondissement d'Yvetot et dans trois cantons de celui de Dieppe, pour la fabrication de la rouennerie, se trouve dans des conditions les plus défavorables. Presque tous les fabricants ont éliminé de leur personnel les vieillards et, en général, les ouvriers dont le travail est peu avantageux; ceux qui restent, perdent de 8 à 10 jours par mois, ce qui réduit leur salaire à 1$^f$.25 ou 1$^f$.50 par jour. L'état de souffrance de cette branche d'industrie, ne tient nullement à la concurrence des produits étrangers; elle résulte de ce que les acheteurs n'offrent pas de la marchandise une augmentation en rapport avec celle qu'ont subie les matières employées à la fabrication. On trouve la cause de cette dépréciation entre les offres des acheteurs et les prix de revient, dans l'état de gêne, auquel sont réduits, par suite du prix élevé des denrées alimentaires la plupart de ceux auxquels sont destinés les tissus de coton, connus dans le commerce sous le nom générique de Rouenneries. La rareté de consommation explique la rareté de la demande, qui explique à son tour l'avilissement des prix.

Ce n'est pas seulement l'élévation exceptionelle du prix des cotons, qui concourt en ce moment à augmenter le prix de revient des rouenneries. Il entre dans leur fabrication une grande quantité de coton teint en bleu; or cette teinture a subi une augmentation d'environ 25%, par suite d'une semblable augmentation des indigos. . . .

. . . . . . . . . . .

Les teintureries sont également en souffrance. La moitié des établissements chôme un ou deux jours par semaine; il s'est même produit une légère diminution du personnel employé.

. . . . . . . . . . .

[36] See Introductory Note to ch. iv.

Industrie des laines, draps, et nouveautés.

A Louviers et à Elbeuf, l'industrie se plaint de la pesanteur et de la rareté des transactions, mais elle ne les attribue pas à la levée des prohibitions. Déjà nos fabricants ont pu apprécier la concurrence étrangère et il la considèrent comme peu redoutable, à raison de l'infériorité de ses produits. Mais deux autres causes sont signalées comme produisant la diminution d'activité industrielle et commerciale, que subissent en ce moment les places de Louviers et d'Elbeuf: c'est, d'une part, l'état exceptionnel de la température jusju'au milieu de décembre; de l'autre, la crise américaine qui a supprimé complètement les exportations dans les Etats du Sud et diminue le mouvement des affaires avec ceux du Nord. Les commandes ne manquent pas de ce côté, mais les fabricants ne les acceptent qu'avec une grande réserve, à cause du peu de sûreté que présentent, en ce moment, beaucoup de maisons américaines.

J'ai voulu me rendre compte d'une manière aussi précise que possible, de cette diminution des affaires, en comparant les expéditions faites d'Elbeuf, soit pour la France, soit pour l'étranger, pendant les deux mois d'octobre et de novembre des années 1860 et 1861. J'ai fait relever à tous les bureaux de transport, des chiffres dont voici les résultats.

| | | |
|---|---|---|
| Expeditions d'octobre | 1860 .............. | 504,926 K. |
| ..................... | 1861 .............. | 459,486 K. |
| Différence en moins pour 1861 .............. | | 45,440 K |
| Expéditions de novembre | 1860 .............. | 305,083 K. |
| ..................... | 1861 .............. | 286,377 K |
| Différence en moins pour 1861 .............. | | 18,706 K |

Je n'ai pu obtenir à Louviers des chiffres complètement exacts, mais ceux que j'ai recueillis suffisent pour établir que la proportion est, à peu près, la même qu'à Elbeuf.

Ces chiffres n'accusent pas un ralentissement bien considérable. Ce qui est certain, c'est que, si la production est devenue moins active, elle ne s'est arrêtée dans aucune fabrique. La réduction des heures de travail ou les chômages partiels qu'on me signale, sont des faits tout à fait exceptionnels. Aucun établissement n'est fermé, aucune faillite importante n'a été enregistrée; il n'y a pas eu necessité de modifier les genres, aucun ouvrier n'a eu à subir de réduction de salaire. Un pareil résultat se produisant au moment de transition d'un régime à l'autre et en présence d'une crise comme celle d'Amérique, est assurément trop significatif pour permettre le doute.

.   .   .   .   .   .   .   .   .   .   .

Horlogerie.

Saint Nicolas d'Aliermont, dans l'arrondissement de Dieppe, est le centre d'une fabrication importante d'horlogerie. Cette industrie est gravement atteinte par le Conflit américain, les Etats-Unis étant son marché principal. En temps ordinaire, l'horlogerie de Saint Nicolas occupe 1260 ouvriers qui fabriquent pour plus d'un million de produits. Les hommes gagnent de 2 à 3$^f$, les femmes de 1$^f$25$^c$ à 1$^f$50$^c$, les enfants de 0.75$^{ces}$ à 1$^f$. Dans ces derniers mois, il a fallu réduire la fabrication de plus d'un tiers et diminuer d'autant le travail des ouvriers. Encore, pour s'arrêter à ce point, les fabricants ont-il dû s'imposer de lourds sacrifices. Les ouvriers, du reste, l'ont compris, et, malgré la difficulté de vivre ils sont restés dans de bons termes avec leurs patrons. L'administration de son côté est venue en aide à cette population qui était menacée de cruelle souffrances. Les ouvriers sans ouvrage sont employés à des travaux entrepris dans la forêt d'Arques, par l'administration forestière. Ils trouvent là une précieuse ressource pour nourrir leurs familles.

Le Hâvre.

La crise américaine a eu pour premier effet, de ralentir considérablement le commerce du transit et d'interrompre presque complètement les entreprises d'exportation sur la place du Hâvre; [37] mais le négoce de cette ville a trouvé une large compensation dans les bénéfices énormes réalisés sur la vente des cotons qu'il avait en réserve. On estime ces profits à plus de 40 millions. Il est facile d'admettre ce chiffre lorsqu'on sait que les prix qui, au mois d'août, était coté à 162$^{fr}$ les 100 Kil. sont montés à 308$^{fr}$.

Les négociants de la place n'ont pas seuls profité de cette fièvre de spéculation qui s'est emparée de tous les esprits et qui fait qu'à chaque hausse et, pour ainsi dire, d'heure en heure, des primes considérables sont réalisées; beaucoup de filatures qui avaient des cotons

---

[37] On Havre, West had this to say: "The city of Havre suffered more than any other French port, for it had enjoyed a greater amount of trade with America. Its cotton trade with the United States had afforded support for thousands of laborers and small tradesmen, and as the war progressed the flag of the United States became a comparatively rare visitant there. Cotton operators realized great fortunes, but with these exceptions the town was a great sufferer." West, *op. cit.*, pp. 60–61 (based on the report of Putnam, U. S. Consul to Havre, 25 Jan. 1864, *Commercial Relations of the U. S.*, [1864], 199).

| Nature des Industries | Nombre d'ouvriers occupés | | Différence en | | | Nombre Dans les | |
|---|---|---|---|---|---|---|---|
| | actuelle-ment | en temps normal | plus | moins | prop$^{on}$ p. % | 12 heures | 11 heures |
| 1 | 2 | 3 | 4 | 5 | 6 | 7 | 8 |
| 1 Coton—Filature | 22719 | 26026 | " | 3307 | 14.55 | 7746 | 2303 |
| 2 id—Tissage méca-nique | 8314 | 8303 | 11 | " | " | 5515 | 288 |
| 3 id—Tissage à la main | 37283 | 47355 | " | 10072 | 27 " | " | " |
| 4 Indiennes | 3447 | 3930 | " | 83 | 2.35 | 1095 | 833 |
| 5 Industrie du Lin | 3187 | 3152 | 35 | " | " | 1324 | " |
| 6 Dentelles | 585 | 585 | " | " | " | " | " |
| 7 Laines-Filature, tis-sages | 17606 | 19114 | " | 1508 | 7.88 | 8103 | 805 |
| 8 Soie id | 530 | 550 | " | 20 | 3.63 | 518 | " |
| 9 Fabrication de prod$^{ts}$ chimiques | 620 | 751 | " | 131 | 17.44 | 466 | 68 |
| 10 Teintureries | 2101 | 2162 | " | 61 | 2.82 | 276 | 1467 |
| 11 Blanchisseries | 861 | 919 | " | 58 | 6.31 | 279 | 454 |
| 12 Verreries | 1014 | 1024 | " | 10 | 1 " | 95 | 58 |
| 13 Métallurgie et Con-st$^{on}$ de Machines | 8041 | 9059 | " | 1018 | 11.23 | 3585 | 2538 |
| 14 Epinglerie | 180 | 1200 | " | 1020 | 85 " | " | " |
| 15 Horlogerie | 371 | 829 | " | 454 | 55 " | 371 | " |
| 16 Const$^{on}$ de Navires | 392 | 680 | " | 288 | 42.35 | 60 | 281 |
| 17 Papeteries | 733 | 763 | " | 30 | 3.92 | 577 | 96 |
| 18 Corderies | 443 | 505 | " | 62 | 12.27 | 434 | 9 |
| 19 Tanneries | 1100 | 1105 | " | 5 | " | 424 | 614 |
| 20 Raffineries et Distil-leries | 834 | 887 | " | 53 | 5.74 | 297 | 537 |
| 21 Fabrication d'Huile | 180 | 206 | " | 26 | 14.44 | 103 | 22 |
| 22 Ivoire | 121 | 121 | " | " | " | " | " |
| 23 Fab$^{on}$ d'inst$^{ts}$ de Musique | 155 | 155 | " | " | " | " | " |
| 24 Fab$^{on}$ de peignes | 614 | 674 | " | 60 | 8.91 | 130 | " |
| Totaux | 111,441 | 129651 | 46 | 18261 | 14.08 | 31,398 | 10,433 |

achetés en prévision des besoins éventuels de leurs usines, les ont laissés entre les mains de leur commettants, aimant mieux les remettre en vente que de les employer.

L'usage des Warants [sic] a donné pour toutes ces opérations, des facilités que la place du Hâvre n'aurait pu trouver dans ses ressources ordinaires, si étendues qu'elles puissent être. Les prêts de la Banque de France s'élèvent aujourd'hui à 27,500,000$^{fs}$; ceux des particuliers à 2,500,000$^{fs}$.

| d'Ouvriers travaillant établissements | | | hors de Etablissts | Nombre d'ouvriers de la Col. 2, chômant | | Salaires (Moyenne) | | | Observations |
|---|---|---|---|---|---|---|---|---|---|
| 10 heures | 9 heures | 6 à 8 heures | | de 1 jour à 3 | prop p. % | hommes | femmes | Enfants | |
| 9 | 10 | 11 | 12 | 13 | 14 | 15 | 16 | 17 | 18 |
| 3246 | 4741 | 4623 | " | 4036 | 17.76 | 2.40 | 1.40 | 0.90 | |
| 1356 | 756 | 399 | " | 416 | 0.50 | 2.35 | 1.65 | 0.90 | |
| " | " | " | 37,283 | 13,332 | 35.22 | 1.25 | 1.05 | 0.55 | |
| 1291 | 150 | 78 | " | 511 | 14.82 | 2.50 | 1.35 | 0.80 | |
| 26 | " | 19 | 1818 | " | " | 2.50 | 1.60 | 0.90 | |
| " | 285 | 300 | " | " | " | 2.55 | 2.30 | 1. " | |
| 511 | 204 | 342 | 7641 | 163 | 1.10 | 2.65 | 1.70 | 0.90 | |
| " | " | 12 | " | " | " | 2.65 | 1.50 | 0.75 | |
| 79 | 7 | " | " | " | " | 2.60 | " | " | |
| 123 | 159 | 76 | " | " | " | 2.35 | 1.20 | 0.90 | |
| 70 | 58 | " | " | 195 | 22.68 | 2.05 | 1.30 | 0.90 | |
| 77 | 784 | " | " | " | " | 3.57 | 1.55 | 0.65 | |
| 1762 | 60 | 96 | " | " | " | 3.10 | " | 1.10 | |
| " | 180 | " | " | " | " | 2.50 | " | " | |
| " | " | " | " | 109 | 29.38 | 2.50 | 1.25 | 0.50 | |
| 51 | " | " | " | " | " | 2.90 | " | 1.50 | |
| 60 | " | " | " | " | " | 2.55 | 1.30 | 1. " | |
| " | " | " | " | " | " | 2.60 | 1.45 | 0.85 | |
| 62 | " | " | " | " | " | 2.65 | 1.50 | " | |
| " | " | " | " | " | " | 2.60 | 1.25 | 1.45 | |
| 55 | " | " | " | " | " | 2.75 | 1.30 | 1.10 | |
| " | " | " | 121 | " | " | 2.50 | " | 1. " | |
| " | " | " | 155 | " | " | 3 " | 1.75 | " | |
| " | " | " | 484 | " | " | 2.60 | 1.75 | 1.25 | |
| 8,770 | 7,384 | 5945 | 47,502 | 18,762 | 16.83 | 2.55 | 1.48 | 0.94 | |

Dans cet état de chose les ventes réelles devaient se restreindre et, en effet, depuis cinq mois, ells ont toujours été en diminuant. En août 1861, elles s'élevaient à 45,982 balles; elles sont tombées à 36,683 balles en septembre, et à 35,785 en octobre, et à 25,397 balles en novembre; ce qui donne une moyenne de 35,961 balles, tandis que, pour la période correspondante de l'année dernière, cette moyenne atteignait le chiffre de 49,605 balles.

[The tables on pp. 44 and 45 followed this extract.]

APRIL 1862

58. *Sigaudy, P. G.   Aix, 9 April 1862.*

La chapellerie seule qui expédiait en Amérique des chapeaux de feutre souffre de la guerre des Etats-Unis.

59. *Dufour, P. G.   Amiens, 31 March 1862.*

L'industrie des tissus traverse en effet une crise pénible. La guerre des deux Amériques et la concurrence anglaise ont arrêté bien des métiers. S'il ne faut pas prendre à la lettre l'article du *Times* évaluant à neuf mille pour la seule ville de Saint-Quentin le nombre des ouvriers à la charge de la charité publique, on ne saurait méconnaître toutefois qu'il y a bien des misères à soulager.

60. *Dubeux, P. G.   Bordeaux, 15 April 1862.*

La situation commerciale ne s'est guère améliorée durant le dernier trimestre. Fort lourdes déjà les opérations ont continué à languir; à Bordeaux un assez grand nombre de petites faillites ont été déclarées; il en a été de même sur plusieurs points du ressort. Plus juste qu'ailleurs, le commerce attribue cette situation fâcheuse à la crise américaine, bien plus qu'au traité de commerce.[38] Les vins se vendent peu parce que l'exportation en est peu demandée.

61. *De Chenevière, P. G.   Bourges, 5 April 1862.*

L'industrie de la porcelaine continue à traverser sans de contre coup fâcheux la crise qui semblait devoir l'atteindre. Les ouvriers ont été maintenus dans toutes les fabriques. Il est vrai de dire, toutefois, que celle de Vierzon qui en emploie 668, a dû restreindre pour un certain nombre le travail à quatre jours seulement par semaine.

Le tissage du coton n'existant pas dans nos régions, nous échappons aux douloureuses épreuves infligées aux pays de fabrique.

62. *Rabou, P. G.   Caen, 8 April 1862.*

L'état industriel n'est pas plus satisfaisant. Un grand nombre de chefs d'établissements ont renvoyé une partie notable de leurs ouvriers, ou diminué les heures de travail, sans qu'il y ait eu chômage complet. A Flers (Orne), sur 12,000 ouvriers employés ordinairement, 4,000 sont restés sans ouvrage, mais on a pu heureusement utiliser

[38] See ch. i, notes 10, 21.

leurs bras dans les travaux du chemin de fer qui doit relier Flers à Caen. . . .

La cause de cette situation fâcheuse est dans la rareté, pour ne pas dire dans la penurie du coton, beaucoup plus que dans le traité de Commerce avec l'Angleterre.

63. *De Bigorie de Laschamps, P. G. Colmar, 7 April 1862.*

Arrondissement de Colmar.

L'industrie cotonnière tient la première place dans l'ordre des idées, dans l'activité de cet arrondissement populeux. Votre Excellence ne s'étonnera pas de l'anxiété des manufacturiers qui traversent une crise lourde et persistante. Les stocks de filés vont croissants chaque jour. Le travail commence à ralentir sur divers points et la main d'œuvre diminue.

Plusieurs filateurs et tisseurs ont réduit les journées, de deux et même de quatre heures. Le malaise tient à des causes multiples, parmi lesquelles figurent en première ligne, la guerre civile américaine et la perturbation momentanée que devait apporter aux transactions industrielles le nouveau régime inauguré par le traité de commerce avec l'Angleterre. Je ne suis pas informé, cependant, qu'aucun établissement ait complètement cessé ses travaux; il est même très-probable que l'industrie cotonnière, selon sa coutume, exagère le mal afin de grandir ses plaintes, de même qu'au cours de temps propices, elle excelle à dissimuler ses profits. Toutefois, la réduction progressive des produits indique évidemment qu'il y a souffrance.

. . . . . . . . . . . .

Arrondissement de Belfort.

Ce que je viens de dire pour Colmar s'applique en grande partie à la situation de Belfort. La souffrance de l'industrie cotonnière s'y accuse plus vivement encore et Votre Excellence sait que cette branche de l'industrie n'occupe pas moins de 25,000 ouvriers dans l'arrond[t] de Belfort.

Les approvisionnements moins abondants que dans l'arrondissement de Colmar s'y épuisent, m'écrit-on, d'une manière sensible. Plusieurs maisons n'auraient de matières premières que pour six semaines environs; d'autres, et ce sont les moins nombreuses, espèrent pouvoir fabriquer jusqu'en Juillet.

La maison Bricard de Thann (filature) a fermé ses ateliers, fin octobre dernier, conséquemment Votre Excellence a du en avoir

connaissance à l'époque. C'est pour réaliser 40 ou 50,000 f. de bénéfices que cet avide industriel a congédié ses ouvriers. C'est le seul de
mon ressort qui n'ait pas reculé devant cette spéculation judaïque.
L'opinion publique s'est prononcé contre lui.

Si l'établissement Muller également de Thann, (tissage) s'est vu
réduit aussi à suspendre sa fabrication, fin X$^{bre}$ [39] dernier, c'est à
cause de l'épuisement régulier des matières.

Les ouvriers congédiés réclamaient double paie pendant la
dernière 15$^e$. Ils s'étaient même mis en grève; mais sur de sages observations, ils ont compris les embarras de leur position et sont
rentrés à l'atelier.

.    .    .    .    .    .    .    .    .    .    .

On me signale pour le canton de Cernay à  la date du 14 mars,
303 ouvriers congédiés. Il y a de fait, diminution du taux des salaires
dans la fabrique de M. Boigeol, à Giromagny, par le motif que
l'ouvrier n'opérant que sur le coton de l'Inde, d'une manipulation
beaucoup plus difficile que le coton d'Amérique, dépense le double
de temps pour produire une pièce et n'obtient que le prix ordinaire.

.    .    .    .    .    .    .    .    .    .    .

L'esprit de large prévoyance qui caractérise l'industrie Mulhousienne a réagi d'une manière heureuse sur l'épreuve actuelle.
Grâce aux approvisionnements immenses de cotons en laine, faits à
des prix moins élevés que ceux des cours actuels, les manufacturiers
de Mulhouse ont pu éviter le chômage partiel ou total et maintenir
le travail si nécessaire à une population ouvrière extraordinairement
accrue depuis quelques années. La filature Mulhousienne travaille
encore sans trop de perte, j'inclinerais à dire sans aucune perte,
malgré le bas prix des filés, tandis que Manchester et Rouen, qui
achètent leur coton au fur et à mesure des besoins, ont du suspendre
leur fabrication.

Une seule filature à Mulhouse, fort peu importante, du reste,
voyant diminuer ses matières premières, a renvoyé une trentaine
d'ouvriers qui ont aussitôt trouvé à se placer ailleurs.

Les salaires sont ce qu'ils étaient aux époques les plus prospères;
la condition des ouvriers a donc toujours été bonne et si, par un
événement quelconque, la guerre cessait franchement, d'ici en trois
mois, entre les états du Sud et les états du Nord d'Amérique, la
confiance se rétablissait et rendait l'activité au commerce, bien que
cette activité, dans l'opinion de Mulhouse soit loin de dépendre

[39] Read *décembre.*

capitalement de la pacification de l'Amérique, Mulhouse seule, peut-être, de toutes les villes industrielles de l'Empire, pourrait se glorifier d'avoir trouvé, sans trop de souffrance, et sans désastres, une crise aussi prolongée que complexe.

Mais si cette crise persistait, si la stagnation des affaires devait durer, Mulhouse à son tour, pense-t-on, serait entrainé, et peut-être les désastres y seraient-ils plus graves que partout ailleurs. En effet en Angleterre, à Rouen, la manufacture a enrayé la fabrication et, au prix de cruels sacrifices, c'est vrai, a eu la prudence calculée de ne point encombrer les marchés. Aussi la marchandise commence-t-elle à y devenir rare, et déjà, dit-on, les prix se relèvent. Dans le rayon de Mulhouse au contraire la filature et le tissage n'ont cessé de produire, et comme leurs produits ne s'écoulent pas, il en résulte une existence en magasins de fabriqués énormes, que déjà les détenteurs vendent ou vont vendre à perte. Devant un pareil stock, les commandes s'arrêtent, les prix baissent, et bientôt il faudrait ralentir la production afin de rétablir l'équilibre. Alors viendra forcément aussi pour la circonscription de Mulhouse la réduction de travail, la diminution des salaires, le chômage relatif au moins, qui se compliquerait encore de l'immense pression exercée par les Stocks, et de la présence en magasins, d'une matière première pour un certain nombre de manufactures, achetée dans ces derniers temps, à un prix comparativement excessif.

L'incident *du Trent*,[40] en révélant combien la situation était mobile et pouvait inopinément changer de face, avilir les prix par la brusque reouverture [*sic*] des ports du Sud; ou entrainer une complication européenne aurait d'après les manufacturiers de Mulhouse, exercé une funeste influence sur le mouvement industriel, quoiqu'ils s'accordent à ne pas lier, d'une manière permanente, le sort de l'industrie cotonnière et la situation de l'Amérique.

Depuis ce moment, selon eux, les affaires se traînent lourdement, rien ne se fait. La filature et le tissage ne veulent pas vendre aux prix désastreuses qu'on leur offre, et le commerce de son côté ne peut pas acheter aux prix demandés, dans la crainte d'un événement subit qui, en rendant les ports de l'Amérique à l'exportation du coton, entraînerait à l'instant une dépréciation de 50 %. Les derniers succès des fédéraux [41] paraissent avoir encore augmenté cette disposition des esprits, et l'attente d'une solution que chacun veut prévoir,

40 See Introductory Note to ch. iv.
41 See Introductory Notes to ch. iv, v.

pèse plus que jamais sur les cours. Il en résulte que tout en désirant rationnellement une solution dans le conflit américain, les fabricants de Mulhouse, redoutent, non sans raison peut-être, la transition formidable qu'ils auront alors à supporter.

Dans cette matière, les chiffres sont toujours plus expressifs que le raisonnement. Je demande à Votre Excellence la permission de les aborder un instant. La filature, grâce aux approvisionnements, parvient à joindre les deux bouts. Les maisons, toutefois, qui achètent la matière première aux prix actuels, et il y en a, perdent des sommes énormes. Le numéro courant du pays est le $^{27}/_{29}$. Son prix moyen de 3$^f$.80$^c$. Le prix moyen des Kilo. de coton nécessaire pour le filer, a été au Hâvre, depuis longtemps, de 2$^f$.90$^c$. En joignant à cette somme les frais d'achat, en général de 5% soit 0$^f$.14$^c$, le transport 0$^f$.07$^c$, le déchet à 10% soit à 0$^f$.29$^c$, on arrive à 3$^f$.40$^c$ pour la matière première, laissant à la filature 0$^f$.40$^c$ pour la façon, alors que la main d'œuvre lui coûte 0$^f$.45$^c$, et que l'ensemble des frais de production est au minimum de 0$^f$.90$^c$ par Kilogramme.

Le tissage fonctionne dans des conditions plus défavorables encore; il n'a point d'approvisionnements et est obligé d'acheter ses filés au cours du jour. Or aux prix actuels il perdrait de 5 à 6 francs par pièce de cent mètres, c'est-à-dire, la main d'oeuvre toute entière.

64. *Imgarde de Leffemberg, P. G.   Dijon, 5 April 1862.*

L'arrondissement de Langres et celui de Chaumont fabriquent une contellerie importante et renommée; le travail se fait à domicile, c'est à dire dans les meilleures conditions morales. Cette industrie est en souffrance et la cause du malaise parait être d'une part le conflit américain, atteignant l'exportation, et la concurrence des articles similaires anglais qui ont encombré le marché de Paris. Cependant, grâce à l'incontestable supériorité de ses produits et en introduisant quelques améliorations dans son mode de fabrication la H$^{te}$ Marne ne désespère pas de pouvoir lutter. . . .[42] Mais pour le moment les ouvriers couteliers trouvent un période critique, la semaine se réduit pour eux à cinq jours de travail, leurs salaires ont baissé et plusieurs ont quitté la meule pour retourner aux travaux des champs.

Mais si à ce point de vue on peut accuser le traité de commerce, la compensation qui lui est due vient immédiatement se présenter.

[42] Ellipses in the original text.

Le même Arrondissement de Chaumont est le centre d'une autre industrie, celle de la ganterie travaillant spécialement pour l'exportation américaine. Son marché ordinaire s'est subitement fermé, mais elle se soutient cependant d'une part avec ses ressources précédemment acquises et de l'autre avec les relations que le nouveau régime lui a permis d'ouvrir en Angleterre! Il est vrai de dire que l'accroissement Anglais n'a pas égalé le défaut Américain, mais celui-ci n'est qu'un accident.

Le tissage de la soie n'occupe qu'un petit nombre de bras à l'extrémité sud du département de Saône et Loire; la reprise du travail à Lyon, nous annonce de ce côté la fin d'une souffrance réelle dont la cause est aussi en Amérique.

La papeterie travaille aussi avec activité, mais n'écoule pas ses produits. C'est encore le résultat du ralentissement de l'exportation Américaine. On imagine difficilement l'énorme quantité de papier qu'emploie le commerce d'outre mer surtout pour l'emballage.

65. *Pinard, P. G. Douai, 17 April 1862.*

Les verreries qui semblent devoir lutter avec avantage contre les produits similaires de la Belgique, souffrent un peu de la crise Américaine: elles écoulaient sur cette contrée les articles de la viterie qui s'entassent dans leurs magasins, et le marché Français pour les bouteilles et les glaces n'offre pas en ce moment un débouché productif. Cependant il y a pour cette industrie plutôt un temps d'arrêt qu'une crise inquiétante, et la fabrication continue dans la prévision d'une reprise des affaires et de la vente prochaine et lucrative des marchandises.

L'industrie de laine et l'industrie cotonnière n'ont pas encore surmonté les difficultés qui paralysent tout à la fois la production et la vente. En effet, tandis que les matières premières subissaient une augmentation de prix qui devait se reporter sur les produits, le marché se garnissait spontanément de marchandises Anglaises dont les cours descendus au plus bas devaient, momentanément au moins, tenter les acheteurs. On a donc peu fabriqué pour avoir moins d'articles en magasin, ou on a fabriqué rabais pour affronter la concurrence étrangère. Les ouvriers ont ressenti le contre coup de cette situation: beaucoup sont restés sans travail, et ceux qui travaillaient ont vu leurs salaires diminués. Du 1er décembre 1860 au 1er mars 1861, on comptait 11904 ouvriers employés par les fabriques de

Tourcoing: il n'y a plus que 10533, soit 1371 en moins. A Roubaix, de 32,498 le nombre des ouvriers est descendu à 24,951, soit 7547; près du quart en moins.

Les patrons, on le voit, imposent de grands sacrifices à la classe ouvrière. Ceux d'entre eux qui, sous le protection des anciens tarifs, ont réalisé de grandes fortunes, devraient se montrer moins rigoureux: cependant il ne faut pas méconnaître que la transition commande à beaucoup d'entre eux des mesures énergiques d'économie. Les expéditions de marchandises indiquent la stagnation des affaires. Pendant les trois derniers mois, Tourcoing a expédié 137,756 Kil: de tissues: pendant la période correspondante de 1861, les expéditions avaient été de 199,928 Kil: diminution 62,172 Kil: —A Lille, la diminution est de 1,505,399 K. (3,295,301 au lieu de 4,790,-700). —Et encore on affirme qu'une partie des marchandises sorties n'est pas vendue: elle serait envoyée en consignation pour obtenir des avances. Il faut ajouter à ces conditions de gêne pour le fabricant, les dépenses que nécessitent l'amélioration de l'outillage et la substitution des nouveaux métiers aux anciens, modifications qui seules peuvent mettre la fabrique nationale au niveau des ateliers anglais.

66. *Moisson, P. G.  Grenoble, 29 April 1862.*

Cette dernière indication sur l'état politique . . . me conduit . . . aux intérêts industriel & au contre-coup qu'ils ont ressenti de la guerre d'amérique. —Dans le Drôme, et l'Isère, la soie est produite par les travaux des Magnaneries, moulinée dans d'importants ateliers, tissées dans des fabriques qui, pour la plupart, sont les succursales des grands établissements de S^t Etienne et de Lyon, enfin imprimée dans les usines de Valence & de Vizille. Ces transformations graduelles de la soie forment les branches diverses d'une industrie qui, solidaire de la fabrication et du commerce de Lyon, en a partagé, cet hiver, les souffrances et la gêne. Je dois dire cependant que la crise occasionée par la lutte entre les fédéraux & les confédérés du Nouveau Monde a plutôt ralenti qu'arrêté la marche de nos usines, & que, vers la fin de février, un mouvement de reprise s'est fait sentir qui leur a rendu une certaine vie, avant que les ouvriers eussent été réduit à un chômage absolu, avant que les maîtres se trouvassent abattus par la faillite & la ruine. —Dans l'arrondissement de Valence, les bras employés à l'impression des étoffes, aux verreries, à la fabrication des chapeaux de feutre, dont l'exportation vers l'Amérique était autrefois si considérable, ne se

sont pas reposée un seul instant, mais les salaires ont été réduits de
moitié environ. —A Vienne, qui est presque un faubourg de Lyon,
la population ouvrière s'élevant à près de 7000 travailleurs et répandue dans les manufactures de drap, dans les ateliers où se con-
struisent, les machines de précision, n'a ressenti aucune détresse. . . .

A Grenoble, où la ganterie met en rivalité environ quatre-vingt-
dix fabricants, qui étaient parvenus rapidemment à élever le chiffre
annuel de la production de 7 à 8 millions au plus, à 20 millions au
moins, l'atonie est grande depuis quelque mois. Un instant, des
commandes survenues d'Angleterre, après la mort du Prince Albert,[43]
avaient semblé ranimer l'activité des ateliers: cette reprise ne s'est
pas soutenue. Mais grâce à l'organisation parfaite de nombreuses
sociétés de secours mutuels, la classe ouvrière a traversé, sans trop
de cruelles privations, une période que cette saison de l'année aurait
rendue plus pénible.

67. *Saint-Luc-Courborieu, P. G.   Limoges, 3 April 1862.*
ARRONDISSEMENT DE LIMOGES.

. . . . . . . . . .

les fabriques de porcelaines n'ont pas retrouvé leur prospérité
ordinaire; le marché Américain n'étant pas sûrement accessible,
elles doivent se résigner à une attente plus ou moins longue. Cependant, elles travaillent, et le nombre des ouvriers inoccupés, est fort
restreint.

68. *Gaulot, P. G.   Lyons, 1 April 1862.*
Sans doute la crise qui nous frappe est due à la guerre d'Amérique.

. . . . . . . . . .

L'arrondissement de St Etienne présenterait un tableau non moins
rassurant, si je n'avais encore à signaler les misères qui pèsent sur la
rubanerie. Plus de 2000 familles comprenant 5 à 6000 personnes
n'ont pas de moyens d'existence. On signale bien des ventes de tissus
unis dans ces derniers temps, quelques commandes venues de Paris,
mais cette amélioration n'annonce pas encore la fin de la crise. L'Allemagne, les Pays du Nord s'adressent à la Prusse et à la Suisse:
l'Angleterre, l'Espagne, l'Italie ne demandent plus que rarement des
rubans: l'Amérique a rompu toutes ses relations commerciales. Aussi
les ouvriers souffrent et attendent tout de la charité publique et des
sollicitudes du Gouvernement. Les Fabricans sont peut-être plus à

[43] See ch. i, note 29.

plaindre encore: sous le coup de pertes considérables ils voient leur crédit menacé, leur avenir perdu. Ils renouvellent leurs échéances et si les espérances fondées sur la crise Américaine ne se réalisent pas, le plus grand nombre succomberont dans cette lutte contre des difficultés trop réelles.

69. *Gouazé, A. G.    Montpellier, 10 April 1862.*

La crise qui s'est fait sentir dans les principaux centres industriels et manufacturiers n'a atteint aucune des parties de ce ressort. Par suite, la condition des ouvriers de toutes les industries a été bonne, et, nulle part, il n'y a eu chômage.

70. *Neveu-Lemaire, P. G.    Nancy, 5 April 1862.*

La situation industrielle du ressort est loin d'être aussi prospère que la situation agricole, et la crise qui pesait sur le marché à l'époque de mon précédent rapport a malheureusement pris des proportions plus graves. La Guerre intestine des Etats-Unis d'une part, de l'autre les alarmes répandues sur l'état de nos finances ont causé des souffrances qu'il est impossible de révoquer en doute. Non seulement le Commerce extérieur s'est restreint faute de debouchés, mais le commerce intérieur lui-même a nécessairement entravé sa fabrication et ce ralentissement marqué des affaires n'a pas eu lieu sans jeter quelques inquiétudes sur l'avenir. Cette crise est d'autant plus regrettable qu'elle a surpris le commerce au moment où nos principaux industriels venaient d'employer le fruit de leurs économies à renouveler leur outillage et à transformer leurs usines pour soutenir la Lutte avec l'Angleterre.

Les détails spéciaux relatifs à chaque branche de commerce nous en fournirent le preuve.

Sur les 14 arrondissements qui composent mon ressort, il y en a 4 où l'industrie du coton est inconnue, 10 par conséquent où elle est depuis longtemps implantée: Nancy, Lunéville et Sarrebourg, dans la Meurthe; Verdun, Saint-Mihiel et Bar-le-Duc, dans la Meuse; Mirecourt, Epinal, et surtout Remiremont et Saint-Dié dans les Vosges.

On compte dans l'arrondissement de Nancy 5 filatures de coton, 3 fabriques de ouate, 2 de tissage pour les calicots, 5 de cotonnades et 3 teintureries.

Quelle est la situation de ces établissements?

Dans les fabriques de ouate les approvisionnements s'épuisent, et l'on marche au jour le jour. L'une d'elles a déjà réduit de deux heures le travail de ses 25 ouvriers depuis le 1ᵉʳ Mars; et le Stock en magasin est évalué à 25 p % de plus qu'à le même époque de l'année dernière. L'autre n'a plus de matière première depuis plus de deux mois et a renvoyé six ouvriers sur onze. On n'y emploie plus pour faire la ouate que *le rebut des rebuts* de coton, et les magasins renferment pour 40 p % de marchandises de plus qu'en 1861. —La 3ᵉ est dans les mêmes conditions.

Sur les 5 filatures, celle de Sᵗ Nicholas a cessé de marcher depuis le commencement du mois. La plus importante, celle de Nancy à laquelle des approvisionnements faits en temps utile permettront de marcher jusqu'au 15 Septembre, au lieu d'employer 170 ouvriers on en compte plus que 125 depuis le 15 février, et le travail a été réduit d'une heure. Si celle de Tomblaine marche encore et a maintenu ses 24 ouvriers, ils ont été forcés de subir deux heures de moins de travail; et il en est ainsi des deux autres.

Quant aux fabriques de cotonnades qui possèdent ordinairement un personnel de 115 à 120 ouvriers, ce personnel est tombé au chiffre de 90, et d'après les renseignements qui me sont donnés la réduction du travail est de deux heures dans trois de ces fabriques et d'une heure dans les deux autres. Les filés ne s'achètent plus qu'au fur et à mesure de la fabrication et les marchandises qui n'ont point trouvé de placement, varient de 25 à 50 p % de plus qu'en 1861.

Les trois teintureries qui existent à Nancy sont dans un état non-moins critique. Dans la plus considérable le chiffre des ouvriers qui était de 75 en 1859 et de 60 en Septembre 1861, était descendu à 22 le 15 mars. Aussi le chiffre des affaires de cette maison pendant le mois de février et les 25 premiers jours de Mars en 1861 est-il tombé de 247,000 fr. à 139,000 fr. en 1862, tandis que les marchandises en magasin n'ont cessé d'augmenter. Dans les deux autres maisons, en même temps que le chiffre des affaires a diminué de plus de 40 p %, celui du Stock en magasin s'est élevé à plus de 60 p %.

Telle est la situation de l'industrie cotonnière de l'arrondissement de Nancy.

Dans l'arrondissement de Lunéville, elle n'est pas meilleure. Les deux établissements du canton de Blâmont ont diminué les heures de travail. Le premier approvisionné pour deux mois seulement s'est vu forcé de prendre ce parti par suite de l'encombrement des produits fabriqués. Ce tissage n'emploie du reste qu'un petit nombre d'ouvriers qui ont accepté sans se plaindre leur nouvelle situation.

Le second, plus considérable, a ralenti aussi, mais sans chômage complet. Cette filature est approvisionnée pour 8 ou 10 mois. Dans le canton de Baccarat, où les fabricants ne sont pour ainsi dire que des chefs d'atelier qui font façonner des tissus pour des maisons de Saint-Dié et de Bar-le-Duc, un grand nombre de bras restent inoccupés. Quant à ceux qui fabriquent pour leur propre compte, ils se trouvent pour la plupart sans approvisionnement. On compte environ dans le canton 300 ouvriers qui ont encore du travail et 500 qui en sont privés.

Quant à Sarrebourg, le tissage mécanique du Val de Bon Moutier est dans une situation spéciale. Il n'est, à vrai dire, que l'ouvrier qui met en œuvre les produits fabriqués par la filature d'un arrondissement voisin: il n'a point d'existence propre, vit au jour le jour et sans approvisionnements à l'avance. Jusqu'alors il n'a point ralenti sa marche, tous les métiers soutiennent, tous les ouvriers travaillent et les prix n'ont pas été réduits.

Le tissage à bras du canton de Dabo est à peu près dans les mêmes conditions: cependant les prix de fabrication ont subi une légère diminution.

A Bar-le-Duc où l'industrie qui emploie le coton comme matière première est la plus imposante de l'arrondissement, l'état de souffrance est également incontestable. Les cinq filatures n'ont pas, il est vrai, cessé d'être en activité, mais la fabrication générale a diminué de plus d'un tiers. Les deux filatures de Bar et de Saudrupt sont les seules où le travail continue comme par le passé et aux mêmes conditions. Les propriétaires de l'Usine de Bar disent avec quelque raison qu'ils font à peine leurs frais et qu'à défaut de vente ils ne pourront travailler que jusqu'au mois d'Avril. Quelle est au juste l'importance de leur approvisionnement en coton brut? C'est ce que l'on ignore et ce qu'ils paraissent disposés à ne pas vouloir avouer. Mais à Trémont les ouvriers ne travaillent plus que trois fois par semaine. On manque dit-on d'approvisionnements et bientôt l'usine chômera. A Robert Espagne, le maître de la filature n'est pas en situation de s'imposer un sacrifice, et les ouvriers ne sont plus occupés que deux fois par semaine. On manque de coton brut. A Guerpont enfin il en est de même et les bras ne sont plus employés qu'une ou deux fois par semaine.

Il est à remarquer toutefois que ce n'est pas au manque absolu de matières premières qu'il faut attribuer la paralysie de l'industrie cotonnière, car on constatait dernièrement au hâvre l'existence d'un stock de 80,000 balles et une diminution de prix de 40$^{fr}$ par mille Kilogrammes. Mais la vente des tissus est arrêtée et dès lors la demande des filés a considérablement diminué.

Sur 23 fabricants de toile de coton, un seul a cessé de faire travailler, 14 ont renvoyé plusieurs ouvriers, & seulement ont conservé le nombre habituel. Mais chez tous sans distinction la durée du travail a diminué ou le salaire a baissé.

On peut compter, en ce moment, dans la ville de Bar-le-Duc, environ 190 ouvriers déclassés. Les tisserands sur le point de ne plus avoir d'ouvrage, font eux-mêmes un travail préparatoire de bobinage et enlèvent ainsi toute ressource à de nombreuses femmes et à des enfants qui gagnaient de 30 à 75 centimes par jour et venaient d'autant plus utilement en aide à la famille que leur salaire n'était pas, comme celui des hommes, trop souvent dépensé au cabaret.

Sur sept fabriques de tricots, cinq ont résisté, la sixième a réduit le travail d'un tiers, et l'autre est sur le point de renvoyer un certain nombre d'Ouvriers. Les femmes employées à coudre les tricots commencent à se trouver dans une position déplorable.

Quant aux cinq fabriques de corsets sans couture, la crise ne les atteint pas aussi directement parce que la main d'œuvre a beaucoup plus de valeur que le coton employé; l'une d'elles a cependant réduit la fabrication à huit heures par jour.

Les ouvriers teinturiers souffrent beaucoup moins. Il en est très-peu qui aient été renvoyés des ateliers. Pour obvier autant que possible à ce triste état de choses la municipalité de Bar, aidée par l'Etat s'est empressée d'organiser trois ateliers de charité, où tous les hommes valides et mêmes quelques femmes sans ouvrage sont envoyés sur des chantiers pour casser et transporter la pierre nécessaire à la construction et à l'entretien des chemins publics. . . .

Les tisserands à domicile de l'arrondissement de Saint-Mihiel, les bonnetiers et les fabricants de bas dont le canton de Vaucouleurs possède un si grand nombre, souffrent aussi du ralentissement des affaires. Accoutumés à gagner 1$^f$ à 1$^f$ 20$^c$ en moyenne, parsuite de la réduction d'un cinquième dans le prix du tissage et de l'insuffisance des commandes que font les fabricants incertains de l'avenir.

A Verdun, la situation est moins précaire. —Les trois usines de Dieue, d'Ornes et de Sommedieue sont en pleine activité et possèdent des matières premières pour quatre mois environs. La filature d'Ornes occupe toujours ses 40 ouvriers. Il en est de même dans le canton de Cheppy. Les ouvriers bonnetiers qui reçoivent à domicile le coton qui leur est fourni par des négociants de Paris et de Reims ont travaillé tout l'hiver et travaillent encore. Enfin dans le canton d'Etain, sur les quatre établissements qui emploient le coton, deux à fabriquer la toile et deux à la bonneterie, il en est un qui a déjà congédié une certaine quantité d'ouvriers et se propose d'en renvoyer encore, les autres ont conservé les leurs et sont approvisionnés, celui-ci pour un mois et ceux-là pour six. L'un d'eux a même déclaré à ses ouvriers qu'ils traverseraient avec lui les rigueurs de la saison, sans réduction de salaire, et jusqu'alors il leur a tenu parole.

Heureusement, l'état de langueur de cette industrie ne parait pas s'être aggravé d'une manière trop sensible dans les Montagnes industrielles du département des Vosges. Dans l'arrondissement d'Epinal la condition des établissements est toujours la même. A Mirecourt la filature de Monthureux est toujours en pleine exploitation. Largement pourvue par la prévoyance du propriétaire, elle utilise tous les bras, et ne parait point redouter l'avenir. Il n'en est pas de même des deux fabriques de ouate du même canton. Le prix élevé de la matière première ne leur permet de réaliser que des bénéfices insignifiants: Elles ne marchent que pour vivre et non pour s'enrichir. A Remiremont, le personnel des ateliers a peu diminué depuis le mois de Décembre; 153 ouvriers seulement ont été congédiés. Sur une population de 9,503, 8,798, c'est-à-dire presque tous sont employés comme par le passé 12 heures par jour: 377 ne sont plus occupés que 11 heures et 328, dix heures. Les salaires et la durée du travail ont donc été conservés sans réduction notable. Quant à la quantité de coton dont sont pourvus les établissements, sur 27 qui comprennent 5,000 ouvriers, deux sont approvisionnés pour 6 mois, 2 pour 5, 9 pour 3 et 14 pour deux mois. Treize enfin qui mettent 1354 bras en mouvement, possèdent les ressources nécessaires pour marcher depuis six semaines jusqu'à dix jours, un pendant six semaines.

. . . Sans doute les filatures sont approvisionnées pour deux et trois mois et peut-être audelà. Il parait même qu'un de leurs propriétaires réalisera des bénéfices assez considérables sur les cotons qu'il a su acheter en temps opportun; mais les établissements de tissus mécaniques obligés de subir les cours, se trouvent dans une condition plus pénible encore. Il n'y a que ceux qui dépendent d'une filature et consomment les filés produits avec les achats antérieurs qui puissent s'en tirer, car si le prix du coton filé n'est point en rapport avec celui du coton brut, le prix des calicots ou des tissus est encore plus éloigné de celui des filés.

Quant aux spéculateurs qui font fabriquer à domicile les articles de fantaisie auxquels on a donné le nom d'articles de Ste Marie ou de St Dié, leur position n'est point aussi mauvaise. Lors même que la fabrication de ces articles, qui depuis longtemps du reste diminuait faute de débouchés, serait aujourd'hui réduite à peu près de moitié, s'ils gagnent moins que les Propriétaires de tissages mécaniques, si même ils ne gagnent pas, ils sont moins exposés à perdre, n'ayant point autant de capitaux engagés. Ils ont en général peu de matériel, faisant travailler les ouvriers à domicile sur des métiers qui appartiennent presque toujours à ceux-ci. Ils ont donc la faculté d'étudier plus à loisir les chances plus ou moins favorables du commerce. —Les ouvriers sont comme les maîtres. Sur 7,425 attachés à ces établissements il en est 400 dont le travail est réduit de moitié, 900 du tiers et 300 du quart. La réduction est encore plus forte pour les tisserands à domicile. Si 1300 n'ont pas chômé, il y en a 2,300 dont le salaire a diminué d'environ moitié. La plupart de ces derniers cultivent, il est vrai, quelque coin de terre ou se livrent à l'exploitation des forêts, en sorte qu'ils ont toujours quelques moyens de subsistance comme je l'ai déjà fait remarquer au sujet des tissages à façon de Remiremont. Les autres, quoique plus à plaindre, trouveront néanmoins des ressources dans les grands travaux d'utilité publique. . . .

Il est toutefois un fait extrêmement remarquable et très-exceptionel qui ressort de cette situation générale dans les trois départements, c'est que les ouvriers, calmes, patients et résignés ne font entendre aucune plainte et ne manifestent aucune pensée de désordre. . . .

.    .    .    .    .    .    .    .    .    .

J'ai déjà fait connaître avec détail quelle était depuis longtemps la triste situation de la broderie si répandue dans le ressort de Nancy. J'ai indiqué les causes de cette situation: défaveur et mobilité de la mode, concurrence désastreuse de la Suisse, défaut d'importation aux Etats-Unis par suite de la crise commerciale de 1858 [44] et privation absolue du marché, conséquence de la guerre actuelle.

71. *Chaix d'Est-Ange, P. G.    Paris, 18 March 1862.*

Dans les arrondissements d'Arcis-sur-Aube et de Nogent-sur-Seine, on commence à se préoccuper de la rareté et de la cherté du coton,

[44] See ch. i, note 6.

mais c'est plûtôt pour l'avenir que pour le présent; jusqu'ici aucun atelier n'a été fermé; il est à craindre néanmoins que si, par suite de la prolongation de la crise américaine, les prix de la matière première persistaient dans leur tendance à la hausse, une partie au moins des fabriques ne s'arrêtât. A Troyes, les filatures nombreuses, qui existent dans cette ville, n'ont pas sensiblement ralenti leur activité; quelques unes en ont pour plus de six mois. Les salaires n'ont pas diminué. Il en est autrement pour les ouvriers qui travaillent au métier, là, les heures de travail ont été réduites, le gain de chaque jour s'est amoindri, et la gêne s'est fait sentir.

. . . Dans l'arrondissement de Dreux, le seul [in Eure-et-Loire] où l'industrie se soit développée, les nombreuses filatures du canton de Brezolles avaient conservé jusqu'au mois de Janvier une certaine activité. . . . Une industrie spéciale au canton d'Anet celle de la fabrication des peignes a été cruellement atteinte; cette industrie ne vivait, pour ainsi dire que par l'exportation.

Le département de la Marne, si l'on excepte Reims, se trouve dans une situation à peu près satisfaisante. Cependant sur quelques points, dans les arrondissements de Châlons et d'Epernay notamment, les travaux sont devenus plus rares; le commerce des vins de Champagne se ressent vivement de la crise américaine; il en est de même pour les fabriques de porcelaine du canton d'Esternay; ces deux branches d'industrie ont besoin, pour prospérer, de débouchés considérables, et l'exportation leur fait presque complètement défaut. Un certain nombre d'ouvriers ont été renvoyés, et la misère augmente. Il n'y a cependant en nulle part de chômage absolu. . . .

Cet exposé . . . montre . . . qu'il existait . . . bien des souffrances locales, et des motifs de préoccupation pour l'avenir. Il ne faut pas s'exagérer sans doute les effets d'une crise qui a sa cause principale dans les évènements dont l'Amérique du Nord est le théâtre, et qui cesserait probablement avec sa cause, dès que les ports des Etats Unis seraient ouverts de nouveau à nos marchandises et à nos vaisseaux. Mais il ne faut pas non plus s'abandonner à une sécurité trompeuse; je crois, quant à moi, que cette situation, telle que je viens de la dépeindre, doit continuer à tenir éveillée la haute sollicitude du gouvernement.

72. *Salneuve, P. G.    Riom, 7 April 1862.*

Que l'état incertain de l'Italie et la guerre d'Amèrique influent sur quelques branches de l'industrie de mon ressort c'est très possible, car on importe habituellement dans ces pays des quantités considérables de pâtes alimentaires et des fruits confits en Auvergne, ainsi que d'autres produits manufacturiers de mon ressort, tels que les dentelles du Puy, mais le traité de commerce [45] n'a que faire à l'égard de ces produits dont nous avons le monopole.

Il n'a que faire non plus en ce qui concerne la fabrication des soieries et des rubans qui occupent, m'assure-t-on, dans l'arrondissement d'Yssingeaux un nombre d'ouvriers et d'ouvrières évalué à 15.000 au moins, et qui depuis bientôt cinq ans est dans un état de décadence complet augmentant tous les jours. . . .

Mais on me signale la détresse de cette industrie de la soie et du ruban comme étant extrême dans le canton de S$^t$ Didier, où elle était autrefois très-prospère. Les quatre cinquièmes des métiers chôment complètement et ce qui reste ne travaille que mollement et à un rabais énorme. L'ouvrier, qui y gagnait trois francs par jour environ, touche à peine un salaire d'un franc.

Cette regrettable situation tiendrait d'abord aux mauvaises récoltes de soie depuis quelques années, à la mode qui emploie moins de rubans, à la concurrence des métiers suisses qui fabriquent à un prix inférieur aux nôtres, et en dernier lieu à la guerre d'Amérique qui était le principal débouché de cette industrie.

. . . . . . . . . . .

Je dois dire cependant qu'il existe deux autres causes qui concourent à la détresse de ["la mégisserie"]: la guerre d'Amérique d'où venait la matière première et la mégisserie de Marseilles qui retient les peaux venant d'Algérie et allant jadis à Maringues.

### 73. *Millevoye, P. G.   Rouen, 12 April 1862.*

Alarmé, nos industriels non convertis au nouveau régime qui leur était imposé, mais du moins résignés à l'essayer, avaient gardé le silence; et en attendant la mise à exécution du traité qui, pour la presque totalité des produits similaire à ceux de leur fabrication, ne devait commencer qu'au 1$^{er}$ octobre 1861, ils continuaient à réaliser, pendant toute l'année 1860 et le 1$^{er}$ semestre de 1861, des bénéfices considérables. Alors éclata le conflit américain: il était facile à prévoir le contre coup qu'en ressentirait l'industrie française en général, et plus particulièrement les fabrications dont le coton forme la matière première. D'une part l'exportation de nos produits manufacturés allait se trouver presque complètement entravée; de l'autre,

---

[45] See ch. i, notes 10, 21.

l'approvisionnement du coton brut ne pouvant plus se renouveler, cette marchandise allait devenir fort rare et la spéculation devait en élever démesurément les cours. C'est dans ces conditions que se fit la première épreuve des nouvelles mesures économiques. La crise prévue arriva; les transactions commerciales furent en partie suspendues; l'activité industrielle se ralenlit; et, cependant, un très grand nombre de manufacturiers qui avaient d'amples approvisionnements de matières premières achetés avant le conflit d'Amérique, faisait encore de larges profits; car si la hausse du coton fabriqué n'était pas proportionnelle à celle du coton brut, elle n'en donnait pas moins d'énormes bénéfices à ceux qui ayant un stock particulier suffisamment garni, ne se trouvaient pas forcés de racheter immédiatement des cotons en laines. Quoiqu'il en soit, il y eut crise, surtout à cause de l'incertitude de la durée du conflit américain et par suite de brusques variations qui se produisait sur les prix des cotons. Au premier moment, personne ne songea à imputer au traité de commerce, la situation fâcheuse dans laquelle on entrait. Il en fut ainsi pendant la durée du 4e trimestre de 1861. Cependant les marchandise anglaises entraient, non pas, toutefois, en aussi grande quantité qu'on aurait pu le craindre, notamment pour les articles de coton; à mesure qu'elles pénétraient en France et se trouvaient répandues dans le commerce, elles étaient appréciées; et, ainsi que je l'ai déjà dit dans mon dernier rapport, cette appréciation n'avait rien qui parût effrayant pour notre industrie; car leurs bas prix s'expliquaient par l'infériorité des produits.

En Janvier, après les alternatives nées surtout de l'incident du Trent,[46] lorsque la solution de la question américaine et, par suite, la libre importation des cotons, furent indéfiniment ajournés, les manufacturiers, aigris sans doute par la prolongation de la crise, par la cessation des bénéfices et par la crainte des pertes qu'ils n'avaient point encore subies, mais qu'ils craignaient d'avoir à supporter imaginèrent de prétendre que c'était la concurrence anglaise qui faisait leur mal et tout leur mal. A partir de ce moment, on les vit s'animant et s'excitant mutuellement dans cette opinion, se communiquer à l'envi tous les renseignements plus on moins exacts qu'ils recueillait sur les quantités de produits anglais importés; ce fut désormais le texte de leurs conversations à la Bourse et aux lieux où ils ont l'habitude de se réunir chaque semaine. Bientôt leur mécontement ne connut plus de bornes: ils s'en prirent de la situation aux négocia-

---

[46] See Introductory Note to ch. iv.

teurs du traité; quelques uns même, dans leur indicible aveuglement, ne s'arrêtèrent pas, m'a-t-on affirmé, à la personne des ministres. —C'est ainsi que s'est formée l'opinion que M. Pouyer s'est fait l'interprête.[47] Mandataire fidèle, il s'est inspiré de toutes les exagérations qu'ils a recueillies chez ses commettants; il s'est, comme eux, montré injuste et passionné, et son langage, comme le leur, s'est animé jusqu'à la violence. La seule différance qui doive être signalée entre eux et lui, c'est que les convenances parlementaires lui ont fait à la chambre une nécessité de placer l'Empereur en dehors du débat.

.     .     .     .     .     .     .     .     .     .

Aucun évènement n'étant venu modifier les conditions fâcheuse que je signalais dans mon dernier rapport, l'état du commerce et de l'industrie a dû nécessairement s'aggraver. Les stocks particuliers de matières premières ne sont pas tous épuisés, mais ils s'affaiblissent très sensiblement; le stock général lui même diminue rapidement; à la fin de Mars, il n'était plus que de 79,455 balles. Les arrivages depuis le 1er Janvier n'ont pas dépassé 11,820 balles, dans lesquelles figurent 761 balles de coton indien parvenues récemment de Londres. On n'en attend plus que [sic] 1000 à 1200 balles qui sont en mer ou qui vont être expédiées de la Havane. L'année dernière, à pareille époque, le stock était de 263,870 balles, 81,962 balles étaient en mer et 32 navires en chargement dans les ports de l'Union; enfin du 1er Janvier au 31 Mars 1861, les arrivages avaient atteint 316,595 balles. La comparaison de ces chiffres établit clairement la gravité de la

[47] On 18 March 1862 Pouyer-Quertier, deputy in the Legislative Body from Rouen, made a vigorous, though poorly substantiated speech against the Cobden Treaty. He declared that it was not the American Civil War but rather the Cobden Treaty which was causing the slump in French steel, textile, and luxury manufactures. *Moniteur,* 19 March 1862. On the following day Baroche, President of the Council of State, replied with the general argument that the Cobden Treaty was too young yet to have caused the mischief ascribed to it by Pouyer. Furthermore, many other causes entered into the situation: the wheat shortage, the financial crisis, and most important of all the American Civil War. The Civil War affected France's direct and indirect exports to America. Baroche quoted a report from Pouyer's own local (Rouen) Chamber of Commerce which laid the entire blame for the depression on the American war. "Dans tout cela," Baroche continued, "du traité de commerce comme étant la cause de cette misère pas un mot et c'est la chambre de commerce qui dit que c'est le conflit américain qui tient tout en suspens dans l'industrie du coton. Je tiens à la main un document qui démontre qu'en Belgique la situation est très malheureuse. . . . En Espagne, à Barcelone le gouvernement a été obligé de faire des frais énormes pour alimenter les filatures. . . ." Baroche also quoted a report from a French consul in England which testified to a £310,000,000 decrease in English exports to the United States in the preceding year. "Ainsi, messieurs," Baroche concluded, "de tous les côtés, les industries cotonnières sont dans une situation qu'on ne peut imputer au traité de commerce, mais seulement à la crise américaine." *Moniteur,* 20 March 1862.

situation actuelle. Aussi les affaires sur les cotons en laine ont-elles été fort restreintes. Il n'a été vendu pour la consommation que 27,659 balles en Janvier, 34,134 en Février et 16,415 en Mars, total 78,208 balles. L'exportation a malheureusement une part importante dans ce chiffre. On n'évalue pas à moins de 40,000 balles les quantités qui ont été expédiées pour l'Angleterre, l'Espagne, la Suisse et la Belgique; le surplus a été enlevé par notre industrie qui borne ses achats à de faibles quantités (de 5 à 10 balles à la fois.) C'est là une situation des plus précaires, puisque les 79455 balles qui restent aujourd'hui dans les entrepôts, jointe à ce qui existe encore dans les stocks particuliers, suffisent à peine pour assurer du travail pendant trois mois à notre population ouvrière. A côté de ce mal déjà trop réel, se trouve celui non moins sérieux de l'instabilité des cours. On comprend en effet qu'il n'est guère possible de fabriquer à l'avance, lorsqu'on est exposé à voir les prix baisser subitement de 50, 75 et même 100 pour cent. Dans mon dernier travail, j'annonçait qu'une reprise était en voie de s'opérer depuis le commencement de décembre. Elle était due aux éventualités qu'avait fait naître l'incident du TRENT [48] et aux espérances que l'on avait conçues de voir cesser le blocus des ports du Sud. Ces éventualités ayant disparu dès les premiers jours de Janvier,[48] les cotons en laines qui avaient éprouvé une baisse très marquée, ont repris leurs cours élevés et ont même atteint des prix auxquels il n'étaient pas encore arrivés. Aujourd'hui la situation est moins mauvaise qu'elle ne l'a été pendant les mois de Janvier et de Février; mais il est à craindre que cette reprise, due aux succès des Fédéraux,[49] n'ait pas plus de durée que celle que je signalais à la fin du trimestre dernier. Ne peut-on pas en effet se demander si le commerce et la spéculation ne s'abusent pas sur la portée des évènements. Est-il bien certain que les Etats du Nord soient si près d'une victoire définitive? Pourront-ils entreprendre, au coeur des Etats du Sud, une campagne d'été? Les négociants du Hâvre qui, presque tous, ont fait de long séjours en Amérique, inclinent à penser que si les armées du Président Lincoln s'enfoncent dans les plaines du Sud, la chaleur et les maladies pourraient bien avoir sur elles une influence non moins désastreuse que celle des neiges de la Russie sur l'armée française. Dans l'hypotèse même d'un succès complet pour la cause de la fédération, retrouvera-t-on intacts

[48] See Introductory Note to ch. iv.
[49] See Introductory Notes to ch. iv and v.

les approvisionnements de coton qui sont aujourd'hui dans les pays de production? [50] Ce sont là autant de questions dont la solution fort incertaine, laisse une large place à de nouvelles alternatives de crainte ou d'espoir qui, comme par le passé, pèseront sur la situation et la rendront essentiellement précaire.

Quoiqu'il arrive, il parait difficile d'espérer que les évènements permettent de remplir dans un court délai nos entrepôts presque vides. En admettant même une solution prochaine du conflit, il ne faut pas oublier que les cotons se trouvent au centre des Etats du Sud, loins des ports de mer, dans l'intérieur du pays ravagé, dont les grandes voies de communication sont détruites; qu'il faudra du temps pour préparer les balles, les transporter sur le littoral, les charger sur les navires et qu'il leur faudra encore, même avec les circonstances les plus favorables, une traversée de 45 jours avant d'arriver en France. D'un autre côté, le marché aux cotons de New-Yorck est dans une situation plus mauvaise encore que le nôtre, puisque les cours y ont atteint, d'après les dernières nouvelles, 384[fs] les 100 Kil. —Ce marché profitera certainement des premières expéditions et retardera ainsi les envois pour le continent. Enfin, pendant la période qui s'écoulera entre la cessation des hostilités et l'arrivée des matières premières au Hâvre, les détenteurs, s'il en reste encore, ne manqueront pas à raison de l'extrême rareté de la marchandise de la maintenir à un prix élevé relativement à celui qui s'établira quand les arrivages auront eu lieu. L'industrie se trouverait alors placée dans cette position déplorable ou d'arrêter complètement ses usines ou d'employer des matières qui seraient promptement dépreciées par les premières navires chargés de cotons qui enteraient dans le port.

La réalization possible de ces douloureuses prévisions est malheureusement assez près de nous pour appeler, dès à présent, la plus sérieuse attention du Gouvernement. On se demande s'il ne serait pas prudent de préparer quelques grands travaux publics dans lesquels, on pourrait employer tous ces bras inoccupés, si un chômage presque général devait se produire.

Quoiqu'il en soit de l'avenir, depuis le commencement du mois de Mars, les transactions ont été assez nombreuse; mais elles se sont faites à des taux qui ne sont pas rémunérateurs pour ceux qui sont obligés d'acheter aujourd'hui la matière première qu'ils employent. Les prix des filés et des calicots ont baissé, tandis qu'au contraire,

[50] See ch. v, note 8.

ceux des cotons en laines ont éprouvé une nouvelle hausse. Je poserai quelques chiffres qui permettront à Votre Excellence d'apprécier la situation à cet égard. Depuis le 15 Décembre, le coton en laine qui étaient à 2$^f$.60$^c$ le Kilogramme sont montés à 3$^{fs}$.08$^{ces}$ pour tomber à 2$^f$78 et atteindre ensuite 2$^f$89, ce qui est, pour les cotons de qualité moyenne, le prix actuel ou plutôt le prix des derniers jours de Mars, car, au milieu de ces perpétuelles variations; on a quelque peine à saisir et à reproduire exactement les cours. Il y a donc entre les prix du 15 Décembre et ceux d'aujourd'hui, une différence en hausse de 29 centimes. Or, à cette même date du 15 décembre, le calicot (compte 30) était côté [sic] de 42 à 43 centimes le mètre, ils ne sont plus aujourd'hui que de 38 à 39. Quant aux cotons filés, si l'on compare leurs prix du 15 décembre avec les prix actuels, on reconnait qu'ils ont subi une réduction de 15 à 16 centimes par Kilogramme. Il résulte de ces chiffres que la situation est plus mauvaise encore pour les filateurs que pour les tisseurs; car si ces derniers ont à supporter sur leurs produits une baisse d'environ 4 centimes par mètre, la matière première qu'ils emploient a également diminué de valeur, tandis que pour la filature, il y a tout à la fois augmentation du prix de la marchandise première et diminution de celui de la marchandise fabriquée. Dans ces conditions, il parait certain que cette dernière industrie, non seulement ne fait plus de bénéfice, mais qu'elle subit même quelques pertes. Ce qui tend à le démontrer, c'est que, malgré l'intérêt évident qu'ont les manufacturiers à ne pas supporter sans compensation des frais généraux ruineux et à éviter la détérioration du matériel qu'entraîne le chômage, un grand nombre d'entre eux ont notablement ralenti leur production et que, parmi les petites usines, qui sont moins bien outillées, plusieurs ont suspendu complètement le travail.

J'ai cherché à me rendre compte par des chiffres de la réalité et de l'importance des pertes que subit la filature; mais je n'ai pu arriver à des résultats d'une certitude absolue, parce que les industriels sont peu disposés à donner des renseignements exacts et que les prix de revient varient dans de fortes proportions selon les conditions dans lesquelles les usines sont établies et selon le crédit et l'habileté commerciale des manufacturiers qui les dirigent. Ceux qui font entendre les plaintes les plus vives prétendent qu'ils perdent 36 centimes par Kilogramme de coton filé. Voici comment ils justifient leur allégation:

Prix d'achat du bas Louisiane (côte du 25 mars) ...... 2$^f$.98
Prix de vente du coton filé n° 26 ................... 3 .80
9 % d'escompte sur 3f.80 ................... 0$^f$.34$^c$
8 % de déchet sur 2f.98 ...................... 0 .24
Main d'œuvre ............................. " .30
Frais généraux ............................. " .30
Prix de la matière première ................... 2 .98
Total du prix de revient .................... 4 .16
Prix de vente ............................. 3 .80
Perte ...................................... " .36

Je ferai seulement observer que le filateur qui a donné ces chiffres prend pour prix de la matière première la cote du bas Louisiane qui est toujours plus élevée que les autres et que les filateurs emploient en général, du coton mélangé, qui ne dépasse pas 2f.85, ce qui réduirait la perte à 23 centimes. . . .

Un détail que n'indique pas distinctement le tableau et qui n'est pas encore arrivé aux proportions d'un fait général, c'est la réduction du prix de travail par quelques chefs d'industrie, soit dans la filature mécanique, soit dans le tissage. Cette réduction peut être évaluée à environ 20$^{ces}$ par jour. Il est, du reste, à noter qu'elle n'a guère été imposé, jusqu'ici, qu'aux ouvriers dont le travail n'a été ni suspendu ni ralenti.

Avant de terminer mes observations sur le tableau statistique ci-joint, je ferais remarquer que l'un des renseignements qu'il contient, contredit formellement une assertion de M. Pouyer affirmant à la tribune que, sur 20 établissements de construction, mécanique à Rouen, 18 étaient fermés. Il se trouvent dans cet arrondissement, 25 ateliers de cette nature, ayant en temps normal, 989 ouvriers; ils en occupent encore aujourd'hui 862. Le travail de ces ouvriers est de 12 heures pour 355 et de 8 heures pour 68 seulement.

Rechercherai-je maintenant ce qui a produit le malaise actuel des industries de ce pays? J'ai déjà traité cette question dans mon dernier rapport; elle vient d'être, d'ailleurs, solennellement résolue contre ceux qui ne reconnaissant qu'une importance secondaire au conflit américain et à la crise des subsistances, prétendant attribuer presque exclusivement les difficultés présentes à l'exécution du traité de commerce. Son Excellence M$^r$ le Président du Conseil d'Etat a victorieusement répondu aux attaques passionnées du Député de

Rouen.[51] Je dirai seulement qu'il résulte de renseignements tout à fait dignes de foi et contrôlés avec soin, qu'on reste au dessous de la vérité en évaluant à 75,000 balles les quantités de coton qui, après avoir été achetées par les filateurs de la Normandie, de la région de l'Est, ou de la Suisse, pour les besoins de leurs usines, ont été revendues par eux et rejetées dans la spéculation. Le nombre des balles déjà arrivées dans les usines et réexpediées sur le marché du Hâvre, a certainement dépassé 15000. L'augmentation du stock comparé avec le chiffre des arrivages et celui des ventes réelles ne laisse aucun doute à cet égard. Sur l'ensemble même de toute la discussion, je me contenterai de rappeler deux observations générales qui ont frappé tous les esprits désintéressés et tous les hommes de bon sens. La première, c'est qu'il est étrange qu'on eût voulu expliquer par le traité de commerce une crise industrielle qui s'est fait sentir plus vivement en Angleterre et en Belgique que chez-nous; et qui, en France même, a pesé, non seulement sur les industries de Rouen et de Roubaix, mais encore, et peut-être avec plus d'intensité, sur les fabrications qui, comme celles de Lyon, de Saint Etienne et de Paris, n'ont, de l'aveu de tous, rien à redouter de la concurrence étrangère.

.    .    .    .    .    .    .    .    .    .    .

Je termine sur ce point [foreign competition] par une dernière observation: il est si vrai que c'est au conflit américain qu'il faut attribuer la plus grande part d'influence sur la crise industrielle, que, depuis quatre mois, chaque nouvelle favorable reçue d'Amérique est immédiatement suivie d'un mouvement de reprise, tandis que chaque avis contraire à la prochaine cessation de la lutte du Nord et du Sud a toujours amené un nouveau temps d'arrêt dans les affaires industrielles.

. . . la guerre [American] ayant considérablement diminué nos exportations de vins et de liqueurs qui, pour une assez forte partie, étaient expédiés en bouteilles, plusieurs verriers ont réduit d'un quart le salaire de leurs ouvriers.

.    .    .    .    .    .    .    .    .    .    .

L'horlogerie de Saint Nicolas, que le traité de commerce n'atteint pas, subit cruellement le contre coup des évènements d'Amérique. Elle a perdu l'exportation dans ce pays qui était son principal débouché. Sa fabrication a dû être réduite dans des proportions considérables. La production et les salaires ont diminué de plus d'un

[51] See ch. i, note 47.

tiers, et ce n'est pas sans s'imposer de lourds sacrifices que les patrons continuent à faire travailler les ouvriers qu'ils ont conservés.
Cet état des choses se prolongera tant que durera la lutte entre les
Etats du Nord et ceux du Sud. —Malgré la stagnation de cette industrie peu de bras sont restés inoccupés; l'administration s'est
chargé de donner du travail à ceux qui en manquaient soit sur les
routes, soit dans les forêts de l'Etat.

. . . . . . . . . . .

Place du Hâvre.

En dehors de la spéculation sur les cotons, qui se montre, du reste,
beaucoup moins ardente, il y a en ce moment peu d'affaires sur la
place du Hâvre; elle a vu s'arrêter tout à coup le mouvement de son
commerce avec les Etats Unis dont elle recevait chaque année 700,-
000 balles de coton et où elle exportait des marchandises s'élevant à
des valeurs énormes. Le défaut d'arrivage des cotons en laine avait
été à la fin de l'année dernière, largement compensé par l'importation des blés; [52] mais, depuis trois mois, cette ressource momentanée
a complètment cessé pour la marine.

74. *Gastambide, P. G.   Toulouse, 4 April 1862.*

la carrosserie et le meuble qui occupent beaucoup d'ouvrier à
Toulouse ont éprouvé quelque malaise provenant surtout du ralentissement de nos exportations en Amérique. La classe ouvrière en a
peu souffert grâce à quelques ateliers de travaux publics ouverts en
ce moment dans la ville de Toulouse. . . . Dans le Tarn les draps
de Castres et de Mazamet ont souffert; cette situation parait due à
une double cause: au traité de commerce avec l'Angleterre et aux
évenements d'Amérique. On évalue à mille le nombre des ouvriers
drapiers qui ont été obligés de chercher du travail dans les chemins
de fer et ailleurs. —La chapellerie de Graulhet se voit ainsi privée
d'une partie de ses débouchés en Amérique.

[52] Wheat was a very important economic factor during the Civil War. Fite
recounted that "in the three years 1860, 1861, and 1862 the [wheat] harvests of
Great Britain were a failure, and in one of the years those of all Europe." In
1862 American annual wheat exports to Europe tripled. E. D. Fite, *Social and
Industrial Conditions in the North during the Civil War* (N. Y., 1910), 17–
19.

# CHAPTER II

## FLUCTUATIONS AND PROLONGED CRISES
## JULY 1862 TO JULY 1864

### JULY 1862

75. *Dufour, P. G.    Amiens, 8 July 1862.*

La question commerciale est plus grave. La place d'Amiens voit chaque jour des désastres nouveaux. La misère des ouvriers est grande, les fabricants se montre inquiets de l'avenir. Ce n'est pas le Gouvernement de l'Empereur toutefois qu'on accuse. Les plus ignorants savent ici que la crise américaine & le haut prix du coton, sont la cause du malaise de l'industrie. Nul part on me signale des plaintes ni des tendances au désordre.

76. *Dubeux, P. G.    Bordeaux, 11 July 1862.*

La situation commerciale continue à être languissante; d'un côté la guerre d'Amérique, de l'autre la crise alimentaire, dont les derniers conséquences durent encore, ont amené une grande stagnation dans les affaires. Le nombre des faillites est resté à peu près le même que dans le trimestre précédent. A Bordeaux on n'a pas eu à constater de grandes sinistres, mais tout languit; les vins ne se vendent pas; ici comme dans la Charente, les propriétaires conservent dans leurs caves presque toutes les récoltes des années précédentes. Quelques industries du pays semblent toutefois se raminer; c'est ainsi dans l'arrondissement de Bazas le commerce de la résine prend une grande extension.

77. *Rabou, P. G.    Caen, 7 July 1862.*

A Lisieux (Calvados), les filatures de coton sont fermées. Les filatures de laine ont été forcées de réduire le nombre des heures de travail: les produits, en effet, s'écoulent difficilement. La cause véritable de ce fâcheux état de choses, en ce qui concerne, tout à la fois l'industrie du coton et celle de la laine est dans la guerre qui désole l'Amérique: le coton n'arrive plus et l'exportation des tissus de laine, autrefois considérable, est devenue impossible.

### 78. De Bigorie de Laschamps, P. G.   Colmar, 14 July 1862.

Arrondissement de Colmar.

L'industrie cotonnière si considérable dans cet arrondissement important, est à peu-près, et il faut s'en féliciter relativement, dans les mêmes conditions qu'il y a trois-mois. A cette époque, il n'était pas exagéré de craindre une cessation notable de travail, pour un avenir très-prochain. Ce désastre ne s'est pas produit et s'il y a quelque réduction dans les heures de travail, quelque réduction dans le personnel des ouvriers de telle ou telle manufacture, le chômage n'existe nulle part, et les salaires quoi qu'un peu réduit paraissent encore suffisants aux besoins des ouvriers. . . .

J'en dirai autant pour Belfort. Les nombreuses fabriques de filature et de tissage qui menaçaient de se fermer sont encore ouvertes heureusement malgré l'intensité et la durée de la crise; les approvisionnements qu'avaient les industriels étaient plus abondants, sans aucune doute, qu'ils ne le laissaient soupçonner, et ce qu'ils ont produit avec ces matières a été pour eux une source certaine de bénéfice. Il est certain néanmoins que les matières d'entretien auxquelles ils sont obligés d'avoir recours depuis quelque temps, sont aujourd'hui chèrement payées par eux, et malgré cela il serait peut-être téméraire d'affirmer qu'ils sont en perte.

Les fabriques d'impressions ont repris quelque vigueur à Wesserling, les autres manufactures cotonnières ralentissent leurs productions et trouveraient, m'affirme-t-on, difficilement à écouler leurs fabriqués.

. . . . . . . . . .

[Mulhouse.]

Les divers rapports qui me parviennent concourent à établir que l'épreuve à laquelle sont soumis les industriels depuis longtemps déjà, ne s'est pas adoucie; un temps d'arrêt au mieux, provoqué par la prise de la Nouvelle-Orléans a cédé bien vite au mouvement contraire, lorsqu'on s'est apperçu que l'occupation de la capitale du Sud par l'armée du Nord, n'avait nullement diminué l'energie des Confédérés et que le coton en laine n'arrivait pas davantage.[1]

[1] In his account of the capture of New Orleans, Rhodes wrote: "When the news spread in New Orleans that the Federal fleet was coming, hundreds of drays were set to work to haul the cotton in the presses and yards to the levee; here patriotism applied the torch to the staple so eagerly desired at the North and in Eu-

Aujourd'hui, m'assure-t-on, cette matière aurait atteint un prix double de celui de l'année précédente. Le Kilog. de coton qui, en 1860 coûtait au Hâvre 1$^f$.74$^c$, en juillet 1861, 2$^f$.08$^c$, reviendrait aujourd'hui à 3$^f$.47$^c$. Conséquemment le Kilog. de coton filé 28/29 qui en 1860 coûtait 3$^f$.35$^c$, en 1861, 3$^f$.85$^c$, se vend en 1862 à 4$^f$.15$^c$, c'est-à-dire à un taux écrasant pour le consommateur qui doit subir la loi et le bénéfice des commerçants, lorsque ce dernier lui revend, en étoffes, le coton manufacturé. La marge pour le filateur, qui d'après les chiffres relevés était de 1$^f$.61$^c$ en 1860, et en 1861 de 1$^f$.17$^c$ ne serait plus en 1862 que de 0$^f$.68$^c$. Votre Excellence comprendra qu'il n'est bien difficile de contrôler la rigoureuse exactitude de ces chiffres; tout ce que je puis ajouter, c'est qu'il émanent d'une source loyale et intelligente. S'il n'y a pas d'erreur, il en résulterait que le prix de revient, transport et déchets compris, était, m'affirme-t-on, de 1$^f$.20$^c$, le filateur ne produirait actuellement qu'à la condition d'une perte de 0$^f$.52$^c$. Le tissage se trouverait dans des conditions analogues. Je dois néanmoins faire observer qu'une erreur doit s'être glissée quant au prix de revient dans les calculs de mon correspondant, car il apprit d'un écrit publié ou plutôt annoté par un économiste de Mulhouse à la date du 10 Juillet courant, que pour faire face, sans perte, à la façon, au frais généraux d'une chaine n° 28, il faudrait plus de 0$^f$.70 centimes ce qui me paraît signifier que 70 centimes suffiraient.

Mais Votre Excellence peut être convaincue, qu'en tenant pour exacts les prix actuels d'approvisionnement ci-dessus indiqués, et n'en résulte pas, pour la filature de Mulhouse le prejudice réel que ces chiffres devraient déterminer; le plus grand nombre des établissements travaille encore sur des approvisionnements que la sagesse mulhousienne avait amassés avant la crise, et si, de mois en mois, au fur et à mesure des besoins, les filatures, afin de s'entretenir, ont ajouté partiellement à ces provisions avantageuses, il en résulte une espèce de compensation graduelle, qui jusqu'à présent, dans ma conviction, a garanti les industriels, si tant est qu'elle n'ait pû [sic] parvenir à leur procurer des bénéfices. Il est équitable toutefois de reconnaître que les nouveaux approvisionnements qui arrivent sur cette place et qui sont assez considérables, ne permettront aux manu-

rope." J. F. Rhodes, *History of the United States 1850–1896* (5 vols. N. Y., 1920), III, 629. A law passed by the Confederate Congress (17 March 1862) provided for the destruction of cotton when in the slightest danger of falling into the hands of the enemy. Owsley, *op. cit.*, p. 47.

factures une continuité d'action que dans des conditions de plus en plus défavorables.

Aucune maison, de quelque importance, n'a encore réduit son travail, mais il ne serait pas improbable qu'on n'y sont amené par la force des choses. Le stock des cotons qui, l'an dernier, était au Havre de 322,000 balles, ne serait plus aujourd'hui que de 35,000. Mulhouse se préoccupe, non sans raison, de l'agitation qui a régné sur les marchés cotonniers de l'Europe et, notamment, au cours du mois de Juin dernier. En France, comme en Angleterre, le stock du coton en laine aurait plus d'une fois changé de main à Liverpool, les ventes du 1er au 28 Juin aurait été de 495,000 balles, valent 250 millions; ce qui induirait à conclure que les ventes auraient été à peu près égales au double du stock constaté: en effet, il résulterait du relevé fait dans les ports anglais et français, qu'au 30 juin dernier, il n'y avait en stock que 239,500 balles, équivalent en moyenne, à la consommation *d'un mois* pour l'Europe. Les manufacturiers de Mulhouse font observer que depuis le 30 Juin, *le coton bas* vaut au Havre 4f.04c le Kilog., en plus 0f.10c pour transport, 0f.41c pour déchets $^{10}/_{100}$; total 5f.55c; ils allèguent en outre, que le prix de la chaîne No 28, qualité moyenne, étant de 5f.85c, il ne reste au filateurs, pour façon et frais généraux qu'une marge de 0f.30c, ce qui les constituerait en perte de 0f.40c; mais, je le répète, cette perte, en tant qu'elle existe, doit se compenser jusqu'à présent, avec la plus value qu'a obtenu, dans les mains des filateurs la matière première approvisionnée, avant la hausse.

Ces dernières doléances des manufacturiers de Mulhouse distinctes des constatations précédentes dont mon substitut m'avait preparé les matériaux jusqu'en fin Juin, étant continués dans un écrit à la date du 10 Juillet, le temps me manquerait pour en vérifier la portée. Je me borne à les énoncer, afin de donner à cet exposé le plus d'éclaircissements possibles. Il est peut-être bon de mentionner aussi que ceux d'entre les fabricants qui paraissent les plus alarmés, fondent quelque espoir, indépendamment de la cessation du conflit américain, sur l'arrivage du coton de l'Inde. Enfin, Monsieur le Garde des Sceaux, pour légitimer ses appréhensions, la filature de Mulhouse rappelle que le stock qui était, au Hâvre, en Juin 1860 de 322,000 balles, n'y est plus aujourd'hui que de 35,000. Je consigne encore, d'après un document qui me parvient à l'instant, qu'au 30 Juin 1860, les stocks des ports anglais et français donnaient un

chiffre de 1,548,097 balles, au 30 Juin 1861, de 1,413,404, tandis
qu'ainsi que je l'ai dit plus haut, à la même date, 30 Juin 1862, ce
même stock, pour les ports français et britaniques, n'était que de
293,500 balles.

Le bilan de la douane aura déjà fait connaître à Votre Excellence
si ces données numériques sont exactes.

Il n'est de nouveau agréable de faire remarquer que si à Rouen et
dans le Nord la réduction du travail a été organisée, depuis longtemps sur une assez large échelle, il n'en a pas été ainsi en Alsace et
particulièrement à Mulhouse.

. . . . . . . . . . .

Presque tous les habitants de Mulhouse, à l'exception de M. Jean
Dolfuss, persistent à n'attribuer à la guerre d'Amérique qu'une réaction secondaire sur le mauvais état de leur marché. M. Jean Dolfuss au contraire voit dans le conflit américain la seule cause, ou au
moins la cause déterminante de la crise qui se prolonge. De vives
polémiques ont développé, des deux parts, ces thèses contraires et
absolues: la vérité est entre les deux assertions. La terrible lutte qui
déchire l'Amérique, y tarit momentamément la source du coton et
y paralyse les affaires, doit affecter le monde entier par voie de solidarité. Il est juste cependant de reconnaître que l'exportation an-
nuelle des tissus de coton en Amérique ne serait pas, relativement,
très-considérable, s'il est exact que cette exportation, pour nos
fabriques ne dépasse pas 342,137 Kilog., d'une valeur de six à huit millions de francs, alors que nous emploierions annuellement huit millions de Kilog. de coton brut. Ce serait, d'après ces chiffres, une exportation en Amérique d'un demi pour cent de notre production
totale. Je ne continue pas moins à penser que la guerre d'Amérique
pèse lourdement sur notre situation industrielle et commerciale. Les
autres parties du ressort me paraissent partager ce sentiment et
l'opinion se prononce d'une manière de plus en plus marquée soit
en faveur d'une médiation de la part des puissances européennes,
soit en faveur de la prompte reconnaissance des états confédérés du
Sud.

. . . . . . . . . . .

Ce ressort se préoccupe, ainsi que je le consignais dans mon dernier
relevé trimestriel, de la nécessité d'une culture considérables du
coton en Algérie.

Une *compagnie française* paraît être organisée à Rouen et à Mulhouse, afin d'utiliser en ce sens notre possession d'Afrique.

Chacun désire ici qu'il résulte de la crise américaine, pour le coton français, ce qui est résulté du blocus continental, pour les sucres indigènes. Ce serait, peut-être aussi, le meilleur moyen de rentrer avec le temps, dans les déboursés continuel, que depuis 30 ans, la métropole s'est imposés au profit de l'Algérie et de coloniser enfin cette contrée si admirablement assise.

79. *Imgarde de Leffemberg, P. G. Dijon, 18 July 1862.*

Pour toutes ces questions [industrial] je ne puis que m'en référer à l'exposé que je soumettais à Votre Excellence dans mon rapport du mois d'Avril.

80. *Pinard, P. G. Douai, 4 July 1862.*

["L'industrie lainière et cotonnière."]

Seulement la prolongation de la crise Américaine fera encore obstacle à une reprise définitive moins, parce qu'elle fait renchérir une des matières premières, que parce qu'elle ferme d'importants débouchés aux doubles produits de l'Angleterre et de la France qui s'encombrent alors sur les mêmes marchés.

81. *Saint-Luc-Courborieu, P. G. Limoges, 27 July 1862.*

les fabriques de porcelaines dans la *Haute-Vienne* sont en pleine activité. Trois négociants à Limoges, qui ont pris part à l'exposition de Londres, ont reçu d'Angleterre et de New-Yorck, des commandes dont ils sont très fiers et qui ont ramené une certaine confiance.

dans l'arrondissement de Rochechouart à St Junien, la Ganterie a cessé d'être en souffrance.

82. *Gaulot, P. G. Lyons, 10 June 1862.*

Toutefois, Monsieur le Garde des Sceaux, notre état de malaise ne s'est point aggravé et notre fabrique conserve l'activité des mois derniers. Dans toute la ville de Lyon il n'y a guère que 450 métiers au repos: ce chiffre est sans doute trop élevé, mais il est loin de révéler les souffrances passées.

Nos ateliers de teintures fonctionnent tous et les salaires sont suffisans.

83. *Gaulot, P. G. Lyons, 2 July 1862.*

Les affaires languissent partout, cependant il y a de travail.

A Lyon, notre belle fabrique résiste courageusement à la crise.

Tous les bons ouvriers sont encore occupés et leurs salaires sont suffisans. Des nouvelles plus satisfaisantes sur la récolte des soies, les besoins de la consommation, quelques commandes de l'Amérique du Nord, de l'Allemagne et de l'Angleterre entretiennent une certaine activité. . . . .

A St Etienne, l'industrie des rubans gravement atteinte par les succès de la concurrence étrangère, parait avoir retrouvé une vie nouvelle. Les fabricans cherchent des ouvriers que la misère et les épreuves ont disséminé depuis plusieurs mois. Je n'ose encore compter sur une reprise durable et les registres du Mont de piété, qui donnent pour ce trimestre 2300 engagements et des prêts s'élevant à 43,000ᶠ, montrent trop combien le mal a été profond.

### 84. De Gérando, P. G.   Metz, 8 July 1862.

Le commerce de la vannerie est aussi en souffrance dans l'arrondissement de Vouziers, parce que la guerre d'Amérique a complètement fermé les débouchés considérables qu'y trouvait ce commerce qui se fait, à Vouziers, sur une vaste échelle.

A Charleville aussi on me signale une double cause produite par la crise américaine et qui paralyse le commerce et les efforts des industriels: absence de débouchés dans le grand entrepôt des Etats-Unis, et concurrence de l'Angleterre qui encombrée et gênée, écoule ses produits au-dessous de ses cours habituels.

.    .    .    .    .    .    .    .    .    .    .

La fabrication des draps languit à Sedan, mais continue d'occuper presque tous les ouvriers. Il n'en est pas de même pour les filatures de laines qui sont en chômage dans l'arrondt de Charleville. L'industrie Retheloise continue de souffrir et, dans plusieurs établissements, on a renvoyé une partie des ouvriers ou bien ne les emploie que pendant une fraction de la journée.

Deux importantes industries de la Moselle, les verreries et la faïencerie, sont aussi en souffrance, dans l'arrondissement de Sarrequemines, par le contre-coup de la crise américaine. Les magasins de la manufacture du Bᵒⁿ Geiger, député de cet arrondissement, renferment pour 800.000 fr. de marchandises fabriquées.

### 85. Dessauret, P. G.   Montpellier, 8 July 1862.

L'industrie est stationnaire partout où elle s'exerce dans mon ressort. Cependant les conséquences regrettables de la guerre entre le Nord et le Sud des Etats unis d'amérique, se font appercevoir sans quelques-unes des manufactures de l'aude, de l'hérault, et de l'Avignon; mais peu sensiblement encore.

86. *Neveu-Lemaire, P. G. Nancy, 5 July 1862.*

Vainement quelques ambitions déçues cherchent-elles à propager l'idée que cette crise est le résultat prévu des traités de commerce. La réalité des choses suffit à repousser cette opinion aussi malveillante qu'erronée. La cause qui ralentit la production en France n'arrête-t-elle pas également son essor en Angleterre? Et les documents statistiques ne sont-ils pas d'accord avec l'expérience et la raison pour démontrer la fausseté de ces appréciations? Il résulte en effet du relevé des comptes commerciaux que pendant les cinq premiers mois de 1862, les tissus de coton anglais et belges importés en France n'ont guère dépassé la valeur de 4,000,000$^f$ et les tissus de laine celle de 20,000,000$^f$, total: 25,000,000$^f$ environ, tandis que dans le même intervalle, nous en avons expédié nous-mêmes à l'étranger pour 75,000,000$^f$. Ces chiffres sont significatifs, et de nature à répondre aux déclamations intéressés de quelques mécontents.

Si l'industrie traverse en ce moment les plus pénibles épreuves, n'est-il pas de la dernière évidence qu'il ne faut les attribuer qu'à un concour de circonstances malheureuses impossible à prévoir en 1860, telles que l'insuffisance des récoltes, les embarras de la situation financière, et la guerre civile d'Amérique qui nous prive à la fois d'un vaste marché et d'une matière première indispensable? C'est là ce que l'un des députés de la Meuse, M$^r$ Millon, mettait patriotiquement en relief lors de la réunion générale de la Société de Secours Mutuels qu'il préside à Bar-le-Duc. Sans doute si l'intelligence exacte de la situation ne suffit pas pour alléger des souffrances, hélas! trop réelles, elle a du moins pour résultat de ne pas faire retomber aux yeux des populations une injuste responsabilité sur le Gouvernement de l'Empereur.

De toutes nos industries, la plus sérieusement menacée est celle du coton, dont j'ai déjà eu l'honneur d'entretenir Votre Excellence; C'est sur elle que pèse le plus lourdement la lutte intestine des Etats-Unis, puisque dans un avenir prochain la matière première fera complètement défaut. L'état actuel des établissements industriels de mon ressort fournit à ce sujet les plus tristes révélations.

J'ai fait précédemment connaître que sur les cinq filatures de l'arrondissement de Nancy, celle de Saint-Nicolas s'était arrêtée. Deux autres, depuis le 15 mai dernier, ont également cessé de marcher. La plus importante, celle de Nancy, a encore diminué le nombre de ses ouvriers, qui n'est plus que de 110, et a opéré une nouvelle réduction sur les heures de travail. —Quant à la cinquième, elle mélange les cotons avariés et les cotons de bonne qualité pour fournir plus longtemps du travail aux bras qu'elle occupe, et livre ainsi à la consommation des marchandises qui la discréditent.[2]

Il en est de même des fabriques de tissus et de ouates et des teintureries. La plupart manquent d'aliment.

La situation n'est guère meilleure dans l'arrondissement de Bar-le-Duc, bien qu'il n'y ait encore nulle part cessation absolue de travail. La nécessité rend les filateurs ingénieux, et l'on pourrait citer tel chef de fabrique, dont l'intelligence est parvenue à conjurer momentanément les effets de la crise en faisant filer du coton de Surate dont il parait tirer bon parti.

La fabrication des toiles de coton ne s'est pas non plus relevée.

La teinturerie subit le même malaise. Un grand nombre d'ouvriers ont été renvoyés des ateliers de l'importante usine de Savonnières, et d'autres n'y travaillent plus que 6 heures par jour.

Les fabriques de tricots seules ont repris quelque activité, et l'industrie des corsets sans coûture continue à prospérer.

Dans les arrondissements de Lunéville, Sarrebourg, Verdun, Saint-Mihiel, Epinal et Mirecourt, l'état de souffrance de l'industrie cotonnière n'est pas moins grand, et se révèle par le chômage et la diminution des heures de travail; seulement comme cette industrie n'a pas un vaste développement dans cette partie de mon ressort, il en résulte que la misère y sera moins rude à supporter et par conséquent à secourir.

C'est surtout dans les vallées industrielles de Remiremont et de Saint-Dié que la situation est grave.

Dans l'arrondissement de Remiremont, la filature de Rochesson, qui mettait en œuvre 3,976 broches et occupait 120 ouvriers, a été fermée. Une autre usine, un tissage situé au Tholy, qui contient également 200 métiers et emploie 120 ouvriers, est à la veille de l'être. Partout ailleurs la durée du travail et le taux des salaires ont été réduits. Mais ce qu'il y a de plus inquiétant, c'est que la presque totalité des fabriques, touchent à la fin de leurs approvisionnements.

---

[2] The preceding paragraph was pencilled in the margin. The pencilled checks and notations in the margins as well as the pencilled underlinings (all usually with red pencil) were made by officials in the Ministry of Justice. Hereafter such instances will be carefully described in the footnotes. Ink underlinings were made by the authors of the reports and are indicated hereafter by italics in the texts.

Je n'en excepte que la maison Georges Perrin de Cornimont, approvisionnée jusqu'au mois de Janvier, et dans la même localité, la maison Hubert Maurice dont la filature a des approvisionnements pour quatre mois encore. La matière première est sur le point d'être épuisée dans presque toutes les autres manufactures, y compris celle de M^me Veuve Géhin de Saulxures, qui occupe au moins 800 ouvriers. On espère toutefois que sa fortune et sa philantropie ne feront défaut qu'avec le manque absolu de matière première dans les ports du Hâvre.

Les maisons qui fabriquent à façon, notamment dans les cantons du Thillot et de Plombières, sont aussi exposées à manquer de travail par la prochaine expiration de leurs engagements qui, vraisemblablement, ne seront pas renouvelés, la production s'effectuant en perte.

En résumé le tissage qui fonctionne isolément, achetant ses filés et vendant ses tissus au jour le jour, perd de 3 fr. à 3 fr. 50¢ par 100 mètres de calicot, soit environ 8 p % de la valeur de la marchandise.
—La filature, isolée du tissage, perd environ 0^f25¢ par Kilogramme de coton filé, soit à peu près 5 p % de la valeur de la marchandise;
—De sorte que la perte du fabricant ayant à la fois filature et tissage s'élève à 13 p % de la valeur de la marchandise et atteint, par 100 mètres de calicot, le chiffre de 5^f50¢, dont 2^f25¢ pour la filature, et 3^f25¢, pour le tissage.

L'arrondissement de Saint-Dié ne se trouve pas dans des conditions plus prospères. Sur les 67 usines qu'il renferme, on en compte à peine 3 ou 4 qui n'aient pas ralenti leur fabrication dans des proportions considérables. Partout ailleurs, la réduction dans le nombre des ouvriers ou les heures de travail n'a fait que s'accroître. Aucune usine cependant n'est encore fermée, et grâce aux sacrifices réels que s'imposent la plupart des industriels, le travail parait pouvoir se prolonger encore pendant deux ou trois mois. Malheureusement, comme il devient impossible de renouveler les approvisionnements, il faut s'attendre, pour le mois de Septembre ou d'octobre au plus tard, à un chômage complet, faute de matière première.

. . . . . . . . . .

Quant aux fabriques de draps et de tissus de laine, leur situation n'a fait qu'empirer depuis le commencement du Trimestre. Les magasins sont encombrés, la vente est difficile, les bénéfices sont nuls. —La fabrique la plus importante de Nancy ne compte plus que 194 ouvriers, au lieu de 215 qu'elle employait au 25 mars dernier, et

250 au commencement de l'année. Dans presque toutes les autres usines, la fabrication a diminué dans les mêmes proportions, tandis que partout les produits se sont accumulés, faute de débouchés. La réserve enmagasinée est aujourd'hui de 25 p % plus considérable qu'au mois de mars. Quelques fabricants manifestent même la crainte d'être contraints de fermer leurs ateliers à cause des prix élevé des laines. Il est juste cependant de tenir compte de la morte saison, qui arrive pour cette industrie pendant l'été, époque à laquelle on ne porte que peu de vêtement de drap, surtout dans les classes ouvrières. On est en droit de compter sur une reprise d'affaires au mois de Septembre prochain.

Je ne rentrerai pas dans les détails que j'ai déjà donnés au sujet de la broderie. L'état de détresse dans lequel elle languit ne s'est pas modifié, et, le sort des ouvrières dont le salaire varie entre 35 et 40 centimes par jour, est vraiment digne de pitié. Encore le travail même leur fait-il souvent défaut, le marché transatlantique étant fermé à l'exportation.

La même cause produit les mêmes effets sur la dentellerie d'Haroué et de Mirecourt.

Elle réagit aussi sur la lutherie de cette ville et la menace même d'une ruine complète.

La ganterie, qui occupe à Nancy seulement plusieurs centaines d'ouvriers, ne peut également se relever.

Quant à la fabrication des chapeaux de paille qui a si rapidement enrichi la ville d'un nouveau genre d'industrie, elle est loin d'être aussi prospère que pendant les trois derniers mois, et un assez grand nombre d'ouvriers ont été forcés de quitter leurs ateliers faute de travail, dans la proportion d'un tiers environ. Cette situation ne présente au surplus rien d'anormal, lorsque l'on songe qu'à l'époque de l'année où nous sommes parvenus, tous les approvisionnements sont faits depuis longtemps par le commerce de détail. Les commandes deviennent de plus en plus rares, et le fabricant soucieux de ses intérêts ne travaille plus que dans la limite restreinte de ses approvisionnements futurs.

Les féculeries des Vosges, autrefois si florissantes, subissent aussi un temps d'arrêt très-marqué. Le prix des fécules est descendu à $32^f$ les 100 Kilogrammes et encore la vente est-elle rare et difficile à ce prix. Conséquence directe et immédiate des souffrances de l'industrie cotonnière qui emploie dans sa fabrication une énorme quantité de ses produits, cette dépréciation est inévitable. —C'est à la même source qu'il faut faire remonter le malaise des quatre fabriques d'amidon de Nancy.

. . . les verreries . . . sont en pleine activité à l'exception de la Verrerie de Valerysthal, qui exportait ses produits au nouveau monde.

87. *Thourel, P. G. Nîmes, 20 July 1862.*

La situation commerciale se ressent gravement de la guerre d'Amérique. les fabriques de lacets et autres qui travaillent le coton le payent fort cher et n'en trouvent que pour aller au jour le jour. les fabricants espèrent alimenter leurs usines jusqu'au mois de Janvier.

88. *Grandperret, P. G. Orléans, 1 July 1862.*

Les débouchées que trouvait autrefois cette industrie ["fabrication de couvertures en laine d'Orléans"] sont presque entièrement fermés depuis six mois et les magasins sont encombrés. Jusqu'à présent, toutefois, les fabricants, soutenus par l'espoir de voir le terme de cette crise, n'ont pas congédié leurs ouvriers, mais ils ne croient pas pouvoir supporter plus de trois mois, désormais, les pertes qu'elle leur fait subir. Ils imputent cet état de choses aux évènements dont l'Amérique est le théâtre & qui ont arrêté l'exportation, et au traité de Commerce avec l'Angleterre.[3]

89. *Chaix d'Este-Ange, P. G. Paris, 15 June 1862.*

J'ai du insister avec quelques détails sur la situation économique et industrielle des populations comprises dans l'étendue de mon ressort. Cette situation se lie intimement à l'état moral et politique du pays; elle exerce une influence directe et décisive sur les masses qui font presque toujours remonter jusqu'au pouvoir qui les gouverne, la responsabilité de leurs souffrances, et dont l'affection se mesure à la somme de prospérité matérielle qui leur est assurée. C'est donc avec raison que la crise actuelle préoccupe tous les esprits sérieux, et il est vivement à désirer qu'elle ait un terme. Les débouchés ouverts par l'exportation sont d'une nécessité absolue pour l'industrie française si active, si féconde, si variée; il est certain que de nombreux intérêts sont compromis par l'interruption presque complète des relations commerciales avec l'Amérique; il serait d'une haute importance que la cessation de la guerre civile qui déchire

[3] See ch. i, notes 10, 21, 47.

ce pays permit de renouer ces relations. On ne peut se dissimuler que les effets du traité de commerce avec l'Angleterre [3] n'aient pas été aussi favorables aux intérêts français qu'on semblait devoir l'espérer. . . .

90. *Brière-Valigny, S. P. G.    Paris, 28 August 1862.*

aucune amélioration ne s'est produite depuis mon dernier rapport. Il existe la même stagnation dans les transactions, le même encombrement des produits fabriqués, les mêmes souffrances et les mêmes misères. C'est une crise qui se prolonge d'une manière inquiétante, et dont il est difficile d'assigner le terme.

Les industries qui ont été le plus gravement atteintes dans mon ressort, sont l'industrie de la bonneterie dans le département de l'Aube, la fabrication des tissus de laine et le commerce des vins dans le département de la Marne.

Dans le département de l'Aube, les fabricants ont jusqu'ici lutté avec courage contre les difficultés de la situation; aujourd'hui le coton commence à manquer; la fabrication s'est ralentie, un grand nombre d'ouvriers se trouvent sans ouvrage. Les administrations municipales, dans l'arrondissement de Nogent-sur-Seine notamment, ont dû aviser à créer des travaux pour donner du pain aux ouvriers inoccupés. Ce ne peut être là qu'une ressource transitoire, qui, s'ajoutant aux travaux ordinaires de la saison, suffit sans doute aux nécessités du moment; mais, si la crise continue, il est à craindre que la saison rigoureuse, en augmentant les besoins et la misère, n'amène de nouvelles complications.

Dans le département de la Marne, à Reims surtout, la situation ne se présente pas sous un jour plus favorable. Les affaires sont à peu près nulles; les filateurs et les fabricants se résignent à d'énormes sacrifices pour assurer à leurs ouvriers quelques heures de travail; les commandes font défaut, les produits s'accumulent; tout est morne; la vie commerciale semble arrêtée. Jusqu'ici il n'y a pas eu de ces grands désastres dont le contre coup retentit au loin; mais c'est une sorte d'engourdissement général qui paralyse tout, et qui s'étend à toutes les industries, au commerce des vins de Champagne, comme à la fabrication des tissus de laine.

On me signale, comme une conséquence de cet état de chose, non seulement la misère qui en est la suite naturelle, mais aussi une sorte de recrudescence dans la dépravation des mœurs de la classe pauvre. Les habitudes de débauche et d'ivrognerie semblent se développer sous la pression de la détresse et de la faim; la prostitution clandestine ou publique fait chaque jour de nouveaux progrès, favorisés quelquefois, chose triste à dire, par la complicité complaisante ou intéressée de la famille.

Tel est le tableau affligeant, mais vrai, qui résulte des documents que j'ai sous les yeux.

C'est une situation dont les causes ne sont pas nouvelles, dont le remède est difficile, mais qui doit continuer à fixer l'attention, et à éveiller la sollicitude, du gouvernement de l'Empereur.

Je dois dire cependant que jusqu'ici aucun symptôme d'agitation ne s'est manifesté.

91. *Millevoye, P. G. Rouen, 10 July 1862.*

La situation commerciale et industrielle dans le rayon manufacturier dont Rouen est le centre, ne s'est pas sensiblement modifiée: elle se caractérise toujours par les mêmes incertitudes et la même variation dans les cours, selon que les nouvelles d'Amérique rendent plus ou moins probables [*sic*] la cessation ou la prolongation de la lutte. Il y a environ cinq semaines, lorsqu'on apprit que la Nouvelle Orléans était tombée au pouvoir de l'armée du Nord,[4] une baisse momentanée se produisit. On espérait que l'ouverture de ce port allait ramener un peu de coton sur le marché; mais les illusions n'ont pas tardé à se dissiper: on croit moins que jamais à la fin prochaine de la guerre; on sait d'ailleurs qu'alors même que la paix se ferait sans retard, les cotons d'Amérique ne pourrait pas arriver dans nos ports avant trois ou quatre mois, c'est à dire avant l'épuisement d'un stock tellement réduit qu'au 30 Juin, il n'était plus que de 28700 balles (il était l'année dernière, à pareille époque, de 305,134 balles.) sous l'influence de cette situation, on s'explique parfaitement les prix tout à fait excessifs auxquels les cotons se sont élevés depuis quelques jours. Le 29 mars dernier, ils étaient côté, au Hâvre, à 298 francs les 100 Kilogrammes. Ils ont atteint, dans la dernière semaine de Juin, 404 fr. En huit jours, les prix se sont élevés de 44 francs. Les filés ont subi une hausse analogue au 20 Juin, ils étaient cotés à 4$^f$.49; le 1$^{er}$ Juillet, ils ressortaient à 4$^f$.95 et 5 fr. Enfin les calicots, compte 30, sont montés de 45 à 50 centimes. Il est impossible de déterminer où s'arrêteront cette hausse et ces variations; mais le réapprovisionnement des grands entrepôts de Liverpool et du Hâvre ne devant pas, selon toute apparence, se faire prochainement, il est

[4] See Introductory Note to ch. v, and ch. ii, note 1.

à croire que les cours actuels, si exaggérés qu'ils puissent paraître, se maintiendront, s'ils ne s'élevent pas encore.

Les arrivages depuis le 1$^{er}$ Janvier ne montent qu'à 47,000 balles au lieu de 523,000 l'an dernier, à la même date. Ils se sont élevés, pour la dernière semaine, à 7,144 balles qui ont été expédiées des entrepôts de Liverpool, Londres, Hull, Southampton et Rotterdam. Ce sont, pour la plus-grande partie, des cotons de l'Inde. On attend encore quelques arrivages, mais comme les prix se sont élevés beaucoup à Londres et à Liverpool et que les nôtres leur sont actuellement inférieurs, on peut craindre que les cotons achetés par des spéculateurs ou des industriels français ne soient revendus sur place. On n'attend rien des Etats Unis.

Les plus intelligents de nos filateurs commencent à introduire dans leur fabrication les cotons indiens en assez grande quantité, mais ils ne peuvent les employer seuls, sans faire subir à leurs métiers des modifications dispendieuses, devant lesquelles ils reculent, parce qu'elle deviendrait inutiles après la fin de la crise américaine. Les tissus fabriqués avec les cotons de l'Inde non mélangés, sont en effet beaucoup trop légers; ils prennent mal l'impression et resteront, quoiqu'on fasse, très inférieurs aux tissus provenant des cotons américains. Nos manufacturiers, obligés de tirer exclusivement les cotons de Surate des entrepôts de Liverpool sont d'ailleurs, dans une situation beaucoup moins favorable que l'industrie anglaise, puisqu'ils ont à subir une surélévation de prix de 8 à 10 francs à cause des frais de transport.

Le travail industriel est resté à peu près ce qu'il était pendant le dernier trimestre. Cependant, dans les dernières semaines, le chômage parait avoir fait de nouveaux progrès.

La filature et le tissage sont les industries qui souffrent le plus. La durée moyenne du travail n'y dépasse pas actuellement huit heures par jour et encore beaucoup d'usines chôment-elles complètement deux et souvent trois jours par semaines.

. . . Dans . . . ["la Rouennerie"], les ouvriers perdent un peu plus du tiers de leur temps et ils ont eu à supporter de nouvelles réductions de salaires.

## OCTOBER 1862

92. *Reybaud, A. G.   Aix, 6 October 1862.*

L'exportation de la chapellerie fine, de la parfumerie de Grasse souffrent toujours de la guerre d'Amérique. La rareté du coton a encore ce résultat d'avilir le prix de la garance qui sert à le teindre et les moulins où cette racine est triturée ont un travail bien moins actif.

93. *Bécot, A. G. Amiens, 6 October 1862.*

Si les ouvriers tabliers, boutonniers, éventaillistes dont les produits s'exportent principalement aux Etats-Unis, sont frappés d'un chômage désastreux, d'autres industries locales, comme celle de la serrurerie et des chaussures, qui n'ont pas leur écoulement en Amérique, trouvent dans le bien-être des campagnes une source exceptionnelle de débouchés et sont en ce moment très-florissantes. . . .

. . . On envisage maintenant l'avenir avec plus de confiance, car on voit nettement la cause du mal: elle est toute dans la crise américaine. On n'imagine d'autre salut pour notre industrie cotonnière qu'une grande mesure politique qui rende les Etats du Sud à leur expansion commerciale; mais avant qu'on en vienne à cette mesure & surtout avant qu'elle puisse produire des résultats, nos centres industriels aurait des souffrances à accepter. Ainsi à St. Quentin, le nombre des individus qui recoivent [*sic*] des secours du bureau de bienfaisance s'est élevé depuis un an de 400 à 600; à Amiens, le nombre des assistés s'est beaucoup accru aussi, quoique dans une proportion moindre; & la même cause amène les mêmes effets dans toutes nos villes de fabrique. Les filatures de coton congédient une partie de leurs ouvriers ou réduisent les jours de travail, & l'on doit craindre prochainement des fermetures d'ateliers complètes. Mais enfin, si le mal est là, il n'est que là.

A part, Monsieur le Garde des Sceaux, cette fatale solidarité qui nous rend victimes des passions américaines, je ne vois dans le Ressort que d'heureux symptômes de concorde et de prospérité.

94. *Blanc, P. G. Besançon, 12 October 1862.*

Les filatures et les tissages sont aux abois; ceux de ces établissements qui ne sont pas en chômage, voient leur approvisionnement toucher à son terme, et l'on peut prévoir l'époque peu éloignée où la cessation du travail sera générale: à Héricourt seulement douze ou quinze cents ouvriers seront sans ouvrage. Dans le Jura la taille des pierres précieuses qui occupait un grand nombre de bras, est presque abandonnée: la guerre d'amérique et la situation de l'Italie enlèvent à ce genre de produit ses principaux débouchés. En revanche la fabrication de la laine est en progrès; une grande prospérité règne dans les ateliers dont le travail se rapporte à l'horlogerie. La fabrique de Besançon peut à peine suffire à ses commandes.

95. *Dulamon, A. G. Bordeaux, 6 October 1862.*

Le sanglant conflit qui désole l'Amérique est pour le commerce de Bordeaux et de quelques arrondissements du ressort une cause de vives souffrances. Le marché américain est à peu près fermé pour les vins qu'exportait le département de la Gironde et pour les eaux-de-vie du département de la Charente. Cette lutte violente compromet, en se prolongeant, des intérêts considérables.

. . . . . . . . . . . .

La cherté des vins, la guerre d'Amérique, les hostilités avec le mexique, ont amené un ralentissement très-marqué dans les transactions commerciales de Bordeaux. Cependant le nombre des faillites est à peu près les mêmes, et on n'a encore signalé aucun sinistre commercial important. Dans la charente les mêmes causes amènent les mêmes résultats.

96. *De Chenevière, P. G. Bourges, 6 October 1862.*

Dans l'industrie céramique les conditions de nos différents établissements sont variables suivant les débouchés qui s'ouvraient à leurs produits. Les manufactures de porcelaine de fours et de Nevers, la verrerie de St Léger-des-Vignes près Decize, dont le courant d'affaires était avec l'Amérique du Nord, sont naturellement en souffrance.

97. *Olivier, A. G. Caen, 9 October 1862.*

La situation de l'industrie, bonne pour certaines branches, est déplorable pour tout ce qui tient à l'emploi du coton; dans les arrondissement de Vire, de Falaise et de Domfront, à Condé-sur-Noireau, à Falaise, à Flers, à la ferté-Macé, la filature et le tissage sont dans le plus triste état. L'administration et la charité privée font, sur ces points, les plus louables efforts.

98. *De Baillehache, A. G. Colmar, 12 October 1862.*

Haut-Rhin. Arrondissement de Colmar.

La crise que traverse actuellement l'industrie fixe toujours l'attention publique et continue à inspirer de sérieuses inquiétudes. Le mal que j'ai eu à constater dans mes précédents rapports n'a fait que s'aggraver par la permanance même de sa cause. En effet, les approvisionnements de coton diminuent de jour en jour, et le prix de cette matière augmente au fur et à mesure que le stock s'épuise. D'un autre côté les transactions sont languissantes, les magasins se remplissent et le prix des produits fabriqués n'est nullement en rapport avec le prix de la matière brute. Jusqu'à présent cette situation avait simplement amené quelque diminution dans le personnel des manufactures ou bien dans les heures de travail; mais aujourd'hui, pour retarder le moment d'une cessation complète de travail, ces réductions jusqu'ici presque insignifiantes s'operènt graduellement sur une échelle plus large et les renvois d'ouvriers notamment sont plus considérable. Moyennant les mesures le travail n'a encore cessé nullẹ part dans cet arrondissement et l'on peut espérer que les industriels, surtout les maisons riches et puissantes, feront de généreux efforts pour reculer ce moment autant que possible, mais il n'en est pas moin vrai que les ouvriers qu'atteignent ces réductions de personnel et ces chômages partiels, se trouvent dès à présent dans une position difficile, et cette position ne fera évidemment qu'empirer pendant les mois d'hiver.

. . . . . . . . . . .

Arrondissement de Belfort.

l'industrie cotonnière se débat pied à pied contre une crise qui, à moins d'un évènement qui ne semble pas prochain, finira par l'emporter. Il n'y a point eu jusqu'à ce jour de ces catastrophes éclatantes qui précipitent en un moment des milliers d'ouvriers dans la misère, mais le chômage partiel s'est produit dans presque tous les établissements; la réduction de travail est ici cinq jours, là, de trois jours par semaine, et l'on peut considérer le salaire comme diminué de moitié.

La maison Gros-Odier et Roman de Wesserling l'une des plus considérables du pays, vient de décider que pendant le présent mois d'Octobre l'on ne travaillerait plus que trois jours par semaine dans ses ateliers, elle aurait choisi, il est vrai, pour ce temps d'arrêt, un moment où les travaux de la campagne réclament tous les bras inoccupés, et annoncerait que son intention serait de reprendre en Novembre le temps normal de travail qu'elle n'abrégerait cet hiver que pendant les heures du soir, les plus dispendieuses à raison de l'éclairage, mais ce précédent n'en est pas moins regrettable d'autant plus regrettable que déjà un tissage vient de se fermer et qu'un autre établissement de même nature assez important, celui de M^r Bontemps a momentanément, dit-on, interrompu aussi ses travaux.

.    .    .    .    .    .    .    .    .    .

Arrondissement de Mulhouse.

La situation industrielle des arrondissements de Colmar et de Belfort est grave assurément, mais celle de Mulhouse, que l'on doit considérer comme le véritable régulateur de l'industrie en Alsace, l'est beaucoup plus encore.

Cet état de souffrance dû à la disette sans cesse croissante du coton a déjà amené la fermeture de plusieurs établissements et si les autres travaillent encore, ce n'est que dans des proportions moindres, afin de faire durer plus longtemps les approvisionnements et au prix des plus durs sacrifices en maintenant le salaire des ouvriers, malgré le chômage.

Grâce à ces efforts que l'on ne saurait trop louer chez les maîtres, le travail paraît encore assuré pour une bonne partie de l'hiver. En effet, la plupart des maisons, les plus importantes surtout, ont du coton jusque fin Décembre. En diminuant les heures de travail, elles pourront facilement prolonger leur production jusqu'au mois de Mars; enfin une filature de 80,000 broches, la plus considérable du pays et qui entretient un millier d'ouvriers possède même du coton jusqu'au mois de Juin et pourra marcher en plein jusqu'à cette époque. Mais si on ne peut qu'applaudir à cette heureuse perspective due à une habile prévoyance et à d'immenses ressources pécunières, on me signale à côté de ces positions exceptionnelles des expédients bien dignes d'éloges selon moi, car ils décèlent un désintéressement bien rare, un véritable dévouement au bien public.

C'est ainsi que des màisons plus ou moins approvisionnées, qui pourraient en vendant, réaliser un énorme bénéfice, ne le font pas, et d'autres vont jusqu'à continuer le salaire à leurs ouvriers quoiqu'elles aient interrompu le travail. Ce dernier parti qui a du reste l'avantage tout en imposant aux maîtres des sacrifices on peut dire inouis, de maintenir l'ordre en conjurant la misère, a aussi pour eux l'avantage de ne pas les exposer à perdre sur l'achat et sur la vente, l'achat étant d'un prix fort élevé, presque exhorbitant, et la vente à un prix très bas; c'est aussi un moyen d'écouler les marchandises fabriquées, dont il y a un encombrement, et de laisser le temps aux essais tentés en Algérie de fructifier, comme aux arrivages de l'Inde de se produire; quoiqu'il en soit de tels examples d'humanité et de patriotisme n'ont pas besoin de commentaires: ils sont même d'autant plus méritoires qu'en les pratiquant, l'industrie Mulhousienne n'ignore pas quel cours la chance de perte incalculable que pourrait entraîner un arrangement soudain, quoique inespéré, des affaires Américaines.

Quant à l'interruption définitive ou partielle du travail, voici l'état exact des choses à Mulhouse:

Sur 11 filatures, une seule travaille comme par le passé, deux ne travaillent plus depuis environs un mois et huit ont réduit le labeur soit de plusieurs heures par jour, soit de plusieurs jours par semaine.

Sur 5 tissages, deux marchent en pleine, et les trois autres aux mêmes conditions que les filatures. Tous les ateliers d'impressions ont ralenti d'un tiers ou d'un moitié.

Les deux établissements de filature et de tissage de laine continuent à marcher intégralement.

. . . . . . . . . . .

La condition de la majorité des ouvriers continue cependant à être bonne. Un petit nombre seulement, ce sont les ouvriers imprimeurs, commence à souffrir. Mais les salaires n'ayant pas été diminués et le chômage n'existant encore que dans des proportions restreintes, il y a lieu d'espérer que la crise actuelle sera traversée d'une manière moins malheureuse qu'on ne pouvait le craindre.

99. *Proust, A. G.   Dijon, 11 October 1862.*

La coutellerie subit depuis longtemps une crise qui est independante du traité du commerce. La Ganterie de Chaumont qui a tant à gagner à la réforme économique se trouve fléchir sous les conséquences désastreuses de la Guerre américaine. En revanche Le tissage des soies font de grands progrès dans l'arrondissement de Charolles où l'ont compte quatre mille métiers.

100. *Morcrette, A. G.   Douai, 4 October 1862.*

Les fabricants commencent à comprendre et même à reconnaître que le traité de commerce avec l'Angleterre leur avait inspiré des craintes exagérées. La supériorité des produits Français est aujourd'hui incontestée, surtout pour les tissus de laine et pour les étoffes qui exige du goût et de l'élégance. La stagnation qui pèse encore sur la production et sur l'échange ne peut être attribués qu'à la guerre d'Amérique, guerre qui tarit à la fois le marché d'alimentation pour les matières premières et le marché de placement pour les matières ouvrées. Afin de luter autant que possible contre cette crise, certains fabricants ont changé l'emploi de leurs métiers et travaillent à défaut de coton, sur la laine et sur le fil. Cependant une reprise marquée[5] a eu lieu dans ce dernier trimestre. Les marchands de détail ont renouvelé leurs provisions, et, dans l'attente de demandes nombreuses à l'entrée de l'hiver, des spéculateurs ont beaucoup acheté aux prix actuels pour revendre, espèrent-ils à des prix plus élevés. Les stocks de Roubaix se sont dégarnis; et, soit pour les réformer, soit pour satisfaire à des commandes, la fabrication est assurée pour plus de six mois. Lille et Tourcoing sont dans les mêmes conditions. Les registres tenus aux gares de ces villes, révèlent que des expéditions considérables se font par le chemin de fer.

Cette situation n'est pas encore la prospérité: elle a suffit toutefois pour ramener les ouvriers dans les ateliers. Il n'y a plus de chômage.

101. *Leviel de la Marsonnière, A. G.   Limoges, 7 October 1862.*

La situation industrielle, si intéressante pour la sécurité de nos villes, et particulièrement de Limoges, s'est considérablement améliorée depuis l'année dernière. deux causes de ruine pesaient alors sur les industries de ce pays: le traité de commerce avec l'Angleterre,—la crise Américaine. de ces deux causes, la première est, aujourd'hui à peu près conjurée; quant à la seconde, elle pèse toujours sans doute, mais son poids s'est considérablement allégé.

.    .    .    .    .    .    .    .    .    .    .

J'arrive maintenant, monsieur le Garde des Sceaux, à l'industrie porcelainière, et à la souffrance encore vive, quoiqu'un peu apaisée, que lui a fait subir la guerre d'Amérique. le mal existe encore, qui pourrait le nier? mais il est loin d'avoir atteint le degré d'intensité qu'on pouvait en appréhender. on supposait, en effet, que l'Amérique offrait un débouché à la moitié des produits de nos fabriques. Cela est possible; mais il faut bien que le mal ait été conjuré par l'ouverture de marchés nouveaux et de débouchés récents, puisqu'il résulte de renseignements parfaitement authentiques qui me sont fournis, qu'à Limoges le nombre des fournées est le même qu'avant la crise, que celui des ouvriers employés n'a pas considérablement diminué, et qu'enfin les journées qui, pendant le fort de la crise, avaient été réduites d'un certain nombre d'heures, et par conséquent amoindries quant aux salaires, sont, aujourd'hui, entières pour tous les ouvriers. pour me résumer en chiffres, je dirai que les 25 fabriques de porcelaines de la ville de Limoges ont cinquante fours en pleine

---

[5] The preceding two words were underlined with pencil.

activité, et font 146 fournées par mois. elles emploient 2780 ouvriers, et leur donnent un salaire moyen de 3ᶠ50. les 35 ateliers de décoration et de peinture emploient 953 ouvriers, et leur donnent un salaire moyen de 3ᶠ62 centimes. la classe ouvrière n'est donc point en position de se plaindre et le sort de la population de nos fabriques ne saurait offrir un prétexte aux agitateurs.

Cette situation, bien qu'elle soit due aux louables efforts des maitres de fabrique, permet de croire toutefois qu'ils ne s'épuisent pas en vains sacrifices, et que, malgré la diminution de leurs profits, ils trouvent encore une compensation à leurs dépenses. J'estime donc que l'hiver se passera sans catastrophe pour les fabricants, et sans détresse pour les ouvriers.

Je dois cependant signaler à votre excellence la ruine d'une fabrique de porcelaine établie à Bourganeuf, et dont le propriétaire vient d'être déclaré en état de faillite. mais je m'empresse d'ajouter que cette catastrophe n'est pas uniquement due à la crise Américaine, crise que cette fabrique eut supportée comme les autres, si son propriétaire n'eut eu la fatale idée de s'épuiser en constructions et en agrandissements intempestifs.

Je ne dirai qu'un mot de la fabrication des droguets ou flanelles qui occupe, à Limoges, une certaine portion de la population ouvrière. cette fabrication qui se fait isolément, à domicile, s'est un peu ralentie par suite de la rareté des cotons, matière employée pour la trame de ces étoffes. on cherche à suppléer le coton, en se servant de trames de fil.

102. *De Plasman, A. G. Lyons, 7 October 1862.*

Lyon receuille aujourd'hui les fruits du traité de commerce. L'Angleterre, qui auparavant ne faisait que les commandes nécessaires pour sa propre consommation, a acheté au contraire d'assez grandes quantités d'étoffes de soie qu'elle exportera dans le monde entier.[6]

Le nombre des ouvriers ayant diminué par suite des mauvaises années que nous avons traversées, ceux qui sont restés à Lyon, ont du travail; tous les métiers sont occupés. Cette reprise parait sérieuse à en juger par la circonstance suivante. Une industrie que je puis appeler préparatoire à la fabrication des étoffes, la teinture de la soie, est depuis quelque temps en pleine activité. Les six principaux ateliers de Lyon emploient à eux seuls en ce moment quatorze cents

[6] The preceding eight words were underlined with pencil.

ouvriers au moins. Le travail semble donc assuré aux ouvriers tisseurs pour la plus grande partie de l'hiver prochain.

La fabrication porte, il est vrai, sur des étoffes de qualité inférieure, et les fabricants font peu de bénéfices, à cause de la concurrence d'autant plus active qu'il y a moins de débouchés. Il y a quelques mois à peine le fabricant perdait et ne faisait travailler que pour conserver ses relations commerciales. Des renseignements spéciaux et précis permettent d'affirmer que même avec l'Amérique l'exportation a atteint un chiffre double de celui auquel elle s'élevait l'année dernière à pareille époque.

Si cette malheureuse guerre pouvait se terminer, toutes les industries prendraient un nouvel essor.

Ce que j'ai dit de Lyon, en ce qui concerne la fabrication des étoffes de soie, s'applique également aux départements de la Loire et de l'Ain. Il faut cependant excepter la rubanerie de St Etienne. Cette branche d'industrie se trouve dans le plus triste état. La cause en est non seulement à la guerre d'Amérique, mais aux caprices de la mode qui n'accepte plus, à ce qu'il parait, des rubans proprement dits pour la totalité des femmes.

Ce fait serait insignifiant sans doute, s'il ne produisait ce triste résultat de réduire de nombreux ouvriers à la misère.

.    .    .    .    .    .    .    .    .    .    .

L'arrondissement et surtout la ville de Roanne sont également dans une situation qui commande des mesures urgentes. Les fabriques de ce que l'on nomme *la cotonne* manquent de matière première. Les ouvriers chôment et la misère augmente.

Il faut espérer que cette situation se sera améliorée lorsque le pays sera appelé à nommer de nouveaux députés.

.    .    .    .    .    .    .    .    .    .    .

Il est impossible que tout prospère également, et l'on pourrait, en résumé, regarder comme bonne la situation économique, si la guerre d'Amérique ne venait paralyser l'une de nos principales industries.

103. *De Gérando, A. G.   Metz, 8 October 1862.*

La situation commerciale & industrielle s'est améliorée dans les usines métallurgiques, dans la fabrication et la vente des tissus de laine et des draps. Mais les autres branches d'industries souffrent encore de la crise américaine ou des effets du traité de commerce avec l'Angleterre, notamment dans l'arrondissement de Sarreguemines.

104. *Alexandre, A. G.    Nancy, 6 October 1862.*

On ne peut se dissimuler que la crise s'accroit, et prend les proportions les plus graves, les plus inquiétantes.

En vain les inquiétudes s'apaisent en ce qui touche l'Italie et les autres questions pendantes de la politique européenne: en vain le Gouvernement fait tous ses efforts pour ouvrir de nouveaux débouchés aux exportations françaises; en vain des traités de commerce sont préparés ou signés avec l'Italie, la Belgique et la Prusse; la stagnation des affaires est chaque jour plus marquée. Ou l'industrie s'arrête faute de matière première, ou le commerce languit par l'effet de la désproportion énorme qui existe entre l'offre et la demande des marchandises.

Je ne m'étendrai pas sur les causes de la crise: elles sont les mêmes que par le passé. Et comme toutes les industries sont solidaires entre elles, comme le commerce arrêté sur un point s'arrête presque aussitôt sur un autre, on se rend compte facilement aussi des effets de cette crise désastreuse.

Puisse la lutte fratricide des Etats-Unis du Nord et du Sud cesser bientôt! Puisse-t-elle cesser soit par l'épuisement rapide des Nations belligérantes, soit avec l'aide d'une médiation des puissances européennes, on ne peut se dissimuler toutefois que l'intervention impatiemment attendue par l'industrie, n'aurait par chance immédiate de se montrer efficace. Et puis ce ne sera pas tout que de voir la paix rétablie et les relations de l'Amérique du Sud renouées avec l'extérieur; un long temps s'écoulera nécessairement entre ce moment tant désiré, et la remise en état de production des terrains cotonniers abandonnés durant la guerre. —Aussi voit-on de bon œil les efforts des Anglais dans l'Inde, les tentatives faites par eux et par la France au Cap, à Natal, sur la côte est de l'Afrique, au Sénégal et en Algérie. Il y aurait un grand avantage, et pour notre industrie et pour notre politique même, à nous sentir un jour jusqu'à un certain point, affranchis du monopole des Etats-Unis; achever et développer la production du coton au milieu des populations noires; amener celles-çi [*sic*] à un travail civilisateur dans leur patrie même, ce sera peut-être à la fois tuer à jamais la traite et mettre fin à l'odieux lèpre de l'esclavage.

En attendant l'apport de la matière première a presque cessé au Hâvre, et les quelques balles de coton de Bombay ou de Surate qui y arrivent facilitent plutôt le jeu et la spéculation désordonnés qu'elles ne donnent à nos manufactures les moyens de travail qui vont prochainement, il faut le craindre, leur manquer absolument.

Aussi et sous l'empire de cette disette des cotons, parmi les usines si importantes du département des Vosges, devenue une succursale immense de l'industrie mulhousienne, parmi celles de la Meurthe et du barrois, moins nombreuses, sans doute, mais encore considérables, les unes sont-elles en plein état de chômage, les autres ne marchent-elle qu'au jour le jour.

Je ne retracerai pas ici les longs détails que renferme mon précédent rapport.

Je dirai seulement que dans les arrondissements de Remiremont et de Saint-Dié les heures du travail ont été presque partout réduites dans une proportion qui varie suivant l'importance des approvisionnements existant encore, et suivant la puissance en capitaux des chefs d'industrie. Quelques filatures, les moins considérables, il est vrai, ont même tout à fait fermé; tandis que les grandes usines de Schirmeck, de Senones, de Saulxures et du canton de Fraize, continuent au contraire à rouler régulièrement. —A Corcieux, la filature Zeiss, (30,000 broches) s'est vue un instant arrêtée. Le S$^r$ Zeiss qui la dirige est un homme honnête et actif que la crise est venu surprendre au milieu des immenses dépenses par lui faites pour transformer et accroître son matériel. Il a obtenu de ses créanciers un atermoiement de 5 années et il s'est remis à lutter courageusement. Les petites fabriques des cantons de Saules et des environs de Remiremont sont également menacées d'une prochaine suspension du travail.

Les filatures de Bar-le-Duc marchent mal. Celle de Guerpont, la plus importante, est totalement fermée, après faillite de ses propriétaires.

Les tissus de coton suivent le sort de la filature. Les filés ayant haussé de plus de 25 p % depuis 3 mois, il ne s'est pas produit une hausse correspondante dans le prix des matières fabriquées. Les ventes, depuis 6 mois, ont diminué dans l'énorme proportion de 75 p %, et bon nombre de fabriques ont dû arrêter le mouvement de leur production.

Toutefois à Bar, l'industrie de certaine tricots et des *corsets* dits sans *couture* a continué de prospérer. Les ouvriers assez heureux pour trouver de l'emploi dans les fabriques récemment montées pour la production de cet article peuvent gagner jusqu'à 7 et 8 francs par jour.

La même torpeur continue de régner dans l'industrie lainière qui n'occupe pas non plus un très grand nombre de bras dans ce pays. Pour donner à Votre Excellence un exemple frappant de la situation vraiment douloureuse de ces ateliers, il me suffira de dire que MM. Godchaux et Piquart de Nancy, n'occupent plus que 38 ouvriers au lieu de 100, et que leurs ventes de Septembre, qui s'élevaient à 125000 fr. pour l'époque correspondante de 1860, sont tombées au chiffre bien bas de 39,000 francs.

La broderie languit toujours. Elle n'emploie plus guère que le tiers ou la moitié des ouvriers qui relevaient, dans les 3 départements, des grands centres de fabrication de Nancy, Mirecourt et Epinal. Par suite, que de douleurs et de misères auxquelles il n'est malheureusement pas possible d'apporter le remède immédiat? Mais peut-être faut-il mieux ne pas souhaiter la reprise de l'ancien essor du travail de la broderie. Mal constituée, mal réglée, l'industrie nancéenne tenait à sa merci le temps et le travail d'une foule de pauvres ouvrières qu'elle rétribuait à peine, que dans les villes et les bourges elle livrait en pâture aux tentations du luxe et du désordre; ou que dans les campagnes elle détournait trop souvent des travaux meilleurs et plus sains de la vie agricole. Le temps d'épreuves actuel sera pour tous une leçon durement achetée sans doute, mais qui profitera du moins aux fabricants comme aux ouvriers.

105. *Pétit, A. G.   Orléans, 2 October 1862.*

L'industrie se ressent encore du mal signalé dans mes précédents rapports— On peut cependant constater que sa situation s'améliore [7] de jour en jour. Les fabriques, dont le mouvement s'était notablement ralenti, reprennent leur essor et les ouvriers trouvent partout du travail.

106. *Cordoën, A. G.   Paris, 14 November 1862.*

Le commerce des vins de Champagne se ralentit; dans le département de la Marne celle des tissus de laine souffrent également; la cherté des matières premières, le défaut de débouchés, la concurrence étrangère obligent les chefs d'usine à restreindre leur fabrication; les heures de travail diminuent; les salaires s'abaissent; les chômages ne sont évités que par de grands sacrifices, et pendant la saison rigoureuse qui s'approche, il faudra que dans plusieurs centres importants l'assistance publique et la charité privée multiplient leurs efforts pour soulager des misères locales qui tendent à s'aggraver.

[7] The preceding word was underlined with pencil.

107. *Duran-Fornas, P. G.   Pau, 4 October 1862.*

La Guerre d'Amérique, si préjudiciable a certains intérêts, continue de faire le fortune de nos contrées landoises. Le prix des matières résineuses augmente de jour en jour. Les 100 Kilos. d'essence qui valaient 70ᶠ à 75ᶠ avant la guerre sont aujourd'hui côtés 250ᶠ à Dax et à 260ᶠ sur le marchée de Bordeaux. On ne peut prévoir encore la fin de cette hausse. Les commandes abondent sur la place de Dax qui a prix une importance dont on ne saurait donner une idée, et la concurrence qui ne peut manquer de se produire en pareille circonstance tend encore à élever la valeur de ces matières.

108. *Massin, A. G.   Rennes, 1 October 1862.*

les filatures de coton chôment . . . faute de matière première. Dans quelques uns de ces derniers établissements on a essayé d'employer le coton de l'Inde, mais sa laine plus courte que celle du coton américain, a nécessité des modifications dans l'outillage et les résultats obtenus n'ont pas été aussi satisfaisants qu'on pouvait le désirer.[8] Aussi les prix du commerce se sont-ils sensiblement élevés.

109. *Salneuve, P. G.   Riom, 8 October 1862.*

Les dentelles . . . dans le cantal et dans la Haute-Loire . . . sont dans un état prospère.

Il en est de même de la fabrication de velours d'Yssingeaux.

110. *Millevoye, P. G.   Rouen, 12 October 1862.*

Dans mon précédent rapport, je disais que selon toutes les vraisemblances, la crise de l'industrie cotonnière ne ferait que s'aggraver. Les craintes sont malheureusement vérifiées sous l'influence des mêmes causes que j'ai déjà bien des fois signalées: la rareté croissante et le renchérissement presque continue du coton en laine.

A la fin du dernier trimestre les cotons en laine d'Amérique étaient au prix de 4 francs: ils valent, aujourd'hui, 6ᶠʳ.60ᶜ. Les filés, produits de ces mêmes cotons, qui étaient à 4 fr. 95 et 5 francs, sont cotée, aujourd'hui, à 6 fr. 95. Il est vrai que les cours assis sur ces cotons deviennent presque purement nominaux, parce qu'il se traite

[8] On the use of Indian cotton see ch. i, notes 24, 25.

peu d'affaires en cotons de cette provenance; mais les cotons en laine d'origine Indienne sont eux-mêmes arrivés au prix de 4 fr. 40 le Kilo, et les fils qu'ils produisent, avec un très faible mélange de coton américain, se vendent moyennant 6 fr. 40 à 6 fr. 44 le Kilo. Les calicots compte 30 qui étaient à o$^f$, 50 le mètre, sont arrivés à o$^f$, 60.

Est-il surprenant qu'en présence de cours aussi élevés, l'activité industrielle ait reçu de nouvelles atteintes? Aussi, depuis trois mois, le travail va toujours diminuant. Le nombre des ouvriers inoccupés à Rouen et dans les vallées qui en dépendent n'a jamais été aussi considérable: il dépasse aujourd'hui *7000;* et encore ceux qui ne sont pas en chômage complet ont-ils à subir d'assez notables réduction de travail et de salaire. Il en est de même sur touts [*sic*] les points du ressort.

De toutes les industries, c'est la filature soit mécanique, soit à bras qui est plus fortement atteinte: on n'y travaille en moyenne que sept heures et demie par jour.

Le tissage mécanique qui n'emploie plus en général que des filés de coton de l'Inde, occupe encore presque tout son personnel pendant onze heures et demie; mais il convient de remarquer qu'à raison de la mauvaise qualité de la matière employée, les ouvriers tisseurs qui sont payés à la tâche, produisent moins et subissent dès lors une réduction de salaire indirecte, mais cependant fort appréciable.[9]

Le tissage à la Jaquard a repris un peu plus d'activité depuis quelque temps, par suite de ventes assez importantes, faites pendant le mois d'Aout. Néanmoins les ouvriers de cette industrie ne font guère plus de sept heures par jour. La fabrique de rouenneries proprement dite a aussi quelque peu désencombré ses magasins, mais elle continue à se montrer fort réservée dans sa production; et en remettant les chaines aux ouvriers, les patrons leur enjoignent d'y consacrer un temps presque double de celui qui serait nécessaire.

Indiennerie occupe ses ouvriers environ neuf heures et demie par jour. Mais, comme la reprise qui chaque année se manifeste à l'époque actuelle ne s'est pas encore déclarée, cette industrie est encore dans une situation assez pénible; et si la stagnation dont elle souffre se prolongeait, elle amènerait inévitablement une nouvelle diminution du travail.

La teinture et les apprêts subissent des variations tellement nom-

[9] On the use of Indian cotton see ch. i, notes 24, 25.

breuses qu'il est difficile d'indiquer avec quelque précision, la marche de ces industries. On ne peut calculer la durée du travail qu'au jour le jour; cette durée ne dépasse pas actuellement sept heures.

. . . . . . . . . .

Si maintenant je cherche à apprécier les résultats de la crise du coton, je crois pouvoir dire que, en ce qui concerne les patrons, ils ont eu jusqu'à présent à supporter plus d'inquiétudes que de pertes matérielles: et cela est facile à comprendre, puisque la marchandise première a été constamment en hausse. Sans doute les cotons américains, achetés bruts par le filateur 6$^f$.60 et revendus par lui filés 6$^f$.95, lui donnerait une perte assez forte; mais d'une part, comme je l'ai déjà dit, on ne manufacture plus que de très petites quantités de cotons américains; de l'autre les filés qui se vendent au prix de 6$^f$.95, sont le produit de matières achetées antérieurement et à des prix notablement inférieurs aux cours actuels. Il en est de même, toute proportion gardée, des cotons de l'Inde qui ont presque doublé le prix depuis trois mois; et d'ailleurs, l'écart très sensible qui pour ces dernières sortes, existe entre la matière première et la marchandise manufacturée, semble promettre aux filateurs, tout en tenant compte d'un déchet nécessairement plus considérable non seulement de recouvrer leur prix de revient, mais encore de réaliser des bénéfices. Ce que je viens de dire pour la filature s'applique aussi au tissage qui met en œuvre et vend aujourd'hui des filés achetés à des prix inférieurs aux cours actuels.

J'ai dit que la nécessité avait eu quelque sorte, opéré une transformation dans l'industrie de la filature, en ce qu'elle avait forcé d'employer des matières autrefois dédaignées: les cotons de provenance indienne. L'initiative, à cet égard, a été prise et l'exemple donné par le plus résolu, le plus habile et le plus intelligent de nos manufacturiers, M$^r$ Pouyer-Quertier, qui, dit-on, est parvenu à filer les coton de l'Inde avec une perfection remarquable. Les succès qu'il a obtenus en ce genre, sont tels que, non seulement il a pu placer avec avantage une partie de ses produits en France, mais que, de plus, il en a vendu de notables quantités en Angleterre, avec des prix supérieurs à ceux qui lui ont été accordés sur notre marché. On n'a même affirmé qu'il aurait aisément trouvé des commandes pour toute sa production s'il n'avait dû par prudence réserver une partie de ses filés pour ses correspondants de France. Je n'ai pas besoin de dire, après cela, que les usines de M. Pouyer ont maintenant repris toute leur activité.

Ce fait est remarquable et il en ressort une réponse énergique à ceux qui prétendaient avec M. Pouyer-Quertier lui-même, que le traité de commerce devait frapper d'un coup mortel toute notre industrie. Voilà un manufacturier français qui va acheter à Liverpool ses cotons en laine, qui les transforme avec des métiers d'origine française et qui, malgré les frais accessoires augmentant le prix de toute marchandise expédiée à l'étranger, vend en Angleterre ses cotons filés à des taux largement rénumérateurs [sic] et à des cours supérieurs à ceux du marché français.

Je sais bien que tous nos industriels ne sont pas dans les conditions que font à M. Pouyer la supériorité de ses ressources matérielles et intellectuelles; mais les efforts qu'il a fait, les progrès dont il a donné l'exemple, d'autres ne peuvent-ils pas le tenter et les accomplir comme lui? D'ailleurs la législation économique d'un pays, a-t-elle pour but de protéger des procédés vieillis, des méthodes imparfaites et un outillage défectueux?

Ce qu'il y a de déplorable, c'est que la plupart de nos manufacturiers et de nos fabricants persistent à imputer au traité de commerce, les malheurs de la crise que nous traversons. Quels que soient, disent-ils, les prix de la matière première, la consommation a des besoins impérieux qu'il faut nécessairement satisfaire et qui aboutiraient à des demandes, lesquelles permettraient d'obtenir des prix rénumérateurs [sic], si les produits anglais n'était là pour faire une concurrence ruineuse à l'industrie nationale. Mais, pour tenir ce langage, il faut oublier qu'en ce moment les marchandises anglaises sont plus chères que les nôtres, comme le prouvent les ventes faites par monsieur Pouyer et dont je parlais tout à l'heure; et que si, depuis quelque tems des produits d'Outre-mer sont entrés en assez grandes quantité, c'est en vertu de marchés anciennement arrêtés. D'un autre côté ceux qui récriminent contre le traité de commerce, à l'occasion de la difficulté d'obtenir des prix rénumérateurs [sic] des filés et tissus de coton, ne veulent pas tenir compte d'un fait économique qui se reproduit infailliblement toutes les fois qu'une marchandise atteint des taux excessifs, et qui consiste à remplacer une fabrication devenues presqu'impossible par des produits analogues mais composés d'autres matières et pouvant servir aux mêmes usages. Cette transformation industrielle est en voie de s'accomplir en France: les fabrications de lin, de chanvre, de laine de médiocre qualité sont en train de se substituer aux tissus de coton; c'est ce qui explique la reprise qui s'est opérée à Roubaix et à Tourcoing, reprise telle que les manufacturiers de ce pay ont du faire appel à de nombreux ouvriers venus de Belgique.

Je ne puis que rendre hommage, comme je l'ai déjà fait dans tous mes rapports antérieurs, à l'excellent esprit et à la bonne tenue de nos ouvriers, au milieu de cette crise dont ils sont les premières et les plus intéressantes victimes. Ils continuent à souffrir patiemment, en s'abstenant de toute manifestation qui serait de nature à troubler la paix publique. . . .

APPROVISIONNEMENT DE COTON.

L'approvisionnement reste à peu près le même qu'au dernier trimestre. Le stock du Havre est de 33 à 34,000 balles dont 18,552 de coton américain (27 7$^{bre}$).[10] Les arrivages qui du 1$^{er}$ janvier au 30 juin n'avait pas dépassé 47,000 balles se sont depuis ces trois derniers mois élevés à 73,243, tirées des entrepôts de Liverpool et de Londres. Les rentes pendant le trimestre ont atteint 192,240 balles; mais les quantités réellement sorties du marché n'ont été que de 70,289 balles de toutes sortes. Aujourd'hui, on n'attend aucun arrivage d'Amérique, mais 456,249 balles de coton indien sont en mer à destination des entrepôts d'Europe. 387,216 sont dirigées sur Liverpool, 52,887 sur Londres, 8,299 sur d'autres ports anglais, enfin 7,847 sont attendues au Hâvre. Je dois ajouter pour ce qui concerne cette place que 30,000 balles sont achetées à livrer en Angleterre; mais il est à craindre qu'une forte quantité ne soit revendue avant d'être expédiée.

Industrie d'Elbeuf et de Louvier.

L'activité et la prospérité de l'industrie des draps et des articles de nouveauté sont toujours en voie de progrès. Deux faits, pendant le cours du trimestre sont venus constater d'une manière irrécusable cette heureuse situation. Le premier est la nécessité où se sont trouvées plusieurs maisons importantes, de demander l'autorisation de prolonger le travail de leurs ateliers de deux heures par jour pendant un ou deux mois, afin d'être en mesure de satisfaire aux commandes qui leur étaient adressées. Le seconde est l'augmentation de la population industrielle d'Elbeuf qui, depuis quelque temps s'est accrue de plus de 2000 ouvriers.

## JANUARY 1863

111. *Léo Duprez, P. G.  Agen, 7 January 1863.*

La guerre d'Amérique avait d'abord arrêté le commerce des eaux-

---

10 For 7$^{bre}$ read *septembre*.

de-vie d'Armagnac et de Marmande: mais, depuis quelque tems, les achats pour l'intérieur ont reprise quelque activité et les prix se sont relevés.

Les négocians de Bordeaux qui seuls, il y a peu d'années, achetaient les vins du pays, ne se sont pas montrés cette année: c'est à la suspension des exportations que leur abstension est attribuée: mais de nouveaux acheteurs se sont présentés. Paris et le Nord commencent à s'approvisionner directement chez nos propriétaires.

Les affaires d'Amérique affectent encore quelques industries locales, comme le Chapellerie de S$^{te}$ Bazeille: mais les ouvriers qui se livraient à cette fabrication sont, pour la plupart, étrangers au pays et ils sont allés chercher du travail dans les localités où leurs produits, auxquels d'autres débouchés étaient ouverts, sont encore demandés.

112. *Sigaudy, P. G. Aix, 9 January 1863.*

La situation des industries locales est normale, et la souffrance de quelques unes, telle que la chapellerie d'Aix et la parfumerie de Grasse a pour cause la crise si prolongée des Etats-Unis.

113. *Dufour, P. G. Amiens, 1 January 1863.*

On ne peut se dissimuler que les ouvriers de l'industrie ont beaucoup à souffrir dans les trois départements du ressort, surtout à Amiens et à St. Quentin, grands centres industriels, atteints l'année dernière par le traité de commerce avec l'Angleterre, plus durement éprouvées cette année par l'atonie absolue dont la crise américaine frappe la fabrique des tissus de coton.

114. *Blanc, P. G. Besançon, 14 January 1863.*

Les seules parties qui sont réellement en souffrance, sont, comme je l'ai dit, celles pour qui l'amérique est un débouché, ou qui vont puiser dans ce pays leurs matières premières: Ainsi dans le Jura, la lunetterie et la taille des pierres précieuses, ainsi surtout, dans les arrondissements de Lure et de Montbéliard, les filatures, les tissages et les établissements d'impression. L'industrie cotonnière subit une cruelle épreuve; la fabrication s'est maintenue dans la Doubs en restreignant le nombre des jours et heures de travail, mais le chômage est presque complet à Héricourt. Des arrivages de coton de l'Inde vont permettre de rouvrir quelques ateliers. Mais c'est le petit nombre, les autres resteront fermés. Près de moitié des ouvriers ne trouvent plus dans les manufactures dont ils dépendent leur travail accoutumé, et, cependant, je dois dire que les épreuves subies par cette classe sont bien audessous de celles qu'on pouvait craindre, elle trouve facilement à s'occuper au dehors. On a même constaté que la consommation des spiritueux dans les cabarets et les cantines n'a pas diminué depuis l'origine de la crise. Les ouvriers ont donc encore non seulement le nécessaire, mais le superflu. La preuve, du reste, que le travail reprend dans les manufactures, c'est que la houillère de Ronchamp, qui alimente en partie le marché de l'alsace, fait partir tous les jours dans cette direction un train de houille de plus qu'elle n'en expédiait il y a un mois.

115. *Dubeux, P. G.   Bordeaux, 13 January 1863.*

La situation commerciale semble n'avoir subi que très peu de changements depuis le dernier trimestre. A Bordeaux, la guerre d'Amérique et les causes générales qui pèsent sur l'industrie française ont maintenu la stagnation déjà signalée dans les affaires depuis plusieurs mois. Les sinistres ne se sont pas du reste multipliés d'une manière fâcheuse, mais tout languit et une reprise sérieuse ne pourra être constatée que lorsque les marchés américains seront de nouveau ouverts.

.        .        .        .        .        .        .        .        .        .        .

La situation est la même pour les diverses industries à l'exception toutefois de l'exploitation des résines qui depuis le commencement de la guerre d'Amérique, a donné aux producteurs dans les divers arrondissements de la Gironde des bénéfices énormes et hors de proportion avec les précédents. On m'assure que dans quelques localités de la Gironde, les propriétaires et surtout quelques communes qui possèdent des forêts de sapins, loin d'appeler leurs ouvriers à partager ces bénéfices, ont modifié à leur profit les conditions antérieurement existentes. Ces procédés légitimes sans doute mais trop âpres, ont produit dans certaines communes de vifs mécontentements. L'autorité administrative supérieure avertie s'en préoccupe.

116. *Tenaille, A. G.   Bourges, 9 January 1863.*

L'industrie de nos départements, ni leur commerce, ne semblent devoir être atteints par la prolongation de la guerre des Etats-Unis que d'une façon à peine sensible, une indifférence égale se produit à cet égard.

117. *Rabou, P. G.    Caen, 10 January 1863.*

Sous le rapport économique, la situation ne s'est pas modifiée. L'industrie du coton est toujours dans une détresse profonde. Les filatures sont fermées. Les ouvriers qu'elles employaient trouvent encore de l'occupation dans les champs ou dans les travaux de chemins de fer en cours d'exécution, mais les femmes, les enfants n'ont d'autre ressource que la mendicité.

118. *De Bigorie de Laschumps, P. G.    Colmar, 24 January 1863.*

Arrondissement de Colmar.

L'industrie cotonière [*sic*] continue de résister à la crise; seulement quelques petites succursales déseminées sur divers points et se rattachant aux maisons-mères, se sont momentanément fermées, l'activité se concentrant dans les établissements dont elles étaient, à divers points de vue, l'annexe.

Les manufactures importantes fonctionnent avec une certaine vigeur. Chez quelques fabriçants la durée du travail journalier est reduite d'une heure; chez quelques autres on ne travail pas le samedi, mais l'ouvrier reçoit son salaire. Les approvisionnements en matière première, sont encore Dieu merci, énormes pour les grands industriels. M. M. Herzog, Barth, du Logelbach ont des provisions très-abondantes; je crois que la maison haussmann, Jordan, Hirn et Cie est aussi en état de marcher longtemps, et on m'assure que dans la vallée de Munster, l'opulente maison Hartmann ainsi que la maison Kiener ont, de leur côté, un approvisionnement considérable.

J'étais dernièrement au Logelbach et je voyais avec plaisir l'activité régner dans toutes ces fabriques; sur la fin de la journée, visitant M. Barth, je lui demandais si nous pouvions espérer qu'il travaillerait longtemps: Toujours, me répondit-il; et cela me fut dit d'un ton si simple et si ferme que le doute n'était pas permis. Il n'y avait rien dans le ton de la réponse qui trahît la fatigue de l'industriel ou le sentiment d'un préjudice sérieux. Au reste ce fabricant me fit connaître qu'il avait une copieuse provision de coton égyptien et qu'il se louait beaucoup de ce textile. Un peu moins cher que le coton de Georgie il convient à la filature. La maison Herzog et quelques autres maisons de l'Alsace emploient aussi ce coton, avec avantage.

Ce qui précède ne signifie pas que le temps soit normal, il s'en faut; mais combien puissant est un pays qui domine aussi deux années d'épreuves terribles.

A S$^{te}$ Marie a/m la fabrication est en voie ascendants. Il est juste de reconnaître que son industrie n'est pas purement cotonnière. Principalement adonnée aux étoffes pour meubles et teintures dans le tissu desquels le coton n'entre que pour partie, l'industrie importante de S$^{te}$ Marie a/m a reçu dans ces derniers temps, des commandes assez considérables pour que de nouveaux ouvriers aient du être engagés et les salaires augumentés.

Le commerce ne souffre pas sensiblement ainsi que je l'ai dit souvent à Votre Excellence. Si l'écheveau de coton filé coûte 0$^f$ .30$^c$ au commerçant alors qu'il y a deux ans il ne le payait que 0$^f$.20$^c$, il le vend à 0$^f$.50$^c$ au public qui le paye sans murmurer et pourtant l'obtenait pour 0$^f$.30$^c$ avant la crise. Le résultat direct, si l'achat ne se restreignait pas plus strictement aux besoins que dans un temps de bon marché, serait d'enrichir ceux qui vendent.

.    .    .    .    .    .    .    .    .    .    .

Arrondissement de Belfort.

L'industrie cotonnière s'est maintenue généralement dans les conditions présentées par mon rapport du 15 juillet dernier; mais l'introduction du coton des Indes y est devenue, pour un très-grand nombre d'ouvriers, la cause d'une notable diminution de salaires, en même temps que les produits fabriqués resteront très-médiocres. Ce coton dont les Anglais voudraient couvrir l'Europe, est mauvais, l'ouvrier est obligé pour le manipuler, d'employer environ moitié de temps en plus du temps que lui demandent les cotons d'Amérique, d'Algérie et d'Egypte; or comme il travaille à la tâche, sa journée devient souvent insuffisante.[11]

Les grandes maisons continuent à fonctionner avec activité; et notamment dans la vallée de S$^t$ Amarin, l'établissement Gros, Odier et Roman a repris depuis le premier décembre avec un assez grande énergie. Les ateliers travaillent tous les jours, mais jusqu'à 6 heures du soir seulement, et un fait qui frappera Votre Excellence, c'est que la production, lorsque la matière première s'y prête, est égale aux résultats qui s'obtenaient lorsqu'on travaillaient jusqu'à huit heures; l'ouvrier qui sait qu'on ferme à six heures ne perd pas son temps et rattrape les deux heures qu'il perdait autrefois. Dans la ville de Cernay on continue à travailler douze heures par jour. Le seul

[11] On the use of Indian cotton see ch. i, notes 24, 25.

établissement fermé, j'en ai entretenu Votre Excellence est l'établissement Koechlin, frères, à Willer. Ces messieurs, et ils sont les seuls en Alsace, ont fermé par spéculation.

. . . . . . . . . .

Arrondissement de Mulhouse.

Ce que j'ai fait connaître à Votre Excellence pour les arrond^ts industriels de Colmar et de Belfort, s'indique plus manifestement ou dans des proportions plus considérables pour l'industrie cotonnière si puissante à Mulhouse.

Les conditions de fabrication ne s'y sont pas améliorées depuis mon dernier rapport; mais il serait inexact d'affirmer que l'état de la place ait sensiblement empiré. Il est même remarquable pour Mulhouse, ainsi que pour les vallées de Colmar, Munster, S^te Marie a/m [aux-Mines] et Belfort, que l'activité manufacturière soit bien plus vive en ce moment qu'elle ne l'était en septembre dernier. Les établissements qui avaient ralenti le travail l'ont presque tous repris, quoi que les écoulements par la voie du commerce, aient singulièrement diminué. Il répugne au fabricant de laisser ses ateliers en chômage; c'est pour lui une question de dignité professionnelle et à moins de révolutions trop soudaines dans les prix, c'est peut-être une question d'intérêt pour l'avenir.

Dans les filatures et tissages on s'est borné à ne pas remplacer les ouvriers qui partaient. Il en résulte que en tel ou tel atelier, un métier est arrêté, diminution au reste insignifiante.

Les fabriques d'indiennes qui avaient ralenti, de près d'un tiers, pendant l'été, ne peuvent trouver assez d'ouvriers; quelques unes marchent de nuit.

Malheureusement toute cette activité ne repose pas sur les transactions arrêtées à l'avance et sur une reprise commerciale. Ainsi que je l'ai dit, le but principal est de ne pas laisser se rouiller les métiers, se dégrader les mécanismes et d'occuper les ouvriers.

Les prix quoique peu avantageux aux manufacturiers effrayent encore l'acheteur et les fabriqués s'entassent.

. . . . . . . . . .

Je constate, d'une part, que l'industrie mulhousienne elle-même commence par accorder à la guerre d'Amérique beaucoup plus d'action sur le marasme général de l'industrie française qu'elle ne semblait lui en reconnaître, lors de mon rapport du 15 juillet dernier, d'autre part que les marchandises anglaises, après le premier en-

gouement qui a accompagné leur entrée franche, ne paraissent pas
satisfaire aujourd'hui extraordinairement l'acheteur; ce qui permettrait d'espérer qu'en temps normal la concurrence sera possible.

. . . . . . . . . . .

Alsace industrielle et Cotons d'Algérie.

Plusieurs fois déjà et notamment par mon rapport du 15 juillet
dernier, j'ai eu l'honneur, dans l'intérêt de l'Alsace, d'appeler l'attention de Votre Excellence sur la culture du coton en Algérie, et
sur le vœu que la crise actuelle profitât d'une manière permanente,
au développement de notre coton indigène.

Une compagnie s'est formée, ayant à sa tête M. Jean Dollfus, sous
le nom de C$^{ie}$ de Tafna qui réclame une vaste concession, en vue de
cotoniser. L'administration paraît lui avoir opposé un ajournement
fondé sur le motif que le territoire de la Tafna appartenant en
majeure partie aux Arabes, il faut, au préalable, régler la question
de propriété. L'Empereur ayant repoussé le système de cantonne-
ment des Arabes et le règlement de la propriété devant être mis à
l'étude, cette compagnie pourra recevoir satisfaction, au moment
opportun.

Une autre compagnie, dite *Compagnie française,* avait été projetée,
qui comprenait des industriels Alsaciens et des industriels normands.
Son insuccès semble résulter principalement de cette circonstance
qu'elle voulait administrer directement une culture aussi immense
et compliquée, c'est-à-dire la conduire, à l'aide d'un comité de régence
siégeant en France à six cent lieux du centre de l'exploitation.

Une troisième compagnie, dite *Société Cotonière [sic] Oranaise,*
vient de se fonder qui parait se présenter des conditions pratiques
dont les autres entreprises n'avaient pas assez tenu compte. Cette
compagnie composée presqu'entièrement de Colons Algériens, propriétaires du sol, en connaissant le caractère, s'appliquant sur les
lieux à en développer les avantages, à en combattre les inconvénients,
est vivement patronnée par l'opinion publique en Alsace. Un exemple permettra à Votre Excellence d'apprécier le but sérieux que
cette Compagnie se propose et la Confiance qu'elle inspire. M. An-
toine Herzog, l'un des principaux représentants de l'Industrie Alsacienne, après un séjour récent en Algérie, a acquis pour lui-même
une très-grande ferme, a souscrit pour cinq cents hectares, au nom
de M. Lefebvre, son neveu, fils du député de ce nom, et après être
devenu un colon considérable, il a, sur la demande de la concession
totale de vingt-cinq milles hectares, souscrit, en son nom personnel,

pour tout ce qui restait d'hectares, avec engagement de prendre, jusqu'à concurrence de *cinq milles hectares*, tous les lots pour lesquels le paiement de cinquième ne serait pas fait au temps présent. Les autres souscripteurs principaux, M. M. Emile Masquelier, du Hâvre, Jules Dupré de S$^t$ Maur, et autres, sont tous grands propriétaires en Algérie et principalement dans la province d'Oran. La plupart de ces souscripteurs habitent constamment les lieux; les autres y sont représentés.

*La Société Cotonière* [sic] *Oranaise* sollicite la Concession définitive des *vingt-cinq mille hectares* de la plaine de l'*Habra,* district d'Oran, provisoirement promise par l'administration locale à la *Compagnie Anglaise.*

119. *Imgarde de Leffemberg, P. G. Dijon, 8 January 1863.*

La situation industrielle présente des aspects plus variés.

Les manufactures qui employent le coton comme matière première n'occupent, dans nos pays, qu'un très petit nombre de travailleurs disséminés dans les localités riveraines du département de l'Aube et dans lesquelles les négociants de Troyes font confectionner une partie des articles de leur commerce. Les conséquences de la crise Américaine ont nécessairement ralenti le travail ordinairement confié aux femmes de la campagne, dont le petit salaire augmente l'aisance de leurs ménages. Mais le personnel, à qui va manquer cette utile ressource, est peu nombreaux; le travail de la bonneterie était pour lui accessoire et non pas principal; on n'a donc pas à craindre la misère mais seulement une diminution de bien-être.

La partie Sud du département du Saône et Loire et de l'arrondissement de Charolles est occupée par le commerce Lyonnais au tissage de la soie. On estime au chiffre de 6000 le nombre des métiers répandus dans cette partie de mon ressort et tous travaillent sans interruption. Je constate ainsi sans pouvoir l'expliquer, que le ralentissement dans l'exportation en Amérique des produits Lyonnais n'a pas eu pour nos pays les conséquences qu'il était permis de redouter.

La ganterie et la mégisserie dans l'arrondissement de Chaumont (Haute Marne), voient toujours fermé devant elles le marché de l'Amérique qu'elles approvisionnaient autrefois, mais elles continuent à trouver une compensation sur les places de l'Angleterre et de l'Allemagne que les traités de Commerce leur ont récemment ouvertes.

120. *Pinard, P. G.   Douai, 5 January 1863.*

L'industrie cotonnière continue à être gravement éprouvée par la crise Américaine. Le prix si élevé de la matière première fait tomber le tissage dans les Cantons où cette industrie n'avait pas pris de très grandes proportions. Quant aux centres populeux, ou la fabrication avait pris un développement considérable, on supplie à l'absence du coton, en employant plus que jamais la laine et le lin.

. . . . . . . . . . .

Verrerie.

Cette branche d'industrie n'écoule, comme précédemment que difficilement ses produits et à des prix peu rémunérateurs. Les caisses exportées à 62 francs sont tombées, depuis quelque temps, à 57 francs. Aussi la fabrication diminue-t-elle à raison de l'encombrement des magasins et certains patrons ont même renvoyé plusieurs de leurs ouvriers malgré la difficulté qu'on éprouve à trouver ou à former de Cours verriers. Cet état de choses d'ailleurs n'est point spécial à mon ressort, et je constate, en Belgique, une situation analogue qui doit, pour une certaine part, être attribuée à la cessation des exportations Américaines.

121. *Moisson, P. G.   Grenoble, January 1863.*

Cette collision, que la généreuse initiative de l'Empereur a vainement convié deux grandes nations de l'Europe à éteindre, exerce sur les industries diverses qui naguère vivifiaient deux départements de ce ressort au fatal contre-coup qui a déjà neutralisé l'exportation de leur produits. Sans que le malaise y soit général, la fabrication s'est réduite peu à peu; les salaires se sont abaissés; un nombre d'ouvriers de jour en jour plus considérable s'est vu condamné à chercher les ressources nouvelles contre la misère dans les usines que les besoins de la consommation intérieure soutiennent encore, dans les chantiers de viabilité ou de construction, dans les travaux d'agriculture.

. . . . . . . . . . .

*Isère:—* L'arrondissement de Grenoble est resté le moins éprouvé, si j'excepte les impressions sur étoffes et les filatures de coton qui, à Vizille, sont tombés dans l'inertie. . . .   A Grenoble la ganterie s'est relevée; le travail qu'elle procure s'est maintenu durant les derniers mois de l'année, dans un état d'activité telle qu'il n'a pas trouvé assez de mains pour le Couture.

Dans l'arrondissement de la Tour du Pin, quelques commandes de soieries pour le printemps ont fait mouvoir, mais sans assez de continuité, les métiers de tissage répandus dans les campagnes.

Dans l'arrondissement de S$^t$ Marcellin, la même industrie a ressenti, au mois de Septembre une notable amélioration, secondés par le renouvellement annuel des approvisionnements nécessaires aux maisons de commerce de Lyon et de S$^t$ Etienne. Mais dès le mois de Décembre, la réaction est venue & les fabriques de soieries ont été menacées de retomber dans la stagnation qui n'avait pas cessé de peser sur celles de Crèpes, de foulards, de rubans, de papiers, de boutons, de Nacre, d'éfilochage [sic] de laine, de tréfileries d'or & d'argent.

Dans l'arrondissement de Vienne, la situation industrielle qui s'était soutenue pendant tout l'hiver de 1861–1862, est tombée surtout depuis le mois de Septembre dernier, dans un état de crise déplorable qui n'a épargné que les forges & les fonderies. Les ateliers pour la construction des machines, les verreries, les papeteries sont en proie à un malaise profond. Ce malaise désole plus encore la fabrication des draps qui, à Vienne, occupe 8000 ouvriers environ (hommes, femmes, & enfants). Les commandes de draps se sont sinon arrêtées entièrement, du moins restreintes dans une proportion désastreuse: les étoffes en magasin ne se sont plus vendues qu'à perte; les chefs d'ateliers n'ont plus fait fabriquer que pour conserver et soutenir leurs ouvriers; les tisseurs n'ont plus eu de travail que pour un jour sur deux. Les trois causes qui ont amené ces résultats sont: l'état général du commerce; —l'encombrement qui de six années en six années ralentit la fabrication des draps viennois; —l'interruption de l'exportation vers l'Amérique. Jusqu'au premier Janvier, l'administration municipale, le bureau de bienfaisance, les Sociétés de secours mutuels, la charité privée sont parvenus à soulager toutes les misères engendrées par ce chômage. Mais bientôt les ressources locales se sont affaiblies & des souscriptions seront devenues nécessaires pour aider la classe laborieuse à traverser des épreuves qui, sans contredit, la rendent digne de commisération, mais qui sont & demeureront moins cruelles que celles qui attirent, en ce moment, toutes les sympathies vers la population de la Seine Inférieure.

*Drôme:* Dans l'arrondissement de Valence, les filatures de soie qui sont la principale branche de l'industrie locale ont du à la meilleure réuissite obtenue, cette année, dans la plupart des Magnaneries une activité très satisfaisante qui s'est fait remarquer également dans les arrondissements de Die & de Nyons où elle n'a laissé inoccupé qu'un très petit nombre de bras.

Dans l'arrondissement de Montélimar, la situation de l'industrie, sans avoir été absolument mauvaise, a néanmoins laissée beaucoup à désirer. Les fabriques de drap, la poterie, l'exploitation des carrières de pierre n'ont rien perdu de leur importance et de leur mouvement. Mais, beaucoup de filatures de soie ont du ralentir notablement le travail de leurs usines; quelqu'uns même l'ont complètement arrêté; la plupart des femmes et des enfants qui forment presque exclusivement le personnel des établissements de filature ont discontinué d'y être employés, &, par suite, les familles ont été privées de salaires qui devaient former une partie de leurs ressources pour la saison rigoureuse.

122. *Saint-Luc-Courborieu, P. G.    Limoges, 29 January 1863.*

à Limoges l'industrie des droguets est la seule qui soit en souffrance, parce qu'elle emploie le coton pour les trames. cette matière a subi une hausse énorme qui diminue naturellement la consommation et conseille aux fabricants de ne pas se surcharger de produits, exposés à une baisse subite ou à un séjour prolongé dans les magasins.

123. *Gaulot. P. G.    Lyons, 29 December 1862.*

Malheureusement la Rubanerie ne se relève pas et la crise est aussi longue que douloureuse. Les fabricans n'ont pas de commandes, les ouvriers ne reçoivent qu'un salaire insuffisant. La magistrature ne peut que s'affliger de ces symptômes de détresse.

Les causes de cette ruine sont diverses. L'Amérique, au milieu de ses convulsions, n'alimente plus la marché— La mode n'est pas à ces rubans façonnés que des mains habiles tissaient avec tant de goût. —Bâle, Zurich produisent à moins de frais des étoffes qui suffisent à la consommation. Il est triste de constater que 527 métiers pour les velours et 1760 pour la passementerie et la rubanerie sont arrêtés en ce moment. C'est plus du tiers sur le nombre général.

A Roanne, le tissage des cotons occupait plus du quart de la population de la ville et de nombreux habitans des campagnes. La rareté comme le prix élevé de la matière première ont paralysé les travaux. De là bien des privations et des souffrances. Quelques fabricans tentent aujourd'hui de remplacer le coton par une autre matière *la Courre des Indes,* et d'importer aussi des métiers pour les Draps. Je ne sais ce que donneront ces essais: dans tous les cas, ils prouvent que le découragement ne s'est pas emparé des esprits.

. . . . . . . . . .

La ville de Lyon traversera l'hiver sans crise aucune. Les réformes économiques ont donné à sa grande Industrie des débouchés nouveaux. L'Angleterre, par ses demandes, semble rendre tout ce que l'Amérique fait perdre.

. . . les épreuves de quelques cantons du Rhône appelaient toutes les sollicitudes. 28,000 ouvriers employés par les diverses industries *cotonnières* sont atteints par un chômage partiel et menacés dans un court délai de la cessation complète du travail.

**124.** *De Gérando, P. G. Metz, 10 January 1863.*

La stagnation a également cessé dans la faïencerie & les fabriques de peluches et de chapeaux de paille de l'arrondissement de Sarrequemines.

Les seules industries qui me sont signalées comme véritablement souffrantes, sont celles des fers ouvragés dans l'arrondissement de Charleville, des crayons & de la colle-forte à Givet, où leur fabrication est paralysée par le conflit américain. Une seule fabrique de mon ressort emploie le coton comme matière première, & a été contrainte de renvoyer une moitié de ses ouvriers; mais ils sont facilement procuré du travail ailleurs, grâce aux entreprises de chemins de fers et au besoins de bras valides dans les exploitations agricoles.

**125.** *Neveu-Lemaire, P. G. Nancy, 5 January 1863.*

La lutherie de Mirecourt est toujours en souffrance parsuite du défaut d'exportation aux Etats-Unis et au Mexique. Quelques maisons cependant fabriquent encore pour l'exécution de marchés passés à l'étranger avant la crise commerciale.

Enfin l'industrie cotonnière, la plus intéressante à raison du nombre des bras qu'elle occupe, est malheureusement aussi la plus éprouvée.

A mesure que les jours s'écoulent, la situation va toujours s'aggravant, et il en sera ainsi tant que durera la crise américaine. Les approvisionnements s'épuisent, les sacrifices que s'imposent les patrons deviennent trop lourds, les heures de travail diminuent, les salaires se réduisent, les ouvriers sont renvoyés et les ateliers se ferment.

Dans l'arrondissement de Nancy, à Saint-Nicolas, une filature de coton qui donnait du travail a 25 individus est fermée depuis le 31 décembre. Un atelier d'effilochage n'emploie plus que 8 ouvrières au lieu de 20, et une fabrique de ouate 10 au lieu de 24. —Le personnel des manufactures de Nancy n'a pas été réduit pendant le dernier trimestre, mais la prolongation de la crise produirait ici les mêmes conséquences qu'à Saint-Nicolas.

Des deux tissages de coton qui existent dans l'arrondissement de Sarrebourg, l'un a réduit considérablement sa fabrication, l'autre l'a complètement cessée.

A Bar-le-Duc, la population des ateliers est dans une profonde misère. Dans l'arrondissement de Verdun la filature de Dieue laisse une partie de ses ouvriers inoccupés, celle d'Ornes est provisoirement arrêtée, en attendant des temps plus prospères. Dans le canton d'Etain le manque de coton a également fait suspendre les travaux.

Dans l'arrondissement de Remiremont, 9 établissements sont fermés. Dans ceux qui ne le sont pas, les produits fabriqués se vendent mal. Ainsi sur une pièce dont le prix de revient est de 63ᶠ50ᶜ, le fabricant subit une perte de 4ᶠ50¢. Cette difficulté d'écouler la marchandise parait sans doute contradictoire avec la disette extrême du coton; elle s'explique cependant par la mauvaise qualité de la matière mise en œuvre. La majeure partie des cotons aujourd'hui employés sont en effet tirés de l'Inde, et n'ont pas, à beaucoup près, la consistance et la solidité des cotons d'Amérique. Ils sont courts et cassants, ce qui occasionne une perte de temps dans la fabrication et nuit à la qualité et à la beauté du tissu.[12]

A Saint-Dié, la filature Petit Didier, qui avait fermé en Septembre dernier parsuite de liquidation n'est pas rouverte. La filature de Laveline ne fonctionne plus. —Dans le canton de Saâles, la filature et le tissage de Poutay, n'occupent plus que 60 ouvriers sur 300; le tissage mécanique de Provenchères 75 sur 100. —Le canton de Fraize est privilégiée: Les 1500 ouvriers attachés aux trois filatures et aux cinq tissages qu'il renferme continuent à travailler. La maison Dolfus seule a réduit d'un tiers le travail de ses 200 ouvriers. M. Géliot propriétaire des autres établissements n'a rien changé à l'activité de sa fabrication. Des achats avantageux faits en temps opportun lui ont permis de faire face à la situation.

Le canton de Schirmeck n'est pas tout à fait dans les mêmes conditions. Les 7 filatures qui y existent, forment près de 60,000 broches

[12] On the use of Indian cotton see ch. i, notes 24, 25.

et occupant environ 800 ouvriers marchent encore; seulement les propriétaires ont arrêté environ 8,000 broches, soit le huitième de celles du canton, ce qui fait chômer environ 100 ouvriers.

Des 9 établissements de tissage du même canton formant environ 1500 métiers et employant près de 1400 individus, un seul a cessé complètement de fonctionner, laissant environ 100 ouvriers sans travail. Les autres, si l'on en excepte environ 130 métiers, sont encore en activité.

Quant aux heures de travail dans ces diverses usines, la réduction varie de 11 à 8. Les salaires des ouvriers se maintiennent du reste de 1$^f$25$^c$ à 2$^f$40$^c$ pour les hommes, de 75 centimes à 1 franc pour les femmes, et de 40 à 80 centimes pour les enfants.

Les 5 retorderies qui emploient ordinairement 140 ouvriers sont dans un état de souffrance plus profond encore, en raison du ralentissement de la broderie. Le travail et le salaire ont été réduits d'un tiers.

Les deux teintureries donnent comme par le passé, du pain à cent ouvriers. En octobre et Novembre dernier, le salaire avait été diminué d'un quart. Mais la fabrication ayant repris, le salaire est remonté à son niveau habituel.

C'est dans le canton de Senones que la crise sévit avec le plus de rigueur. Sur 2,400 ouvriers occupés dans les nombreux établissements de ce canton 700 sont en chômage.

A la vue de toutes ces ruines faites dans le champ de l'industrie, on pourrait croire à une situation désespérée, à l'imminence des désordres que fait naître la misère publique. Cependant toute cette population ouvrière, si cruellement frappée, reste calme. Elle sait que le fléau tient à des causes extérieures et fatales, et qu'il pèse plus rudement encore sur les patrons que sur elle-même. On ne saurait trop louer la généreuse abnégation des manufacturiers dans ces difficiles conjonctures. Non seulement ils ont ménagé avec la plus prudente sollicitude la transition du travail au chômage, mais ils se sont imposé les plus lourds sacrifices pour adoucir les atteintes du mal.

126. *Thourel, P. G. Nîmes, 18 January 1863.*

La situation économique du ressort ne s'est pas sensiblement modifiée depuis mon dernier rapport. . . . dans Vaucluse la garance est tombée à des prix très-bas par faite de la guerre d'Amérique d'où lui venaient autrefois des demandes considérables de cette denrée.

127. *Grandperret, P. G.   Orléans, 5 January 1863.*

Les fabriques de couvertures à Orléans ne sont pas en souffrance; mais celles des tissus de coton ont dû beaucoup réduire leurs travaux par suite du défaut de matière première.

.    .    .    .    .    .    .    .    .    .    .

Quelques petites fabriques de tissus de coton situées dans le canton de Mondoubleau . . . chôment depuis quelques mois par suite de la crise cotonnière.

.    .    .    .    .    .    .    .    .    .    .

Dans la même ville [Tours] l'industrie des soies est en souffrance.

128. *Cordoën, P. G.   Paris, 3 February 1863.*

Les souffrances cruelles que cette crise [American Civil War] inflige à quelques parties du territoire de l'Empire ne se sont pas étendues avec la même intensité sur les départements qui forment le ressort de la Cour Impériale de Paris. Toutefois le groupe manufacturier dont Troyes est le centre, voit sa position s'aggraver. Pendant que la matière première est rare, que son prix suit une progression toujours croissante, les produits fabriqués ne trouvent ni un écoulement facile, ni un cours suffisamment rémunérateur; parsuite la fabrication se ralentit, les heures de travail diminuent et les salaires s'abaissent. Le chômage n'est pas absolu, mais ce n'est que dans ces conditions réduites que les ouvriers seront occupés pendant l'hiver. La gêne est grande; elle n'est point encore devenue la misère; elle a trouvé un soulagement dans l'assistance publique et privée qui ne lui a pas fait défaut, et enfin la population ouvrière répandue, sauf l'agglomération troyenne, sur plusieurs arrondissements agricoles, a pu prendre part aux travaux que lui a procurés la culture des champs. Les mêmes faits se representent dans quelques cantons d'Eure et Loire et de Seine et Oise qui confinent à la Normandie. A Reims, la situation de l'industrie lainière s'est momentanément dégagée de ses intraves et de ses embarras. L'engorgement des tissus manufacturés était le principal obstacle à la production, il a cessé; les ateliers ont repris quelque activité, le chômage n'est plus maintenant à redouter. Assurément il y a loin de cette amélioration à une reprise définitive des affaires; mais lors même qu'elle ne serait qu'une trève et un répit, elle n'en produit pas moins un excellent résultat. Elle arrache l'ouvrier à la misère qui l'envahissait, et d'un autre côté elle relève l'industriel lui-même; qui, traversant une crise d'une durée sans précédent, sentait ses ressources s'épuiser, son crédit s'évanouir, se laissait accabler par le découragement et menaçait l'industrie dans son principe même en se montrant prêt à l'abandonner. Le commerce des vins de Champagne est aussi moins languissant; il devient urgent, plus encore pour le producteur que pour le commerçant, que l'impulsion qui se manifeste depuis quelque temps dans cette branche d'industrie s'accroisse et se fortifie; la propriété viticole est passée presque tout entière dans les mains des vignerons; depuis plusieurs années leurs récoltes ont été peu abondantes, d'une qualité inférieure, d'un prix avili, obligés de recourir à des emprunts, ils ont obéré le présent, engagé l'avenir; leur détresse est profonde et après des disillusions successives et persistantes, ils annoncent dans un certain nombre de localités l'intention de défricher les vignes.

129. *Camescasse, P. G.   Rennes, 12 January 1863.*

A Nántes il y a quelques filatures qui souffrent de la cherté du coton; mais, comme fut général, on peut considérer la situation commerciale et industrielle comme satisfaisante; elle est en progrès.

130. *Salneuve, P. G.   Riom, 8 January 1863.*

La confection du ruban et les usines à ouvrer la soie qui occupaient jadis une nombreuse population ouvrière dans l'arrondissement d'Yssingeaux (Haute-Loire), spécialement dans le canton St Didier, ont subi, depuis quelques années, de cruelles épreuves, ainsi que dans l'arrondissement d'Ambert (Puy-de-Dôme) où, depuis quatre ans cette industrie succombait sous les poids de la crise commerciale. On me signale en ce moment une notable amélioration. Presque toutes les usines marchent et si les prix n'ont pas encore atteint les taux anciens, ils sont cependant rémunérateurs.

Les fabriques de velours, de cartonnage, de serrurie, et de clouterie sont prospères dans l'arrondissement d'Yssingeaux et une usine considérable où l'on fabrique les faulx est dans un état très-florissant.

131. *Millevoye, P. G.   Rouen, 10 January 1863.*

SITUATION COMMERCIALE ET INDUSTRIELLE.

L'incertitude est toujours le grand mal de la situation. Depuis trois mois les transactions ont suivi les mouvements assez capricieux de l'opinion sur la solution probable du conflit américain et les fluctuations nombreuses se sont produites selon que les nouvelles étaient interprètées dans un sens plus ou moins favorables à un arrangement possible entre les belligérants. Il y a cependant des besoins réels. Le stock des marchands au détail, très considérable au commencement de la crise, est maintenant épuisé; mais, en présence des incessantes variétés des cours, personne n'ose s'approvisionner. Le négociant ne fait d'achat qu'au fur et à mesure des ventes qu'il opère et de son côté, l'industriel ne travaille guère que pour satisfaire aux commandes qu'il reçoit.

Comme preuve des oscillations qu'ont subies les matières premières et les principaux produits de l'industrie du coton, je citerai les prix suivants: les cotons en laines d'Amérique qui, à la fin du dernier trimestre, valaient 6$^f$.60 le Kilo ont monté jusqu'à 6.74 pour descendre à 5$^f$.35 et remonter a 5$^f$.95 prix actuel; les filés de ces mêmes cotons qui étaient, fin septembre, à 6$^f$.95, ont subi, pendant le mois suivant, un mouvement de baisse proportionnel à celui de la matière première et aujourd'hui ils sont à 6$^f$.45. Les cotons en laine de provenance indienne qui, à la même époque de fin septembre, valait 4$^f$.40 sont montés jusqu'à 4$^f$.64 pour descendre à 3.70 et remonter à 4$^f$.30 prix actuel. Les filés produits de ces cotons qui étaient coté en moyenne à 6$^f$.44$^{ces}$ ont grandement diminué de prix et si, après quelques fluctuations, ils ressortent aujourd'hui à 5$^f$.70, ce n'est que par suite d'une augmentation qui date de quelques jours seulement.

Les filateurs se plaignent toujours beaucoup de vendre à des prix inférieurs à leur prix de revient; mais ces plaintes j'en ai la certitude, sont loin d'être toutes justifiées par la réalité. Elles peuvent être fondées de la part de ceux qui choisissant mal le temps ou ils se sont approvisionnés de matière première, ont acheté leurs cotons en laine aux prix les plus élevés et n'ont pas toujours vendu leurs filés au plus hauts cours; mais, pour les industriels qui ont, par exemple, acheté des cotons indiens à 3$^f$.70 ou 3$^f$.80 le Kilo et qui vendent leurs filés 5$^f$.70, non seulement il n'y a pas perte, mais il y a réalisation de bénéfices. Pour beaucoup, d'ailleurs, l'absence de bénéfices et même une perte légère, serait loin de compenser les profits considérables que la plupart des grands filateurs ont réalisés sur les filés qu'ils avaient en magasin au commencement de la crise et sur ceux fabriqués avec les cotons en laine achetés à de prix représentant à peine le tiers de la valeur actuelle. Quoiqu'il en soit, les industriels

de la filature et du tissage, n'ont pas encore abandonné leur systême
de récrimination contre le traité de commerce.[13]

.    .    .    .    .    .    .    .    .    .

La fabrication de l'indienne devait nécessairement se ressentir de
la crise qui frappe toute l'industrie cotonnière. L'indiennerie qui,
dans l'arrondissement de Rouen où elle a ses principaux établissements, emploie en temps normal, 2922 ouvriers, n'en occupe en ce
moment que 2109; elle en laisse ainsi 813 en chômage complet; mais,
à ceux-ci, il faut en ajouter 1253 qui subissent chaque semaine un
chômage partiel, par suite de la réduction des jours ou des heures
de travail. J'ai cherché à me rendre compte de la diminution du
chiffre total des salaires. Il résulte de renseignements recueillis dans
des maisons importantes et que j'ai lieu de croire sincère, que les
sommes payées par les patrons à leurs ouvriers dans les derniers six
mois de 1862, seraient de 35% au dessous de celles payées dans le
second semestre de 1861.

Malgré l'état de souffrance de leur industrie, les indienneurs se
montrent infiniment plus calmes que les filateurs et les tisseurs. Ils
ne cherchent pas à égarer l'opinion et reconnaissent que la crise
qu'ils subissent tient à plusieurs causes complètement étrangères au
traité de commerce avec l'Angleterre. La première de ces causes, qui
était inévitable et qui se manifeste ordinairement tous les cinq ou six
ans, vient de l'excès de production. Quand l'industrie est encouragée
par de beaux inventaires, elle se livre sans mesure à la production;
mais la consommation ne suivant pas le même mouvement, il en
résulte un encombrement de marchandises fabriquées qui restent en
magasin, sans qu'on trouve à les écouler même à des prix avilis. Or, il
est reconnu par tous les hommes impartiaux que le trop plein était
énorme et qu'un ralentissement très considérable dans les commandes était imminent, quand la guerre d'Amérique est venue com-
pliquer la situation par le renchérissement excessif du coton. L'élévation du prix de l'étoffe écrue crée pour les indienneurs un autre
obstacle presque insurmontable. En effet, l'indienne ne se vend
qu'à raison de son bon marché; si elle dépasse une certaine limite,
elle rencontre la concurrence des tissus de laine commune qui, à
prix égal, sont toujours préférés. De là, pour les fabricants d'indienne,
l'impossibilité d'élever le cours de leurs marchandises en proportion de la hausse que subissent les calicots sur lesquels ils impriment.
Pour expliquer la diminution des affaires, il faut tenir compte aussi

[13] See ch. i, notes 10, 21, 47.

de la mauvaise récolte de 1861 qui, pendant toute l'année dernière, a jeté le malaise dans les populations agricoles et qui, par le cherté des subsistances, a épuisé les ressources de l'ouvrier; on n'achète pas de vêtements quand on a de la peine à se procurer du pain. Le commerce de l'indienne a perdu ainsi ses principaux consommateurs qui sont dans les classes laborieuses.

.    .    .    .    .    .    .    .    .    .    .

Indépendamment du chômage, il est un premier fait qui pèse d'une manière générale sur tous les ouvriers de la filature ou du tissage et qui leur impose, d'une manière indirecte, une assez forte réduction de salaire: c'est la substitution aujourd'hui à peu près complète, du coton indien au coton d'Amérique. Ce coton est d'un travail difficile, il se casse souvent dans les opérations du tissage et de la filature et les ouvriers qui sont payés à la tâche, perdent tout le temps qu'il leur faut employer au rattachage ou à la réparation. C'est ainsi que le salaire des ouvriers qui emploient le surate, ne dépasse pas, par journée de 12 heures, 2$^f$.50 pour les hommes, 1$^f$ pour les femmes, 0$^f$.80$^{ces}$ pour les enfants. Tandis que le salaire dans les mêmes conditions, avec l'emploi du coton d'Amérique pouvait s'élever à 3$^f$.20 pour les hommes, 1$^f$.72 pour les femmes et à 1$^f$25 pour les enfants. Encore, faut-il déduire de ce salaire quotidien, les amendes plus nombreuses à raison des défauts de fabrication que la mauvaise qualité de la matière première rend presque inévitables. On ne doit pas oublier, d'ailleurs, que les établissements qui fonctionnent en plein, c'est à dire 12 heures par jour, sont l'exception et que la moyenne du travail ne dépasse guère 8 heures par jour. Pour ceux qui sont dans ces conditions, la gêne sera grande, mais ils passeront l'hiver sans avoir à subir les souffrances d'une misère exceptionnelle. Cette situation est celle de la classe ouvrière du département de l'Eure dans lequel les usines dirigées presque toutes par les industriels suffisamment riches et intelligents, sont munis d'un outillage perfectionné. Les manufacturiers ont pu conserver presque tous leurs ouvriers et leur fournir un salaire, réduit sans doute par la diminution du travail, mais qui leur permet de subvenir à leur besoins. Dans les arrondissement de Bernac et de Pont-Audemer, le nombre des ouvriers qui ont été forcés de quitter les usines pour chercher du travail ailleurs ne dépasse pas trois à quatre cent, parmi lesquels les hommes figurent pour les $\frac{2}{5}$. Pour l'arrondissement des Andelys, dans lequel se trouvent les grandes et nombreuses usines de la vallée d'Andelle, le chiffre des ouvriers sans travail au 30 décembre, n'était que de 316, dont 238 hommes. L'arrondissement d'Evreux n'a qu'une seule filature qui occupe son personnel ordinaire.[14] Quant à la classe ouvrière de l'arrondissement de Louviers elle est dans la situation la plus satisfaisante, grâce à la prospérité exceptionnelle de la draperie et de la nouveauté. Comme Votre Excellence le voit, l'état du département de l'Eure n'a rien qui doive préoccuper. Les ouvriers que la filature et le tissage laissent sans ouvrage seront employés facilement dans les travaux public ou communaux. Les bureaux de bienfaisance et de la charité privée qui s'exercent largement, viendront en aide aux enfants, aux femmes, et aux vieillards. La tâche quoique lourde ne sera pas au dessus des ressources dont l'assistance publique dispose dans ces riches communes.

Malheureusement, dans le département de la Seine Inférieure, le tableau est infiniment plus sombre dans la circonscription de Rouen, le chômage est considérable; dans tout l'arrondissement d'Yvetot et dans plusieurs cantons des arrondissements de Dieppe et du Hâvre, où s'exerce l'industrie du tissage à la main, la misère est extrême. Je vais m'efforcer d'en faire connaître l'étendu à Votre Excellence, en dégageant les faits, autant que possible, des exagérations de toutes natures qui se sont produites en sens contraire.

Les chiffres que j'aurais l'honneur d'indiquer à Votre Excellence ont été, de la part de mes substituts, l'objet d'un examén scrupuleux. Ils ne les ont adoptés qu'après les avoir fait soigneusement contrôler par les Juges de paix. . . .

D'après un relevé fait avec soin et intelligence par M. le Commissaire Central, le nombre des ouvriers en chômage complet [in Rouen] serait 7683. Les renseignements particuliers qui me sont parvenus me font croire à l'exactitude de ces chiffres; mais on ne doit pas en conclure qu'il n'y a que ce nombre d'individus qui aient impérieusement besoin de secours. Le travail de l'ouvrier occupé subvient à la subsistance de la famille et on a reconnu qu'un salaire faisait vive en moyenne de deux à trois personnes, ce qui porte à un chiffre fort élevé le nombre de celles qui ne pourraient vivre sans les secours de la charité. 23,772 ouvriers sont encore occupes dans les ateliers, mais, sur ce nombre, 5424 n'y trouvent qu'un travail insuffisant dont la durée varie de 7 à 2 heures et qui ont besoin d'être assistés dans un certain mesure; car un sixième, un quart, un tiers ou même la moitié du salaire ne peuvent pas leur donner les moyens de faire

[14] The two preceding sentences were pencilled in the margin.

vivre leurs familles, surtout lorsque la mauvaise qualité du coton
amène encore une réduction indirecte des salaires. . . . 19,028 individus sont secourus par les divers bureaux de bienfaisance en
temps normal; le nombre de ces derniers ne s'élève par au delà de
10,624; de sorte que c'est un surcroit de 8404 individus assistés;
presque tous appartiennent à des familles d'ouvriers de l'industrie de
coton.

.    .    .    .    .    .    .    .    .    .    .    .

Sur 47000 métiers environ occupés en temps normal au tissage à
la main, 21,105 sont en ce moment complètement sans ouvrage, les
autres sont encore montés; mais les fabricants et leurs intérmediaires
ont profité de la détresse des ouvriers pour leur imposer d'énormes
réductions de salarie.

.    .    .    .    .    .    .    .    .    .    .    .

Cette triste réalité ne saurait cependant absoudre complètement
quelques correspondants des journaux de Rouen et de Paris du
rapproche d'exagération qui leur a été justement adressé, lorsqu'ils
ont porté jusqu'à 200,000 le nombre des ouvriers sans travail. J'ai
voulu savoir aussi quelle était la situation exacte des six familles
dont le journal *Le Temps* avait peint la misère avec de si sombre
couleurs. J'ai prescrit à M. le Procureur Impérial d'Yvetot de
prendre à ce sujet des renseignements précis. Je joins à ce rapport
une copie de la réponse de mon substitut qui ramène les faits à
l'exacte vérité.

.    .    .    .    .    .    .    .    .    .    .    .

Par une coïncidence qui s'explique aisément puisqu'elle est elle
même une conséquence de la crise; ce ne sont pas seulement les
ouvriers de l'industrie cotonnière qui sont atteints par le manque
d'ouvrage et qui ont besoin d'être assistés. Ce sont aussi les ouvriers
des ports du Hâvre et de Rouen. Pendant le cours du dernier trimestre, la navigation ayant été peu active et les arrivages fort restreints,
les travaux du port se sont très sensiblement ralentis.[15]

### 132. *Gastambide, P. G.    Toulouse, 7 January 1863.*

L'industrie et le commerce ont souffert surtout là où la crise cotonnière pouvait se faire sentir. —à Toulouse où quelques centaines
d'ouvriers sont employés à la fabrication ou à la teinture des étoffes
de coton, cette catégorie de travailleurs s'est vue obligée de chercher
ailleurs des moyens de subsistance. —A S$^t$ Gaudens où l'on manu-

[15] See ch. i, note 37.

facture des draps et des tricots mêlés de coton, il en a été de même.
—Mais c'est surtout à Castres que le mal a été sensible; on compte
jusqu'à 3000 ouvriers qui ont du demander aux travaux des champs
ou aux ateliers de charité de quoi vivre et donner du pain à leurs
familles.

## APRIL 1863

133. *Blanc, P. G.  Besançon, 12 April 1863.*

L'Etat de l'industrie cotonnière s'est bien aggravé dans le dernier
trimestre: Des dix-sept cent ouvriers du canton d'Héricourt les
quatre-cinquièmes sont sans ouvrage; une seule maison de cette
circonscription a maintenu son travail en le restreignant, les autres
sont en chômage. Les espérances sont moins dures dans le canton de
Luxeuil, plusieurs établissements ont rouvert leurs ateliers; il en
est de même à Montbéliard où quelques filatures se sont approvisionnées de coton des Indes; la fabrication est difficile avec des
machines et des métiers destinés à mettre en œuvre les cotons longue
soie; elle est également peu lucrative, mais le but principal, qui est
l'occupation des ouvriers, est du moins atteint.[16]

134. *Dubeux, P. G.  Bordeaux, 3 April 1863.*

La situation commerciale n'est pas changée, elle est toujours languissante et lourde suivant l'expression du commerce; il est à
craindre qu'il ne soit encore ainsi pendant longtemps et tant que la
question d'Amérique n'aura pas reçu de solution. . . .
Dans la Charente le commerce des eaux-de-vie semblerait reprendre.

135. *De Chenevière, P. G.  Bourges, 3 April 1863.*

Les autres branches de la fabrique sont plutôt en prosperité qu'en
souffrance, à l'exception toutefois de deux industries qui avaient
pris un certain développement dans l'Indre et dont les débouchés
s'ouvraient sur les Etats-unis d'Amérique, celles de la mégisserie et
de la brosserie. C'est là le seul tribut que nos populations aient payé
à la triste solidarité qui lie le sort d'une partie de l'industrie française
aux misères d'un autre continent.
Mais nos manufactures de porcelaine . . . ont peine à suffire aux
commandes.

[16] On the use of Indian cotton see ch. i, notes 24, 25.

136. *Olivier, A. G.   Caen, 11 April 1863.*

L'industrie cotonnière est toujours dans le plus triste état à Falaise, à Pont l'Evêque, à Vire, à Condé-Sur-Noireau, pour le département du Calvados; à Flers, la ferté-Macé et dans tout l'arrondissement de Domfront, pour l'Orne; à Mortain, dans la Manche. Partout les efforts de la charité privée et publique ont été grands et se sont manifestés sous toutes les formes: à Caen 'une cavalcade historique a produit plus de dix mille francs. Si les secours n'ont pas suffi à faire disparaître les misères, ils les ont, du moins, soulagés, le bon esprit et le courage de ceux qui souffrent ont fait le reste.

137. *Maurel, A. G.   Chambéry, 9 May 1863.*

Les effets de la crise qui s'évit [*sic*] dans les départements manufacturiers n'ont été que très faiblement ressentis dans ce pays, même à annecy, seul centre industriel un peu important. Quelques fabricants ont même été assez heureux pour renouveler complètement leur approvisionnement de coton et le chômage des ouvriers n'est pas à craindre.

138. *De Bigorie de Laschamps, P. G.   Colmar, 3 April 1863.*

Arrondissement de Colmar.

L'industrie cotonnière lutte à peu près dans les mêmes conditions; il convient de constater néanmoins que, la crise se prolongeant, le travail a subi une réduction plus sensible, dans les rayons de Colmar, Logelbach, Munster et Kaysersberg. Votre Excellence appréciera l'importance de ce district manufacturiel [*sic*] lorsque je lui aurai fait connaître qu'il renferme 6,913 métiers à tisser et 299,000 broches de filature. Je n'ai reçu avis, jusqu'à ce jour, d'aucun chômage absolu; on assure même que quelques commandes d'une certaine importance, viennent d'être faites aux divers établissements.

.    .    .    .    .    .    .    .    .    .    .

Arrondissement de Belfort.

. . . l'industrie cotonnière voit ses souffrances naturellement s'aggraver. Le 2 Mars, la filature et un tissage de M. M. Koechlin, frères à Willer, employant deux cent cinquantes ouvriers, ont été fermés. M. M. Koechlin distribuent aux ouvriers la moitié de leur salaire habituel. Par ce procédé, ils font revenir vers eux l'opinion, qui dès le début de la crise,.les avait jugé avec une grande sévérité.

Le salaire sans travail, s'il peut prendre sa source dans un bon sentiment de la part de celui qui l'accorde, n'en est pas moins funeste à la moralité de l'ouvrier.

En dehors de ce chômage partiel, il ne m'est, nulle part ailleurs, signalé de cessation de travail; il y a seulement, et c'est logique, ralentissement dans la production.

. . . . . . . . . . .

Arrondissement de Mulhouse.

Mulhouse résume la crise industrielle plus fortement que les autres groupes du département. Les Manufacturiers de Mulhouse enfermés dans leur ville industrielle n'ont pas, comme leurs confrères des vallées du $H^t$ Rhin, la possibilité sinon la facilité, d'employer une partie notable de leurs ouvriers aux travaux des champs, à des travaux d'utilité publique. Parmi les ouvriers cotonniers du $H^t$ Rhin, un grand nombre possèdent de petits lopins de propriétés qu'ils cultivent au retour de la belle saison— ce qui restreint utilement le personnel des ateliers. Mulhouse n'est pas dans ces conditions. Aucune fraction d'ouvrier n'y a été, à proprement parler, congédiée; mais la masse flottante des nomades a généralement quitté Mulhouse soit pour rentrer dans ses foyers, soit pour chercher de l'ouvrage ailleurs. Elle n'a pas été remplacée. —On compte à Mulhouse environ 30,000 broches de filature et quelques centaines de métiers à tisser qui sont en chômage; ce qui est naturellement très-peu sensible au milieu de cette prodigieuse industrie et n'implique pas d'ailleurs, qu'aucun établissement ait cessé le travail. Ces broches et ces métiers représentent dans ces diverses manufactures, les six à sept cents ouvriers nomades qui ont quitté Mulhouse. Les manufacturiers n'ayant pas, je l'ai rappelé plus haut, ces diversions qui profitent plus spécialement à leurs confrères des vallées, sont obligés de conserver une moyenne de production supérieure. Mais le ralentissement plus marqué du travail dans les vallées,—et cela a été combiné dans ce sens, par les syndicats des manufacturiers,—profite à la Place de Mulhouse. La production étant moindre dans le $H^t$ Rhin, facilite d'autant l'écoulement des produits de Mulhouse. —Au 21 mars dernier la diminution du travail s'élevait, dans les districts de Colmar et de Belfort, à 35% pour la filature, 41% pour le tissage; elle n'était à Mulhouse que de 25% pour la première et de 26% pour la seconde de ces industries. Depuis le 21 mars, ces proportions ne se sont pas sensiblement modifiées. Je crois cependant, d'après les derniers rapports qui m'arrivent, qu'on peut fixer à 40% aujourd'hui, la diminution du travail, pour la filature et à 41% pour le tissage, dans le H$^t$ Rhin, Mulhouse exceptée.

J'ai cru devoir, à l'article Mulhouse, comparer les diverses situations économiques du H$^t$ Rhin afin de permettre à Votre Excellence d'en saisir promptement l'ensemble.

La position exacte de l'énorme quantité d'ouvriers travaillant à Mulhouse se définit et se reconnaît à une seule signe: «Les secours distribués par le bureau de bienfaisance ne sont pas beaucoup plus considérables, en ce moment, que d'habitude.»

Les salaires audessous de 15 fr. par quinzaine ont été maintenues intégralement, dans certaines maisons. Quand la rémunération dépasse ce chiffre, l'abaissement se répartit entre le patron et l'ouvrier. Ces diminutions peu sensibles sont d'ailleurs couvertes par le bon marché des denrées à l'usage de l'ouvrier et par des conditions climatériques sans exemple en Alsace.

Si les fabricants de Mulhouse, de même que la plupart des grands fabricants du H$^t$ Rhin, n'avaient eu d'immenses approvisionnements la crise actuelle les aurait privé d'une partie des bénéfices si considérables qu'ils ont accumulés depuis dix ans. Le Kilogramme de coton d'Amérique coûte, en moyenne, au hâvre 5$^f$.10$^c$: soit 6 fr. environ, déchet compris, lorsqu'on le file; la main d'œuvre, dans les conditions anormales que j'ai signalées, dépasse 0$^f$.80$^c$, total, pour un Kilo de filé N$^o$ 28, 6f.81$^c$. Le prix de vente, durant la dernière quinzaine, a été de 5f.60$^c$, ce qui constitueront au préjudice du filateur, une perte sèche de 1$^f$.20$^c$; mais, je le répète, à ces chiffres qui me sont envoyés, j'ai le devoir d'apposer comme balance, les anciens prix d'achat qui n'atteignait que le tiers au moyenne, des cours actuels.

Quoiqu'il en soit, la situation, si elle se prolongeait longtèmps encore, aboutirait à des désastres.

Le tissage est, à mon sens, dans des conditions bien plus mauvaises; car il était loin d'être approvisionné comme la filature, et acheteur à 5$^f$.60$^c$ un Kilog. de filés qui leur produit 10 à 11 mèt. de calicot, valant 0$^f$.55$^c$ le mètre ou 5$^f$.70$^c$, il retire, à peine, le coûte du fil employé.

Les ateliers d'impression sont, au contraire, en pleine activité; les ouvriers manquent et les fabricants ne peuvent en trouver assez. Cette activité se remarque toujours à l'approche de la belle saison, puisque c'est le moment où les toiles peintes vont être recherchées.

Les filateurs et les tisseurs renouvellent, à la vue de cette prosperité qui fait contraste avec leur industrie, les observations et récriminations que j'ai résumées pour Votre Excellence, dans mes derniers rapports. Ils réclament toujours la suppression de la faculté d'introduire temporairement du tissu étranger à charge de réexportation. Plus j'étudie la question et plus je demeure convaincu qu'elle saurait être touchée avec trop de ménagements. Je ne vois pas ce que l'introduction temporaire des tissus communs, destinés à être convertis en indiennes ordinaires, peut apporter de concurrence étrangère et par suite de préjudice aux filateurs et tisseurs Mulhousiens qui, n'en produisant pas, n'en sauraient exportée.

Peut-être pourrait-on examiner le point de savoir s'il convient de modifier le décret de 1861, en égard aux tissus fins, lesquels, sous forme d'organdies de mousselines imprimées etc, s'exportaient de tout temps, et dont la fabrication est devenue beaucoup moins productive à nos manufacturiers de tissus fins, par la promulgation du décret précité.

. . . . . . . . . .

L'Alsace industrielle se préoccupe toujours de la culture sérieuse du coton en Algérie; M. Jean Dolfus y est, je crois encore, dans ce but. M. M. Herzog, Gros, etc. persistent de leur côté, chacun dans des directions plus au moins tranchées, à faire réussir de combinaisons dont le résultat serait avantageux à la manufacture française. Mais il me semble toujours que les projets de la Compagnie Oranaise dont j'ai déjà parlé, en janvier dernier, mériteraient d'être particulièrement examinés. Il y a aussi la Compagnie *Française* des cotons algériens qui compte des adhésions alsaciennes.

L'essentiel c'est qu'on parvienne à faire véritablement du coton et qu'on en produise beaucoup.

139. *Pinard, P. G.   Douai, 1 April 1863.*

A mesure que le coton est monté à des prix de plus en plus élevés, le lin s'est cultivé dans ce pays sur une plus large échelle, et il trouve dans nos fabriques des débouchés abondants et certain.

Comme si les crises de l'industrie devaient avoir leur compensation, la reprise du travail a été d'autant plus active dans les grands centres de Lille, d'Armentières, de Tourcoing, de Roubaix que la misère était plus grande à Rouen, à Tarare, etc. . . .[17] . . . Roubaix qui employait presqu'exclusivement le coton, semble, en ce mo-

[17] Ellipses in the original text.

ment, transformer la matière, comme plusieurs de ses fabricants avait déjà transformé le métier: on y économise le coton, en ne s'en servant qu'en fort petite quantité, pour ne pas épuiser les très grands approvisionnements qu'on avait eu la prudence de faire et on fabrique des étoffes où la laine entre pour une grande partie et qui se vendent un peu plus cher que les anciennes cotonnades. En ce moment l'écoulement le ces tissus est considérable et il assure la prospérité de Roubaix pendant la durée même de la crise Américaine.

Par suite de la même tendance, mais avec une bien moindre échelle, l'industrie des tulles à Calais et à S$^t$ Pierre, semble se relever et devenir plus active, en substituant pour partie au moins, la soie au coton.

### 140. *Moisson, P. G.   Grenoble, 10 April 1863.*

Les causes extérieures qui, depuis le commencement de la guerre Américaine, exercent une si fatale influence sur nos industries nationales ne s'étant modifiées qu'en s'aggravant, leurs effets sont demeurés désastreux. C'est à dire que si dans certains arrondissements tels que ceux de Grenoble, de Bourgoin, de S$^t$ Marcellin, de Valence, de Dié et de Montélimar, la fabrication ne s'est pas éteinte, parce que la nature même de ses produits consistant principalement en ganterie, en étoffes unies de soie, en papeterie, en metallurgie, en machines, en verrerie, leur a permis de refluer vers d'autres débouchés toujours ouverts et toujours absorbants, il est au contraire des localités, telles qu'une partie de l'arrondissement de Nyons et la ville de Vienne, où l'activité des usines va toujours se ralentissant de plus en plus. Ici, ce sont les filatures de soie qui le ferment à la plupart de leurs ouvriers. Là, c'est la draperie qui n'étant plus favorisée ni par les commandes pour l'avenir, ni par les ventes de la réserve, subit une crise déplorable.

Au mois de Janvier dernier, je présentais à Votre Excellence le tableau de la situation déplorable dans laquelle était tombée, à Vienne, cette industrie drapière qui, en temps ordinaire, occupe et rémunère largement huit mille ouvriers environ, et qui, à la fin du dernier trimestre, ne leur offrait plus que moitié travail et moitié salaire. Encore fallait-il que les fabricants s'impossassent le plus généreux désintéressement pour conserver leurs ouvriers et ne pas suspendre entièrement la production; encore fallait-il aussi que les sacrifices de l'administration municipale, les secours du Gouvernement, les souscriptions charitables subvinssent aux misères les plus pressantes. La crise menaçait, en se continuant, de faire fermer plusieurs ateliers, et il ne restait plus d'espoir que, dans une reprise qui viendrait, vers la fin de février ou dans le courant du mois de Mars, rendre quelque essor à la fabrication. En effet, dans la première quinzaine de Mars, des commandes considérables venues de l'étranger, de Paris et des principales villes de France, ont ramené dans plus d'un atelier une animation qui faisait enfin entrevoir des temps meilleurs. Aidée par de nouveaux progrès, transformée dans quelques-uns de ses produits, cette industrie sembla se relever; les matières premières circulèrent dans les rues; les groupes d'ouvriers inoccupés se fondirent peu à peu, et, bientôt le progrès se soutenant, il ne se fit plus aucune réduction dans la durée du travail et dans la quotité des salaires. Toutefois, ce premier mouvement de reprise n'a pas tenu tout ce qu'il promettait; les commissions se sont ralenties vers la fin du mois de Mars, et quoiqu'il arrive pendant le mois d'Avril, qui d'ordinaire est décisif pour toute la saison d'Eté, il est aujourd'hui trop avéré que, pour Vienne l'année 1863 donnera des résultats si non aussi mauvais qu'on avait pu les redouter un instant, du moins médiocres et insuffisants pour les maîtres comme pour les ouvriers.

141. *Saint-Luc-Courborieu, P. G.   Limoges, 14 April 1863.*

Dans les villes, la situation sans être mauvaise, est relativement moins satisfaisante. A Limoges surtout la suppression du marché de l'amérique continue à ralentir, dans une certaine mesure, l'activité de la production porcelainière. Cependant le personnel des fabriques n'a pas éprouvé de diminution sensible. On ne constate dans les fabriques et dans les ateliers de décoration qu'un déficit de 37 ouvriers.

La fabrication des flannelles souffre davantage. Le coton entre pour la totalité dans la composition de la trame de cette étoffe. C'est assez dire que la crise américaine est, pour cette industrie, une des principales causes de souffrance réelle.

142. *Gaulot, P. G.   Lyons, 2 April 1863.*

Notre grande industrie Lyonnaise se soutient. Nos tissus de soie trouvent encore sur les marchés étrangers un rapide écoulement. L'Espagne, la Russie achètent, l'Angleterre demande plus encore et il est à croire qu'elle introduit en Amérique nos étoffes. Seulement les salaires des ouvriers sont peu élevés et les bénéfices diminuent chaque jour. La paix Américaine peut seule nous rendre une complète prospérité.

.    .    .    .    .    .    .    .    .    .    .

à Roanne ses filatures de cotons sont à peu près arrêtées. De nombreuses familles souffrent et cependant la misère n'a pas été aussi navrante qu'on aurait pu le craindre.

.    .    .    .    .    .    .    .    .    .    .

A S$^t$ Etienne les fabriques de rubans expédient péniblement ses anciennes commandes et elles constatent avec douleur que de nouvelles n'arrivent pas. Seules les étoffes simples et communes sont encore recherchées. . . . La situation s'aggrave chaque jour et si les évenements d'Amérique, si les faveurs du public n'amènent pas une réaction profonde, cette branche d'industrie est mortellement atteinte. Dans deux années la déchéance sera complète.

143. *De Gérando, P. G.   Metz, 9 April 1863.*

Le commerce des cuirs en gros dans la Moselle, ceux de la tannerie, de la cuiverie, de la colle-forte, des crayons, &c., dans l'arrondissement de Rocroi, sont affectés par la continuation de la crise américaine et par la rareté du numéraire.

144. *Neveu-Lemaire, P. G.   Nancy, 12 April 1863.*

Quant à l'Industrie, elle est toujours dans le même état de langueur. Comment pourrait-il en être autrement, alors que la Guerre d'Amérique se continue avec des chances diverses sans qu'on puisse en prévoir le terme. Double fléau pour l'Europe, en ce qu'elle tarit les sources de la production, et ferme les débouchés de la consommation; elle pése sur nos marchés de la manière la plus désolante. En vain la France a-t-elle importé en Angleterre pour dix millions de plus en 1862. De quel poids cette somme presque insignifiante peut-elle peser dans la balance alors que le Nouveau-Monde ne reçoit plus les produits fabriqués de notre commerce? Cette situation devient nécessairement plus critique à mesure qu'elle se prolonge. Aussi aucun des ateliers, dont j'ai signalé le chômage dans mon dernier rapport ne s'est-il rouvert, et d'autres se sont-ils fermés depuis.

Le travail est complètement arrêté dans les deux filatures de Nancy et de Tomblaine, dont l'une occupait 75 à 80 ouvriers et l'autre 35. Il a été réduit de trois heures par jour dans le tissage du Val de bon Moutier, arrondissement de Sarrebourg.

Dans l'arrondissement de Bar-le-Duc, une seule filature, celle de Saudrupt, grâce à un approvisionnement exceptionnel, peut continuer à occuper à peu près le nombre habituel de ses ouvriers. —La filature de Robert-Espagne est fermée. Celles de Bar-le-Duc et de Trémont ont réduit leur personnel d'un tiers.

La production des tricots à la mécanique est aussi ralentie. On essaie de substituer en partie la laine au coton, mais reste toujours la difficulté de créer à ces nouveaux produits des débouchés assurés. Dans des circonstances aussi fâcheuses, le prix de la main d'œuvre est diminué.

Dans l'arrondissement de Saint-Mihiel, la filature de Demenge-aux-Eaux qui ne contient, il est vrai, que 15 métiers occupait habituellement 70 ouvriers et fabriquait 200 Kilogrammes de coton par jour, mais depuis 18 mois, elle n'est ouverte qu'à 6 ouvriers et ne donne par jour que 16 Kilogrammes de produits.

Le département des Vosges, dans la constitution économique duquel l'industrie tient une si grande place, ressent plus vivement les effets de cette périlleuse situation. L'encombrement des marchandises fabriquées s'accroit d'une manière inquiétante. Ainsi dans la manufacture de Saulxures, la plus importante de l'arrondissement de Remiremont, la place manque pour enmagasiner les calicots et l'on en est réduit à les remiser. On aurait à écouler pour près d'un million de marchandise. Le propriétaire de cet établissement qui, jusqu'à ces derniers temps, avait pu lutter contre la crise, grâce à la puissance de ses ressources, vient de réduire d'une heure, puis de deux, la journée de travail, et le moment n'est pas loin sans doute où il sera obligé d'aller plus avant dans cette voie.

Un autre grand manufacturier de Cornimont était parvenu à placer des calicots jusqu'à concurrence de 120,000 francs, mais les destinataires ont refusé d'en prendre livraison et laissé protester les traites fournies sur eux, sous prétexte que les tissus étaient mal conditionnés. Peut-être ce refus a-t-il sa raison d'être dans l'emploi des cotons de provenance asiatique dont les produits sont inférieurs quand la main-d'œuvre est plus difficile. —La justice aura à décider cette affaire.

Dans l'arrondissement de Mirecourt, la filature de Monthureux-sur-Saône qui marchait nuit et jour l'année dernière, ne fonctionne plus que pendant le jour. On assure qu'elle a encore des approvisionnements pour trois mois. —Quant aux fabriques de ouates, elles sont en chômage complet.

L'état des choses a peu changé dans l'arrondissement de Saint-Dié, quelques grands établissements continuent à fonctionner, d'autres se restreignent, languissent ou chôment.

Dans le canton de Corcieux, par exemple, des approvisionnements nouveaux ont été faits dernièrement par les Manufacturiers: le travail est assuré pendant plusieurs mois encore pour les 12,000 broches et 163 métiers qui marchent 12 heures par jour. —Les salaires ont été un peu diminués, mais ils peuvent encore suffire à l'entretien des ouvriers et à celui de leurs familles.

A Fraize, canton privilégié entre tous les autres, M. M. Gelliot et Dolfus continuent à faire travailler avec autant d'activité que par le passé. Les approvisionnements que ces industriels ont faits et font tous les jours, ne laissent pas prévoir à quelle époque le chômage pourra commencer.

La filature de Celles, dans le canton de Raon l'Etape marche aussi sans interruption avec le même nombre d'ouvriers que dans le cours de l'année précédente. Cette situation tient à la circonstance que cet établissement peu important, puisqu'il ne fait fonctionner que 6,000 broches, a changé de propriétaire et que ce dernier, possesseur de grands capitaux, a fait, lors de son entrée en jouissance, des approvisionnements qui dureront encore plusieurs mois.

Dans le canton de Saales où se trouvent trois établissements de filature et de tissage, celui de Poutay qui emploie ordinairement 300 ouvriers n'en a occupé que 100 à 120 pendant les trois premiers mois de 1863, avec une durée de dix heures de travail par jour; et tout porte à croire qu'il pourra marcher encore pendant quatre mois sur le pied actuel: —La filature de S$^t$ Blaise la Roche qui n'occupe que 36 ouvriers ne parait devoir chômer que vers le mois de juin ou de juillet si de nouveaux achats ne sont pas faits: —Le tissage de Provenchères enfin emploie 100 ouvriers pendant la journée entière. Quant à la quantité de ses approvisionnements, on ignore combien elle lui permettra de rester encore en pleine activité?

Le canton de Senones est plus rudement éprouvé. Sur 2,400 ouvriers il n'en reste plus que 1,600 employés dans les filatures et les tissages mécaniques; 800 ont été renvoyés, et le travail est réduit de moitié. —Seule la fabrique de coton à broder et à coudre ne subit pas le sort des établissements précédents: elle occupe toujours 140 ouvriers qui travaillent la journée entière.

Quant aux filatures du canton de Saint-Dié, elles sont complète-

ment arrêtées, et la fabrication des articles de fantaisie, dits de
S<sup>t</sup> Dié et de S<sup>te</sup> Marie, est singulièrement ralentie.

A Schirmeck enfin, les choses en sont toujours au même point. La
vente est difficile et se fait à des prix désavantageux, le calicot ayant
baissé de 0<sup>f</sup>10¢. —Un grand producteur a cependant trouvé un placement utile en Angleterre: Ayant remarqué que les cotons blancs
fabriqués se vendent difficilement, et qu'ils s'écoulent au contraire
avec rapidité lorsqu'ils sont teints, il fait teindre dans une usine qui
lui appartient tout ce qu'il produit, et l'expédie à Manchester à
des prix assez élevés. Grâce à cette heureuse combinaison, ses
magasins sont presque vides.

En résumé, quelque triste que soit la situation actuelle de l'industrie cotonnière dans mon ressort, il ne faut pas en conclure que
le fléau de la misère sévisse sur la population ouvrière avec le degré
d'intensité qu'il a atteint dans certaines parties de l'Empire. Sans
doute il y a gène, souffrance pour les ouvriers, mais il trouvent encore les moyens de subsister en attendant des jour meilleurs. —Une
partie d'entre eux, d'origine étrangère, a quitté le territoire; les autres
ont trouvé une occupation dans les travaux agricoles, ou dans ceux
entrepris par l'Etat, les départements et les communes.

145. *Mestre, A. G.   Nîmes, 13 April 1863.*

Le commerce et l'industrie se maintiennent dans des conditions
normales de prospérité. Quelques filatures de laines et manufactures
d'escots, à Mende ont vu diminuer leur travail; les marchés de vaucluse ont souffert de l'abaissement du prix des garances, comme ceux
de lozère de la mévente des bestiaux; mais ces derniers prix surtout
tendent à se relever. Partout ailleurs, les usines ont maintenu et
développé même, dans l'arrondissement d'alais, l'activité de leurs
allures. Les ouvriers de l'industrie reçoivent partout de convenables
salaires.

146. *Cordoën, P. G.   Paris, 18 May 1863.*

Les funestes effets produits par la crise américaine, sur le commerce et l'industrie, se perpétuent, mais au lieu de s'aggraver, ils
perdent de leur intensité. Dans la partie du département de l'Aube
vouée à l'industrie du coton, la période d'hiver a été traversée sans
être marquée par les souffrances douloureuses qu'il était permis
d'appréhender; actuellement la saison est plus clémente, et en même

temps, se manifeste une légère reprise dans le travail. Devra-t-elle s'accentuer davantage? Il serait téméraire de tirer une conclusion de ce mouvement imprévu; la matière première reste rare et à haute prix; les tissus rencontrent sur le marché, des étoffes de laine similaires et à des prix abaissés; ils ne pensent soutenir la concurrence et ne trouvent dès lors qu'un écoulement difficile et sans profit. Les circonstances sont donc trop peu favorables pour qu'on y puise des motifs de confidence en un prochain et meilleur avenir; toutefois, l'activité industrielle a une telle énergie, qu'en la voyant après une épreuve si longue et si pénible, se ranimer même momentanément, l'on est fondé à espérer qu'elle ne tardera pas à trouver les ressources et les débouchés qui lui sont nécessaires pour se relever.

147. *Lespinasse, A. G.    Pau, 10 April 1863.*

La situation économique ne s'est pas modifiée. Les souffrances que la guerre d'Amérique impose à l'industrie dans toute l'Europe ont eu leur contre coup dans nos contrées par suite de la solidarité qui existe entre toutes les branches de la production. Le mal est cependant moindre dans mon ressort parce que les manufactures y sont peu nombreuses.

148. *Camescasse, P. G.    Rennes, 10 April 1863.*

L'industrie cotonnière y souffre comme partout; mais, comme elle n'y a pas un développement considérable, la crise se passera sans grande peine grâce aux travaux que peuvent trouver ailleurs les ouvriers, et aux efforts de la charité locale.

149. *Thévenin, A. G.    Riom, 7 April 1863.*

certaines industries sont fort compromises, ainsi les filatures de lasset ont réduit leur fabrication; les divers ateliers de tissage de toile, dite de Vichy, ont été fermés par suite de la crise cotonni-ère.

.    .    .    .    .    .    .    .    .    .    .    .

Enfin, l'industrie de pâtes alimentaires de Clermont laisse beau-coup à désirer.

.    .    .    .    .    .    .    .    .    .    .

Dans la haute Loire le commerce des dentelles prospère partout. Il s'est mainfesté une reprise sérieuse dans la rubanerie et les velours d'Yssingeaux.

150. *Millevoye, P. G. Rouen, 10 April 1863.*

SITUATION COMMERCIALE ET INDUSTRIELLE.

La crise cotonnière continue et s'aggrave par le seul fait de sa durée. Pendant le dernier trimestre, la demande de la consommation a été insuffisante; les achats du commerce sont presque nuls et ils se font à des prix relativement avilis; les stocks de marchandises s'accumulent dans les magasins des manufacturiers bien qu'ils aient notablement réduit leur fabrication. De là de nouveaux arrêts dans la marche de l'industrie et de nouveaux chômages pour l'ouvrier. On se demande, et, au premier abord, on a peine à s'expliquer comment lorsque depuis dix huit mois, la production s'est considérablement ralenti; lorsque pendant la même période, les achats du négoce ont eu lieu seulement pour le réassortissement et pour les plus stricts besoins de la consommation, la même réserve, pour ne pas dire le même inertie, persiste dans la demande, de telle sorte que l'industriel reste encombré de ses produits qu'il ne peut écouler à des pris rémunérateurs.

. . . . . . . . . . .

Ces résultats ont une première explication que j'ai déjà indiquée dans un précédent rapport: c'est que la consommation s'éloigne des produits arrivés à des prix excessifs, pour se porter sur des marchandises analogues quant à l'usage, quoique différentes par la matière dont elles sont fabriquées et qui n'ont pas subi la même augmentation que le coton. Mais cette explication ne suffit pas pour donner à elle seule la raison du fait affligeant que je viens de signaler; il y a en effet une quantité considérable d'étoffes de coton qui n'ont pas d'équivalents et il est de nombreux usages pour lesquels ces produits ne pourraient être substitués par d'autres tissus. Il faut donc chercher une autre cause à la position expectante prise par les grands acheteurs comme par les commerçants de demi gros et de détail, dont tous les approvisionnements sont à peu près épuisés. On en trouve la véritable explication dans l'opinion répandue dans le commerce partagée dans une certaine mesure par la consommation, que la guerre qui désole l'Amérique est près de finir et que les prix vont incessamment s'abaisser.[18]

---

[18] Industrial dread of peace was a common sentiment at this time. A subsequent sudden fall in the price of cotton would ruin many concerns which had large stocks of cotton bought at famine prices. Owsley described this sentiment in England, where it was more acute, as follows: ". . . Members of Parliament from Lancaster sat silently during the debates on intervention. Instead of desiring inter-

Cette opinion fort accréditée dans le cours du dernier trimestre, n'a jamais paru sérieusement fondée à ceux de nos industriels qui avaient quelques données exactes sur la situation de l'Amérique: en effet, si des paroles de paix ont été envoyées au Gouvernement du Nord, on sait quel accueil il leur a fait; si des projets d'apaisement paraissent être dans la pensée des démocrates et si quelques symptômes permettent d'espérer que l'élection leur donnera l'avantage, il ne faut pas oublier que le pouvoir quoiqu'il arrive, doit rester aux mains du Président Lincoln, pendant de longs mois encore; d'un autre côté, si les Etats de l'Ouest, semblent disposés à une transaction, ceux du Nord tiennent avec vigueur pour la reconstitution de l'Union; et l'on sait que la tenacité est un des traits distinctifs du caractère américain. Enfin, si la guerre est difficile à soutenir à cause de l'épuisement des ressources, la paix n'est pas moins difficile à conclure à raison de la contrariété des intérêts, de la différence des points de vue et de la quasi imposibilité de s'entendre sur des bases acceptables pour les deux partis. A supposer même que cette paix tout désirée soit faite, tout ne serait pas fini. Ne faudrait-il pas transporter le coton de leur production au port d'embarquement? Or, la guerre a détruit les moyennes de transport et la plus grande partie des voies de communication. Ce qu'on semble également ignorer, c'est que pour arriver en Europe dans les anciennes conditions de bon marché, une marchandise aussi encombrante que le coton, a besoin de navires spéciaux et la flotte marchande des Etats-Unis, qui transportait les énormes cargaisons nécessaires à la consommation européenne, aujourd'hui détruite ou transformée en marine de guerre et ce n'est pas sans beaucoup de temps et dépenses qu'on lui rendra sa première destination. Dans l'hypothèse invraisemblable d'une paix prochaine, ce ne serait donc pas du jour au lendemain que les prix pourraient se tomber à leur ancien niveau. Plus de six mois s'écouleront encore d'après les prévisions mieux raisonnées avant que la baisse ait atteint le cours de 1861. En attendant, la consommation ne peut pas toujours s'arrêter: le vide se fait de plus en plus et il faudra bien que les prix d'achat finissent par se mettre

vention these members of Parliament and the industrialists they represented must have been praying that the Lord would see fit to let the Civil War continue forever. . . . Each peace rumor, each rumor that the government was discussing intervention, sent the price of cotton down and caused the shutdown of small mills whose owner had been caught on narrow margins. . . . . . . [To] banking interests . . . who . . . had refinanced the cotton industry on the basis of high priced raw cotton the end of the war meant a flood of cheap cotton, and that meant Judgment Day." Owsley, *op. cit.*, pp. 570–571.

en rapport avec les prix de revient: la fabrication forçant alors le commerce à subir sa loi, tiendra ses prix d'autant plus élevés que les intermittences de son activité auront rendu moins abondants les stocks de marchandises œuvrées. —Ces idées me paraissent parfaitement justes et les prévisions actuelles de la consommation et du commerce sur l'imminence de la cessation de la lutte et de la diminution des prix ne peuvent, à mon sens, se justifier rationnellement. On peut donc espérer une reprise, sinon complète, du moins partielle, lorsqu'une appréciation plus exacte de la situation aura renversé les suppositions erronées; mais actuellement elles dominent encore le marché et se traduisent en conséquences déplorables pour l'industrie.

Sous l'influence des idées que je viens d'indiquer et de combattre les cours ont fléchi dans d'assez notables proportions pendant ce trimestre. Ainsi les cotons en laine d'Amérique qui, à la fin de Décembre, étaient cotés à 5$^f$.95 le Kilogramme, valent aujourd'hui 5$^f$.30; en baisse de 0.65$^{ces}$. Les cotons indiens qui étaient à 4.30 se vendent aujourd'hui 3$^f$.75 en baisse de 0.55$^{ces}$. Cette baisse sur la matière première s'est surtout prononcée à partir du mois de février: aujourd'hui et depuis quelques jours déjà les cours sont très fermes avec une légère tendance à la hausse.

Les filés de coton des Indes ou mélangés (il ne se fait plus de filés d'Amérique purs) qui valaient 5$^f$.52 le Kil. ne sont plus côtés qu'à 5$^f$.49.

Le calicot compte 30 qui était à 0.56 le mètre varie aujourd'hui entre 0.50 et 0,51.

Je dois d'ailleurs faire remarquer que pour les filés comme pour les calicots, la fixation des cours est peu sûre, parce que les ventes sont fort restreintes et ne portent que sur de petites quantités. Les affaires les plus considérables en calicot ont été faites pour l'Angleterre par l'intermédiaire de maisons de Paris. Les manufacturiers anglais vendent ces tissus à 0$^f$.55, soit 4 centimes de plus que nos industriels. Cet écart entre les prix français et les prix anglais montre que de l'autre côté du détroit les acheteurs n'ont pas la même opinion que nos commerçants sur les chances d'une prochaine pacification et sur l'imminence d'une baisse des prix. Les filés anglais sont aussi plus chers que les filés français. La différence est de deux centimes par Kilogramme.

Depuis 3 mois, la baisse sur les indiennes a été de 4 centimes. La vente de ces étoffes n'a pas plus d'activité que celle des filés et des calicots; mais les fabricants qui commencent à comprendre les besoins de la consommation et qui espèrent une prochaine reprise sont bien déterminés à ne pas faire de nouvelles concessions.

Comme les autres produits du coton, la Rouennerie est en baisse. Ce qui valait, il y a 3 mois, 1ᶠ.12 se vend aujourd'hui en moyenne 1ᶠ.05. Cette fabrication ne donne également lieu qu'à des transactions très restreintes. Depuis deux semaines seulement la demande a repris avec un peu plus d'activité.

L'article de nouveauté est le seul produit de l'industrie rouennaise qui soit en ce moment très recherché et qui donne aux patrons, comme aux ouvriers d'assez larges bénéfices. Ce résultat s'explique facilement lorsqu'on sait que ce tissu mélangé de coton, de soie et de laine n'absorbe que très peu de coton. Malheureusement cette fabrication est la moins importante de toutes les branches de la fabrication en Normandie.

Par suite des circonstances que je viens d'indiquer et qui se résument par le défaut de vente, le chômage a fait de nouveaux et rapides progrès. Dans le seul arrondissement de Rouen, le nombre des ouvriers inoccupés a augmenté de plus de 1200. Quant à la durée du travail pour les ouvriers encore maintenus dans les ateliers, elle a peu varié, mais les salaires ont subi, surtout dans les filatures, de nouvelles réductions qui, dans certains établissements, vont jusqu'à 5 %.

. . . . . . . . . . .

Je ne puis que signaler une fois encore le bon esprit et l'excellente tenue que les ouvriers continuent à montrer dans leur détresse.

### 151. Gastambide, P. G.   Toulouse, 13 April 1863.

La situation économique n'est point partout satisfaisante. Les funestes conséquences de la guerre des Etats-unis se font sentir même dans ce ressort où les intérêts agricoles tiennent la plus grande place.

A Toulouse, le commerce languit. 470 ouvriers avaient été laissés sans ouvrage, par suite du chômage partiel des industries cotonnières. Mais ces ouvriers ont trouvé le moyen de s'occuper utilement ailleurs.

Il n'en est pas ainsi à Castres. Dans ce centre industriel, le plus important du ressort, la situation est déplorable; loin de s'améliorer, elle devient chaque jour plus mauvaise. Le travail des fabriques est à peu près complètement arrêté, non seulement à cause de la rareté et de la cherté des cotons et des laines, mais encore parce que les magasins sont encombrés de marchandises qui ne trouvent pas d'écoulement. L'industrie principale, celle des *Péruviennes* où le coton est exclusivement employé, occupait 2,700 ouvriers; elle en occupe aujourd'hui moins de 200. Les fabricants, qui avaient fait de grands sacrifices pour marcher dans la voie du progrès, se trouvent tous à peu près ruinés. Les fabriques de draps ne sont pas dans un état plus prospère. Les filatures ne pouvaient échapper à la crise: sur 14,900 broches en activité, il y a quelques mois dans le canton dans le canton [*sic*] de Castres, 4,000 seulement fonctionnent aujourd'hui.

2,909 ouvriers de tout âge sont actuellement sans travail à Castres. Dans ce nombre ne figurent pas ceux qui, renvoyés des fabriques, ont quitté le pays et ont pu trouver du travail ailleurs.

## JULY 1863

152. *Saudbreuil, P. G.   Amiens, 8 July 1863.*

Les tentatives faites pour substituer la filature de laine à celle du coton, en vue de conjurer la crise, n'ont eu qu'un médiocre succès. Elles exigeaient une grande dépense de l'industriel. Les ouvriers avaient toute une education à faire. Maladresse d'un côté, absence de capitaux de l'autre, l'expérience n'a pu être faite que sur une petite échelle et n'a produit que de menus avantages. La reprise actuelle sur les laines améliorera peut-être cette situation.

Il me serait difficile de passer successivement en revue les diverses autres industries du ressort. Toutes ou presque toutes, ont plus ou moins subi le contre-coup de la guerre d'Amérique: les chaussures, les toiles, la brosserie, les éventails, les boutons, les chevelures artificielles et même les instruments de musique: toutes ou presque toutes sont aujourd'hui en voie de prospérité.

153. *Rabou, P. G.   Caen, 11 July 1863.*

L'industrie des cotons est toujours dans un triste état. Les nombreux ouvriers qu'elle occupe ordinairement dans les arrondissements de Falaise, Pont l'Evêque, Vire, Domfront, Mortain, sont dans la détresse: leurs souffrances sont, du reste, allégées par les efforts de la charité publique et privée et aussi par l'ouverture des ateliers du chemin de fer de Flers: beaucoup de bras sont occupés aux travaux de terrassements.

154. *De Bigorie de Laschamps, P. G.    Colmar, 10 July 1863.*
Colmar.

La situation de l'industrie cotonnière ne s'est point améliorée, au cours de ce trimestre, la même cause continuant à produire les mêmes effets désastreux: le mal ne fait au contraire que s'aggraver en prolongeant. Le district manufacturier de Colmar est important, puisque, ainsi que je l'indiquais dans mon rapport précédent, il renferme 6,913 métiers à tisser et 299,000 broches de filature; toutefois ce genre d'industrie n'y atteint point le développement énorme qui lui a été donné à Mulhouse, et c'est, sous la rubrique de ce dernier arrond[t] que je me réserve de placer les développements de cette question, vitale pour ce ressort.

.    .    .    .    .    .    .    .    .    .    .

Bien que les prix des cotons au hâvre n'aient point fléchi, que ceux des fabriqués se soient point relevés, l'Industrie continue néanmoins à travailler et le travail offre même des tendances de progrès.

Durant tout ce trimestre le moyen du prix du Kilogramme de coton en laine a été de 5[f],35[c] environ; Ce déchet, la facon [*sic*] de filature etc. font revenir le Kilog. de coton filé à 6[f].90[c] environ, et son prix de vente moyen a été de 6f. soit une perte de 0[f]90[c] par Kilog., sauf les compensations qui deviennent de plus en plus insignifiantes, avec le prix inférieur des anciennes matières premières.

La position du tissage est la même, car avec un Kilog. de filé lui coûtant 6[f]., il produit onze mètres de tissus qu'il revend 0[f].57[c] le mètre, soit au totale 6[f].35[c] environ, ce qui le laisserait également une perte de près de 0[f].60[c] par Kilogramme.

Néanmoins, dans ces conditions défavorables, le travail, je l'ai dit, tend à reprendre au lieu de diminuer encore, et la moyenne de la réduction est moins forte aujourd'hui qu'elle ne l'a été il y a trois mois. Je dois ajouter que les chiffres de perte accusés plus haut quoique très sensibles sont moindres que ceux du trimestre dernier, est que l'amélioration qu'ils indiquent a eu pour effet de rendre l'espoir et relever les courages. Le Chômage d'ailleurs coûte cher; il représente une perte sèche d'intérêts, de frais généraux, d'entretien de personnel et de machines, et l'industrie préfère travailler, tant que le sacrifice que lui impose le travail ne dépasse la perte qu'entraîne le chômage. Il convient aussi, sans l'exagérer, de faire, en partie, honneur de cette persévérance au caractère Alsacien en général, et Mulhousien en particulier.

**155. *Pinard, P. G.    Douai, 3 July 1863.***

Si la disette de coton produit, de temps à autre, des catastrophes individuelles, les modifications apportées par les grandes maisons, soit dans leurs métiers, soit dans l'emploi des matières premières dans lesquelles la laine et le lin entrent maintenant dans des proportions considérables, assurent encore la prospérité des centres importants, comme Roubaix et Tourcoing. Je n'en voudrais d'autre preuve que le chiffre comparé des familles assistées par les bureaux de bienfaisance de ces deux grandes communes dans les trimestres correspondants de 1862 et de 1863: il était à Roubaix de 1250, en 1862, et il est tombé pour ce même trimestre, en 1863, à 676: à Tourcoing, il est descendu de 881 à 500, en comparant les mêmes trimestres de 1862 et 1863. Aussi n'est-ce point là que les salaires ont vraiment baissé. Cette baisse de salaire se remarque seulement pour les tissages à domicile, et pour les fabriques qui, dans d'autres arrondissements, n'ont pas à leur disposition ces capitaux qui permettent de transformer et de perfectionner l'outillage.

**156. *De Gérando, P. G.    Metz, 9 July 1863.***

Le commerce de détail est assez prospère, mais les opérations de commerce en grand se ressentent toujours de la crise américaine & des inquiétudes que fait naitre l'état politique de l'Europe.

.    .    .    .    .    .    .    .    .    .    .

Le conflit américain pèse toujours sur deux industries de Givet, celles de la colle-forte & des crayons. Les produits de la première ne trouvent plus leur principal écoulement; la matière première fait défaut à la seconde, parce que c'est l'Amérique qui fournit le bois servant de gaîne à la substance minérale des crayons.

**157. *Neveu-Lemaire, P. G.    Nancy, 8 July 1863.***

Quant à la situation industrielle, elle n'a pas subit de modifications appréciables pendant le trimestre écoulé.

L'industrie cotonnière est toujours sous le coup de la crise qui pèse d'une manière si prolongée et si désastreuse sur le monde civilisé. Le chômage persiste dans les établissements d'une importance secondaire; il n'a cependant pas fait de nouveaux progrès. Les manufactures puissantes des arrondissements de Saint-Dié et de Remiremont, continuent aussi à fonctionner dans les mêmes conditions. Les Propriétaires tâchent d'écouler avec le moins de perte possible les produits qui encombrent leurs magasins, et font des sacrifices pour ne pas arrêter le mouvement de leur production. Vainement ont-ils multiplié les plus ingénieux efforts pour suppléer aux approvisionnements dont la source était tarie? L'expérience est assez complète aujourd'hui pour démontrer que la fabrication ne se relèvera qu'avec la pacification des Etats-Unis, et le retour du coton américain. Le coton de Surate, beaucoup plus difficile à mettre en œuvre, donne des produits d'une qualité inférieure; et les essais faits pour introduire le lin et la laine comme matière première dans les filatures, ne répondent pas aux besoins réels de la consommation.[19]

Quant aux conséquences du chômage sur la condition des ouvriers, on peut dire que loin de s'aggraver, elles se sont atténuées avec le temps. Grâce aux ressources qu'offre un pays avant tout agricole et forestier, les ouvriers congédiés des ateliers ont fini par trouver l'emploi de leurs bras dans des travaux moins sédentaires et aussi profitables. Il en est même qui, ayant été rappelés par les fabricants, ont définitivement renoncé à leurs anciennes occupations pour ne plus vivre sous le coup des éventualités auxquelles est soumis le monde industriel. Ainsi toute cette population ouvrière est à l'abri de la misère. Dès que l'hiver a fait place à une saison meilleure, la vie devient plus facile, les besoins sont moins nombreux, les privations moins dures, le travail abonde, et le salaire qu'il rapporte est assez élevé pour suffire aux plus impérieuses nécessités.

.    .    .    .    .    .    .    .    .    .

La lutherie de Mirecourt déjà si languissante depuis la guerre d'Amérique vient encore d'éprouver un sinistre tout récent. Le 24 juin un établissement de fabrication, dans lequel étaient occupés 120 ouvriers, la plupart mariés et pères de famille, a été la proie des flammes, et l'administration vient d'organiser une commission de secour dans l'intérêt des malheureux que cet accident a privé de travail.

158. *Paul, P. G.   Nîmes, 6 July 1863.*

Quelques uns des produits de mon ressort, particulièrement la garance, éprouvent une fâcheuse influence de la Guerre des Etats-Unis; mais, d'un autre côté, la crise cotonnière a imprimé une vive impulsion à la filature des laines. Aussi, et toute compensation faite,

[19] See ch. i, notes 24, 25.

peut-on dire qu'au point de vue matériel et industriel la situation est bonne.

159. *Cordoën, P. G. Paris, 5 August 1863.*

Les filatures de coton, réparties en petit nombre, les unes dans l'arrondissement de Mantes, les autres dans l'arrondissement de Corbeil, participent, comme tous ces établissements de cette nature, au malaise occasionné par la crise cotonnière; elles languissent, mais elles ne sont pas en chômage et fournissent encore aux ouvriers qu'elles emploient, un travail qui suffit strictement à leurs besoins.

160. *Camescasse, P. G. Rennes, 2 July 1863.*

La crise cotonnière, grâce aux efforts multipliés de l'administration et de la charité, s'est passée à Nantes sans de trop vives souffrances.

161. *Salneuve, P. G. Riom, 10 July 1863.*

Les principales industries du ressort sont toutes dans un état prospère: par exemple . . . la fabrication de la dentelle au Puy; . . . les verreries de l'arrondissement de Brionde et celle de Souvigny dans l'arrondissement de Moulin, laquelle prend, chaque jour, une activité croissante.

. . . . . . . . . . . .

Ce qui souffre, ce sont . . . la fabrique des lacets et les féculeries du même arrondissement, les féculeries de Clermont, le moulinage de la soie, tant à Ambert qu'à Yssingeaux. Dans ce dernier arrondissement le velours et la rubanerie sont aussi en souffrance; beaucoup de métiers cessent de battre, plusieurs sont démontés.

Ces diverses industries se ressentent de la guerre des Etats-Unis.

## OCTOBER 1863

162. *Wateau, A. G. Amiens, 8 October 1863.*

La continuation de la guerre d'Amérique exerce toujours la même et déplorable influence sur la situation de l'industrie cotonnière. A Amiens, il n'y a plus aujourd'hui une seule filature de coton en activité: la dernière de celles qui avaient pu, malgré la crise, continuer leur fabrication jusqu'à ces derniers temps vient d'être forcée de la suspendre par suite du manque et de l'élévation du prix de la matière première: ainsi, le coton brut qui, avant la guerre, coûtait 1$^f$.20$^c$ le ½ Kilogramme, se vend aujourd'hui 3 francs. La même stagnation se manifeste, pour les mêmes motifs, dans toutes les autres contrées où fleurit d'ordinaire, cette industrie. La seule fabrique d'ourscamps, arrondissement de Compiègne, occupe toujours le même nombre d'ouvriers que par le passé, et ses chefs ne paraissent pas se préoccuper des difficultés qui arrêtent les autres industriels.[20]

Le commerce de la bonneterie est également en souffrance dans les arrondissements d'Amiens, de Montdidier, et de Vervins où il est fort important, et la plupart des ouvriers qu'il emploie ont dû demander à d'autres travaux des ressources pour pourvoir à leurs besoins.

En revanche les filatures de laine et de lin sont en pleine prospérité et le tissage des articles laine et soie s'exerce à Amiens notamment sur une assez grande échelle, mais il est à craindre que cette fabrication ne s'étende pas au delà des nécessités de la consommation actuelle. Dans ces circonstances, et à l'approche de l'hiver, on ne saurait contester que cet état de chose a sa gravité et l'on peut craindre qu'il ne s'aggrave encore quand la clôture des travaux de la campagne laissera définitivement sans ouvrage les ouvriers qui y ont, jusqu'à présent, trouvé une occupation momentanée.

163. *Blanc, P. G.   Besançon, 13 October 1836.*

La filature et le tissage continuent à souffrir, et les nouvelles reçues des centres de production de la matière première font présager de dures épreuves pour la campagne d'hiver. Le chômage est presque complet à Héricourt, une partie de la population ouvrière a quitté le pays et celle qui reste est occupée à l'exploitation rurale; le groupe de Luxeuil est plus favorisé, une légère reprise s'y manifeste et on espère pouvoir maintenir les travaux pendant la saison rigoureuse.

164. *Farjas, A. G.   Caen, 8 October 1863.*

Si l'industrie cotonnière continue malheureusement à souffrir, comme à Flers, Condé-sur-Noireau, Falaise, par compensation les fabriques de laine et de toiles à Lisieux, Vire, Alençon, Argentan, sont en pleine prospérité, et de ce côté du moins le travail ne manquera pas. Il n'en est pas moins d'une impérieuse nécessité que les travaux du chemin de fer de Caen à Flers ne soient pas un seul instant interrompus cet hiver.

[20] The preceding sentence was pencilled in the margin.

165. *De Baillehache, A. G. Colmar, 16 October 1863.*

Les évènements dont l'Amérique est le théâtre pèsent toujours sur la situation industrielle et commerciale. Les affaires sont toujours lourdes et difficiles. Cependant il s'est produit dans ce trimestre une amélioration qu'il faut signaler. Une hausse graduelle s'est manifestée sur les filés et les tissus; il faut l'attribuer à une diminution sensible du stock des produits manufacturés. Aussi toutes les usines sont en mouvement, les ouvriers sont partout occupés, et il y a lieu d'espérer qu'il en sera ainsi pendant la majeur partie de l'hiver.

. . . . . . . . . . .

Quant à la situation industrielle elle n'a point sensiblement varié. Un établissement de tissage employant une centaine d'ouvriers seulement a été récemment fermé par suite de faillite; mais, d'un autre côté on signale quelques reprises dans la fabrication. Ce *statu quo* est déjà une conquête sur la crise et il n'y a point apparence d'un chômage à redouter pour l'hiver. Le travail bien que réduit paraît exercé partout; en un mot, la situation de l'industrie, si loin qu'elle soit encore d'être satisfaisante, ne causera pas aujourd'hui ces vives inquiétudes qu'elle faisait naître il y a un an.

. . . . . . . . . .

Industrie [Mulhouse].

Cette position si critique depuis près de deux années et qui a donné lieu à tant de graves préoccupations, tend je suis heureux de le constater à s'améliorer; le progrès, il est vrai, est lent, mais il est réel et permet d'entrevoir un meilleur avenir.

La crise pesant sur Mulhouse était due jusqu'à présent à deux causes: L'encombrement du marché par le production excessive et la cherté jointe à la rareté de la matière première.

Le premier de ces éléments de perturbation vient de disparaître. Il y a quelques mois l'on comptait encore à Mulhouse un stock de près de 400,000 pièces de calicot d'une valeur de plus de 20,000,000ᶠ qui ne pouvaient trouver d'acquéreur et qui encombraient le marché. Cet immense approvisionnement a disparu en un clin d'œil enlevé par des commissionaires anglais et Rouennais attirés par un bas prix excessif et hors de toute proportion avec les prix des centres industriels étrangers. Aujourd'hui il n'existe plus de marchandise disponible et les prix ont immédiatement haussé. Le mètre de calicot qu'il y a trois mois encore s'obtenait pour 0ᶠ.57ᶜ, a atteint depuis 0ᶠ.70ᶜ. Le Kilog. filé a monté de 6 à 7 francs.

Malheureusement cette hausse des fabriqués a entrainé une hausse correspondante de la matière première, et l'écart entre le prix des cotons du hâvre et celui des filés est loin encore de permettre au fabriquant [sic] de couvrir la main d'œuvre. La fin de la guerre américaine, s'il est permis de l'espérer, en permettant aux cotons de revenir en Europe, et en les ramenant à des prix normaux pourra seule remédier à cette désastreuse situation.

Les prix comparés de la matière première et des fabriqués s'établissent aujourd'hui de la manière suivante.

Une hausse énorme survenue au hâvre, et due presque toute entière à une spéculation effrenée, a fait monter, en moins d'un mois, le coton d'Amérique de 275$^f$ les 50 Kilog. à 335 f., et les cotons de l'Inde de 190$^f$ à 280$^f$. Au cours du jour, le Kilog. de coton revient donc au filateur à 6$^f$.40$^c$, il le revend de 7$^f$ à 7$^f$.10$^c$, ce qui laisse à peine une marge de 0$^f$.50$^c$ pour compenser les frais de fabrication qui s'élèvent au minimum à 1$^f$.50$^c$ par Kilogramme.

Le tissage de son côté, achète 7f. le Kilog. de filés qu'il revend 7$^f$.20$^c$ converti en tissus, avec une perte de prix de 0$^f$.60$^c$ pour la main d'œuvre. Votre Excellence, l'aperçoit, la situation de l'industrie est loin encore d'être prospère, mais c'est déjà un immense avantage de voir le stock épuisé; et l'on n'hésite pas à penser que la consommation obligée de s'accoutumer aux cours élevés, ne tardera pas à accorder à l'industrie des prix rémunérateurs. Ces observations s'appliquent du reste exclusivement aux industriels obligés d'acheter du coton au jour le jour. Ceux qui ont pu s'approvisionner il y a six semaines ou un mois à un prix relativement bas alors, et qui au lieu de revendre travaillent, peuvent produire au cours actuelle des fabriqués, non seulement sans perte, mais avec de légers bénéfices.

Ce qu'il y a de regrettable c'est que personne n'ose faire aujourd'hui de grands approvisionnements. les prix sont trop élevés (quadruples de ce qu'ils étaient autrefois) et les chances de perte à courir trop considérables.

Du reste, aucun établissement à Mulhouse ne chôme; presque tous ont repris le travail en plein, et sans aucune réduction de salaire; c'est à dire que la condition de l'avenir est bonne.

Deux faillites d'une certaine importance sont cependant venues révéler pendant ce trimestre, combien au fond, la situation était précaire. Il s'agit d'un établissement industriel, un tissage de peu d'importance il est vrai, mais dont le bilan ne laisse pas de dépasser plusieurs centaines de mille francs, et d'une maison de commerce, dont le passif s'élève à peu près au même chiffre.

### 166. *Proust, A. G.   Dijon, 3 October 1863.*

Si la coutellerie et la ganterie se trouvent toujours dans une situation peu prospère, cela tient à une cause qui n'a pas encore cessé et dont on ne peut connaître la fin, c'est-à-dire la Guerre d'Amérique.

### 167. *Morcrette, A. G.   Douai, 2 October 1863.*

Les verreries demeurent dans une situation latente. Elles ne peuvent que se soutenir tant que la guerre d'Amérique fermera les débouchés normaux de leurs produits. —A Calais et à S$^t$ Pierre-les-Calais, les manufactures de tulle prospèrent sous la direction d'hommes habiles et prudents.

.     .     .     .     .     .     .     .     .     .     .

La substitution de la laine et du lin au coton, si rapidement opérée sur les métiers, a maintenu la prospérité dans nos populeux centres industriels qui paraissaient menacés de sinistres commerciaux. Non seulement les établissements anciens à Roubaix, à Tourcoing, à Lille, ont conservé leur roulement, mais huit fabriques nouvelles ont inauguré leurs travaux dans le dernier trimestre. Aussi le nombre des familles assistées diminue dans d'heureuses proportions, et, notamment à Roubaix, on n'en compte plus que 649, au lieu de 1250.

Les prévisions de forts achats par les filatures avait déterminé les cultivateurs à faire des ensemencements considérables en lin. Mais quand le moment de rouissage est venue, les rivières ont porté aux riverains des eaux presque corrompues ce qui a excité de vives réclamations. M. le Préfet du Nord a, par des arrêtés sagement exécutés, tenté de concilier tous les intérêts, et il a confié au Conseil de Salubrité l'examen des mesures sanitaire qu'il conviendrait de prendre à l'avenir.

### 168. *Moisson, P. G.   Grenoble, 28 October 1863.*

L'état de nos industries reste stationnaire. Telles qui préparent, emploient ou façonnent la soie souffrent toujours de la perturbation apportée dans le commerce international par la Guerre des Etats-Unis. Toutefois, les commandes annuelles ont rendu, pour l'hiver,

une certaine activité aux établissements & aux métiers qui fonctionnent dans la Drôme, dans l'Isère & surtout ceux qui avoisinent le
plus la Ville de Lyon. Il en est de même de la fabrication de la
corderie & de la Chapellerie destinée à l'exportation.

. . . . . . . . . . .

Les ganteries de Grenoble qui distribuent dans tout l'Arrondissement un travail de couture peu rétribué, mais précieux en ce qu'il
permet aux femmes d'utiliser les moindres moments de loisir, continuent d'être en pleine prospérité pour la fabrication & la vente. Il
en est de même des industries congénères de la Mégisserie & de la
mise en couleur des peaux.

A Vienne, les fabriques de draps ne se relèvent pas complètement
de la stagnation qui, au cours de l'hiver dernier, avait laissé dans le
malaise les patrons & les ouvriers. La reprise ordinaire qui se manifeste, chaque année durant les mois de Juin, de Juillet, d'Août, s'est
ralentie dès le commencement de Septembre. Depuis lors, plusieurs
maisons ont réduit le nombre de leurs ouvriers; d'autres retiennent
tous leurs travailleurs, mais ne les occupent que pendant deux ou
trois jours de la semaine. Les fournitures livrées au commerce, pour
la saison qui s'ouvre en ce moment, n'ont pas épuisé les marchandises
encombrées dans les fabriques.

169. *Choppin-d'Arnouville, A. G.   Limoges, 18 October 1863.*

les fabriques de porcelaine qui occupent, à Limoges seulement,
près de 5000 ouvriers, ont subi, depuis deux ans, des pertes réelles,
mais il semble qu'en ce moment cette importante industrie entrevoie
des jours meilleurs; les renseignements qui m'ont été fournés constatent que, pendant le mois dernier, le personnel des fabriques s'est
augmenté de 275 ouvriers, et que la fabrication s'est accrue de 29
fournées en sur.

dans les autres localités, les fabriques de porcelaine dont le commerce ne s'étendait pas, comme les manufactures de Limoges,
jusqu'en Amérique, continuent à marcher régulièrement. on me
signale même, à S$^t$ Junien notamment, la création de nouveaux
établissements de ce genre.

de toutes les industries, celle qui a le plus souffert, et qui laisse
encore à limoges un grand nombre d'ouvriers sans travail, est la
fabrication des flanelles et des droguets. c'est à la guerre qui désole
l'Amérique et par suite à la disette du coton, qu'il faut attribuer
cette stagnation.

170. *De Prandière, S. P. G.  Lyons, 10 October 1863.*

La situation industrielle et commerciale présente une amélioration sensible; à la vérité, l'industrie cotonnière à laquelle la matière première manque généralement, est toujours en souffrance; les causes qui influent d'une manière déplorable sur les fabriques de Tarare, Monsols, Thizy, Villefranche subsistent toujours.

Il en est de même de la rubannerie de S<sup>t</sup> Etienne pour laquelle les débouchés de l'Amérique sont fermés.

171. *De Gérando, P. G.  Metz, 10 October 1863.*

Le commerce de détail est toujours assez prospère; mais le haut commerce se plaint d'une certaine langueur dans les transactions. Les tanneries surtout souffrent de la prolongation de la crise américaine.

172. *Souëf, A. G.  Nancy, 24 October 1863.*

Les industries qui filent ou qui tissent les cotons sont celles que la Guerre d'Amérique a le plus directement ébranlées. à Bar-le-Duc, à Nancy, elles sont toujours en souffrance et vivent au jour le jour, mais dans les nombreuses vallées des Vosges, il y a progrès véritable. La filature de Monthureux-sur-Saône qui avait considérablement restreint son travail, vient de reprendre son ancienne fabrication. Grâce à d'immenses approvisionnements de coton qu'elle avait faits au commencement de la guerre, à des conditions avantageuses et qu'elle aurait pu revendre brut à de grands bénéfice [*sic*], elle a pu s'imposer l'honorable tâche de fabriquer à perte pour soutenir ses ouvriers. Aux environs de Remiremont et de Saint-Dié, un fabricant qui occupait 50 ouvriers et vient d'être déclaré en faillite; deux autres usines d'importance minime ont été fermées; mais la plupart de celles qui avaient cessé précédemment leur fabrication l'ont reprise depuis le commencement de Septembre ou se disposent à la reprendre prochainement. Partout les grands établissements se maintiennent et reçoivent les ouvriers sans ouvrage. Quelques usines même demandent des bras san pouvoir en trouver, parce que beaucoup d'ouvriers de fabrique se sont créé des occupations nouvelles dans les champs ou dans les forêts et parce que le coton indien beaucoup plus difficile à travailler que celui d'Amérique n'assure qu'un salaire moins élevé à celui qui le mit en œuvre.[21] Les difficultés

21 See ch. i, notes 24, 25.

contre lesquelles les fabricants luttent depuis deux ans tendent à s'amoindrir, les approvisionnements deviennent plus faciles, les grands industriels sont tous approvisionnés pour deux mois, les petits fabricants pour un mois. Les marchandises dont regorgaient [sic] les magasins ont été écoulées assez avantageusement, les commandes sont plus nombreuses et plus fortes, et nulle part on ne craint de voir le coton manquer cet hiver.

Les fabriques de drap de Nancy ont reprise quelqu'activité depuis plusieurs mois. Le chiffre des ventes du trimestre a dépassé de 42 p % le chiffre du trimestre correspondant de 1862 et le stock en magasin est tombé de 32 p %. Les fabricants se plaignent seulement de l'insuffisance des bénéfices. D'une part le prix du drap a baissé et de l'autre la cherté de la laine ne permet pas de fabriquer à bas prix pour soutenir la concurrence étrangère; cependant le travail ne s'arrête pas. Quelques fabricants songent à soumissionner pour une vaste fourniture de drap de troupe qui doit être adjugée à Turin. Les fabriques de toiles de Gérardmer et des environs ont repris beaucoup d'activité depuis le mois de Juin.

Les industries de la broderie et de la dentelle qui comptent parmi les plus importantes de ce ressort continuent à souffrir. Toutefois, la broderie malgré les coups qui lui ont été portés occupe encore 50,000 ouvrières en lorraine et elle paraît tendre au moins à Nancy et à Epinal à prendre un nouvel essor. Les prix se sont sensiblement raffermis. Cette industrie présente de bons et de mauvais côtés, elle offre des dangers parce qu'étant purement de luxe, elle est plus sensible qu'une autre aux crises de toutes espèces, et parce qu'elle éloigne des travaux de la campagne la plupart des filles de nos villages. Mais elle mérite cependant d'être encouragée dans une certaine limite comme ressource pour la saison où les occupations des champs ont cessé. Les bénéfices qu'elle procure peuvent répandre l'aisance dans des familles qui ne sont souvent soutenues que par le travail d'un seul homme.

*173. Petit, A. G.   Orléans, 8 October 1863.*

Une reprise sensible s'est manifestée dans les affaires commerciales: Les fabriques sont partout occupées. A Tours, l'industrie des soieries restée longtemps en souffrance, par suite de la guerre d'Amérique, semble vouloir reconquérir son ancienne importance. Pour suffire aux besoins de la fabrication, on a été obligé de faire appel aux ouvriers du dehors.

174. *Cordoën, P. G. Paris, 27 October 1863.*

La guerre d'amérique avait, dans ces derniers temps, exercé l'influence la plus fâcheuse sur diverses industries, les unes réduites au chômage par le défaut de matières premières, les autres privées de leurs débouchés les plus importants. Cette crise parait aujourd'hui à peu près arrivée à son terme, les populations ouvrières, dont on ne peut malheureusement louer toutes les tendances, ont cependant supporté ces épreuves avec courage et résignation; elles y ont été aidés par les mesures prévoyantes du gouvernement, et aussi par une année d'abondance exceptionnelle qui a permis à l'agriculture d'occuper les bras que lui restituent l'industrie.

. . . . . . . . . . .

[Departement of Aube.]

L'industrie de la bonneterie dont les centres principaux sont à Troyes, Romilly, et Arcis-sur-Aube, souffre encore de la rareté de la matière première. Cependant, malgré la prolongation de la guerre d'Amérique il y a toujours certains arrivages de coton provenant des provinces du Sud, et l'on utilise concurremment des cotons de l'Inde.[22] Cette dernière marchandise, il est vrai, est d'une qualité inférieure et d'un prix plus élevé; mais, grâce à ces deux sources d'approvisionnement, la matière à fabriquer ne manque pas; il y a seulement une élévation du prix des produits qui retourne sur le consommateur— En ce qui touche la condition des ouvriers le chômage est devenu plus rare, et les salaires, réduites depuis longtemps, ont, dans certaines localités, une tendance à se relever. En somme les populations ouvrières, assurées de se procurer par leur travail des moyens de subsistance, voient arriver l'hiver sans appréhension.

. . . . . . . . . . .

[Department of Seine-et-Marne.]

Les fabriques d'impressions sur étoffes de Claye et les fabriques de meules de Laferté-sous-Jouarre ressentent encore l'influence de la crise américaine, les premières par la rareté de la matière première qui les alimente, les autres par la fermeture d'un de leurs débouchés les plus importants. Néanmoins les ouvriers de ces fabriques ont pu, lorsque le chômage venait les atteindre, occuper leurs bras aux travaux de l'agriculture.

[22] See ch. i, notes 24, 25.

175. *Damay, P. G.   Poitiers, 6 November 1863.*

A Niort . . . un S^r Foubert avait fondé . . . une usine, pour la fabrication d'eau de vie de betteraves et de grains. . . . . Or, elle était bien chanceuse puisque depuis plusieurs années, l'exportation des eaux de vie est entravée par la crise américaine, dont on n'entrevoit pas encore la fin. . . . . Foubert a fait une faillite de plusieurs millions dont le contrecoup se fait sentir chez les banquiers qui lui avaient ouvert leurs caisses.

176. *Millevoye, P. G.   Rouen, 15 October 1863.*[23]

Le jour qui commence à se faire sur les différentes phases de la crise cotonnière, sur ses causes et sur ses résultats me permet de donner comme exactes les appréciations suivantes:

Avant que le conflit américain n'éclatât, les cotons en laine grâce à l'abondance des récoltes étaient à des prix très bas. Lorsque les hostilités commencèrent avec ce caractère d'acharnement que la durée de la lutte n'a fait qu'accroître les cours de la matière première s'élevèrent rapidement de plus de cent pour cent; les prix des marchandises manufacturées, sans se proportionner exactement à ceux des cotons en laine, subirent également une hausse notable. A ce moment les commerçants de tout ordre, marchands de détail, négociants de gros et de demi gros, fabricants et industriels, s'appliquèrent à écouler toutes les marchandises acquises ou produites avant la hausse et quoique les vendant à des prix inférieurs à ceux qu'autorisaient les cours de la matière première, ils réalisèrent d'importants bénéfices. La consommation s'alimenta ainsi, pendant assez longtems, à l'aide des produits anciens et des fonds des magasins, qui étaient en quantité très considérable. Il fallut bien cependant faire quelques achats à la fabrique pour combler, quoique dans une mesure restreinte les vides que feraient la consommation et afin de pourvoir au réassortiment. Les ventes faites ainsi par l'industrie donnaient aux producteurs de très larges profits puisqu'ils vendaient des produits manufacturés avec des cotons acquis avant la hausse.

Mais bientôt la marche normale et régulière des affaires se trouva suspendue et l'on vit se produire un ralentissement d'abord, puis un arrêt presque complet dans les transactions et dans les ventes. La consommation reculait, en effet devant des prix qui, par comparaison aux cours antérieurs lui paraissaient excessifs; elle remplaçait

[23] See Doc. 527 for industrial activity connected with the Mexican expedition.

autant qu'elle le pouvait, par des équivalents, les articles de coton. Le commerce qui doit suivre ou même pressentir les mouvements de la consommation, agissait de même. Il est aisé de comprendre quelles difficultés cet état de choses amena pour l'industrie. Son activité diminua partout. Parmi les industriels les uns dont la fortune était faite, ne voulant pas la compromettre dans les hasards qu'amenait cette hausse excessive de la matière première, résolurent de cesser complètement et sans intention de reprise ultérieure toute fabrication. D'autres dont la situation était déjà chancelante ou compromise avant la crise, ne purent résister à ce nouveau choc et durent aussi fermer leurs ateliers; le plus grand nombre n'ayant qu'un capital et qu'un crédit désormais insuffisants pour entretenir la complète activité de leurs usines ne les firent plus mouvoir qu'à temps réduit ou avec des intermittences de cessations et de reprises. De très rares manufacturiers, disposant d'un capital considérable ou de larges crédits comme messieurs Pouyer-Quertier, Levavasseur, Fauquet et quelques autres purent continuer à donner à leurs ouvriers le travail accoutumé.

Cependant et si restreinte que fut devenue la production, la consommation et les achats l'étaient encore davantage, il en résultait que les marchandises fabriquées s'amassaient dans les magasins des producteurs et que le situation de plusieurs d'entre eux devint critique. Ce fut alors que des pertes plus ou moins considérables purent être éprouvées; elle le furent par ceux qui n'ayant pas saisi à propos les occasions propices, ayant acheté au plus cher les matières de leur fabrication et se voyant en présence d'un stock important de marchandises fabriquées, se décidèrent à vendre en subissant la loi de l'acheteur. Quelques uns ont pu sans doute s'y trouver forcés par les nécessités de leur situation personnelle; mais d'autres s'y sont déterminés par cette opinion qui s'est plus d'une fois accréditée depuis deux ans que le conflit américain allait finir, que la baisse allait se faire et qu'il y avait danger à conserver les produits fabriqués.

Cette situation s'est prolongée pendant tout l'hiver dernier et la première partie du printemps. De là des temps d'arrêt de plus en plus marqués dans l'activité des établissements. Mais enfin le jour est arrivé où, les besoins de la consommation ne trouvant plus à s'alimenter dans les magasins des marchands de détail complètement vides de marchandises anciennes, les demandes ont du se produire actives et nombreuses. Depuis trois mois le stock de la place en

marchandises fabriquées s'est presque écoulé et les prix mises en rapport avec les cours du coton en laine ont procuré d'importants bénéfices aux détenteurs qui ont su attendre sans se laisser effrayer par
le fantôme de la baisse.

C'est ainsi qu'il me parait juste de dire que la crise qui n'a pas
été sans causer de vives appréhensions à nos industriels et qui les a
placés en face de sérieuses difficultés, n'a cependant fait subir de
pertes réelles qu'à un petit nombre les plus malaisés ou les moins
bien inspirés et qu'elle n'a pas empêché ceux qui unissent l'intelligence et le coup d'œil du négociant à l'habilité du manufacturier de
réaliser de notables bénéfices. Ce résultat sur lequel j'ai des informations positives, se déduirait d'ailleurs suffisamment de ce fait, que la
matière première ont été jusqu'ici presque toujours en hausse.

SITUATION DES DIFFÉRENTS ARTICLES DU COMMERCE ROUENNAIS.

Le COTON D'AMÉRIQUE a subi depuis six mois une hausse de 1$^f$.50$^c$
par Kilo: ce qui valait 5$^f$.35 vaut 6$^f$.85$^c$.

Le COTON DES INDES a été l'objet d'une hausse plus considérable
encore: il vaut aujourd'hui 5$^f$.50$^c$ au lieu de 3$^f$.70; en hausse par
conséquent de 1$^f$.80$^c$. Cette élévation des prix s'est fait sentir surtout
depuis un mois: elle a été de plus d'un franc sur le coton d'Amérique
et de 1$^f$.08$^c$ sur le coton des Indes. Elle est due principalement à la
spéculation qui s'accrue maintenant sur les cotons comme sur les
fonds publics ou sur les valeurs industrielles, et qui en fait l'objet
de marchés fictifs se résolvant en paiements de différences.

Les FILÉS DE COTON DE L'INDE ont aussi augmenté, mais dans une
moindre proportion, ils valaient en moyenne 6$^f$.88$^c$, soit 1$^f$.46$^c$ de
plus qu'il y a six mois. La hausse sur cette article a été de 0$^f$.70$^c$ dans
le courant du mois dernier.

Le CALICOT COMPTE 30 a augmenté depuis six mois de 0$^f$.15$^c$; ce
qui valait 0$^f$.50$^c$ ou 0$^f$.52$^c$ sont aujourd'hui 0$^f$.65$^c$ à 0$^f$.67$^c$: la hausse
depuis un mois a été de 0$^f$.04$^c$ par mètre.

La ROUENNERIE a augmenté également de 0$^f$.15$^c$ dans le dernier
sémestre [sic]: elle vaut aujourd'hui en moyenne de 1$^f$.15$^c$ à 1$^f$.20$^c$
le mètre. Cet article a donné lieu récemment a des affaires importantes.

L'INDIENNE est en hausse de 0$^f$.19$^c$ mais elle s'écoule difficilement.

.    .    .    .    .    .    .    .    .    .    .    .

J'ai déjà dit dans de précédents rapports qu'au premier examen
des marchandises anglaises importées en France, on s'était expliqué
leur bas prix par la défectuosité de leur fabrication. Les circonstances

survenues depuis, en forçant nos industriels à ne plus s'attacher à mettre en œuvre exclusivement des cotons de qualités supérieurs, comme ceux d'Amérique, mais à employer presque sans mélange le coton de l'Inde, avaient révélé le secret de la production à bon marché des Anglais. Ce que nos manufacturiers font aujourd'hui à l'aide de modifications assez simples dans leur outillage, les Anglais le fesaient [sic] depuis longtemps. C'est ainsi que les filateurs et les fabricants de ce pays étaient en mesure d'établir leurs produits dans les conditions de bon marché aux quelles les nôtres ne pouvaient alors atteindre. Il en a été tout autrement depuis que nos industriels adoptant par nécessité le coton de l'Inde en ont fait la base de leur fabrication et se sont trouvés ainsi dans des conditions d'égalité avec leurs rivaux d'Angleterre.

ACTIVITÉ INDUSTRIELLE.

La FILATURE est de toutes les industries celle dont la position parait offrir le plus de difficultés; c'est dans tous les cas, celle dans laquelle on remarque le plus de fluctuations. Cependant comme je l'ai dit plus haut, sa situation a été sensiblement meilleure pendant le cours du sémestre [sic]; et aujourd'hui encore, cette améloriation se maintient. Elle occupe un nombre d'ouvriers beaucoup plus élévé qu'il y a 6 mois et la durée du travail est en moyenne de neuf heures à neuf heures et demie par jour.

Le TISSAGE MÉCANIQUE a peu faibli car l'augmentation du calicot a presque toujours été proportionelle à celle des cotons filés. Dans cette branche de l'industrie, le travail est en ce moment complet, à raison de 12 heures par jour; mais la mauvaise qualité des cotons employés fait subir à l'ouvrier une notable diminution sur son salaire; aussi les chefs d'établissement éprouvent-ils des difficultés à compléter leur personnel de tisseuses.

Les FABRIQUES D'INDIENNES, dont les produits s'écoulent difficilement n'ont guère profité de l'amélioration que j'ai signalée pour d'autres industries. Cependant le marché de 25 7$^{bre}$ a été bon; les diverses sortes ont été assez activement demandées; il en est résulté une tendance à la hausse et l'on espère une reprise.

Les affaires assez suivies qui, dans ces derniers temps ont eu lieu sur la ROUENNERIE ont donné une impulsion plus vive à ce genre de fabrication. Les articles [de?] nouveautés ont surtout repris faveur, ce qui permet d'occuper au moins les meilleurs ouvriers.

La TEINTURERIE est en grande souffrance; elle n'occupe son personnel que quatre à cinq heures par jour.

Les RETONDEURS travaillent sans perdre de temps. Plusieurs entrepreneurs de ce genre d'industrie se plaignent même de la difficulté qu'ils ont à se procurer des ouvriers.

Le BLANCHISSAGE et les APPRÊTS ont presque leur activité normale; les ouvriers y travaillent en moyenne six jours par semaine et onze heures par jour.

.    .    .    .    .    .    .    .    .    .    .

SITUATION DES OUVRIERS.

A partir du mois de juin, la reprise du travail a rendu moins précaire la situation des ouvriers et on a pu restreindre les travaux extraordinaires entrepris sur tous les points du département, dans le but de donner des moyens d'existence aux ouvriers en chômage. . . .

Je dois noter aussi qu'un véritable déclassement s'est opéré parmi les travailleurs de l'industrie du coton. Les uns ont émigré, les autres ont cherché et trouvé de nouveaux moyens d'existence, en réalité le chiffre des ouvriers en chômage n'est pas aujourd'hui très considérable lorsqu'on le compare à ce qu'il était à la fin de l'hiver.

## JANUARY 1864

177. *Saudbreuil, P. G.    Amiens, 7 January 1864.*

La crise que la guerre d'Amérique fait depuis si longtemps déjà peser sur l'industrie cotonnière a déterminé un certain nombre de fabricants à affecter leurs métiers à la filature de la laine et du lin. Ce phénomène ne nous est pas particulier. Les anglais ont fait la même chose. . . . De plus, ils [the English] filent la laine et la toile à un prix de *revient* supérieur au nôtre. Il est résulté de là que les tisseurs anglais ont envahi le marché français des fils de laine et de toile et qu'aujourd'hui les filatures peuvent à peine y suffire.

.    .    .    .    .    .    .    .    .    .    .

L'industrie cotonnière languit toujours. On ne peut pas dire cependant que la matière première lui manque absolument. La banque de France et la banque d'Angleterre ont récemment surélevé leur escompte pour arrêter, autant que possible, une migration d'espèces qui menaçait d'amener une crise monétaire. L'argent allait dans l'Inde [24] où des achats de coton considérables ont été réalisés. Ces

[24] This situation was substantiated by Levasseur who recounted that "le coton que l'Inde vendait, il fallait le payer beaucoup moins en marchandise qu'en argent et le métal blanc se raréfiait dans la circulation. . . . En 1864, c'est aussi la crise cotonnière qui fut surtout une crise de change causée par la nécessité d'exporter beaucoup d'argent dans l'Inde et dans l'Egypte." Levasseur, *Commerce*, II, 268–269.

cotons ou sont arrivés, ou vont arriver en Europe. Mais ils ont été achetés au dire du commerce d'Amiens, et trop cher et momentanément en trop grande quantité. De là une certaine inquiétude pour les échéances de mars et d'avril. De là aussi peu d'empressement de la part des filatures à acheter les cotons bruts qu'on leur tient encore à des prix qui ne leur font entrevoir que des pertes.

. . . . . . . . . . .

La vannerie qui occupe tant de bras dans l'arrondissement de Vervins est en prosperité. Elle a repris ses affaires avec l'amérique. . . . La verrerie est elle-même dans le meilleur état. Dans l'arrondissement de Montdidier, la bonneterie a repris de l'animation. Le salaire des ouvriers s'est élevé. . . .

Mais il ne faut pas nous dissimuler que nous nous trouvons aussi en face de beaucoup de misères que la rigueur de la saison rend encore plus poignantes. Sur quelques points on rencontre des ouvriers de passage, réduits à mendier leur pain.

178. *Blanc, P. G.  Besançon, 12 January 1864.*

Les tissages et les filatures, qui avaient cessé leur fabrication, la reprennent peu à peu, on emploie des cotons d'Egypte et de l'Inde: il y a plus de déchet, le travail est plus pénible,[25] mais les métiers sont en pleine activité et les prix suffisamment rémunérateurs. Chose étrange! pendant que la vie se reveille dans les divers groupes manufacturiers de la Haute Saône, un silence de mort règne à Héricourt. Cette petite ville, naguère si riche, si industrieuse, est aujourd'hui abandonnée, ses ateliers sont déserts. La manufacture de S$^t$ Claude, est en bonne voie, il en est de même de celle de Morez: La quincaillerie, la bimbeloterie ne peuvent suffire aux commandes, la grosse et la petite horlogerie sont en pleine prospérité.

179. *Rabou, P. G.  Caen, 11 January 1864.*

La situation économique est aussi bonne que possible, dans le ressort de Caen. . . . La crise cotonnière touche à sa fin. Pendant le dernier trimestre, les ouvriers des filatures de coton ont tous été occupés aux travaux des champs ou sont entrés dans des fabriques de draps. Depuis quelque temps, un certain nombre de filatures de coton ont repris leurs travaux et mettent en œuvre le coton qui vient de l'Inde. Sans doute, cette crise laisse encore des traces. Les salaires n'ont pas atteint leur niveau habituel, mais la charité

[25] See ch. i, note 25.

publique et privée comble la différence. Les ouvriers ont, du reste, supporté avec résignation les privations qui leur ont été imposées.

180. *Mourier, P. G. Chambéry, 31 December 1863.*

Il existe à Annecy une manufacture de coton assez importante qui paraît bien approvisionnée et qui augmente plutôt qu'elle ne diminue le nombre de ses ouvriers. Les salaires il est vrai ont été abaissés, mais ils le sont tous les hivers et cette mesure n'a soulevé aucune récrimination.

181. *De Bigorie de Laschamps, P. G. Colmar, 2 February 1864.*

Arrondissement de Colmar.

La situation industrielle paraît améliorée. Beaucoup de manufacturiers ne continuent pas moins à se plaindre des pertes qu'ils prétendent éprouver.[26] Cependant, ces plaintes semblent jusqu'à un certain point contredites par les faits. C'est ainsi que dans le premier canton industriel de l'arrondissement, celui de Guebwiller, toutes les manufactures, sans exception, sont en pleine activité et emploient tous les ouvriers valides. Les filatures qui, après le traité de commerce, avaient, ou fermé leur établissements, ou ralenti le travail, ont rétabli les choses sur l'ancien pied, et cela, depuis plusieurs mois. Enfin, plusieurs filatures de coton, dont une très-considérable, sont en voie de construction, et seront bientôt munies de leur matériel; c'est donc permis d'espérer, tout en appréciant l'énergie des manufacturiers, que cette énergie ne saurait s'exercer absolument au préjudice de leurs intérêts matériels.

A Ste Marie a/m [aux-Mines], le salaire des ouvriers tisserands a haussé de 5 à 15 % selon les étoffes. Cette amélioration a pour cause les efforts persévérants et suivis de succès tentés par les fabricants en vue de substituer la laine au coton dans les articles fabriqués. Ces essais commencés sur des tissus riches et de consommation restreinte, ont été étendus ensuite aux étoffes moins chères, destinées à la consommation générale.

. . . . . . . . . .

["Arrondissement de Belfort."]

. . . La fabrication cotonnière ["m'écrit mon substitut"] semble renaître. Aucun chômage n'est redouté pour cet hiver, et tous les établissements sont assez amplement pourvus de coton pour ne pas

[26] The beginning of this extract was pencilled in the margin.

craindre de désastreuse interruption de travail. Cependant cette branche d'industrie ne serait pas encore revenue à une situation normale: les salaires sont encore insuffisants, et la matière première (coton de l'Inde) est de mauvaise qualité: elle exige plus de temps et de peine sans augmenter le profit.[27] Les produits cotonnière de l'arrond[t] de Belfort sont généralement d'une qualité très inférieure à ceux de Colmar et de Mulhouse.

La gravure et l'imprimerie sur étoffes sont particulièrement éprouvées; l'ouvrier graveur ne travaille qu'un jour sur quatre.

Arrondissement de Mulhouse.

L'amélioration de la position de l'industrie cotonnière, dont je signalais les premiers indices dans mon rapport précédent, s'est soutenue et a fait de nouveaux progrès.[28] Le travail a repris partout, il s'exerce dans des conditions fort supportables pour la plupart des industriels, favorables pour ceux qui ont pu s'approvisionner de matières premières il y a deux ou trois mois, et, dans les circonstances actuelles, la certitude que le travail offre une importance sur laquelle il est inutile d'insister.

Il faut rechercher les causes de cette situation dans l'épuisement complet du stock des marchandises. Il y a cinq mois encore tous les magasins regorgeaient de tissus dont personne ne voulait. La persistance de la Guerre Américaine a soudain donné confiance dans le maintien, au moins momentané, des hauts prix, et chacun s'est mis à acheter. La consommation a repris, le commerce de détail, qui depuis deux ans s'était abstenu et avait laissé tous ses rayons vides, est revenu aux affaires, et il en résulte pour la fabrication mulhousienne une activité qui forme contraste avec la persistance de chômage en Normandie et en Angleterre. Le nombre d'ouvriers occupés, en temps normal, au travail proprement dit du coton, s'élève pour l'arrondissement de Mulhouse à 12,500, auquel il faut ajouter 6,000 ouvriers environs occupés par la construction des machines et les diverses industries accessoires dépendant directement de l'industrie du coton, soit environ 17,000.

182. *Pinard, P. G.   Douai, 1 January 1864.*

Si les fabriques, qui n'employent exclusivement que le coton, ont eu de fréquents chômages, les autres bien plus nombreuses où se

---

[27] See ch. i, note 25.
[28] The preceding sentence was pencilled in the margin.

pratique le tissage de la laine et du lin, sont en pleine voie de prospérité. Les salaires y sont rémunérateurs, et les produits se sont parfaitement écoulés.

Les tisserands à domicile peuvent souffrir sur les points isolés des campagnes, mais l'industrie textile suit, dans tous les grands centres, une marche ascendente.

Les verreries sont plus actives que dans le trimestre précédent.

183. *Saint-Luc-Courbórieu, P. G.  Limoges, 15 January 1864.*

l'industrie de la Porcelaine à Limoges se relève peu à peu, bien que le grand marché Américain soit en partie fermé. des relations nouvelles se sont établies, grâce à l'intelligente activité de nos fabricants dans l'Angleterre, l'Allemagne, et l'Italie. l'Amérique elle-même revient à ses rapports commerciaux, trop longtemps interrompus, avec celles de nos maisons qui se recommandent plus particulièrement à sa confiance par les liens de la Nationalité (les maisons Haviland de New Yorck).[29]

.    .    .    .    .    .    .    .    .    .

la fabrique de Flanelles et de Droguets à Limoges sont les seules qui se plaignent d'un véritable malaise.

184. *Gaulot, P. G.  Lyons, 30 December 1863.*

A Roanne, malgré la disette du coton, le mouvement de reprise est très prononcé. Les mousselines, les broderies sont demandées.[30]

185. *Neveu-Lemaire, P. G.  Nancy, 5 January 1864.*

En dehors de ces causes générales qui devaient restituer à nos ateliers leur ancienne activité, il en est une particulièrement applicable à l'industrie cotonnière et qui devait heureusement la préserver d'une ruine complète. Après avoir sous la pression des événements d'Amérique suppléé par les plus ingénieux efforts aux ressources qui lui faisaient défaut, cette industrie était parvenue à introduire comme matière première dans sa fabrication des cotons de provenances jusquelà négligées; En épargnant ainsi par des miracles

---

[29] David Haviland, a native of New Hampshire and a former resident of New York City, went to Limoges in 1840 and founded the firm of Haviland and Company to continue the work of the Grellets in producing the Limoges porcelains. He "opened the American market to the porcelain products of Limoges." *Ceramics: a Summary of Leading Facts in the History of the Ceramic Art and in the Composition and Manufacture of Pottery and Porcelain.* Published by Haviland and Co. (N. Y., 1877), 14, 38.

[30] This entire extract was pencilled in the margin.

de zèle et d'intelligence la brusque transition du travail au chômage, elle avait adouci à force de sacrifices les atteintes de la crise qui frappait alors les classes ouvrières. Elle recueille aujourd'hui les fruits légitimes de sa généreuse résignation; les temps les plus difficiles sont passés, la société n'a eu aucun désordre à déplorer et la fabrication reprend son cours. Il suffit pour s'en convaincre d'étudier le mouvement de la production dans les Vosges. Presque partout, en effet la durée du travail est revenue au chiffre normal de 12 heures. Un tissage occupant 223 ouvriers vient de se rouvrir au Val d'Ajol et si deux filatures se sont momentanément fermées dans le Canton du Thillot (à Rupt), c'est uniquement pour transformer leur matériel, et soutenir plus avantageusement la concurrence étrangère. Dans les cantons de Fraize, de Saâles et de Corcieux, il n'y a plus trace de chômage, et le canton de Schirmeck qui avait été le plus éprouvé, voit le travail renaître dans ses ateliers. Un seul tissage occupant 20 ouvriers a définitivement cessé de marcher à Grandfontaine.

La même amélioration se remarque dans le canton de Senones. Sur 2,400 ouvriers, 800 restaient inoccupés l'an dernier et les autres avaient souffert, sur la durée du travail, une réduction de moitié. En ce moment 2,000 sont employés toute la journée. Une filature vient d'accroître son matériel de 3000 broches, et dans une autre le nombre des métiers a été porté de 120 à 250.

Il me parait inutile d'ajouter que l'influence de cette reprise s'est nécessairement fait sentir dans les industries secondaires qui se rattachent à celles du coton, celles que la retorderie, la teinturerie et l'apprêt.

### 186. Paul, P. G.  Nîmes, 8 January 1864.

la continuation de la Guerre d'Amérique pèse lourdement sur certaines industries et certains produits, notamment dans le département de Vaucluse. le renchérissement du coton a amené celui des laines et autres matières premières.[31]

### 187. Grandperret, P. G.  Orléans, 1 January 1864.

La situation du commerce et de l'industrie est généralement satisfaisante.

La fabrication des soieries et des tapis a repris dans l'arrondissement de Tours, une grande activité. Les tanneries de Château-

---

[31] The preceding sentence was underlined with pencil, and in the margin was written the query: "En quoi cela nuit-il?"

Renault sont en voie de prospérité. L'importante fabrique de draps de M. Normand continue à employer à Romorantin environ deux mille ouvriers. Le travail ne fait défaut nulle part, et l'on peut affirmer que partout les salaires sont largement rémunérateurs.

Les 4166 ouvriers employés dans les principaux établissements d'Orléans, recoivent pour un travail dont la durée ne dépasse pas douze heures, de 2 francs 50ᶜᵉˢ à 3 francs, en moyenne, par jour.

188. *Cordoën, P. G.   Paris, 15 February 1864.*

La prolongation de la guerre d'Amérique continue d'exercer sur plusieurs de nos branches d'industrie une influence fâcheuse; aux filatures de coton elle enlève la matière première, à laquelle ne peut suppléer, ni en quantité ni surtout en qualité le coton importé de l'Inde; Delà, sinon un chômage complet, du moins une diminution et un ralentissement du travail dans les fabriques. A d'autres industries cette guerre enlève l'un de leurs débouchés les plus importants et une de leurs principales sources d'exportation. Cette souffrance prolongée qui pèse sur le commerce général n'a pas produit néanmoins tous les effets que l'on pouvait craindre, l'abondance exceptionnelle des récoltes ayant permis à l'agriculture de recueillir aux partie des bras laissés inactifs par l'industrie et le bas pris des denrées de première nécessité ayant assuré et facilité la subsistance des classes laborieuses.

.   .   .   .   .   .   .   .   .   .   .

Dans ce département [Aube] l'hiver poursuit son cours sans amener trop de souffrance pour les populations manufacturières. A Troyes, et dans d'autres centres de population moins importants le travail de la bonneterie se soutient, et les salaires se maintiennent à un taux convenable— Ce genre d'industrie en effet présente sur les autres branches de la fabrication cotonnière l'avantage de n'exiger qu'une quantité modique de matière première et les arrivages de cotons qui proviennent de l'Amérique et de l'Inde, suffirent à alimenter la production, et à assurer la subsistance des ouvriers— La crise industrielle toutefois a fait encore sentir dans le canton de Romilly; la fabrication des étoffes de laine, destinés à suppléer à la rareté du coton, n'est pas encore complètement organisée; sur ce point l'industrie locale est donc encore en souffrance.

189. *Salneuve, P. G.   Riom, 9 January 1864.*

Les toiles dites de Vichy dans l'arrondissement de Lapalisse sont en partie abandonnées. La matière première, le coton, est trop coûteuse pour qu'on puisse continuer à confectionner des étoffes dont le bon marché était le seul mérite. La filature des Grivats et les papeteries de Cusset se soutiennent et n'ont rien perdu de leur importance.

.    .    .    .    .    .    .    .    .    .    .

Dans le département de la Haute-Loire, la fabrique si importante de la dentelle est en décroissance. C'est une cause de malaise pour la population qui trouve dans cette production une occupation salutaire et un produit pendant une saison où le travail des champs n'est pas possible. Au moment où mes substituts me faisaient parvenir ces renseignements, ils étaient prévenus que ce temps d'arrêt allait cesser et que des commandes importantes étaient faites aux principaux fabricants.

.    .    .    .    .    .    .    .    .    .    .

Dans l'arrondissement d'Yssingeaux, le moulinage des soies, la rubanerie et la confection des velours sont à peu près suspendus. On attribue à la guerre d'Amérique les causes de cette cessation d'affaires.

190. *Millevoye, P. G.    Rouen, 10 January 1864.*

La crise du coton est due à deux causes aujourd'hui parfaitement reconnues: le trop plein et l'incertitude.

Au moment où s'éclata le conflit entre les Etats de la fédération américaine, l'industrie cotonnière venait d'avoir plusieurs années d'une remarquable prospérité. Ainsi qu'il arrive d'ordinaire, la production surexcitée par les bénéfices avait dépassé la mesure des besoins réels et cette exubérance d'activité s'expliquait d'autant mieux que la matière première étant abondante et ses prix fort modérés, surtout dans l'année qui précéda la guerre, il ne paraissait y avoir aucun danger dans cette production à outrance. Cette situation devait forcément aboutir à une crise et les hommes compétents connaissent maintenant qu'elle ne pouvait tarder à se produire en dehors même des complications résultant de la guerre américaine.

Ce conflit devait la faire éclater brusquement et cela par deux raisons. D'abord élevés à des prix excessifs, ceux de la marchandise fabriquée ayant suivi, quoique de loin, le même mouvement de hausse, il se produisit un fait commercial tout naturel: c'est que les marchands de tout ordre, depuis ceux qui vendent aux consommateurs jusqu'à ceux qui traitent directement avec les fabricants, suspendirent leurs achats, et ils pouvaient le faire sans inconvénients puisque leurs magasins regorgeaient de produits fabriqués. D'un autre côté, l'état de guerre et le blocus des ports du Sud privaient subitement le commerce français et anglais de la meilleure partie de leur clientèle d'exportation. Enfin, lors de la crise à exécution du traité du commerce,[32] un assez grand nombre de négociants prenant au sérieux tout ce qu'ils avaient entendu dire de la supériorité des tissus anglais et de leur bon marché, firent en Angleterre des achats assez importants; ils ne tardèrent pas à être désabusés, mais les marchandises importées n'en remplirent pas moins les vides opérés par la consommation. On comprend ce que cette situation devait créer de difficultés à nos manufacturiers. Eux aussi se trouvaient, par le mouvement naturel des choses, chargés de marchandises en magasin au moment où éclata la guerre et où se produisit le temps d'arrêt dont je viens d'expliquer les causes. Toutefois, la plupart d'entre eux, en prévision du conflit et à raison des bas prix des cotons en laine, avait eu la précaution de s'approvisionner et beaucoup possédaient un stock assez important de matières premières.[33] Ce fut ce qui leur permit de continuer le travail de leurs usines pendant la première période de la crise, c'est à dire dans les derniers mois de 1861 et le premier semestre de 1862. Cependant la prudence leur conseillait de ménager une reserve qui devenait de plus en plus précieuse à mesure que les prix augmentaient. Aussi beaucoup d'entre eux réduisirent la durée du travail. Quant aux industriels qui, dans ces premiers temps, fermèrent complètement leurs ateliers, on peut les ranger en deux catégories: les uns s'y déterminèrent parce qu'ayant une fortune acquise, il ne leur convenait pas de l'exposer aux hasards d'une crise qui commençait et dont on ne pouvait prévoir ni la durée, ni les conséquences; les autres parce qu'ils n'avaient pas d'approvisionnements et que leur crédit restreint ne leur permettent pas d'acheter de nouvelles matières au prix élevé qu'elles avaient atteint.

Si l'encombrement a été la cause dominante du mal pendant la première partie de la crise, l'incertitude me parait avoir été celle de la seconde dont le point de départ peut être fixé vers le milieu de 1862. A ce moment la rareté du coton en laine et surtout la spéculation ont élevé les cours à des taux inconnus depuis la dernière guerre maritime; les stocks particuliers se sont épuisés et beaucoup

[32] For the Cobden Treaty see ch. i, notes 10, 21, 47.
[33] The preceding sentence was pencilled in the margin.

de filateurs ont hésité à faire de nouveaux approvisionnements; les chômages complets ou partiels se sont multipliés. Presque partout où le travail n'avait pas entièrement cessé, il se trouvait réduit à un temps fort limité. Les uns étaient contraints à l'inactivité par la nécessité: ne possédant qu'un capital insuffisant et un crédit restreint, ils étaient impuissants à faire face aux exigences de la situation nouvelle; pour ceux placés dans de meilleures conditions financières, la résolution d'arrêter ou de ralentir le travail était dictée par une circonspection, peut être excessive mais qui cependant se comprend facilement. On n'avait point alors sur la situation de l'Amérique des idées aussi arrêtées qu'elles le sont à présent, on croyait chaque jour qu'à défaut de la raison, la lassitude et l'épuisement des ressources allaient amener un arrangement et, si la paix se faisait, une baisse considérable devait se produire sur le coton en laine. Comment n'aurait-on pas reculé devant les achats de quelqu'importance qui pouvaient amener, si la guerre cessait, une perte de 50 et même de 75 pour cent.[34] J'ajoute que les prix éprouvaient des variations sensibles selon que les avantages remportés par l'un des belligérants paraissaient plus ou moins décisifs. Votre Excellence le voit, c'est ici l'incertitude qui domine la situation car avec le temps et grâce aux vides qu'avait fait la consommation, grâce aussi à la rareté de la production, l'encombrement des magasins avait cessé. Mais les acheteurs dominés pas les mêmes appréhensions temporisaient encore; il épuisaient jusqu'à leurs commandes ne portaient que sur de faibles quantités dans les limites de ce qui était indispensable pour se réassortir .

Résultats de la crise.

Si après avoir constaté les causes de la crise, on en recherche les résultats, il est facile aujourd'hui d'en apprécier les effets et de reconnaître que son véritable caractère est beaucoup moins une crise commerciale qu'une crise de travail. Elle a pesé principalement sur les ouvriers et sur les petits industriels qui pour des raisons, que j'ai exposées plus haut, ont été obligé de fermer leurs ateliers. Les premiers, privés de toute ressource, ont été obligés de recourir à l'assistance publique. Les seconds, par le fait du chômage que leur imposait leur situation financière, ont vu les divers eléments de leur actif gravement atteints: le capital représenté par leur outillage est resté improductif, la plus lourde partie des frais généraux est demeurée à leur charge, leur mobilier industriel s'est détérioré. Quant aux manufacturiers

[34] See ch. ii, note 18.

plus heureux qui ont pu continuer à faire mouvoir leurs usines, sans doute ils ont été en butte aux difficultés et aux appréhensions que leur ont causées les incertitudes de la situation; mais en fin de compte leurs craintes ne se sont pas réalisées et ils n'ont recueilli jusqu'ici que des bénéfices. Ces bénéfices ont été énormes tant que les filatures ont travaillé sur des matières achetées avant le conflit américain; ils ont été moindres, mais encore très suffisants sur les réapprovisionnements faits depuis la crise, car la hausse des cotons ayant été presque constamment progressive, si la réalisation des produits manufacturés n'a pas toujours donné le profit industriel, elle a du moins constamment assuré le bénéfice commercial.

SITUATION ACTUELLE DE L'INDUSTRIE COTONNIÈRE.

Aujourd'hui, quoique les affaires ne soient pas revenues à leur cours normal, on peut considérer la crise comme ayant beaucoup perdu de son intensité. La première des causes qui l'ont produite a complètement cessé; depuis sept à huit mois, il n'y a plus de trop plein, il y aurait plutôt à signaler de la rareté; aussi les prix sont-ils mieux tenus par les producteurs et plus facilement acceptée en hausse par les acheteurs. Quant à la seconde cause de la crise, elle subsiste encore dans une certaine mesure; car, si chacun connaît maintenant que, selon toutes les probilités, la guerre n'est pas encore à la veille de finir en Amérique, si l'on ne se fait plus de ces illusions de baisse prochaine qui ont trop longtemps paralysé les affaires, il faut admettre cependant qu'il ne serait pas prudent de se charger de matières premières ou de produits fabriqués dont on n'aurait pas le placement immédiat ou prochain. Aussi quoique le travail ait repris presque partout et que les chômages ne soient plus, dans le plus grand nombre des cantons, que des faits exceptionnels, l'activité normale n'est pas encore reparue. On ne fabrique pas pour le magasin, on ne travaille que sur commande. Cette réserve dans la production est une condition forcée de la situation actuelle, il faut même s'en féliciter. Quelle que soient en effet l'extension qu'on ait donnée à la culture du coton dans les centres nouveaux de production et d'approvisionnement, tout ce qui se trouve disponible serait bien vite absorbé si l'activité industrielle était la même qu'-avant la crise et l'on en arriverait non pas à la rareté du coton, mais au manque absolu de la matière première.

Pour compléter ce tableau de la situation industrielle, je crois devoir ajouter aux observations générales que je viens de soumettre à Votre Excellence un examin rapide et spécial de l'état des principales industries et des articles les plus importants du commerce de cette région.

J'ai la satisfaction d'avoir à constater une améloriation marquée sur le trimestre précédent qui déjà, cependant, présentait un état de choses beaucoup plus favorable que celui de la période antérieure. Pour la rouennerie et les indiennes, aussi bien que pour les calicots et les filés, la demande est devenue supérieure à l'offre et les producteurs ont regagné le terrain qu'ils avaient perdu sous l'influence de conditions contraires. Depuis trois mois, la plupart des articles ont obtenu une faveur de 10% indépendamment d'une augmentation corrélative à celle de la matière première.

Le coton des Etats Unis qui, à la fin du dernier trimestre, valait 6ᶠ.85 le Kil. est monté à 7ᶠ40 pour redescendre à 6ᶠ.95, taux actuel. Mais c'est là un cours presque nominal, tant les transactions sont devenues rares sur les sortes de cette provenance.

Le coton des Indes employé maintenant à peu près exclusivement par l'industrie était à 5.50 lors de mon dernier rapport il a atteint le cours de 6ᶠʳ qu'il a perdu pour celui de 5ᶠ.70 auquel il est coté actuellement.

Les filés de coton indien qui se vendaient il y a trois mois, 6ᶠ88 le Kil. sont montés jusqu'à 8ᶠ.17 pour redescendre à 7ᶠ.87.

La baisse qui s'est manifestée, depuis quelques jours sur ces differents articles n'a pas d'autre cause que la rareté du numéraire et l'élévation du taux de l'escompte. Dans les conditions actuelles, l'écart entre les prix de la matière première et celui de la marchandise fabriquée, est encore très suffisant pour assurer un bénéfice convenable aux producteurs.

Les calicots compte 30, qui se cotaient de 0ᶠ.65 à 0ᶠ.66 ont constamment augmenté de prix depuis trois mois: ils valent aujourd'hui de 0.74 à 0.75 le mètre; la vente de cet article a perdu de son activité depuis quelques jours. Les acheteurs espèrent une prochaine baisse de prix; il font courir le bruit que les négociants anglais vont jeter en France de grands quantité de leurs produits à des prix inférieurs aux nôtres. Ces rumeurs ne me paraissent avoir été mises en circulation que pour amener une baisse factice. Les calicots se tiennent en effet, sur le marché anglais, en moyenne, à 2 centimes par mètre plus cher qu'en France. Il résulte pourtant des documents que j'ai sous les yeux que, depuis trois mois, les importations de tissus anglais ont augmenté; mais ce sont en général, des produits de qualité tout à fait inférieure qui ont été versés sur notre marché, et il n'ont vraisemblablement trouvé place qu'à raison de l'insuffisance de notre production en tissu de même sorte. D'ailleurs en face de cette importation, il faudrait placer le chiffre des expéditions de calicots français qui, si je suis bien informé, se font pour l'Angleterre sur une échelle bien plus considérable; il y aurait donc échange de produit entre les deux pays, suivant les convenances du commerce et suivant les besoins à satisfaire. Ce résultat est parfaitement conforme à la pensée qui a dicté le traité de commerce, non pas dans un but de profit exclusif pour l'une des parties contractantes, mais dans l'intérêt bien entendu des deux nations.

Les filés anglais sont comme les calicots plus chers que les nôtres, l'écart est de 0.10 à 0.15$^{ces}$.

La Rouennerie a été et est encore l'objet de transactions importantes; par suite du peu de marchandise disponible les prix ont augmenté dans de notables proportions: ce qui valait il y a trois mois 0$^f$.75$^{ces}$ a brusquement atteint 1$^f$.30; le prix actuel est de 1 f. 35.

Les mouchoirs de la fabrique de Bolbec sont aussi très recherché: leurs prix ont augmenté de 0.75$^{ces}$ par douzaine.

Les transactions sur l'indienne sont plus difficiles; cependant cet article a gagné depuis trois mois 0$^f$.20$^{ces}$ par mètre.

Par suite de cette amélioration dans la vente des produits manufacturés, un progrès sensible s'est manifesté dans la situation du travail industriel. Il y a une très notable augmentation dans le personnel occupé, mais l'amélioration porte principalement, sur la durée du travail qui est aujourd'hui en moyenne de 11 heures $\frac{1}{2}$. . . .

Pour le tissage mécanique la durée du travail est de 12 heures et les semaines sont complètes. Cette industrie a même de la peine à trouver son contingent d'ouvriers parce que la mauvaise qualité des cotons indiens rend le travail plus difficile et plus lent, beaucoup de femmes trouvent le salaire insuffisant et préfèrent s'occuper à des travaux d'aiguille ou aux travaux de la campagne.

Comme symptôme favorable à la reprise et même à l'extension de l'industrie cotonnière, je dois mentionner la construction de plusieurs usines nouvelles et notamment un établissement très important que la maison Scheppers frères, de Belgique, va fonder à Saint-Etienne-du-Rouvray, sur de vastes terrains qu'elle vient d'acheter entre la Seine et la ligne du chemin de fer. Cet établissement comprendrait presque toutes les variétés de l'industrie cotonnière: la filature, le tissage mécanique, la teinture et les apprêts.

La fabrique des Rouenneries, l'une des branches les plus importantes de l'industrie Normande, occupe la presque totalité de ses
ouvriers. Dans l'arrondissement d'Yvetot, principale centre de cette
industrie, on ne compte en ce moment que 1.217 tisserands sans
travail. L'année dernière, à pareille époque, il y en avait 16.751. Le
travail parait assuré pour la plus grande partie de l'hiver; mais
j'ai le regret d'avoir à constater la persistance décourageante de
l'abaissement des salaires; pour l'ouvrier habile il reste entre 1ᶠ.25
à 1ᶠ.40, pour l'ouvrier ordinaire il est de 0ᶠ.75 à 1ᶠ.20. Cette insuffisance des sàlaires n'est pas une des conséquences de la crise: elle
tient surtout à la mauvaise organisation de cette industrie qui livre
l'ouvrier isolé à la merci des fabricants et des entrepreneurs de tissage intermédiare sans équité ni moralité. J'ai précédemment exposé
avec détails cette situation: je n'y reviendrai pas aujourd'hui, mais
je dirai que la plupart des fabricants ont indignement profité de la
misère des ouvriers pour leur imposer les plus dures conditions. En
même temps que le salaire baissait à raison de la mauvaise qualité
des filés et de la difficulté de les employer, ils leur imposaient une
diminution sur les anciens prix et ne craignaient pas d'augmenter
le travail à faire. L'ouvrier tisserand étant payé à la coupe dont la
longueur était de 100 mètres avant la crise, ils ont donné ses coupes
110, 115, 120 mètres, quelques uns même 130. L'ouvrier a subi la
loi injuste qui lui était faite: il n'y avait pas de choix pour lui, il
fallait accepter ou chômer. Tandis que le fabricant augmentait le
labeur et diminuait le salaire, l'entrepreneur de tissage qu'on appelle dans le pays commissionnaire au porteur, réduisait encore le
prix du travail sans prétexte de mal façon. Il n'est pas besoin d'ajouter que la rapacité de l'intermédiare est en raison directe de la
détresse et l'ignorance du tisserand. Si pendant la crise les fabricants
ont fait de moins grands bénéfices, c'est uniquement parce qu'il y a
eu moins d'affaires; les conditions de la fabrication loin de se
modifier à leur désavantage, leur assuraient au contraire de gros
bénéfices.

Les femmes et les enfants occupés au bobinage doivent travailler
une longue journée pour gagner de 20 à 30 centimes.

L'excès même de l'abus semble devoir faire mettre le remède en
appelant la concurrence: des négociants d'Elbeuf attirés par la
modicité des salaires manquant d'ailleurs de tisserands pour leur
industrie ont pensé avec raison que la confection du drap et de la
nouveauté de laine n'était qu'une application particulière des pro-

cédés du tissage et que l'ouvrier habitué à la fabrication des rouenneries n'aurait besoin que d'un peu plus de force et d'habileté de
main pour tisser convenablement les draps lisses et même les étoffes
à plusieurs couleurs. L'expérience a complètement réussi et déjà
près de 1200 ouvriers parmi les plus habiles ont abandonné leur
première industrie pour le tissage des étoffes de laine qui leur
assure de 2$^f$.50 à 4$^{fr}$ par jour selon leur intelligence et leurs forces.
—Comme le salaire à Elbeuf est beaucoup plus élevé que dans le
pays de Caux l'intérêt des fabricants est de recruter autant que possible des travailleurs dans ce nouveau centre. Ils le comprennent et
les poussent vivement à changer d'industrie. Une école pour les
tissages de laine est établie à Rouen; à Cliponville, dans le canton
Fauville, M. M. Dugard frères ont loué un atelier dans lequel ils
ont monté un métier qui fonctionne sous la conduite d'un professeur
de tissage. Les ouvriers sans travail de cette commune et des communes voisines ont été appelés à faire leur apprentissage sur ces
métiers. Dès qu'un ouvrier a fait ses preuves et il suffit presque toujours de quelques heures d'enseignement pratique, la maison Dugard
lui fournit un métier et lui confie une chaine. Un établissement
semblable vient d'être ouvert dans le canton de Doudeville où
jusqu'ici l'industrie nouvelle ne s'était pas répandue. D'autres négociants viennent généralement en aide aux ouvriers pour les
donner le moyen de faire à leur métier les transformations indispensables. On a vu aussi avec reconnaissance la Société du Prince Impériale fournir depuis trois mois plusieurs centaines de métiers. Une
nouvelle somme de 20.000$^{fr}$ vient d'être à cette destination.

On ne s'aurait prévoir quel sera l'avenir de l'industrie du drap
dans le pays de Caux; mais, dès aujourd'hui, dans la mesure limitée
où elle est encore enfermée, elle a déjà produit un adoucissement
réel dans la situation si triste que j'ai indiqué à Votre Excéllence.
Dans un temps plus ou moins rapproché, les tisserands en coton en
profiteront aussi dès que la fabrication des draps prendra un développement sérieux, la loi économique qui règle les rapports de
l'offre et de la demande obligera les fabricants de Rouennerie à
augmenter les salaires de ceux qui seront demeurés fidèles à leur
première industrie. Déjà ils ne se dissimulent pas que leurs ouvriers
et surtout les bons ouvriers se tournent vers le tissage de la laine et
ils prévoient qu'il faudra compter avec eux lorsque la production
aura repris toute son activité.

Dans l'industrie de l'indienne, la moyenne de durée du travail est de 10 heures ½ par journée.

La teinturerie est dans sa morte saison et le travail ne dure guère que 7 heures ½ par jour.

Les apprêts sont en pleine activité, et les ouvriers y sont occupés pendant les temps normales.

Il en est de même des retordeurs qui ne subissent aucune perte de temps.

. . . . . . . . . . .

Si les situations des ouvriers s'est amélioré d'une façon presque inespérée, quand on la compare aux misères excessives de l'année dernière, il ne faut pas oublier cependant que pour une grande nombre de travailleurs, la position est encore bien précaire. —La substitution du coton de l'Inde à celui d'Amérique a notablement diminué le salaire en rendant les conditions du travail plus difficiles; il en est dont les bénéfices se trouvent, en outre, abaissés par quelques restrictions encore apportées à la durée du travail; pour presque tous enfin la crise a amené la nécessité de faire usage des ressources extrêmes, elle a occasionné des privations et fait contracter des obligations qui réagissent péniblement sur la situation présente. Il y aura donc encore des misères à soulager, mais grâce à d'importantes réserves pécuniaires l'administration et les comités de secours sont en mesure de faire face aux exigences d'une position qui, pour être beaucoup moins critique que l'année dernière, ne saurait encore se passer de la bienfaisance publique.

Situation industrielle d'Elbeuf et de Louvier.

L'industrie drapière d'Elbeuf et de Louvier continue sa marche progressive et le mouvement de prospérité signalé depuis près de deux ans dans chacun de mes rapports ne s'est pas ralenti.

L'article d'hiver s'est parfaitement vendu et, malgré la persistance d'une température essentiellement douce qui, dans les derniers mois de 1863, a entravé les ventes pour les réassortissement, les transactions ont encore été plus nombreuses que les années précédentes et le stock en magasin est resté sans importance.

Le chiffre des exportations de tissus faites d'Elbeuf dans les six mois à compter de juin à novembre inclusivement, permet d'apprécier l'importance de cette fabrication: il s'élève à 3,729,691 Kilo.

Aussitôt après l'achèvement des tissus d'hiver, la fabrication de l'article d'été a commencé très activement. Le travail du tissage arrêté un instant par la force des choses, pendant l'opération de l'échantillonnage a bientôt repris avec une activité telle que les bras ont fait défaut et qu'il a fallu créer les ateliers du pays de Caux. Cependant le nombre des habitants qui habitent Elbeuf ou les environs, comme celui des autres ouvriers occupés aux manipulations diverses que subissent les laines, s'est considérablement accru depuis deux ans par l'arrivée de travailleurs de l'industrie cotonnière qui cherchaient à se créer d'autres moyens d'existence.

Sous l'empire de cette prospérité industrielle la situation des ouvriers à Elbeuf est excellente; pour les tisserands de la nouveauté les salaires varient de $3^f.50$ à $6^{fr}$, les ouvriers très habiles peuvent gagner jusqu'à $8^{fr}$; —pour le drap lisse la journée donne de $2^{fr}25$ à $3^f.50$; —pour les tisserands, le salaire est de $1^{fr}.75$ à $2^f.50$; —pour les ouvriers de 16 à 18 ans $1^f.50$ à $2^{fr}$; —pour les enfants au dessous de 16 ans de 0.75 à $1^f$. —L'aisance serait générale si la débauche et l'ivrognerie ne venaient absorber dans un très grand nombre de ménages les premières ressources de la famille.

PLACE DU HÂVRE.

La guerre d'Amérique pèse toujours d'une manière très fâcheuse sur le commerce du Hâvre.[35] Je n'ai pas à revenir sur cette situation dont les causes sont connues de Votre Excellence. Je dois seulement signaler un changement regrettable dans les habitudes commerciales de cette place. Jusqu'ici les opérations faites au Hâvre avec la plus grande régularité, les marchés portaient sur des marchandises disponibles ou attendues. Pour ces dernières, les ventes se faisaient sur des documents, tels que factures, lettres ou connaissements. On avait grand soin de désigner le navire, l'expéditeur, le lieu d'envoi, la quantité de la marchandise, la marque des balles. Ainsi réglées tant par les usages que par les conventions des parties, elle constituaient des marchés fermes qui recevaient presque toujours leur exécution et ne se réglaient que bien rarement par des paiements de différence. Depuis deux ans et surtout dans le dernier semestre de 1863, la spéculation a dérogé à ces excellentes habitudes d'un commerce sérieux: le plus grand nombre des affaires ne reposent sur rien de solide. Ces opérations ont pris une telle extension que les courtiers ont dû modifier les anciennes formules des marchés pour en substituer d'autres conçus dans les termes les plus vagues. Ces spéculations hasardeuses ont amené des fortunes et des ruines rapides. On cite notamment deux jeunes gens appartenant à des familles très

---

[35] See ch. i, note 37.

honorablement connues dans le commerce et qui associés au mois de Janvier 1863 avaient perdu au 1er Octobre plus de 800.000fr. La spéculation s'est montrée un moment tellement ardente qu'un seul lot de coton a donné lieu à 80 marchés. Au jour de la livraison la marchandise se trouvait ainsi grevée de droits de courtage pour 40% de sa valeur, la commission de courtier étant de ½% pour chaque vente.

191. *Léo Duprez, P. G. Toulouse, 8 January 1864.*

L'arrondissement de Castres est le seul de mon ressort qui ait une véritable importance industrielle. Les métiers que la disette du coton avait mis au chômage ont partout repris leur mouvement et près de quatre mille ouvriers fabriquent, avec un mélange de coton et de laine, l'étoffe dite Péruvienne; mais la mauvaise qualité du coton qu'on tire actuellement de l'Inde a réduit considérablement leurs salaires; [36] ils travaillent à la tâche au prix précédemment convenu et comme les fils qui forme la chaine se rompent à chaque instant, leur travail ne leur rapporte qui vingt cinq sous par jour.[37]

## APRIL 1864

192. *Merville, P. G. Aix, 2 April 1864.*

Le commerce marseillais est en souffrance, les affaires sont rares et difficiles. L'industrie se ressent de cette situation et réduit de plus en plus le nombre des bras qu'elle emploie. Le recensement des fabriques à la fin de février constatait une diminution de 260 ouvriers sur le mois précédent. Cette diminution a progressé dans le mois de Mars. Deux huileries ont fermé leurs ateliers et mis sans ouvrage 150 ouvriers.

193. *Saudbreuil, P. G. Amiens, 8 April 1864.*

Dans l'arrondissement d'Abbeville, les ouvriers autres que ceux employés dans les fabriques n'ont pas manqué de travail. Les industries du lin et de la verrerie sont en pleine prospérité. On ne saurait en dire tout-à-fait autant de la fabrique des tissus. Ainsi, dans le canton d'Hallencourt, la fabrication des linges de table et toiles damassées, malgré l'élévation de la matière première, ne s'est pas ralentie et il n'y a pas eu chômage. De même à la manufacture de draps d'Abbeville dites les rames, on a continué à employer le même

[36] See ch. i, note 25.
[37] This entire extract was pencilled in the margin.

nombre d'ouvriers. Mais dans les ateliers des cantons de Gamaches et de Rue les ouvriers des ateliers de tissage chôment faute de coton. La filature de la Bresle a congédié presque tous les ouvriers étrangers au pays qui sont retournés à Rouen ou dans les environs. Les ouvriers fileurs du canton de Gamaches ne sont occupés qu'un certain nombre d'heures et l'établissement d'injection du Bois n'a pas encore repris ses travaux.

Le commerce et l'industrie de l'arrondissement de Montdidier sont languissants. Le coton et la laine y sont en souffrance. Cependant les ouvriers sont généralement occupés. La bonneterie à ailly-sur-noye n'a pas eu jusqu'à présent de reprise sérieuse.

L'amélioration constatée déjà il y a trois mois dans l'industrie des tissus à Jérôme et dans les environs tend à se maintenir, tous les tisseurs ont de l'ouvrage et leur salaire s'est sensiblement relevé.

La prospérité de l'industrie de lin, déjà remarquée à Abbeville, peut être constatée encore dans l'arrondissement de Doullens, où elle a son siège principal. Les ouvriers écorcheurs, fileurs et tisseurs, activement employés, touchent de bons salaires. Les filateurs de coton continuent de marcher mais à grand'peine.

. . . . . . . . . . .

A St. Quentin l'industrie linière seule est en pleine prospérité. Toutes les autres souffrent et cependant il n'y a de chômage nulle part, pas même dans les fabriques de coton pourtant si éprouvées.

La fabrication des instruments de musique et la préparation des cheveux à Château-Thierry continuent à souffrir des conséquences de la guerre d'amérique et des entraves qu'elle apporte à l'exportation. Cependant il est permis de constater depuis quelque temps une légère reprise sur ces deux articles.

Par suite de la disette de coton l'industrie de la passementerie, qui occupe à Montreuil-aux-lions, 272 ouvriers a dû être modifiée. Au coton on a substitué la laine et la soie. Il en est résulté quelques pertes qui ont atteint plutôt les patrons que les ouvriers. Pendant ce dernier trimestre, les travaux ont redoublé d'activité. Il en est de même pour les fabriques de caoutchouc, de boutons en os et de corsets qui occupent un assez grand nombre de bras dans le même arrondissement.

194. *Darnis, P. G.    Angers, 5 April 1864.*

L'industrie de tissage souffre encore mais l'emploi du fil se substituait partout à celui du coton; on ne trouve plus que dans l'arrondissement de Mayenne des ouvriers sans travail. A Laval tous les bras sont occupés; il en est de même au Mans et à Cholet, et bien que les salaires soient minimes les ouvriers d'ailleurs secourus par les comités cotonniers et par les bureaux de bienfaissance, ont passé l'hiver sans trop de souffrances.

195. *Blanc, P. G. Besançon, 12 April 1864.*

La filature est toujours arrêtée à Héricourt, cependant quelques établissements, en petit nombre ont rouvert leurs ateliers; elle est au contraire, en pleine voie d'activité dans le groupe de Luxeuil et à Monbéliard. Le travail est bien plus difficile par suite de l'emploi de coton de mauvaise qualité. On tire parti de tout, et des rebus, autrefois dédaignés, sont soumis à des battages répétés pour en extraire la matière textile, mais le travail est poussé sans relâche et les salaires d'ouvriers sont maintenues et soldés exactement.

196. *Rabou, P. G. Caen, 9 April 1864.*

Je faisais connaître plus haut à Votre Excellence que les affaires commerciales avaient repris une certaine activité: cette amélioration m'est signalée dans les différents centres industriels du ressort. Ainsi, à Lisieux, la fabrication des laines et celle des lins prend, chaque jour, un nouveau développement: plusieurs maisons importantes ont augmenté le nombre de leurs ouvriers on se disposent à établir des usines nouvelles. Cet accroissement de fabrication des étoffes de laine et des toiles est la conséquence de la crise qui continue à sévir sur les cotons.

A Falaise, les industries locales autres que l'industrie cotonnière, sont dans une situation convenable. Aucun jugement déclaratif de faillite n'a été rendu pendant le dernier trimestre.

A Bayeux, la fabrication des dentelles commence à reprendre.

.   .   .   .   .   .   .   .   .   .   .   .

Dans l'arrondissement de Vire, l'industrie des cotons éprouve toujours une grande souffrance; la matière première se maintient à un prix tellement élevé que les cotons filés et les tissus ne se vendent pas: les fabricants ne peuvent, sans s'exposer à de grandes pertes, en garder en magasin des quantités considérables.

197. *De Bigorie de Laschamps, P. G. Colmar, 27 April 1864.*

Arrondissement de Colmar.

La classe ouvrière a traversé l'hiver sans trop de souffrances. Ce résultat est dû à l'abondance de la dernière récolte, aux secours de la charité, et surtout au travail des manufactures, qui n'a pas encore manqué à l'ouvrier. En effet, sauf quelques fabriques du Canton de Kaysersberg, que des circonstances particulières ont forcées à suspendre ou à réduire le travail, toutes les usines de l'arrond$^t$ de Colmar sont en pleine activité. Les arrivages de coton d'Egypte sont très-considérables, car la récolte de 1863 y a été abondante. Toutefois, les affaires sont lourdes, et les transactions difficiles. Les produits fabriqués commencent à encombrer les magasins. L'industrie rubanière de Soultz est particulièrement éprouvé par la guerre américaine, qui la prive d'un vaste débouché pour ses marchandises.

Arrondissement de Belfort.

La fabrication cotonnière a quitté la voie progressive où elle semblait entrer en décembre dernier. Les marchandises fabriquées ne trouvent qu'un écoulement difficile, et l'incertitude de l'avenir continue à arrêter le mouvement des transactions.

.    .    .    .    .    .    .    .    .    .    .    .

["Arrondissement de Mulhouse."]

La position de l'industrie qui tendait à s'améliorer il y a quelques mois, est redevenue mauvaise. Sous l'influence des bruits de guerre et des difficultés internationales sans cesse renaissants, la hausse qui s'était manifestée au commencement du trimestre dernier, et qui donnait quelque espoir de repris des affaires, s'est arrêtée soudain et les prix ont retrogradé dans une proportion considérable. Une baisse énorme a frappé les cotons en laine de toute provenance. Les filés et les tissus ont suivi le mouvement, et les fabricants qui avaient acheté aux hauts prix des derniers mois de 1863, confiants dans la hausse, ont été obligés de revendre leurs produits à des prix qui les constituent en perte considérable.

Certaines qualités de coton en laine sont tombées de quatre vingt dix centimes à 1$^f$.20$^c$ par Kilog. (Les cotons d'Amérique de 7$^f$.70$^c$ à 6$^f$.80$^c$, les cotons d'Egypte de 7$^f$.20$^c$ à 5$^f$.95$^c$, les cotons de l'Inde 5$^f$.60$^c$ à 4$^f$.40$^c$) La baisse sur les filés produits par ces qualités, a été moins considérable, c'est-à-dire de 0$^f$.30$^c$ à peu près. Mais comme déjà avant cette baisse l'on travaillait en perte; la situation de la filature est devenue d'autant plus difficile, et les sacrifices du fabricant ont grandi en proportion. Le préjudice qu'il éprouve varie entre 1$^f$.10$^c$ à 1$^f$.20$^c$ par Kilog.

Il est vrai que si l'on tenait compte des prix d'achat actuels des coton en laine (6$^f$.80$^c$) la perte serait beaucoup moins forte. Mais quel est l'industriel qui travaille ainsi au jour le jour et qui n'ait pas un certain approvisionnement à écouler?

Les chiffres que j'indique pour évaluer la perte de la filature ne doivent point d'ailleurs être pris au pied de la lettre; ils n'ont *qu'une valeur théorique* pouvant permettre d'apprécier les difficultés de la situation, car dans la pratique la plupart des industriels les atténuent dans une proportion considérable, *soit par des mélanges de coton des différentes provenances* soit en *employant de matières premières de qualité inférieure.*

Si j'en crois des renseignements que j'ai lieu de tenir pour exacts, la Normandie aurait réduit de nouveau le travail dans une forte proportion et l'on y serait dans la nécessité de venir encore dans des larges proportions au secours des ouvriers inoccupés. La manufacture de l'Alsace continue donc à se distinguer à la manufacture normande.

La situation du tissage est plus difficile que celle de la filature; il ne peut trouver de compensation dans les mélanges de coton, et est obligé, pour produire telle nature de tissus, d'employer un numéro correspondant de filés. Or, le Kilog. de filé que l'industriel paie de 7ᶠ.80ᶜ à 8ᶠ. il le revend en tissus de 8ᶠ.05ᶜ à 8ᶠ.20ᶜ, ce qui entraine sur la main d'œuvre une perte de près de 0ᶠ.50ᶜ.

Les établissements d'impression souffrent aussi: jusqu'ici les acquéreurs américains faisaient défauts; aujourd'hui les affaires sont suspendues avec l'Allemagne, la Prusse, l'Autriche, la Pologne, et surtout avec Hambourg, qui offrait un débouché immense. Pour l'impression aussi, il y a donc mévente ou plutôt défaut de vente.

Malgré cette situation précaire, le travail n'a encore été arrêté dans aucun établissement de Mulhouse et tous les ouvriers sont occupés.

198. *Pinard, P. G. Douai, 30 April 1864.*

L'industrie linière continue à prendre un magnifique développement, et au pont de vue de la culture, de la matière première, et au point de vue de l'écoulement du produit fabriqué.

Les filatures de coton éprouvent des chômages attribués à la fois à la cherté de la matière première et à des défauts d'outillage pour certaines maisons qui n'avait pas suivi le mouvement de perfectionnement des métiers.

Les tissus de Roubaix, pour la confection desquels on a substitué le coton gomme fil simple de Rouen aux fils doubles de Roubaix, sont frappés depuis peu de temps d'un discrédit momentané, le commerce se plaignant de ce mode nouveau de confection qui altère la solidité de la trame. Sur ces articles écoulés récemment dans une vaste proportion, il y a donc un temps d'arrêt.

. . . . . . . . . . .

L'état de cette industrie [glass manufacture] semble en ce moment dans d'assez bonnes conditions.

199. *Saint-Luc-Courborieu, P. G.  Limoges, 16[?] April 1864.*

La prospérité de l'industrie tend à se relever. L'industrie de la porcelaine surtout, que la Guerre d'Amérique avait si gravement atteinte, a trouvé de nouveaux débouchés, et chaque trimestre permet de constater une amélioration, qui se traduit par une augmentation de personnel dans les fabriques. Dans la ville de Limoges, qui en est le principal centre, le nombre des ouvriers occupés dans les usines s'est accru pendant ce dernier trimestre de *187.—*

. . . . . . . . . . .

Il n'en est pas ainsi de la fabrication des flanelles et droguets. La cherté des matières premières paraît être la cause principale de cet état de souffrance qui laisse un grand nombre d'ouvriers des deux sexes sans travail.

200. *Gaulot, P. G.  Lyons, 26 March 1864.*

En résumé, le commerce Lyonnais est sorti de la crise qu'il a dû traverser. Le nombre des faillites qui était arrivé a 40 en 1863 est descendu à 27 dans la même période de 1864. C'est le chiffre normal.

. . . . . . . . . . .

La rubanerie, la passementerie et la fabrique de velours,[38] toutes ces industries sont dans un véritable état d'atonie et les ouvriers n'obtiennent plus un salaire rémunérateur.

Aussi la misère est-elle grande et générale: des signes trop évidents ne permettent pas de la méconnaître. Le chiffre des versements à la caisse d'épargne diminue d'une manière sensible, les remboursements dépassent les dépôts, les engagements au mont de Piété [39] sont plus nombreux et plus considérables, enfin la démoralisation fait de nouveaux progrès parmi les filles de la classe ouvrière.[40] Tels sont les tristes et inévitables symptômes qui donnent à penser qu'un

---

[38] The three preceding items were underlined with pencil, and the entire paragraph was pencilled in the margin.
[39] *Mont de Piété* is the term used in France for pawnshops.
[40] See ch. i, note 18.

grand nombre de familles gagnent à peine de quoi faire face aux premières exigences de la vie.

. . . Cet état de choses se rattache évidemment à la situation de l'Amérique et de l'Allemagne; il faut espérer que la Paix et la confiance ramèneront de meilleurs jours.

201. *Neveu-Lemaire, P. G. Nancy, 14 April 1864.*

La crise qui a pesé pendant si longtemps sur l'industrie cotonnière peut être considérée comme terminée. Le stock qui atteignait à peine 200,000 balles de coton brut en 1863 s'élevant aujourd'hui a 525,000 balles dans les principaux ports de débarquement de France et d'Angleterre, la pénurie dans les approvisionnements ne parait plus à craindre. Partout les ateliers de filatures et de tissage sont ouverts, le taux des salaires et le nombre des heures de travail ont été rétablis, et au temps d'arrêt imprimé sur la fabrication succède une réaction à laquelle on devait s'attendre. Un instant les inconvénients que présentait la mise en œuvre par les anciennes machines des cotons arrivant de l'Inde, de l'Egypte ou de l'Algérie avaient été la source de quelques difficultés entre les patrons et les ouvriers. Le coton se filait mal, il résistait moins à l'action du tissage, et se travaillait enfin beaucoup plus difficilement, et comme le salaire de l'ouvrier était le même pour chaque Kilogramme de coton filé, pour chaque mètre de toile tissée, il en résultait une perte assez sensible sur le salaire de la journée; mais grâce à une sage transaction sur la durée du travail, grâce aux modifications et aux perfectionnements apportés par l'ouvrier lui-même dans sa main d'œuvre, l'équilibre s'est rétabli à la satisfaction de tous, et l'on tire maintenant un aussi bon parti des cotons de Surate et de Sumatra que de ceux de la Louisiane. Les manufacturiers ne sont donc plus réduit à s'imposer les lourds sacrifices qu'ils ont dû faire pour lutter contre le chômage; le chiffre des affaires a même repris dans ces derniers temps à peu près le niveau du dernier trimestre de 1859, avant la guerre d'Amérique. Toutefois il faut tenir compte de la différence du prix de vente de produits manufacturés aux deux époques correspondantes. Or s'il est vrai que l'écheveau de coton filé qui se payait 0$^f$55¢ il y a quatre ans se solde aujourd'hui 2$^f$20$^c$, encore bien que le chiffre des affaires soit le même, le bénéfice n'en serait pas moins inférieur. Il suffit néanmoins pour permettre d'attendre que le commerce reprenne complètement son essor depuis trop longtemps comprimé.

L'activité règne aussi dans nos fabriques de drap, et les ventes de l'hiver ont de beaucoup depassé la moyenne des deux dernières années. Ces fabricants se plaignent, il est vrai, de la valeur excessive de la laine, depuis qu'on est obligé de l'employer au lieu du coton dans une infinité de produits manufacturés. Mais cet état de choses disparaitra, et le prix des marchandises n'en est pas moins rémunérateur.[41]

202. *De Marnas, P. G.    Paris, 3 April 1864.*

Dans ce département [Aube] . . . l'industrie de la bonneterie, qui est la principale du pays, continue à ressentir les effets de la crise américaine. Jusqu'ici, malgré la rareté et le prix élevé de la matière première, les fabriques de bonneterie de l'arrondissement de Troyes, ainsi que les métiers particuliers, avaient pu fonctionner d'une manière à peu près régulière; les patrons n'arrêtaient pas le travail, et se contentaient de le ralentir en le réglant sur la consommation; mais, d'après ce qui me rapporte mon substitut près le tribunal de Troyes, la cherté toujours croissante du coton, et le taux élevé des salaires font craindre que les fabricants, ne réalisant plus de bénéfices, ne prennent le parti de restreindre encore davantage le travail de la main d'œuvre; quelques-uns l'ont fait déjà, et ont renvoyé un certain nombre de leurs ouvriers— Le chômage partiel n'a amené jusqu'à présent aucun désordre, et les ouvriers savent, par expérience du passé, que la sollicitude du Gouvernement ne leur fera pas défaut.

. . . . . . . . . .

La situation des filatures de coton de l'arrondissement de Dreux [Department of Eure-et-Loire] est la même que pendant les deux trimestres précédents; cette industrie subit toujours les effects de la crise cotonnière, mais les fabricants, tout en ralentissant la production, sont parvenus à éviter le chômage et à assurer la subsistance de leurs ouvriers.

. . . . . . . . . .

[Department of Marne]
A Reims l'industrie lainière est en pleine activité; la filature de cette contrée qui n'emploie que de la laine, s'étudie à remplacer par des articles de sa fabrication certains tissus de coton; elle profite ainsi de la crise qui pèse sur l'industrie de tant d'autres localités.

. . . . . . . . . .

[41] This entire extract was pencilled in the margin.

[Department of Seine-et-Marne]

. . . les fabriques de toiles peintes de Claye seules ressentent encore les fâcheux effets de la crise américaine.

203. *Salneuve, P. G.   Riom, 2 April 1864.*

La confection des étoffes de Grivats et d'étoffes de coton est presque suspendue. Le coton est trop cher pour qu'on se livre à la fabrication d'un produit qui n'a d'autre mérite que d'être vendu à bas prix.

204. *Millevoye, P. G.   Rouen, 10 April 1864.*

La crise cotonnière qui, dans le second semestre de l'année dernière, paraissait être entrée dans une période décroissante, a repis depuis le mois de Janvier une intensité presque égale à celle des plus mauvais jours. Cette situation s'explique par une baisse notable qui s'est manifestée sur les cotons en laine. Les acheteurs se sont abstenus dans l'espérance que l'affaiblissement des prix irait en progressant, tandis que les filateurs, les tisseurs et les fabricants d'indiennes préoccupés de la même pensée craignent d'encombrer leurs magasins de marchandises qui se vendraient en perte si la baisse prenait de plus fortes proportions.

Quant à la cause du mouvement de baisse de la matière première, elle se trouve, sans aucun doute, dans l'élévation du taux des escomptes par les banques de France et d'Angleterre. Lorsque le loger des capitaux atteint le prix excessif de 7, 8 et même 9 pour cent, la spéculation est dans la nécessité de ralentir son action et de restreindre ses opérations. Or, j'ai eu plusieurs fois déjà l'occasion d'établir la spéculation qui avait le plus contribué à faire monter les cotons aux prix élevés auxquels ils se cotaient encore il y a trois mois. A cette cause principale de dépréciation, il faut ajouter le malaise et l'inquiétude qui, dans ces derniers temps, ont pesé sur toutes les valeurs. Il y a lieu d'espérer que cet état de choses ne se continuera pas et que le prochain trimestre apportera une notable amélioration. Déjà l'escompte de la Banque de France est ramené à 6% et le cours des cotons parait tendre à se relever. —D'un autre côté les producteurs qui se rendent compte exact des besoins de la consommation, résistent de toutes leurs forces aux commandes en baisse qui leur sont adressées. Aussi parait-il certain que si les cours des cotons en laine s'établissaient avec un peu de stabilité, il y aurait immédiatement une reprise importante des affaires.

La filature est de toutes les fabrications celle qui ressent le plus vivement les contre-coups des variations des prix de la matière première. Le nombre des fileurs occupés a diminué de plus de ⅛ depuis la fin du dernier trimestre et la durée moyenne du travail n'est plus que de 10 heures ¼ au lieu de 11 heures ½. Il faut toutefois faire une exception pour la vallée d'Andelle dans laquelle la situation s'est mieux maintenue parce que la plupart des usines appartiennent à de riches capitalistes qui, par leur crédit ou de fortes commandes reçues avant la baisse peuvent entretenir leurs ouvriers plus facilement que les petits industriels dont les ressources et le mouvement des affaires sont beaucoup plus limités.

Depuis la crise et, notamment, dans les quinze derniers mois, le tissage mécanique avait beaucoup moins souffert que la filature; mais, dans ce trimestre, le chiffre des ouvriers occupés a diminué de 1/9 et la durée du travail n'est plus que de 10 heures au lieu de 12.

Comme la filature et le tissage mécanique, l'indiennerie a aussi beaucoup perdu de son activité. Le chiffre des ouvriers occupés par cette industrie a diminué de ⅙ depuis trois mois et la duré du travail est descendue de 10 heures ½ à 10 heures.

La Rouennerie et le tissage à la Jaquart dont les produits ont continuée à s'écouler plus facilement se maintiennent dans la situation indiquée par mon dernier rapport.

La Teinturerie et les Apprêts qui travaillent principalement pour la Rouennerie ont conservé une situation relativement avantageuse. On y peut noter une augmentation d'une heure dans la durée du travail.

.    .    .    .    .    .    .    .    .    .

Les verreries et les poteries de l'arrondissement de Neufchâtel, ainsi que les tanneries de Pontaudemer et de Saint-Saëns sont dans un état très satisfaisant. Il en est de même des autres industries d'une importance secondaire dans ce ressort.

Malgré la situation fâcheuse des travailleurs de l'industrie cotonnière, les plaintes sont beaucoup moins vives qu'elles ne l'étaient l'année dernière. . . .

.    .    .    .    .    .    .    .    .    .

Place du Hâvre.

Le commerce de cette place accuse toujours les mêmes souffrances. J'ai signalé plus haut les causes du mouvement de réaction qui a paralysé les affaires sur le marché au coton. Vers la fin du mois dernier, l'amélioration des conditions financières et les nouvelles arrivées de l'Inde annonçant une hausse assez forte sur les cotons en laine, ont déterminé la spéculation à faire quelques achats, mais la filature n'avait fait peu d'affaires.

Les évènements d'Amérique qui, au début de la crise, ont amené de si brusques variations sur les cours, sont maintenant presque sans influence. On a cessé de croire à la fin prochaine de cette lutte acharnée. On sait d'ailleur qu'une forte quantité du coton récolté avant la guerre a été détruite ou consommée et que, même après la pacification, il faudra dans un pays aussi complètement ravagé par la guerre, beaucoup de temps avant que les planteurs soient en mesure de faire arriver leurs produits sur nos marchés.

Les cotons en laine sont en ce moment plus abondants qu'ils ne l'étaient à la fin du dernier trimestre. On notait alors, dans les divers entrepôts, 411,245 balles. On évalue ainsi qu'il suit les quantité qui se trouvaient déposées au 20 Avril dernier

| | |
|---|---|
| à Liverpool ...................... | 287.500 balles |
| à Londres ........................ | 95.597 |
| au Hâvre ........................ | 38.982 |
| à Marseille ...................... | 26.500 |
| dans les autres ports de France ....... | 12.200 |
| dans divers entrepôts d'Europe ...... | 45.000 |
| | 505.779 |

Les quantités attendues de toute provenance à la même date étaient de 257.000 balles. Du premier Juillet au 20 septembre 1863, les ventes s'étaient élevées au Hâvre à 392,140 balles; du 1er octobre au 20 Décembre, elles sont descendues à 127.047 balles. Dans le dernier trimestre, il n'en a été vendu que 48.000 dont 27.776 sont sorties réellement du marché.

Les arrivages qui ont eu lieu au Hâvre pendant les trois premiers mois de cette année donnent le chiffre 20.078 balles venues directement des pays de production, 15.114 des entrepôts anglais et 6.349 des ports français ou de l'Intérieur.

## July 1864

205. *Saudbreuil, P. G.    Amiens, 7 July 1864.*

Sit[n] économique.

Envisagée d'un point de vue général, elle est bonne, sauf l'industrie du coton, filature et tissage, toutes les autres sont dans un état de prospérité véritable. Il y a eu cependant dans la fabrique des soies un certain ralentissement dû à l'augmentation des prix de la marchandise première. . . .

.    .    .    .    .    .    .    .    .    .    .

La vannerie qui est pareillement une des industries de l'arrondissement de Vervins, sans avoir repris son ancienne importance, détruite par la guerre d'Amérique, a réussi à trouver de nouveaux débouchés et la reprise que je signalais dans mon dernier rapport se maintient.

.    .    .    .    .    .    .    .    .    .    .

Dans l'arrondissement de Château-Thierry, on signale un redoublement d'activité dans les fabriques de passementerie, de peignes et de boutons. Le travail de la préparation des cheveux, celui de la confection des instruments de musique ne se sont pas ralentis.

A Chauny, la guerre d'amérique a enlevé à la manufacture de glace un important débouché d'exportation. Cependant l'établissement n'a pas ralenti ses opérations.

206. *Blanc, P. G.   Besançon, 11 July 1864.*

La fabrique, de Montbéliard notamment, est fort occupée, on augmente les bâtiments, on double la puissance des machines, le travail de nuit qui est l'indice de fortes commandes est organisé sur plusieurs points. Les filatures du groupe de Luxeuil ont secoué leur léthargie, elles marchent comme autrefois, grâce au renouvellement de leur matériel; on y travaille avec bénéfice des cotons tirés de l'Egypte et de l'Inde. . . . La fabrique d'horlogerie de cette ville continue à accroitre sa production. . . . La manufacture d'Héricourt reste en chômage. Des plaintes s'élevent aussi de différents points du Jura industriel dont la fabrication avait pour principal débouché le marché d'Amérique.

207. *Dubeux, P. G.   Bordeaux, 19 July 1864.*

A Bordeaux le commerce maritime attend avec impatience la fin de la guerre d'Amérique. . . .

208. *Rabou, P. G.   Caen, 6 July 1864.*

A Falaise, si la situation de l'industrie de la dentelle s'est améliorée, la filature de coton et la bonneterie sont restées dans un état fâcheux de souffrance.

.    .    .    .    .    .    .    .    .    .    .

La crise cotonnière continue de peser, dans l'arrondissement de Domfront, sur les fabriques de Flers et de la Ferté-Macé: les fabricants laissent en chômage les usines dans la crainte d'aventurer leurs capitaux. . . . Les filatures de l'arrondissement de Mortain sont toujours frappée d'immobilité, et le commerce de bestiaux s'est sensiblement ralenti.

209. *De Bigorie de Laschamps, P. G. Colmar, 26 July 1864.*

Arrondissement de Colmar.

La situation industrielle ne s'est pas modifiée au cours de ce trimestre: la même cause continue à produire les mêmes effets. L'industrie cotonnière fort importante dans cet arrondissement exprime toujours les mêmes doléances. Les fabricants prétendent qu'ils éprouvent des pertes considérables, que les affaires sont difficiles et que leurs magasins sont encombrés de marchandises qu'ils ne parviennent pas à écouler. Nonobstant on ne me signale aucun chômage anormal. L'industrie rubanière de Guebwiller et de Soultz souffre toujours particulièrement depuis la guerre d'Amérique, ce vaste marché étant fermé à l'exportation de ses produits.

.     .     .     .     .     .     .     .     .     .     .

Arrondissement de Belfort.

Dans mon précédent rapport, j'ai constaté que la fabrication cotonnière avait quitté la voie progressive où elle avait paru entrer au mois de décembre dernier, que la filature languissait et que le tissage était encore plus maltraité. Mon substitut me fait connaître que cette situation est restée la même depuis cette époque, que le mouvement des affaires est toujours restreint et que l'inquiétude qui pèse sur cette branche de fabrication ne s'est pas encore dissipée. Cet état de choses ne s'est cependant encore traduit nulle part soit par des cessations de travail, soit par des réductions dans le personnel les ouvriers ou dans les salaires.

.     .     .     .     .     .     .     .     .     .     .

["Arrondissement de Mulhouse."]

Le sommeil de la production cotonnière a été favorable à l'industrie de la laine, et l'on m'assure que cette branche de fabrication produit actuellement des bénéfices considérables. Il faut rendre aux industriels mulhousiens ce témoignage, qu'ils ne négligent rien de ce qui peut contribuer au bien-être matériel des ouvriers.

210. *Pinard, P. G. Douai, 6 July 1864.*

Toutes les fabriques de tissus sont en pleine activité. Les tisserands même de la campagne trouvent facilement de l'ouvrage. Le temps d'arrêt momentané que signalait mon dernier rapport pour les tissus de Roubaix à raison de la substitution qui avait été faite du fil simple au fil double dans l'espoir de gagner davantage, a complètement cessé. L'ouvrier est bien payé, et les fabricants écoulent avec une extrême facilité leurs produits qui se multiplient tous les jours.

Les verreries ne subissent pas de chômage et leurs produits s'écoulent; seulement une double cause tend à affaiblir de plus en plus les prix de vente, et réagira tôt ou tard sur le sort des ouvriers: la grande multiplicité de ces établissements en France, et la concurrence des produits Belges.

211. *Gaulot, P. G. Lyons, 3 July 1864.*

A Roanne et à S$^t$ Etienne, les fabriques de coton et de rubans ne sortent pas d'un trop longue crise. . . .

A Lyon, . . . nos fabricans d'étoffes de soie qui se croyaient tributaires de l'Amérique se réjouissent de l'écoulement facile de leurs produits. Le traité de commerce, les besoins de la consommation générale fournissent d'amples compensations. Les ouvriers deviennent rares et ils sont très recherchés, malgré leurs exigences.

212. *Neveu-Lemaire, P. G. Nancy, 16 July 1864.*

En ce qui concerne l'industrie des cotons, je n'ai qu'à confirmer mes précédentes appréciations sur l'heureuse réaction qui a rendu au commerce, sinon son ancienne prospérité, du moins une vitalité dont les effets se traduisent par une activité de plus en plus manifeste. Ceux qui, naguères encore, croyaient à la ruine de nos manufactures et à la misère de nos ouvriers sont obligés de se rendre à l'évidence des faits. Les bénéfices des uns ou les salaires des autres se rapprochent de leur ancien taux, le travail quotidien a repris sa durée normale, la matière première se renouvelle sans difficulté et les fabricants n'éprouvent plus aucune inquiétude sur leurs approvisionnements futurs. Ce qui est très significatif c'est qu'un assez grand nombre de métiers restent inactifs faute de bras, et que plusieurs maîtres d'usines demandent des ouvriers sans pouvoir en trouver. —Une filature de coton élevée à grands frais à Epinal et qui n'avait point encore été mise en exploitation, commence à marcher depuis quelques mois. Ainsi ont été surmontées les appréhensions exagérées qu'avait fait naître le traité de commerce chez les industriels peu clairvoyants ou peu sincères! Ainsi ont été éludées les sinistres prévisions qu'avait inspirées la crise américaine! La libre concurrence profite non seulement aux consommation mais aux Manufacturiers eux-mêmes, et l'Empereur peut déjà recueillir les témoignanges unanimes de la gratitude de ceux qu'il a initiés, malgré eux, à une plus large existence industrielle et commerciale!

213. *Paul, P. G.   Nîmes, 7 July 1864.*

Ce sentiment [for peace] est d'autant plus vif dans mon ressort que la continuation de la guerre en Amérique cause un préjudice considérable aux agriculteurs par l'avilissement des prix des garances et de la soie.

214. *De Marnas, P. G.   Paris, 18 August 1864.*

L'industrie de la bonneterie, qui est la principale du pays et de l'arrondissement de Troyes en particulier, éprouve toujours le contrecoup de la Guerre d'Amérique. La situation au surplus ne s'est pas aggravée depuis mon dernier rapport trimestriel. A Troyes et à Arcis-sur-Aube le travail ne s'est pas arrête, mais le prix de main d'œuvre est très réduit; dans les campagnes certains ouvriers travaillant à domicile laissent encore leurs métiers inactifs, mais ils trouvent dans les travaux de l'agriculture des ressources qui assurent leur subsistance.

. . . . . . . . . . .

A Châlons l'industrie lainière traverse une période de malaise qui ne sera sans doute que passagère et que mon Substitut attribue à une élévation du prix de la maitière première.

. . . . . . . . . . .

Les tanneries de l'arrondissement de Coulommiers subissent encore un peu le contre coup de la crise Américaine; mais toutes les autres industries du département [Seine-et-Marne] sont en pleine activité.

215. *Damay, P. G.   Poitiers, 14 June 1864.*

Dans la Charente-Inférieure, la guerre d'Amérique cause toujours un dommage considérable pour le commerce des eaux de vie. Il y a eu cependant une certaine reprise, au commencement de l'année, mais qui ne s'est pas soutenue.

216. *Camescasse, P. G.    Rennes, 9 July 1864.*

Les filatures de coton établies à Nantes sont nécessairement dans une situation mauvaise.

217. *Massin, P. G.    Riom, 9 July 1864.*

La fabrication de la dentelle est assez peu active en ce moment; les produits ne s'écoulent que très difficilement, et on constate partout un encombrement qui fait présager un ralentissement encore plus grand. Cette crise est attribuée en grande partie au conflit américain, qui paralyse toutes les transactions, en fermant d'importants débouchés.

L'Industrie de la rubanerie est aussi en grande souffrance; la moitié des métiers sont en chômage, et quoique les bras inoccupés se mettent au service de l'agriculture, cet état de chose jette un certain malaise dans la classe ouvrière.

.    .    .    .    .    .    .    .    .    .    .

Du reste, les ouvriers employés dans ces diverses industries acceptent sans se plaindre, la situation qui leur est faite; ils comprennent que le malaise qu'ils éprouvent provient, non du mauvais vouloir des patrons, mais de la force même des choses.

# CHAPTER III

## PEACE AND RUMORS OF PEACE
## OCTOBER 1864 TO 1866

### OCTOBER 1864

218. *Merville, P. G.   Aix, 6 October 1864.*

L'état de l'industrie continue à être satisfaisant. Cependant, à Chalet [?] le prix des fils, qui a suivi une progression constamment ascendante, commence à produire de l'hésitation dans les transactions; les fabricants s'imposent une prudente réserve. Les cotons ont éprouvé une légère baisse. La cause en est, paraît-il, dans les ventes considérables faites par les maisons anglaises et surtout dans les espérances de paix de plus en plus accréditées dans le commerce.

Partout, les ouvriers sont occupés et reçoivent de salaires suffisantes.

219. *Reybaud, A. G.   Aix, 10 October 1864.*

La situation économique du ressort, envisagé dans son ensemble, est satisfaisante, et il est possible de présager que la prospérité générale des classes laborieuses se maintiendra pendant cet hiver. . . . Cependant le commerce se plaint du ralentissement des affaires:— la rareté de l'argent, la baisse du cours des céréales, l'incertitude sur la valeur à terme des cotons sont les principales causes de cette situation.

220. *Gesbert de la Noë-Seiche, A. G.   Amiens, 8 October 1864.*

Les prix des matières premières (coton fil et laine) continue à être élevé, cependant depuis quelques jours une baisse considérable de 1ᶠ50ᶜ c'est manifestée sur le coton, il y a tout lieu d'espérer que cette branche de l'industrie qui avait tant souffert va reprendre une certaine activité. Les filatures de laine, de lin et de chanvre sont toujours en pleine voie de prospérité.

.  .  .  .  .  .  .  .  .  .  .  .

La vannerie qui dans l'arrondissement de Vervins occupe une grande partie des ouvriers des campagnes avait été arrêtée par la guerre d'Amérique. Aujourd'hui elle a trouvé de nouveaux débouchés et a pris en ce moment un nouvel essor.

**221. *Rabou, P. G.    Caen, 11 October 1864.***

La situation industrielle n'est pas aussi brillante; les fabriques qui mettent en œuvre le coton n'occupent que très-peu d'ouvriers; fort heureusement, l'industrie des toiles et des draps emploie une partie des hommes que le coton faisait vivre.

Les fabriques de dentelles reprennent une animation nouvelle; les vieux fonds s'écoulent et bientôt les demandes venant d'Espagne et du Mexique provoqueront une augmentation des salaires.

La ganterie, qui occupe tant de jeunes filles dans le département de l'Orne, est en voie de prospérité.

**222. *De Bigorie de Laschamps, P. G.    Colmar, 27 October 1864.***

Arrondissement de Colmar.

L'industrie et le commerce sont toujours dans une situation assez difficile. L'industrie cotonnière, fort importante dans cet arrondissement, ne cesse, depuis trois années, d'exprimer les mêmes plaintes. Cette position est, peut être, en ce moment plus véritablement critique qu'elle ne l'ait jamais été. La vente est à peu près nulle, les marchandises fabriquées encombrent les magasins, les cours sont en baisse, et les pertes peuvent être par suite assez sensibles. Toutefois, soit par l'habilité des mélanges des matières premières soit par les bénéfices considérables réalisées au moyen des anciennes matières, soit par l'esprit de spéculations qui, dans la hausse comme dans la baisse, fait trouver à l'industrie des ressources dont le consommateur fait les frais, il serait téméraire de prétendre que nos manufacturiers établissant leur balance ne soient pas, en général aussi riches, si non plus riches, qu'avant la crise américaine. Ce qui permet de le penser, c'est l'augmentation incessante du nombre des établissements industriels.

A l'exception d'un seul établissement on ne me signale aucun chômage anormal. Cet établissement, celui des héritiers Dollfuss de Lapontroie; il occupe 130 ouvriers et sera fermé le 31 de ce mois. Cette mesure a été prise à la suite des pertes considérables et de l'impossibilité où se trouvent ces industriels de pouvoir renouveler le matériel complètement usé et arriéré de leur filature. Mon Substitut me fait connaître qu'il n'y a, quant à présent, aucun désordre à redouter et qu'il est à espérer que la plupart des ouvriers congédiés trouveront du travail dans les établissements voisins. A ce moment où se transcrivait ce rapport, on m'enformait qu'à partir du 24 de ce mois, les S<sup>rs</sup> Nicolas Schlumberger et C<sup>ie</sup> à Guebwiller, l'une des plus riches et des plus puissantes maisons de l'Alsace, devaient réduire, d'un quart, les heures de travail, et par conséquent le salaire des ouvriers de leur filature de coton. Pour expliquer cette détermination, les S<sup>rs</sup> Schlumberger estimaient que par suite des fluctuations dans les prix de la matière première et de la grande quantité de filés qu'ils ont eu en magasin, ils se trouvaient dans la nécessité de restreindre leur fabrication. Mais, par son rapport du 23 courant, mon Substitut me faire [sic] connaître que les S<sup>rs</sup> Schlumberger ont renoncé à donner suite à ce projet et qu'ils continueront à travailler comme précédemment. Ce fait me parait justifier, une fois de plus, mes appréciations sur l'état de l'Industrie.

L'industrie rubanière de Soultz et de Guebwiller souffre toujours particulièrement depuis la guerre d'Amérique. Cette situation sera la même tant que ce vaste marché restera fermé à l'exportation de ses produits.

Les ateliers de construction et les filatures de laine sont, au contraire, en pleine prospérité. Les premières peuvent à peine suffire aux nombreuses commandes qu'ils reçoivent; Les secondes réalisent des bénéfices énormes, tandis que les filatures de coton semblent aujourd'hui arrivées au moment de subir des pertes. On cite une filature de laine située à Bühl (c<sup>ton</sup> de Guebwiller), dont le dernier inventaire a presque atteint le chiffre d'un million de bénéfices.

. . . . . . . . . . . . .

Arrondissement de Belfort.

. . . Mon substitut me fait connaître que, sauf les filatures du canton de Massevaux, les autres établissements industriels semblent entrer dans une voie plus prospère. Toutes les usines sont en pleine activité; le mouvement des transactions est plus considérable, et tout paraît présager une reprise assez sérieuse des affaires. Le travail est donc assuré et l'ouvrier pourra, moyennant son salaire, traverser les mois les plus rigoureux de l'hiver, sans avoir à recourir à la bienfaisance publique. De ces appréciations diverses de l'état industriel des arrond<sup>ts</sup>, il est permis de conjecturer que le mal et loin d'être absolu.

. . . . . . . . . . . .

Arrondissement de Mulhouse.

La situation du travail industriel ne s'est pas sensiblement modifiée depuis mon dernier rapport. Bien que les symptômes d'amélioration dans les prix n'aient pas persisté et que les transactions soient rares et difficiles, l'activité de la fabrication ne s'est pas encore ralentie. L'industrie continue à chercher des combinaisons de nature à diminuer les frais généraux, et à faire produire davantage et à meilleur marché. Plusieurs usines ont deux catégories d'ouvriers qui travaillent nuit et jour, en se relayant. Les filatures de coton et les tissages, nécessairement soumis aux fluctuations des arrivages cotonniers, peuvent encore marcher, grâce aux procédés récents qui simplient [sic] la fabrication. Les impressions, qui tiennent toujours le haut du marché européen cherchent sans cesse à réaliser le progrès par les fécondes applications de la science. Toutefois, on ne peut se dissimuler que ces diverses industries n'approchent d'un moment critique. L'intensité de la crise monétaire, jointe à la situation générale des affaires, pourrait bien, dans un avenir peut être prochain, amener dans ces vastes centres industriels, soit de chômages, soit des désastres financiers.

Mais si l'industrie cotonnière, si puissante à Mulhouse, a jusqu'ici tenu tête, sans défaillance, à la crise américaine, l'industrie de la laine a vu sa prospérité s'accroître singulièrement sous l'influence de cette même crise. Cette dernière branche de fabrication, exploitée à Mulhouse par des établissements considérables, réalise aujourd'hui des bénéfices très important.

223. *Pinard, P. G.   Douai, 4 October 1864.*

Cotons. —Lins. —Laines. —La pénurie des matières à ouvrer maintient l'alanguissement en le chômage de l'industrie cotonnière. Mais j'ai déjà eu l'occasion de signaler à Votre Excellence la révolution hardie et promptement exécutée des filatures de ces pays qui, en présence de la crise, n'ont pas hésité à modifier à grands frais leur outillage et à substituer dans leurs fabriques le lin et la laine au coton. Ils recueillissent aujourd'hui les fruits de cette entreprise. Les livraisons et les commandes se succèdent sans interruption, et même pour y suffire il faut multiplier le nombre des ouvriers et créer de nouveaux ateliers. A Lille, Douai, Armentières, Seclin, des établissements importants s'élèvent, et à peine terminés ils fonctionnent, en réalisant des bénéfices que leurs possesseurs eux-même avouent être considérables.

Verrerie. —Travail normal et actif. Les produits s'écoulent facilement et à des prix rémunérateurs.

224. *De Prandière, S. P. G.   Lyons, 7 October 1864.*

Les mousselines et broderies de Tarare occupent et rémunèrent
convenablement un grand nombre d'ouvriers; Cet état de prospérité
qui se soutient, provient de ce que la main d'œuvre est l'élément
essentiellement dominant dans ces tissus très fins et très délicats ou
la matière première n'a qu'une importance très secondaire.

. . . . . . . . . . .

L'industrie rubanière est toujours dans le même état de souffrance
à St Etienne; les ouvriers qu'elle emploie, gagnent des salaires peu
rémunérateurs et il y a peu d'espoir d'une amélioration tant que
durera la guerre d'Amérique; privés de ce large débouché, les fabricants vivent au jour le jour et hésitent à faire des avances dont le
recouvrement est incertain.

. . . . . . . . . . .

La situation des ouvriers de Lyon est assez bonne, et si leurs salaires
sont peu élevés, ils sont généralement occupés.

La plupart des mètiers consacrés à la fabrication des étoffes de soie
sont en activité, quelques chefs d'atelier se plaignent même de
manquer de bras; les étoffes façonnées sont très recherchées.

225. *Souëf, A. G.   Nancy, 15 October 1864.*

L'Industrie cotonnière est toujours dans une situation transitoire.
Ce n'est pas que le travail soit arrêté. Loin de là, malgré la cherté
de la matière prëmière, les commandes sont toujours nombreuses
et même beaucoup de filatures ne peuvent y satisfaire, faute de bras.
Un assez grand nombre d'ouvriers ont quitté les métiers pour d'autres travaux. La main d'œuvre est donc recherchée; le prix en a
augmenté, et l'hiver parait devoir se passer pour les ouvriers d'une
manière satisfaisante.

Les fabricants cependant ne sont pas sans quelques appréhensions.
Sans doute la crise causée par la guerre qui ensanglante le Nord de
l'Amérique a été en partie conjurée. Les cotons américains qui avant
1861 entraient pour plus de 60 p % dans nos approvisionnements
n'y participent plus aujourd'hui, ainsi que l'a constaté le Moniteur,
que pour 20 p % à peine. Les cultures cotonnières ont déjà produit
en Algérie, dans la Guyane, au Antilles, sous le patronage éclairé du
Gouvernement d'excellents résultats. Enfin la consommation du

coton en France a déjà reconquis la moitié au moins du terrain qu'elle avait perdu depuis le commencement de la guerre. Mais il faut se souvenir qu'il y a quelques années, le coton louisiane, d'excellente qualité, se vendait 1ᶠ50¢ le Kilogramme; celui qui l'a remplacé provenant en bonne partie de l'Inde, de l'Egypte, du Brésil, est difficile à travailler, amène des déchets considérables,[1] et coûte de 6 à 7 francs au lieu de 1ᶠ50¢. —Si dans un avenir prochain, comme on peut l'espérer, la Guerre civile venait à se terminer en Amérique, le coton des Etats-Unis de bonne qualité et à bas prix, ferait soudain irruption sur nos marchés; De là des pertes énormes pour les détenteurs de coton indien. Ils seraient obligés de vendre pour des prix minimes les marchandises dont les matières premières ont été achetées en hausse et dans les conditions les plus défavorable. Il en résulte que chacun, autant que possible, achète et fabrique au jour le jour. La situation la plus fâcheuse est celle des fabricants qui ont fait de grands approvisionnements. Ainsi la Société des filatures de Senones a des marchandises en magasin pour plusieur millions. Une paix immédiate amènerait pour les actionnaires un désastre incalculable.

.    .    .    .    .    .    .    .    .    .    .

La broderie et la dentelle continuent dans les arrondissements de Nancy, de Lunéville, d'Epinal, de Mirecourt et de Neufchâteau, à souffrir de la guerre américaine et des premiers effets du Traité de Commerce. La situation des ouvrières, qui ne gagnent que de 50 à 75 centimes par jour est des plus précaires. Aussi une bonne partie des ouvrières de la campagne ont-elles pris le partie de retourner aux travaux des champs. Ce résultat n'a rien, à mon avis de bien regrettable. L'Agriculture, l'hygiène et la moralité publique ne peuvent que s'en applaudir. Les cristalleries de Baccarat de Cirey, les verreries, les fayenceries continuent à être en bonne voie. Il en est de même de la fabrication de la toile dans les Vosges. La lutherie de Mirecourt est en souffrance ainsi que les féculeries d'Epinal.

### 226. Paul, P. G.  Nîmes, 6 October 1864.

La guerre d'Amérique exerce une influence trop fâcheuse sur la prospérité des populations d'une partie de ce ressort pour ne pas continuer à préoccuper vivement l'attention publique. Les états unis offraient, en effet, avant la crise qui les déchire, un débouché important pour les soies et pour les garances. Ce dernier produit surtout a été sérieusement atteint. Il était, il y a peu d'années, une des

---

[1] See ch. i, note 25.

branches les plus importantes de la richesse du département de vaucluse; mais ne donne plus aujourd'hui de bénéfices suffisamment rémunérateurs. Aussi, cette culture qui érige de grands frais est-elle abandonnée. On la remplace par la vigne qui se plante maintenant même dans les terres les plus fertiles.

Cette tendance à augmenter dans des proportions énormes la culture de la vigne se manifeste dans les trois départements du gard, de vaucluse et de l'ardèche.

227. *De Marnas, P. G.   Paris, 14 November 1864.*

[Département of Aube.]

L'industrie de la bonneterie, dans les arrondissements de Troyes, d'Arcis sur Aube et de Nogent sur Seine se ressent toujours de la rareté du coton. A Troyes néanmoins la situation s'est améliorée. Dans les autres localités où s'exerce ce genre de fabrication, le sort des ouvriers parait assuré pour l'hiver; si la main d'œuvre n'a pas repris encore son ancien niveau, le travail du moins ne fera pas défaut, es les commandes qui sont déjà faites éloignent la crainte du chômage.

. . . . . . . . . . . .

L'industrie du tissage des laines, à Reims et dans le canton de Suippes (arrondissement de Châlons) continue à jouir d'une grande prospérité grâce à la concurrence avantageuse qu'elle fait aux tissus de coton. Cette fabrication, à Reims surtout, prend une extension toujours croissante, et le travail est, dès à présent, assuré aux ouvriers pour tout l'hiver.

228. *Levé du Montat, A. G.   Riom, 8 October 1864.*

La fabrique de cotonnade de lasset est depuis longtemps en souffrance.

. . . . . . . . . .

La fabrication de la dentelle se maintient dans d'assez bonnes conditions: il n'en est pas de même de la rubanerie et des moulinages de soie.

229. *Millevoye, P. G.   Rouen, 11 October 1864.*

Les conséquences de la guerre américaine ont créé dans nos contrées une situation qui ne peut se modifier d'une manière sensible tant que les hostilités continueront dans ce pays. Il y avait eu précédemment une reprise des affaires amenée par la necessité où se trouvaient les producteurs de faire face aux commandes qu'ils recevaient. Pendant le premier mois de ce trimestre, une certaine amélioration s'était manifestée sur la place de Rouen notamment; les transactions étaient plus actives, les acheteurs plus nombreux; malheureusement cet accroissement d'affaires a cessé depuis le commencement de Septembre; beaucoup de produits manufacturés ne pouvaient trouver d'écoulement qu'avec une baisse préjudiciable aux vendeurs; la plupart d'entre eux se refusant à subir cette dépréciation, les marchandises restent en magasin; de là, le mouvement de stagnation signalé.

.    .    .    .    .    .    .    .    .    .    .

L'autre cause [besides the rise of the rediscount rate of the Bank of France] qui agit plus directement encore sur le mouvement des affaires commerciales et qui en détermine actuellement la stagnation naît surtout des bruits de pacification en Amérique qui ont pris plus de consistances et se sont propagés davantage en ces derniers temps.[2] Ces rumeurs incertaines et persévérantes tout à la fois, empêchent un grand nombre d'industriels de continuer leur fabrication en renouvellant leurs approvisionnements, ou les conduisent tout au moins à en réduire l'importance, dans la prévision de la baisse qui se produirait sur le prix des cotons et de la dépréciation que subiraient les produits fabriqués si la paix venait à se réaliser. Il est assurément permis de douter, quand on voit l'archarnement des deux parties et leur refus de toute espèce de concessions, que cette évènement soit aussi prochain qu'on semblait le dire; peut-être aussi s'exagère-t-on l'importance du stock américain qui doit avoir été diminué dans une notable proportion par la réduction considérable de la production pendant la guerre, par les violations de blocus, les saisies des autorité fédérales, les incendies, les détériorations des vieilles récoltes et les besoins mêmes des Etats du Sud. Par suite, on s'effraie peut être à tort sur la portée des conséquences que produirait en Europe, pour l'industrie cotonnière, la pacification de l'Amérique.

Quoiqu'il en soit, les craintes existent et paralysent la marche d'un grand nombre d'industries.

Cet état de choses qui supprime ou diminue le travail pour un trop grand nombre d'ouvriers ne devient pourtant pas inquiétant parce que beaucoup d'entre eux arrivent à trouver des occupations

---

[2] On the American presidential election campaign fought out on the issue of peace or war, see Introductory Note to ch. iv.

d'une autre nature et parce que, d'ailleurs, ils se montrent partout paisibles et résignés.

Pendant que les filatures de coton et les industries qui s'y rattachent, après un moment de reprise, se trouvent de nouveau dans un état de stagnation et de souffrance, les fabriques de draps et d'étoffes de laine continuent à être dans un état prospère. J'aurais d'ailleurs l'occasion de revenir sur ces deux points en m'occupant spécialement des villes de Rouen, d'Elbeuf, et du Hâvre.

La condition de la plupart des autres industries principales des deux départements de la Seine Inférieure et de l'Eure, est tout à fait satisfaisante; il en est ainsi, notamment, pour les ateliers où les cuirs sont travaillés pour les fabriques de lacets et de rubans, pour les scieries, les corderies, les papeteries, les fonderies, les filatures de lin, etc, etc.

.    .    .    .    .    .    .    .    .    .    .    .

Rouen.

Ainsi que j'ai indiqué déjà, la paix américaine rendrait selon toutes les probabilités à la filature de coton et à l'industrie rouennaise en particulier un essor dont tout le monde se féliciterait, mais elle imposerait une perte momentanée à tous les fabricants qui auraient des marchandises en magasin, par la baisse presque subite du prix de ces marchandises.[3]

De là donc une préoccupation toute naturelle de la part des fabricants et des acheteurs. Les premiers cherchent à écouler les produits de leur fabrication et ne veulent travailler que sur commande; les acheteurs hésitent à prendre livraison de marchandises qui pourraient, par la suite des évènements, subir une dépréciation dans les stocks et cherchent à imposer, dès à présent, une baisse qui n'a pas de sérieux prétexte. Il est impossible de fixer un terme à cette stagnation des affaires, qui ne serait que passagère et sans grande influence sur l'état du commerce, si la pacification des Etats Unis venait à se conclure dans un avenir prochain, mais qui pourrait avoir de fâcheuses conséquences, si l'incertitude actuelle se prolongeait.

Par suite de ces circonstances, le prix des principaux articles du commerce de Rouen, après une hausse constante, pendant les mois de Juillet et d'Août, sont retombés 'au dessous des cours constatés au dernier trimestre.

[3] See ch. ii, note 18.

Le coton d'Amérique qui valait à la fin de Juin 6ᶠ.95 le Kilogramme, est monté à 7ᶠ.52, 7ᶠ.56, 7ᶠ.60, puis est retombé à 6ᶠ.70, 6ᶠ.63 son prix actuel.

Le coton des Indes qui valait 5ᶠ.30, à la fin de juin, est monté à 5ᶠ35, 5ᶠ.40, 5ᶠ.42 pour retomber à 5ᶠ.10, puis à 4ᶠ.50, son prix actuel.

Les filés qui se vendaient à 7ᶠ.54 sont montés à 7ᶠ.71, 7ᶠ.73, 7ᶠ.78 puis retombés à 7ᶠ.66, 7ᶠ.12 leur prix actuel. Il y a peu de marchandises en magasin, et malgré la baisse, la vente est peu considérable.

Les calicots se sont mieux maintenus, bien que la vente soit également très calme. Les prix qui étaient à la fin juin, de 0ᶠ.67 à 0.68ᶜᵉˢ se sont élevés à 0ᶠ.72, 0ᶠ.71, 0ᶠ.72, et se vendent actuellement 0ᶠ.69½.

La Rouennerie est restée stationnaire au prix de 1ᶠ.30 le mètre, pour la bonne qualité et 1ᶠ.15 pour les qualités inférieures. Les acheteurs demandent une baisse de prix que les fabricants se sont refusé jusqu'ici à consentir.

Les mouchoirs de Bolbec sont bien tenus et valent, en ce moment, 7ᶠ.05 la douzaine, en hausse de 0ᶠ.50 centimes sur les cours du mois de Juin. Cet article trouve des débouchés faciles à des prix avantageux pour le vendeur.

L'indienne se vend, difficilement, au même prix qu'à la fin du dernier trimestre. Les prix de 0ᶠ.95 à 1f., avaient haussé de 0ᶠ.05ᶜᵉˢ par mètre, pendant les mois de Juillet & d'Août; mais la baisse s'est faite pendant ce dernier temps et les achats sont ajournés pour la plupart après les élections du Président des Etats-Unis.

Les articles de coton de fabrication anglaise sont à un pris un peu supérieur aux nôtres. Les filés se vendent 0ᶠ.10 par Kilogramme plus cher; et la différence et de 0ᶠ.01 par mètre sur les calicots. Aussi l'importation de ces articles est presque nulle. Il n'en est pas de même des marchandises de qualités inférieures: l'importation de ces articles qui ne se fabriquent à Rouen, avait augmenté de Juillet et d'Août: elle a diminué pendant le mois de septembre.

La situation du travail industriel dans l'arrondissement de Rouen, s'est sensiblement améliorée, pendant ce trimestre, tant sous le rapport du nombre des ouvriers employés que sous celui de la durée du travail. Ainsi le nombre des ouvriers occupés qui, Elbeuf excepté, ne s'élevait au mois de juin qu'à 23.072 est aujourd'hui de 24.099: la moyenne de la durée du travail qui était de 10 heures ⅚, s'est élevée à 11 heures, ce qui était à peu près la durée normale avant la crise. Cet accroissement du travail porte principalement sur la filature et le tissage mécanique. Ainsi la filature qui occupait, il y a trois mois, 5583 ouvriers, en occupe aujourd'hui 6.127, travaillant 11 heures ½ par jour, au lieu de 10 heures ½. Le tissage mécanique qui n'occupait, au mois de juin, que 2.627 ouvriers, en emploie aujourd'hui 2.998. Ce chiffre atteint à peu près celui des ouvriers occupés à ces tissages; avant la crise, qui ne s'élevait qu'à 3034. Il n'en est pas de même de la filature qui a employé près de 12.000 ouvriers. Cependant, l'amélioration constatée serait d'un heureux augure si l'on ne devait craindre que la stagnation récente que nous signalions dans les affaires commerciales, ne vint bientôt forcer les chefs d'industrie à restreindre de nouveau leur fabrication.

La situation des ateliers de tissage à la Jaquart, des indienneries et des teintures, n'a pas subit de variations sérieuses.

En résumé, si l'on examine l'état général du travail industriel, on trouve une augmentation sur le personnel de 1027 ouvriers, avec accroissement de la durée du travail. Le nombre des ouvriers employés est cependant encore inférieur au chiffre de ceux occupés dans les fabriques en Décembre 1863; —mais il y a, dans l'accroissement constaté, un symptôme de reprise que je suis heureux de signaler à Votre Excellence.

Bien que l'industrie de la place de Rouen soit encore loin d'avoir repris son ancienne activité, la situation de la classe ouvrière n'est pas mauvaise. Un grand nombre d'ouvriers ont quitté le pays et se sont rendus dans les départements du Nord et de l'Alsace; d'autres se sont livrés au tissage des draps ou à la filature de laine; d'autres, enfin, trouvent des occupations dans les travaux agricoles ou dans les ateliers formés pour la construction des nouvelles voies ferrées. Un très petit nombre est sans ouvrage et ceci, pour la plupart, ne peut s'en prendre qu'à leur paresse et au peu d'impressement qu'ils mettent à chercher un emploi.

Il y a eu relativement aux affaires de coton un mouvement considérables au commencement de Juillet pour la spéculation d'abord, ensuite pour la consommation. A partir du 15 Juillet, la spéculation se tenant à l'écart, le marché est devenu plus calme et la baisse a commencé. Plus tard encore de vague rumeurs touchant des propposition de paix aux Etat Unis, jointes aux embarras financiers du marché anglais, ont compliqué la situation générale et augmenté la préocupation par le resserrement du crédit à l'intérieur. A la fin du trimestre, la baisse était tout à fait déclarée; les bas-prix seuls ont ramené quelques demandes depuis plusieurs jours. On estime qu'en tous les cas, si la guerre américaine devait continuer l'approvisionnement du coton sur place ferait comme depuis trois ans, principalement par voie d'Angleterre et vraisemblablement, à des conditions un peu meilleures que par le passé.

Pour les laines, les affaires de gré à gré ont été limitées jusqu'au 15 juillet. A cet époque, une vente publique considérable, longtemps annoncée à l'avance, n'a pourtant donné qu'un assez chétif résultat. Les tiers à peine des quantités offertes, a pu être adjugé et, si le prix a été assez bien soutenu pour les laines communs il y a eu, au contraire, sur les autres sortes, une baisse de 10% en moyenne, par rapport aux cotes établis à la suite de ventes intérieures.

.    .    .    .    .    .    .    .    .    .    .

Les affaires maritimes laissent à désirer; plusieurs ventes publiques de navires ont été inutilement tentées pendant le trimestre. Le mouvement général de la navigation pour le port du Hâvre pendant les sept premiers mois de l'année, présente sur 1863 une diminution de 5870 tonneaux à l'entrée, et de 9.053 à la sortie.

.    .    .    .    .    .    .    .    .    .    .

La situation commerciale de la place d'Elbeuf est au contraire toujours excellente; [4] quelque fabricants ont eu cependant à subir des pertes considérables par suite de quelques faillites déclarées à Paris, et ces sinistres ont rendu le commerce plus circonspect, mais sans qu'il en soit résulté une gêne sensible.

## January 1865

230. *Merville, P. G.   Aix, 6 January 1865.*

Les Commerçants ne paraissent pas plus satisfaits de leurs affaires que les agriculteurs. Elles sont fort languissantes à Marseille ainsi que dans les petits ports de mer dont le littoral de mon ressort est pourvu. Les usines marseillaises fonctionnent au contraire avec une activité convenable: mais, à la Seyne (pris de Toulon), l'établissement des forges et chantiers emploie bien moins des ouvriers, et quelques industries spéciales, telles que la tannerie et la chapellerie, éprouvent sur différents points du ressort un état de souffrance marquée.

231. *Saudbreuil, P. G.   Amiens, 7 January 1865.*

La situation industrielle s'est encore améliorée depuis mon dernier

[4] "Excellente" was underlined with pencil.

rapport. Sauf la filature et le tissage du coton, toutes les autres industries sont dans un état de véritable prospérité.

Il n'y a plus que trois filatures de coton qui marchent dans le Département de la Somme. Celle de Gamaches qui peut faire mouvoir 30,000 broches, celle de M. Prévost à Albert, celle de M. Sydenham à Doullens, moins importantes que celle de Gamaches. La filature de Gamaches occupait naguère encore 329 ouvriers, elle n'en occupe plus que 125 et ne fait plus travailler que 4 heures par jour en moyenne. M. Prévost qui, en s'imposant les sacrifices les plus méritoires, a réussi jusqu'à présent à maintenir sa fabrication, craint d'être forcé lui-même bientôt de la ralentir, menacé qu'il est, par une baisse de 30% survenue récemment sur les filés, d'être soumis à des pertes trop considérables. L'usine de Doullens n'a elle-même qu'-une activité incomplète, mais on doit rendre cette justice à ses propriétaires qu'ils font tout ce qui dépend d'eux pour épargner à leurs ouvriers les souffrances du chômage.

Un malaise analogue et trop facile à concevoir se remarque à St Quentin et à Compiègne.

La filature de coton de St Michel (Arrondissement de Vervins) après avoir diminué de plus en plus ses travaux va les interrompre complètement. Heureusement les nombreux ouvriers qu'elle occupe trouvent du travail dans d'autres ateliers.

La fabrique des articles d'Amiens arrêtée pendant quelque temps dans son essor par la crise financière qui a pesé sur les marchés Anglais et Français et par l'élévation du taux des escomptes a repris toute sa force d'expansion. Les marchandises s'écoulent facilement et les commandes arrivent de toutes parts.

*232. Blanc, P. G. Besançon, 11 January 1865.*

La filature et le tissage qui s'étaient un peu relevés, sont dans une situation bien critique: à Luxeuil, à faucogney, à fougerolles, les fabricants ont dû retrancher à leurs ouvriers une demi journée de travail; à Héricourt toutes les manufactures sont fermées à l'exception d'une seul qui a transformé son outillage. La grosse horlogerie et les diverses branches de la fabrique de Morez, traversent aussi, dans ce moment, une crise pénible.

*233. De Bigorie de Laschamps, P. G. Colmar, 19 January 1865.*

L'industrie cotonnière se trouve toujours dans une situation assez difficile, moins à raison de la rareté du coton qu'à raison des fluctuations dans le prix de vente des filés. Le travail n'a cependant encore cessé nulle part et cet état des choses n'a amené jusqu'à présent que des réductions de salaires. Fort heureusement, le pain est à un prix peu élevé, ce qui permet d'espérer qu'avec le secours de l'assistance publique et de la charité privée l'hiver se passera sans de trop grandes souffrances. Les autres industries de cette circonscription sont assez prospères. Je citerai notamment les manufactures de S^te Marie a/m, la filature de laine de Buhl et les ateliers de construction de Guebwiller. Toutefois, l'industrie rubanière de Soultz et de Guebwiller souffre toujours particulièrement depuis la guerre d'Amérique, ce vaste marché étant fermé à l'exportation de ses produits.

    Arrondissement de Belfort.

  .    .    .    .    .    .    .    .    .    .

    En ce qui concerne l'industrie cotonnière la reprise que semblaient présager les renseignements recueillis au cours du précédent trimestre, ne s'est pas réalisée. Les filatures de coton, ainsi que les tissages, subissent, comme dans l'arrond^t de Colmar, les conséquences des fluctuations du cours des marchandises. L'incertitude dans laquelle elles placent l'industriel, a pour effet de restreindre la fabrication et de réduire, en conséquence, les heures de travail, et par suite les salaires. Cet état des choses a même amené quelques cessations de travail, soit volontaires, soit forcées. A Uffholtz, la maison Nicolas Henchel a dû fermer ses établissements et congédier les 130 ouvriers qu'elle occupait. Elle était depuis un certain temps, assez mal dans ses affaires. A Thann, un petit établissement dirigé par les frères Bloch a cessé de travailler à raison des conditions difficiles de l'industrie et de la mauvaisse qualité du coton. Enfin, à Bavilliers, la maison Bornèque (filature de coton et tissage) dont la position est d'ailleurs, depuis longtemps assez précaire, a renvoyé 292 ouvriers et n'en emploie plus que [sic] 170. J'ajoute, enfin, que la gravure sur étoffes est également en souffrance. Un tiers des ouvriers graveurs de l'établissement de M. M. Gros, Romann, et Odier de Wesserling, sont sans ouvrage. Les Chefs de cette honorable et puissante maison font les efforts les plus louables pour atténuer les conséquences fâcheuses de cette situation. Il y a lieu d'espérer qu'elle ne se prolongera plus longtemps.

    Au moment de transcire le présent rapport, mon Substitut me fait connaître que le S^r Bornèque a suspendu ses paiements. La faillite n'est pas encore déclarée mais elle le serait si l'atermoiement tenté par ce manufacturier n'est pas accepté par ses créanciers. On m'assure que le passif s'élève à la somme de 1,600,000 francs. L'Etat qui a fait des avances au Sʳ Bornèque sur les fonds destinés à secourir l'industrie, se trouve au nombre des créanciers pour la somme de 180,000 francs. On attribue généralement la cause première de cette catastrophe au scrupule qui a empêché le Sʳ Bornèque d'user de la faculté du concordat amiable, autorisé par le décret du 22 août 1848. Depuis cette époque, ses affaires a périclité, et la crise américaine et venue leur porter le dernier coup.

.        .        .        .        .        .        .        .        .        .

["Arrondissement de Mulhouse."]

Les événements survenus en Amérique, pendant le trimestre,[5] ne pouvaient qu'aggraver une situation, depuis si longtemps difficile. Les années prospères qui ont précédés la crise cotonnière ont vu s'élever de rapides et prodigieuses fortunes industrielles: heureusement, les réserves ne manquaient pas quand a sonné l'heure des sacrifices; mais il ne faudrait pas cependant que l'avenir se prolongeât longtemps dans les conditions actuelles: les ressources des établissement manufacturiers, si considérable qu'elles soient, ne sont point inépuisables, comme celle des Etats nord-américaines (Message de M. Lincoln)[6]

Les prix des tissus fabriqués oscillent invariablement dans les mêmes limites, et ils n'atteignent pas, il s'en faut, ceux de la matière première. Le coton que fournissait l'Amérique, Mulhouse le demande aujourd'hui à l'Egypte, à l'Inde, au littoral de la Méditerrannée. Mais à quelles conditions l'obtient-il? Il paie aujourd'hui de 2ᶠ.50ᶜ à 3 f, ce qui jadis lui coûtait 50 ou 60 centimes. Et puis (autre cause d'infériorité des temps actuelles) en échange de la matière première, l'Amérique acceptait en échange des produits manufacturés. Ces temps ne sont plus: le coton, aujourd'hui si cher et si rare, ne se donne plus sans argent comptant. De là, la fréquence et l'intimité des crises financières: Celle qui vient de finir a été supporté, d'ailleurs à Mulhouse, sans secousse apparente, grâce à la

[5] See Introductory Note to ch. vi.

[6] This alludes to the following words in Lincoln's message to Congress (6 Dec. 1864): "The important fact remains demonstrated that we have *more* men *now* than we had when the war *began;* that we are not exhausted nor in the process of exhaustion; that we are *gaining* strength and may if need be maintain the contest indefinitely. This as to men. Material resources are now more complete and abundant than ever. The natural resources, then, are unexhausted, and as we believe inexhaustible. The public purpose to reestablish and maintain the national authority is unchanged, and, as we believe, unchangeable." J. D. Richardson, *Messages and Papers of the Presidents* (9 vols. and Index. Washington, 1896–1899), VI, 253.

prudente habilité de ses négociants; grâce aussi aux réserves dont je parlait tout à l'heure, réserves accumulées à une époque plus heureuse.

Le travail paraît néanmoins assuré aux ouvriers de Mulhouse et les établissements marchent avec la même activité: les situations industrielles chancelantes ou compromises n'ont pas résisté au premier mois de crise; les maisons robustes subsistent seules, et tiennent tête courageusement.

Les journaux entretiennent depuis quelque temps leurs lecteurs des essais pratiqués dans le but de suppléer à la disette du coton, par l'emploi d'autres matières textiles, qu'une feuille de Rouen appelle *les Substituts du Coton.* Ces essais ont-ils amené des résultats péremptoires; apporteront-ils au mal actuel la guérison ou le soulagement? L'avenir en fournira la démonstration. Beaucoup pensent que la fin de la guerre peut, seule, amener la fin de la crise, mais ils n'osent considérer, comme prochain, un évenement si longtemps et si vainement souhaité.

234. *Imgarde de Leffemberg, P. G. Dijon, 14 January 1865.*

La coutellerie Langroise, dans les arrondissements de Langres et de Chaumont, sans réaliser tous les profits qu'elle désire, travaille cependant avec activité.

La ganterie dans l'arrondissement de Chaumont continue à voir son principal débouché fermé par la crise américaine; elle s'est adressée à d'autres marchés tels que celui de l'Angleterre et si ses bénéfices ont diminué cependant elle ne travaille pas à perte.

La même guerre civile produit aussi un effet sensible sur l'industrie du tissage de la soie qui occupe un grand nombre de villages du Sud du département de Saône et Loire. Cependant si ce genre de travail, est un peu ralenti, il n'est pas supprimé, car j'apprends que dans cette partie de mon ressort près de 5000 métiers à tisser sont en activité.

235. *Pinard, P. G. Douai, 7 January 1865.*

Coton—Lins—Laines.

Toutes les fabriques sont prospères, le travail est actif, et le salaire très rémunérateur. Certains bruits de paix propagés à des dates rapprochées à l'élection du Président Lincoln avaient fait croire à une baisse probable sur le coton, et par suite de ces espérances, le lin qui remplace dans une si grande proportion cette dernière matière, a perdu environ un cinquième de sa valeur. Ces fluctuations ont pesé dans une mesure légère sur le producteur; mais le fabricant loin d'être atteint, compte sur une exportation considérable des articles d'été, qu'il prépare avec activité et dans de grandes proportions.

Verreries.

Le travail est très actif: on construit de nouveaux fours, et les produits s'écoulent à des prix rémunérateurs.

236. *Moisson, P. G. Grenoble, 31 January 1865.*

. . . Je continue à voir dans l'Isère et dans la Drôme toutes les industries de la soie, depuis le moulinage jusqu'à l'impression sur étoffes, toujours languissantes par l'effet de l'insuccès presque général des éleveurs de vers à soie, par l'effet aussi de la stagnation des affaires avec les pays étrangers & plus particulièrement avec les Etats Unis.

Dans l'arrondissement de Valence enfin, la Corderie, la Chapellerie, la Tannerie subissent, en ce moment, de fâcheuses épreuves.

Partout, Monsieur le Garde des Sceaux, les fabricants comptent sur des jours meilleurs, sur le terme tant attendu de la Guerre qui dans le nouveau monde décime les Fédéraux & les Confédérés. Nos industriels s'imposent, quand les circonstances l'exigent, de rudes sacrifices pour capituler avec les crises et pour les rendre moins sensibles à leurs Ouvriers.

237. *Olivier, P. G. Limoges, 7 January 1865.*

—l'industrie de la porcelaine est de plus en plus active. elle a employé 191 ouvriers de plus que pendant le trimestre précédent; trente deux fabriques peuplées par 4500 ouvriers sont florissantes, les salaires varient de 1$^f$50 à 5$^f$ pour les hommes, et de 0$^f$60 à 3$^f$50 pour les femmes et enfants.

238. *Leclerc, P. G. Nancy, 15 January 1865.*

Quant à l'industrie cotonnière. Chose étrange! la fin trop brusque de la guerre d'Amérique lui causerait un notable préjudice, bien loin de la servir! Depuis le commencement de cette guerre et en prévision de sa durée, les filateurs ont, en effet, fait venir à grands frais des cotons de l'Egypte et de l'Inde; et si tout à coup la paix déterminait ce qu'ils appellent *la débacle des cotons d'Amérique*,[7] cette débacle entraînerait nécessairement après elle une baisse fatale

[7] See ch. 11, note 18.

à leurs intérêts; cela est si vrai que la simple candidature du Général Mac-Clellan,[8] opposée à celle de Mr Lincoln, a produit à elle seule, au mois de Septembre dernier, une crise dont ils se ressentent encore et qui ne finira que grâce à la certitude de la prolongation des hostilités, depuis la réélection de l'ancien Président.[8] Aussi l'un de mes substituts, celui de Saint-Dié, compare-t-il malicieusement ces grands industriels, aujourd'hui très-satisfaits, à des médecins qui, trouvant dans les ravages d'une épidémie un moyen de clientèle et de lucre, réputeraient désastreuse la découverte d'un remède assez puissant pour la guérir.

239. *Paul, P. G.   Nîmes, 10 January 1865.*

le seul évenement dont on suive toujours les péripéties avec un vif intérêt est la guerre d'Amérique parce que la fin des hostilités doit rejaillir sur le commerce des soies et des garances.

. . . il n'y a que l'industrie de la soie qui soit réellement en souffrance, et cela tient à des causes que j'ai souvent signalées.

240. *Grandperret, P. G.   Orléans, 3 January 1865.*

La situation économique des trois départements du ressort doit être considéré dans son ensemble comme satisfaisante, surtout pour les classes ouvrières qui trouvent partout du travail et des salaires élevés.

241. *De Marnas, P. G.   Paris, 17 February 1865.*

[Department of Aube.]

La situation industrielle, présente une amélioration notable—Dans les arrondissements de Troyes, d'Arcis sur Aube et de Nogent sur Seine, l'industrie de la bonneterie, éprouvée depuis longtemps par la crise américaine et par la rareté de la matière première s'est sensiblement relevée. La plupart des ouvriers trouvent du travail, les salaires sans être élevés, sont suffisants. Les commandes d'ailleurs, favorisées par la saison d'hiver, se multiplient et assurent l'existence de cette classe de travailleurs jusqu'à la fin d'avril, époque à laquelle la fabrication subit un ralentissement forcé qui oblige une partie de la population industrielle à demander des ressources aux travaux de l'agriculture.

.   .   .   .   .   .   .   .   .   .   .

A Reims la fabrication des tissus de laine, profitant de la crise cotonnière, jouit d'une prospérité toujours croissante. —Les laines

[8] See Introductory Note to ch. vi.

de la France, de l'Allemagne et même de l'Australie y affluent, et sont converties en tissus de tous genres qui s'exportent dans tous les pays du monde.

.   .   .   .   .   .   .   .   .   .   .

[Department of Seine-et-Oise.]

A Etampes seulement, on plaint d'une certaine langueur dans la fabrication industrielle et de la rareté des commandes.

242. *Damay, P. G.   Poitiers, 10 February 1865.*

La guerre d'Amérique nuit toujours beaucoup aux productions de vins et d'eaux de vie, dans la Charente-Inférieure: cependant on annonce une légère reprise des ventes, dans ces derniers temps.

243. *Millevoye, P. G.   Rouen, 11 January 1865.*

Monsieur le Garde des Sceaux,

J'ai l'honneur d'addresser à Votre Excellence mon rapport sur la situation industrielle, agricole, et politique du ressort de Rouen pendant le 4ᵉ trimestre de 1864.

SITUATION INDUSTRIELLE.

Dans mon dernier rapport, j'ai signalé à Votre Excellence la crise nouvelle qui, dès les premiers jours de septembre, avait entravé la marche des affaires et causé aux industriels des pertes importantes en amenant un abaissement rapide sur les cotons en laine comme sur les marchandises fabriquées. Cette situation s'est continuée jusqu'au dernier jour de novembre.

La crise a été déterminé à la fois par des causes générales et par des causes particulières à l'industrie du coton.

Il y a trois mois, les bruits de pacification en Amérique [9] avaient pris une consistance particulière, surtout à l'approche de la réélection du Président, et les industriels, dans la prévision de la paix qu'ils supposaient devoir être prochaine, avaient sensiblement ralenti leur fabrication, en même temps que les marchands de nouveautés suspendaient leurs achats. Les détenteurs de coton effrayés, s'étaient empressés de vendre et comme il arrive toujours, la crainte d'une baisse probable produisit une baisse immédiate. Pendant que la croyance à la fin de la guerre civile des Etats-Unis tendait à s'accréditer, les arrivages de l'Inde et du bassin de la Méditerranée relevait le stock des cotons dans des proportions imprévues et rendaient l'épreuve plus difficile en précipitant la baisse. L'approvisionnement

[9] See Introductory Note to ch. vi.

de l'Europe entière qui, au 1er Janvier 1864, était évalué à 411,200 balles, atteignait au 25 Décembre dernier, 645,900 balles, et les quantités attendues de toutes provenances s'élèvent à 466.000 balles. La disette et la cherté du coton d'Amérique en surexitant la production sur tous les points du globe où cette culture est possible, auront cet avantage de nous soustraire prochainement à la solidarité de misère qu'ont fait peser sur nous le monopole et les dissensions des Etats-Unis. Dès à présent les cotons de l'Inde et du bassin de la Méditerranée peuvent aisément suffire aux deux tiers de la consommation Européenne: si la progression qui s'est manifestée ces dernières années se maintenait pendant deux ans encore, on se rapprocherait beaucoup de l'approvisionnement normal. Quoiqu'il en soit pour l'avenir de ces espérances, il est certain que cette invasion sur le marché Européen, d'une quantité inattendue de coton indien et Egyptien, devrait nécessairement amener une dépréciation d'autant plus rapide que la valeur de cette marchandise est fixée par le jeu et la spéculation, plus encore que par les besoins réels de la consommation. Les spéculateurs se sont troublé d'autant plus que la Banque de France en élevant son escompte à 7, 8 et 9%, avait rendu très difficile, même pour les plus confiants, la continuation de leurs opérations. Il faut ajouter que d'importants débouchés se fermaient devant notre commerce d'exportation; au Brésil, faillites sur faillites: sur la Plata guerres civiles et guerre avec le Brésil: entre l'Espagne et les Republiques baignées par l'océan Pacifique, guerre imminente ou déclarée: à NEW-YORK, suspension générale des affaires.[10] Les commissionnaires, par qui se fait tout notre commerce avec le NOUVEAU-MONDE se trouvait engagé au delà des limites de la prudence dans le désarroi général du continent américain et refusés de s'engager davantage. A nos portes enfin, en Angleterre sévissait une crise des plus violentes dont le contre-coup atteignait toutes nos industries. Telles sont les causes multiples de la période difficile que nous avons traversée au mois d'Octobre dernier: Heureusement, elle a été de courte durée. L'industrie Rouennaise n'a pas fléchi sous les preuves. Les cours se sont dépréciés, relevés, dépréciés encore; les transactions se sont arrêtées; quelques fabricants ont diminué leur travail, mais ils n'y a eu ni faillite, ni fermeture d'usine. Peu à peu, la situation commerciale s'est améliorée en Amérique et en Angleterre, et la Banque de France a pu ramener son escompte à 4½.

---

[10] During the entire year of 1864 the danger of draft riots like those in New York in 1863 seemed ever present. See Rhodes, *United States*, V, 233–237.

Quant aux arrivages de coton, on a bientôt compris qu'une récolte qui, en temps normal, ne suffirait même pas au besoins de la consommation courante, sera loin de remplir les vides du passé et diminuer les demandes au point d'agir sur les prix. Après le premier moment de surprise et d'attente les affaires ont repris; les prix agités par bien des mouvements d'oscillations se sont définitivement relevés et raffermis. Depuis un mois, le mouvement ascensionnel des cours a été constant et régulier. Ils arrivent à leur niveau du mois de septembre et ils auraient certainement atteint, sans la liquidation de fin d'année qui occasionne toujours un temps d'arrêt dans les achats.

. . . . . . . . . . .

En résumé, lorsqu'on cherche à se rendre compte de la situation des différents groupes dont se compose l'ensemble de l'industrie cotonnière dans ce pays, il est facile de reconnaître que les oscillations brusques de hausse et de baisse affectent peu les grands manufacturiers qui disposent de capitaux considérables, achètent et vendent fréquemment: ils n'ont ni suspendu, ni ralenti leur fabrication; ils peuvent attendre pour écouler leurs produits le moment favorable et, au pis aller, ce qu'une baisse leur fait perdre, la hausse suivante le leur rendra. Mais ces grandes maisons sont l'exception en Normandie. Pour les autres, s'approvissionner complètement de coton au prix qu'a fait la disette, ce serait s'engager au-delà de leurs ressources. Qu'une baisse survienne comme au 1er Octobre, une perte sérieuse et inévitable; que la baisse se prolonge, la perte peut se changer en désastre. A ceux qui auraient l'audace de tenter l'entreprise, le crédit ne tarderait pas à faire défaut. De là, une incertitude extreme, une défiance de l'avenir qui suffirait pour empêcher une reprise décidée des affaires. On vit au jour le jour, on ne travaille que sur commande, on n'achète la matière première qu'au fur et à mesure des besoins. C'est le propre des mouvements de transitions. Doute, malaise, prudence commandée par la nécessité, opérations restreintes et peu lucratives. Tel est le tableau que présente dans son ensemble cette grande industrie à la fin de 1864.

Quant aux ouvriers, Votre Excellence sait par mes précédents rapports dans quelles proportions le déclassement qui s'opère depuis trois ans, en a réduit le nombre. Ceux qui restent sont occupés: tous ne travaillent pas pendant la journée entière; néanmoins les salaires qu'ils gagnent soit à l'usine, soit au dehors, suffisent pour les mettre à l'abri de la misère.

. . . . . . . . . . .

Les fournisseurs des ouvriers, petits marchands, artisans, propriétaires de petits maisons, logeurs et aubergistes, sont les plus sérieusement affectés par suite de la réduction de leur ancienne clientèle et
de la diminution des salaires que la consommation faisait passer dans
leurs mains. L'ouvrier restreint ses dépenses, les loyers se payent mal,
bien des maisons sont vides. Toute cette production s'était organisée
en vue des 58 millions de salaires que distribuait l'industrie cotonnière dans le seul département de la Seine-Inférieure et ceux qui y
prenaient part n'ont pas comme l'ouvrier d'usine la ressource de
l'émigration ou du déclassement.

L'industrie des draps à Elbeuf et à Louviers est toujours prospère.
Il n'y avait qu'un danger pour elle, c'est l'excès de confiance et la
production irréfléchie. La dernière campagne l'a prové: enhardis
par leurs succès et habitués depuis trois ans à ne pas suffir aux demandes, les négociants d'Elbeuf et de Louviers ont fabriqué cet été
des articles d'hiver en quantité bien supérieure à leurs ventes des
saisons précédentes.

.    .    .    .    .    .    .    .    .    .    .

Les négociants du Hâvre, beaucoup moins prudents que les industriels de Rouen et d'Elbeuf, fortement engagés d'ailleurs avec des
maisons anglaises, ont été rudement atteints par la baisse à la fin
d'octobre, la dépréciation était évaluée de 200 à 220 francs par balle.
On estimait alors à un chiffre énorme les pertes éprouvés par la
spéculation. Depuis longtemps déjà il était facile de prévoir les conséquences désastreuses de l'excitation produite au début du conflit
américain par les profits réalisés sur la vente des cotons en laine. Il
n'était que trop évident que cette fièvre de spéculation devait amener
de profondes perturbations dès qu'un incident imprévu viendrait
précipiter la liquidation de tant d'entreprise ne reposant que sur le
jeu. La place du Hâvre qui n'avait fléchi ni en 1848, ni en 1857, a
compté cette fois des sinistres importants: sans parler des petites
faillites et des sommes perdues sans éclat; Huit grandes maisons ont
été importées par la crise. Toutefois ces désastres ne sont pas com-
parables à ceux qui ont frappé les villes commerçantes de l'Angleterre: à Londres, à Liverpool, et à Manchester, des milliers de comp-
toirs sont en liquidation et les pertes s'évaluent par centaines de
millions.

Comme il arrive d'ordinaire un temps d'atonie a succédé à tous
ces troubles. La spéculation s'est endormie et la confiance a disparu,

mais pour renaître sans trop de retard. On me signale déjà les indices d'une reprise sérieuse sur les principaux articles du marché.

L'industrie maritime accuse toujours les souffrances dont j'ai fait connaître à Votre Excellence.

## April 1865

244. *Sigaudy, P. G.   Agen, 3 April 1865.*

les eaux de vie n'ont pas d'acheteurs. . . . quelle est la cause? pour les eaux de vie, on n'en demande plus; on attend avec anxiété la fin de la guerre des deux amériques où elles tenaient jadis des placements toujours certains et à des prix avantageuses.

245. *Saudbreuil, P. G.   Amiens, 7 April 1865.*

Les fabriques de coton qui marchent encore sont dans une situation déplorable. Une baisse de 30% survenue, il y a un mois, a arrêté les ventes et par là même entrave la fabrication qui ne marche déjà qu'au jour le jour et sans nul bénéfice. Un grand nombre d'ouvrier renvoyés, les autres ne travaillant plus que quelques jours la semaine. . . .[11] tel est l'état actuel.

246. *Blanc, P. G.   Besançon, 15 April 1865.*

Une crise assez violente sévit aussi sur l'horlogerie à Monbéliard et à Morez. Quant aux filatures, elles sont dans un tel état d'épuisement de toutes ressources que l'on prévoit le moment où la fabrication sera suspendue.[12]

Ce pronostic n'a du reste rien d'effrayant pour la classe ouvrière: Si l'on excepte la fabrique d'héricourt que desservait une population exclusivement industrielle, les autres centres de fabrication du pays, recrutent leurs ouvriers parmi les cultivateurs; ceux qui ne trouvent plus de travail dans l'atelier en trouvent dans les champs.[13]

247. *Rabou, P. G.   Caen, 10 April 1865.*

Les filatures de coton ne reprennent que fort lentement leurs travaux. Mais cette situation est désormais sans périls. Les ouvriers renvoyés des filatures, il y a 4 ans, sont aujourd'hui occupés dans d'autres ateliers: le moment critique de la transition est passé.

[11] Ellipses in the original text.
[12] The preceding paragraph was pencilled in the margin.
[13] The preceding fourteen words were underlined with pencil.

248. *Le Viel de la Marsonnière, A. G.   Colmar, 11 April 1865.*

Le tableau que je dois présenter à Votre Excellence est fort affligeant et diffère du précédent en ce point qu'on peut assigner un terme au malaise momentané des agriculteurs, tandis qu'il est impossible non seulement d'en entrevoir mais même d'en espérer un prochain aux souffrances de l'industrie alsacienne.[14]

L'Alsace est un des pays ou la guerre d'Amérique a eu le retentissement la plus funeste. Elle a eu pour premiers résultats de supprimer le plus puissant foyer de production de la matière première et de surélever le prix de coton dans la proportion de sa rareté.

Les maîtres de fabriques ont été admirables en Alsace. Ils se sont résignés à sacrifier, dans les jours de malheur, une partie des millions gagnés aux temps de prospérité, et ils ont maintenu le travail dans leurs ateliers, perdant, suivant l'importance de leurs maisons, jusqu'à 1,500$^f$, 1,000$^f$, 2,000$^f$ par jour et plus.

Cette situation s'est prolongée depuis bien des mois déjà. Or voici ce qui est arrivé. Les fabricants, après avoir épuisé leur approvisionnement de coton à bon marché, a employé le coton acheté depuis la guerre, et ont ainsi produit des tissus leur coûtant le double et le triple du prix de revient d'autrefois. Aujourd'hui il s'agit de se défaire de ses produits coûteux, et il ne se présente plus d'acheteurs; car d'une part le consommateur français, habitué aux anciens prix, restreint ses achats au strict nécessaire, et d'autre part l'industrie cotonnière ne retrouve plus, en Amérique, le marché qui lui était autrefois assuré. En effet, avant la Guerre, les fabricants payaient à l'Amérique leurs cotons non en espèce, mais en produits manufacturés.

Il résulte de là que les maîtres de fabrique accumulent dans leurs magasins des produits qui ne se vendent pas, et cependant ont à payer tous les jours leur matière première et leurs ouvriers. Il est évident qu'ils ne peuvent subvenir à cette tâche qu'à la condition d'avoir encaissé des réserves considérables dans les jours de prospérité.

Jusqu'ici cette situation a été supportée héroïquement par les grandes maisons de Mulhouse, de Thann, de S$^t$ Amarin et du Logelbach qui, dans un double intérêt de conservation et de philanthropie, ont lutté victorieusement contre la crise. A Mulhouse et dans les

---

[14] In the margin were written in pencil the words: "Souffrance de l'industrie cotonnière."

arrondissements de Colmar et de Belfort, il est certaines grandes maisons qui peut-être tiendront longtemps encore. Je suis même informé qu'à Mulhouse le train de maison et le luxe extérieur des grands industriels ne se ressent en rien du vide énorme que chaque jour de perte fait dans leur caisse. Ceci s'explique chez les uns par l'énormité des bénéfices réalisés dans les temps prospères, et chez les autres par le besoin de masquer une situation qui, si elle était connue, s'interromprait brusquement par une mise en demeure de liquider. Déjà plusieurs maisons alimentées par leur crédit plus que par leurs réserves, ont senti la nécessité de s'arrêter dans une voie périlleuse. A Cernay, petite ville de l'arrondissement de Belfort, dont les filatures occupaient près de deux mille ouvriers, tous les établissements sont fermés. La maison heuchel est en faillite; la filature Gros-Zurcher est en liquidation, les établissements Dumel hech, Baudry frères, Witz frères sont fermés ou en voie d'arrêter leurs travaux. Dans les cantons de Giromagny, de Thann et de St Amarin le travail continue mais avec des réductions de jour au jour plus sensibles et des chômages partiels. A Niedermattern, arrondt de Saverne, la filature paraît encore prospère, grâce à son excellente administration. Mais à Bouxwiller la situation est très-fâcheuse, par suite de l'encombrement des produits. A Benfeld, arrondt de Schlestadt, le travail est ralenti et l'on appréhende une cessation de fabrication; à Barr une filature occupant 200 ouvriers est fermée depuis onze mois. Les filatures de la vallée de Schirmeck (Vosges) ont ralenti leur fabrication, évènement qui a produit un fâcheux contre-coup dans le canton de Rosheim, arrondissement de Schlestadt, où elles occupaient de nombreux ouvriers. Enfin à Mulhouse un évènement fâcheux s'est produit durant ces derniers jours. La plus importante filature de cette ville, l'une des plus considérables de France, occupant 2,000 ouvriers vient de succomber sans le poids de la crise aggravée pour elle par des engagements antérieurs.

.    .    .    .    .    .    .    .    .    .

En résumé la situation industrielle est inquiétante, et demeurera telle jusqu'à ce que la fin de la guerre d'Amérique ait rouvert à nos filatures son double marché d'approvisionnements de matière première et de vente de produits manufacturés. heureusement la population ouvrière a été contenue jusqu'ici dans le devoir et dans la paix.

249. *Pinard, P. G.   Douai, 8 April 1865.*

Il y a dans ce moment encombrement des produits dans les fabriques du ressort et ralentissement dans l'écoulement: par une conséquence naturelle, le travail a diminué, soit à Lille, soit à Roubaix. La cause de cette crise passagère, qui a rendu mauvaise la situation commerciale de plusieurs, est due à deux causes: la baisse des cotons dont on a stimulé la production sur tous les points du globe, et la perspective de la cessation de la crise Américaine. Les acheteurs se présentent toujours, mais en invoquant la baisse des matières premières pour obtenir des rabais que les fabricants qui se sont approvisionnés dans des conditions moins avantageuses, déclarent ne pouvoir subir. La comparaison des deux chiffres suivantes relevés à Roubaix, la place la plus importante du ressort pour se genre d'industrie, précisera bien la situation actuelle: dans le premier trimestre de 1864, Roubaix a expédié 8,681,650 Kilogrammes de tissus: pour la même période en 1865, il n'a expédié que 1,835,300 Kilos.[15]

L'activité . . . dans la Verrerie . . . a continué pendant ce trimestre.[15]

### 250. Olivier, P. G.   Limoges, 5 April 1865.

l'activité s'est ralenti dans notre principale branche de commerce, la fabrication de la porcelaine. cet état de choses n'avait inspiré aucune crainte jusqu'à ce dernier temps; il se reproduit, en effet, périodiquement à cette époque de l'année et constitue la morte saison de cette industrie. toutefois, depuis quelques jours, les fabricants s'inquiètent de n'avoir pas reçu une quantité de commandes aussi considérable que les années précédentes. les magasins sont remplis de marchandises et on craint que la difficulté de les écouler n'entraine des suspensions de travail. déjà même, dans une fabrique, 28 ouvriers ont été renvoyés. un fabricant dont les affaires sont, il est vrai, peu considérables, a cessé complètement de faire travailler. il faut espérer que cette situation à laquelle il est difficile d'assigner une cause précise ne se prolongera pas.

les autres industries locales sont également dans un état de souffrance momentanée.

### 251. Gaulot, P. G.   Lyons, 29 March 1865.

Je ne sais, Monsieur le Garde des Sceaux, quand des jours meilleurs reparaitront pour nos industries. La crise des derniers mois

---

[15] The preceding sentence was underlined with pencil.

persiste et depuis les premiers jours de mars elle prend des proportions alarmantes.[16] L'Italie et l'Espagne sous le coup de leurs préoccupations financières, ne demandent rien, l'Amérique est complètement fermée, l'Allemagne attend la mise en vigueur de son nouveau
traité de commerce; la Russie et l'Angleterre seules envoient quelques rares commandes. Il semble que depuis les revers des Confédérés,[17] cette dernière nation ne se livre plus à la contrebande avec
le même succès qu'auparavant.

Aussi la misère pèse lourdement sur les tisseurs et les teinturiers.[18]
Quoique moins poignante elle est dure encore pour les autres
ouvriers des villes. Cependant toutes les épreuves sont endurées presque sans murmure et sans plainte.

.    .    .    .    .    .    .    .    .    .

Le Département de la Loire et la ville de S^t Etienne n'ont pas
les mêmes épreuves. Là, du moins, si nous sommes attristés par certaines souffrances nous pouvons constater aussi des prospérités.[19]

L'industrie des Rubans, sous toutes les formes, languit et semble
se perdre, car la légère reprise de ces derniers temps devait s'arrêter
trop vite. . . .

A S^t Etienne comme à Lyon, la vie industrielle est tellement la
vie de tous que l'ouvrier parait en comprendre les nécessités, les
fluctuations comme les risques.

.    .    .    .    .    .    .    .    .    .

La prostitution clandestine grandit et s'étend. Les jeunes filles
demandent au vice les ressources que refuse le travail.[20] A Lyon, à
Tarare, à Roanne, à S^t Etienne partout les mêmes ravages sont constatés et la débauche ne rend plus ses victimes.

252. *De Gérando, P. G.    Metz, 12 April 1865.*

Les spéculations du haut commerce sont encore paralysées par
l'état général de la politique européenne & la guerre civile de
l'Amérique du Nord.

Presque toutes les manufactures & usines de mon ressort sont en
pleine activité & écoulent leurs produits à des prix souffisamment
rémunérateurs.

---

[16] The preceding sentence was underlined with pencil.
[17] See Introductory Note to ch. vii.
[18] The preceding sentence was underlined with pencil.
[19] The preceding paragraph was underlined with pencil.
[20] See ch. i, note 18.

**253.** *Leclerc, P. G.    Nancy, 24 April 1865.*

L'industrie cotonnière, très-répandue dans l'arrondissement de Saint-Dié, a été de toutes les industries la plus éprouvée; [21] elle est aussi celle qui a lutté contre cette rude et longue épreuve avec le plus de persévérance, de courage et d'énergie. La paix va faire cesser pour elle le temps des privations et des sacrifices; mais je doute qu'elle la replace dans les conditions de sa fortune primitive; car, d'un côté, la production du coton deviendra nécessairement, par l'abolition de l'esclavage, plus difficile, plus onéreuse, moins abondante; et, d'un autre côté, l'Amérique, épuisée par sa terrible lutte, n'offrira de longtemps sans doute, à nos exportations un marché aussi fructueux que par le passé.

**254.** *De Marnas, P. G.    Paris, 11 May 1865.*

[Department of Aube.]

L'industrie de la bonneterie, à Troyes et à Romilly notamment, traverse un moment de crise à cause de la baisse qui s'est produite sur le coton; les magasins sont encombrés de marchandises fabriquées avec une matière première achetée à un prix supérieur au cours actuel, et les négociants, trouvant difficilement le débit de leur produits, sont obligés de restreindre leur fabrication.

.    .    .    .    .    .    .    .    .    .    .

[Department of Marne.]

Quant au commerce des vins de Champagne il continue à jouir de la situation la plus florissante.

L'industrie des tissus de laine, à Reims et à Châlons, laisse quelque chose à désirer; les Commandes sont devenues plus rares; le travail en a éprouvé un ralentissement fâcheux, et l'ouvrage manque à un assez grand nombre d'ouvriers.

**255.** *Daguilhon, P. G.    Pau, 15 April 1865.*

La guerre d'Amérique, si profitable aux Landes, froisse peu d'intérêts dans le reste du ressort.[22]

**256.** *Bodan, P. G.    Rennes, 12 April 1865.*

La position des filatures est encore plus fâcheuse. La baisse rapide qui a affecté le prix des cotons et l'incertitude que laisse la situation

---

[21] All of the extract which precedes was underlined with pencil.
[22] This entire extract was underlined with pencil.

des Etats-Unis d'Amérique paralysent de plus en plus les affaires. Le travail, dans les manufactures, s'est de nouveau rallenti [sic]; à Nantes, notamment, il est presque complètement suspendu.

257. *Millevoye, P. G. Rouen, 10 April 1865.*[23]

La situation de l'industrie des cotons est restée à peu près ce qu'elle était à la fin de Decembre 1864. Les mêmes causes ont produit les mêmes effets. Les incessantes fluctuations de la matière première, l'extrême timidité qui en est la conséquence sur les marchés des produits fabriqués, les bruits de paix alternant avec les bruits de la reprise d'une guerre à outrance, les divergences d'opinion sur le rendement des récoltes de coton de l'Inde et du bassin de la Méditerranée, la concurrence des textiles que le coton dominait autrefois par le bon marché, les manœuvres de la spéculation et les paniques qui, dans toutes les crises, précipitent ou exagèrent les hausses et les baisses, tout a contribué à entretenir les industriels dans des perplexité sans issue et à prolonger la stagnation de la fabrication et du commerce. Il serait inutile d'indiquer ici par des chiffres et par des dates les brusques soubresauts que les péripéties de la guerre d'Amérique ont imprimé, depuis trois mois, au cours des cotons; mais il est un fait qui résulte des cotes officielles et qui doit être particulièrement signalé comme caractéristique de la situation: c'est un mouvement continu de baisse[24] qui se poursuit depuis le 1er Janvier, à travers des intermittences de réaction; ce mouvement me parait encore loin de son terme. Il est facile d'en déterminer les causes et d'en prévoir les conséquences.

Deux causes le déterminent et le maintiendront: la première, c'est la progression de plus en plus rapide et de plus en plus assurée de la production du coton en dehors de l'Amerique. Il est tout naturel que les prix diminuent à mesure qu'augmente l'offre de la marchandise.

Mais c'est surtout dans la série de succès que viennent d'obtenir les troupes fédérales aux Etats-Unis,[25] qu'il faut chercher la grande raison de la baisse. Il y aurait, désormais, une imprudence grave à ne pas faire entrer en ligne de compte, dans toute opération sur les cotons, les

[23] At the beginning of this report appeared these pencilled annotations probably by the minister of justice: "Vu. B[aroche?]. Rapport très remarquable. B[aroche?]. Industrie cotonnière en mouvement entière de *baisse,* en vue des événements d'Amérique."

[24] The preceding six words were underlined and marked in the margin with pencil.

[25] See Introductory Notes to ch. vi, vii.

prévisions de dénouement qui peut être éloigné, mais dont, chaque jour aussi, le télégraphe peut jeter la nouvelle sur la place. L'Union rétablie, que faudra-t-il de temps aux Etats-du-Sud pour cicatriser leurs plaies et recouvrer leurs forces productives? —Que résultera-t-il dans la culture du coton de la substitution du travail libre au travail servile; dans l'état social du pays de l'affranchissement de 2 millions de noirs? —Ce sont autant de problèmes insolubles pour nos né-gociants mais ils savent que le Sud a, en réserve, 1.500.000 balles de coton suivant les calculs les plus modérés; ils savent qu'au lende-main de la paix, Etats et particuliers seront forcés de vider leurs dépôts pour solder les dettes de la guerre et préparer l'avenir. Qui oserait demander à l'Inde des cotons de rebut, chargés d'impuretés, d'un brin court et rude, qu'il faut soumettre à un traitement par-ticulier [26] et qui se payent, en moyenne, 2$^{fr}$ le ½ Kilo. quand, avant leur arrivée, l'Amérique peut verser dans la consommation, aux prix réduits d'un vendeur obéré, les meilleurs cotons du monde, qui ne se vendaient avant la guerre que 50 à 60 centimes le demi Kilo-gramme, pour les qualités courantes. Le 18 Mars, le coton était à 58 centimes à New-York; —Les derniers dépêches annonçaient une nouvelle baisse; la prime de l'or qui s'était élevé jusqu'à 269$^{fr}$ était, à la même date, de 165¾. Les filateurs sont donc condamnés à ne pas faire d'approvisionnements et à n'acheter la matière première qu'après l'avoir revendue d'avance comme produit fabriqué.

L'industrie cotonnière vient selon toute vraisemblance, d'entrer dans cette période de transition et de retour aux prix de départ, qui est pour le fabricant le moment le plus périlleux des crises indus-trielles. Elle aura besoin, pour la traverser de la sagesse qui, jusqu'ici, n'a pas manqué au manufacturier normand. Depuis quelque temps déjà ils avaient pressenti cette situation et ils n'avaient en magasin ni marchandises en laine, ni produits fabriqués. Une circonstance heureuse contribue à maintenir les prix sans les exagérer: c'est l'écart qui existe depuis longtemps déjà, entre les cours du marché anglais et ceux du nôtre. Aujourd'hui encore, les filés anglais sont de 0$^f$.05 centimes par Kilogramme plus chers que leurs similaires français; les calicots étrangers coûtent 1 centime de plus par mètre. Aussi a-t-on constaté, dans ce dernier trimestre, une nouvelle et notable réduction dans les importations des produits anglais par la douane de Rouen. Des quantités considérables ont été, au contraire, ex-pédiées de Rouen à Mulhouse et à Manchester. C'est ce que vient

[26] See ch. i, note 25.

d'établir le compte rendu annuel, publié tout récemment par la Chambre de Commerce de Rouen.

. . . . . . . . . .

Je place sous les yeux de Votre Excellence les prix actuels des cotons de laine et des produits manufacturés, rapprochés de leurs prix du 31 Décembre dernier.

Les cotons de l'Inde qui valaient 4ᶠ.35 sont descendus à 2ᶠ.60 pour remonter à 2ᶠ.70, leur prix actuel. C'est une baisse de 1ᶠ.65, c'est-à-dire près de 38% en trois mois. Les cotons d'Amérique valaient 6ᶠ.20; Ils sont descendus jusqu'à 4ᶠ.20; en ce moment ils sont à 4ᶠʳ.30, ce qui donne une baisse de 2ᶠ.20 ou de 33%.

Les filé de l'Inde étaient, le 31 Décembre 1864, à 6ᶠʳ.37; ils sont tombés à 5ᶠ.26, en baisse de 1ᶠ.11ᶜᵉˢ.

Le calicot compte 30, qui sert de régulateur, valait, il y a six mois, de 69 à 70 centimes le mètre; il y a trois mois, de 61 à 62 centimes. Son prix actuel est de 51ᶜᵉˢ ½.

La rouennerie est descendue de 1ᶠ.15 à 1ᶠ le mètre.

Les mouchoirs de Bolbec se vendaient 6ᶠ.55 la douzaine; ils ne se vendent plus que 6ᶠ.05ᶜ.

L'Indienne est dans la saison de vente. Il en résulte une amélioration qui se comprend. Elle valait de 72 à 77 centimes fin décembre 1864; elle arrive aux prix de 77 à 82 centimes, sans avoir reconquis ceux du mois de Septembre dernier, 95 centimes et 1 franc le mètre.

Pour compléter ce renseignement, je dois ajouter que ce rapide discrédit des cours n'a amené ni faillite, ni fermeture d'usine, ni ralentissement du travail. On me signale, au contraire, un accroissement assez sensible dans le nombre des ouvriers employés dans les manufactures, et la moyenne des heures de travail reste la même. Depuis que le déclassement a réduit, dans de très fortes proportions, le personnel des ouvriers cotonniers, ceux qui sont restés attachés à cette industrie trouvent facilement de l'ouvrage. Leur salaire, s'il n'est pas élevé, est suffisant: ils ont pu traverser l'hiver sans grandes souffrances. Le calme règne parmi eux; il ne se manifeste nulle part la moindre tendance au désordre ni à la coalition.

Cette situation se continuera jusqu'à la fin de la crise américaine, avec des chances diverses pour les chefs d'établissement, exposés à subir les brusques variations des cours; mais le stock des marchandises anciennes étant depuis longtemps complètement épuisé les besoins journaliers de la consommation maintiendront le travail dans ses conditions actuelles; il devra même augmenter à mesure que la baisse, en rapprochant les étoffes de coton de leur prix normal, leur enlèvera la concurrence des tissus de fils et de laine. Dès à présent la fabrication s'élève à un chiffre important. En 1864 nos manufactures ont mis en œuvre 67 millions de Kilogrammes de coton; elles n'en avaient employé que 55 millions ½ en 1863 et 39 millions seulement en 1862. Avant la crise, la consommation était de 75 à 80 millions.

Dès que la fin de la guerre d'Amérique promettra d'entreprendre les affaires sur une vaste échelle et à longue échéance, l'industrie de ce pays prendra, sans aucune doute, un élan considérable. Les manufacturiers intelligents et qui disposent de capitaux importants, se mettent, dès à présent, en mesure de profiter d'une reprise qu'ils attendent; sur plusieurs points du ressort de nouvelles usines s'élèvent, des additions importantes sont faites aux anciens et partout l'outillage se perfectionne.

258. *Léo Duprez, P. G.    Toulouse, 8 April 1865.*

C'est surtout dans le Tarn et Garonne que le contre coup de la guerre d'Amérique se fait sentir. Les travaux des ateliers de tissage se réduisent sans cesse par suite de la continuation de la crise sur les cotons.

## JULY 1865

259. *Saudbreuil, P. G.    Amiens, 8 July 1865.*

Il n'est pas de même [prosperity] de l'industrie cotonnière,[27] filature et tissage, qui se ressent à peine de la cessation des hostilités en Amérique.[28] Au moment où cette heureuse nouvelle a été apportée en Europe [29] une baisse de 30% survenue, sans qu'il fût possible de lui assigner une cause précise, avait fort troublé la fabrique déjà éprouvée depuis quatre ans, par tant de perturbations. Chose singulière, depuis cette baisse a disparu sous l'influence, on le suppose, d'un droit considérable dont la sortie des cotons bruts aurait été frappée par le gouvernement de l'Union.[30] Il en résulte que les fabricants ralentissent leur fabrication dans l'espérance d'une baisse

[27] The preceding words of the extract were underlined with pencil.
[28] See Introductory Note to ch. vii.
[29] The earliest news account of Lee's surrender appearing in the *Moniteur* was on 23 April 1865.
[30] A U. S. Treasury regulation during the war imposed a tax of 25% on cotton. This was continued in force by the Johnson administration during 1865. There was also a tax of 2½ cents a pound levied on all cotton raised (3 March 1865). W. L. Fleming, *Civil War and Reconstruction in Alabama* (N. Y., 1905), 303–304.

nouvelle. Une seule exception n'est signalée. La fabrique d'Ourscamps près Compiègne aurait repris complètement ses travaux.

### 260. Blanc, P. G.   Besançon, 8 July 1865.

La filature et le tissage reprennent leur fabrication. Les établissements d'Héricourt qui avaient fermé, se rouvrent et les ouvriers
reviennent avec empressement dans les ateliers qu'ils n'avaient quitté
qu'à regret. Une seule manufacture de cette localité est encore en
chômage.

L'horlogerie subit une crise: Les fabriques de mouvements et de
pendules ont dû licencier leurs ouvriers; mais la confection de la
montre se maintient et la main d'œuvre, sur cette partie, est à un
prix élevé.

### 261. Jardin, P. G.   Caen, 8 July 1865.

Enfin, l'industrie cotonnière, celle qui occupe incontestablement
le premier rang, sort de la crise terrible qu'elle traversait depuis
quelques années. Nulle part, la fin de la guerre d'Amérique [31] n'a
été accueillie avec plus de joie et n'a amené plus de soulagement
qu'en Basse-Normandie. Les filatures, les ateliers de tissage se
rouvrent. Le coton manquait aux ouvriers; aujourd'hui, les ouvriers
manquent au coton. C'est que des familles, en grand nombre, sous le
poids de la misère, ont quitté le pays et sont allées ailleurs chercher
du travail et du pain. Mais les vides se combleront par le retour des
uns et par l'éducation d'ouvriers nouveaux. Il y a une si complète
pénurie de marchandises de coton et les besoins de la consommation sont si grands, qu'on peut raisonnablement croire que cette industrie va parcourir une ère de véritable prospérité et réparer les
pertes énormes qu'elle a faites.

### 262. Leviel de la Marsonnière, A. G.   Colmar, July 1865.

La fin de la guerre d'Amérique [31] a restitué à la principale industrie de l'Alsace si non la prospérité, du moins la sécurité. Elle se sent
renaître, et affirme sa vitalité par tous les signes précurseurs de
l'abondance et de la fécundité.

A peine la guerre était-elle terminée, que les matières fabriquées,
dont les stocks étaient encombrés, se sont vendus comme par miracle,
si non avantageusement du moins à perte supportable. On a pu, dès-
lors, grâce aux sommes réalisées par ces ventes, reprendre la fabrica-

[31] See Introductory Note to ch. vii.

tion avec une nouvelle activité, et rendre aux ouvriers la plénitude des heures de travail qu'il avait fallu réduire à la moitié et parfois même au tiers. Cette reprise des travaux a été presque immédiate, dans les usines qui, à force de sacrifices, étaient parvenues à conserver leur personnel d'ouvriers. Mais il faudra plus de temps pour reconstituer celles qui, ayant fermé durant la crise, ont laissé le vide se faire autour d'elles. On me dit qu'à Cernay les ouvriers, pour la plupart allemands, ont disparu et il faudra peut-être un certain temps pour qu'ils répondent à l'appel de ceux d'entre les patrons, (rares d'ailleurs) qui, n'ayant fait que des sacrifices réstreints, ne peuvent prétendre à la reconnaissance. Cependant on m'affirme que, dans l'arrond$^t$ de Belfort et ailleurs, toutes les usines dont j'avais annoncée la fermeture vont se rouvrir, et l'accent ému avec lequel mes substituts m'annoncent cette nouvelle n'est qu'un écho du profond sentiment de joie dont s'anime en ce moment tout ce qui vit ou s'enrichit, en Alsace, de l'industrie cotonnière.

La joie est donc partout. Je dois dire cependant qu'il est certains esprits qui, par prudence plus que par pessimisme, se défient, les symptômes renaissants de prospérité et s'effrayant d'une récente recrudescence dans la cherté de la matière première. Il est certain que la reprise des travaux ayant eu pour éffet de faire passer par les mains empressées des ouvriers une plus grande quantité de matière première, les cotons bruts se sont mis en hausse, et ne permettront pas, de quelques temps encore, aux fabricants la réalisation de grands avantages. Mais, même aux prix actuels, on produit non plus à perte, mais à légers bénéfices. C'est un progrès qui suffit pour encourager les timides et réfuter les pessimistes. Aussi l'industrie cotonnière, et particulièrement celle de Mulhouse, présente-t-elle à l'heure qu'il est un spectacle très-satisfaisant. On me dit qu'à Mulhouse les transactions acquièrent un tel développement que les toiles deviennent rares sur le marché, et qu'une des maisons de la banlieue est obligée depuis quelques temps, pour suffire à la demande, de blanchir 2,500 pièces par jour. Tout porte donc à croire que lorsqu'elle aura pancé les blessures dont il lui faudra souffrir quelque temps encore, l'industrie cotonnière recouvrera son ancienne prospérité. En attendant félicitons-nous du courageux dévouement avec lequel la grande majorité des patrons a lutté contre une crise terrible, et du bon esprit des populations ouvrières qui, pas un instant, n'a cessé d'avoir confiance en leurs patrons et de leur témoigner la gratitude due à leurs sacrifices.

263. *Imgarde de Leffemberg, P. G.    Dijon, 11 July 1865.*

La pacification Américaine [31] a fait sentir indirectement son effet dans nos pays et spécialement dans l'arrondissement de Chatillon riche en troupeaux de moutons. Le prix des laines, entrainé par celui des cotons, a baissé dans une proportion considérable; c'est une perte sensible pour le Côte d'or qui après la tonte du printemps rend pour plus d'un million de laines.

.    .    .    .    .    .    .    .    .    .    .

La fin de la guerre Américaine a eu immédiatement pour effet de réagir sur l'importation des huiles de pétrole par l'abaissement de l'agio et l'élévation du fret.

264. *Pinard, P. G.    Douai, 1 July 1865.*

Le tissage du lin et de la laine s'opère dans de bonnes conditions. Il y a un peu plus de lourdeur sur les articles de coton, les fabricants ne sachant pas encore quelles seront la quantité et la qualité des arrivages attendus. Au résumé les articles d'hiver occupent tous les bras et le temps d'arrêt signalé dans mon dernier rapport a disparu.

La plus grande activité règne dans les verreries, et ces établissements se multiplie.

265. *Chevalier, P. G.    Grenoble, 5 July 1865.*

La ganterie, l'industrie la plus importante de ce pays, ne s'est pas relevée de la crise qui a déjà dû être rappelée à Votre Excellence: une partie des nombreux ouvriers qu'elle occupe ordinairement a été renvoyée.

Les usines métallurgiques continuent également à être en souffrance: il en est de même du tissage et de l'impression des étoffes de soie: le nombre des métiers inactifs est plus considérable que dans les premiers mois de cette année.

Cet état de choses est dû un peu au prix élevé de la soie, mais surtout aux événements d'Amérique dont l'influence est ressentie même par les établissements dont les produits n'étaient exportés dans ce pays.

Les autres industries, telles que la papeterie, les fabriques de draps, de liqueurs, de poteries, de chapeaux de pailles . . . sont dans un état assez prospère.

[31] See Introductory Note to ch. vii.

266. *Gaulot, P. G.   Lyons, 1 July 1865.*

A Lyon, la confiance renaît. L'Amérique, depuis la paix,[32] envoie ses demandes; la consommation générale crée des besoins et déjà l'activité prend un nouvel essor. . . .

A Tarare, à Roanne, à Villefranche, le mouvement est prononcé. Les filateurs, les fabriques de coton, les imprimeries sur étoffes reprennent une marche régulière. Les ouvriers ne se sont pas mis en grève: ils ont demandé et ont obtenu quelques légères augmentations de salaires.

A S$^t$ Etienne, l'horizon s'éclaircit et la grande industrie des rubans parait enfin retrouver du temps meilleurs. Elle travaille non seulement pour le présent mais encore pour l'avenir. En peu de jours le stock s'est élevé à 1,500,000$^f$— J'ai dit à Votre Excellence dans mes précédents rapports, les cruelles épreuves de cette cité, le découragement de ses habitans. Puissent leurs espérances actuelles se réaliser rapidement!

Quoiqu'il en soit, des quartiers naguère mornes et abandonnés renaissent au bruit, à l'activité et à la vie. Les salaires ont à peu près doublé. Le prix moyen de la journée descendu à 1$^f$ et 1$^f$50$^c$ est maintenant à 2$^f$ et 2$^f$50$^c$.


267. *Leclerc, P. G.   Nancy, 18 July 1865.*

Mais la situation de l'Industrie cotonnière s'est, entre toutes, améliorée depuis mon dernier rapport grâce à la fin de la guerre d'Amérique.[32]

Les grandes maisons qui avaient acheté du coton à des conditions très-onéreuses, craignaient que la paix, en jetant sur notre marché les produits amoncelés du Sud, n'amenât *une débacle* et, par elle une baisse de prix, qui lui aurait causé un préjudice considérable; mais l'évènement lui-même et une étude plus calme de la question leur a [*sic*] prouvé qu'elles envisageaient les choses sous un jour beaucoup trop sombre.

On évalue:

1° le coton avarié, pourri, brûlé, détruit depuis quatre ans à . . . . . . . . . . . . . . . . .  1,100,000 balles

2° la consommation faite en Amérique pen-

---

[32] See Introductory Note to ch. vii.

dant la guerre à .................... 2,200,000 balles
                                                    ――――――――
                               à reporter 3,300,000 balles.
                        report d'autre part 3,300,000 balles.[33]
3° l'exportation en Europe pendant le même
    temps à ......................... 500,000 balles
                                                    ――――――――
                               Total ...... 3,800,000 balles.
        Et comme on estime que la production des
années 1861 à 1865 ne dépasse pas ........ 5,700,000 balles
        Il en résulte qu'il ne resterait actuellement
pour l'exportation et la consommation
que ................................. 1,900,000 balles.

On croit que la récolte de 1865 est fort compromise; on ajoute
que celle de l'année prochaine ne pourra être employée que l'année
suivante; et de tout cela on conclut, avec beaucoup d'apparence de
raison, que la quantité de coton qui nous arrivera ne sera pas assez
considérable pour faire sensiblement réduire, avant deux ans, le prix
de la matière première.

Ce qui vient donner encore à ces conclusions une autorité incontestable, c'est la mesure prise par le Président Johnson, qui a établi
un impôt de 25 p % *ad valorem* sur tous les cotons restés disponibles
dans le Sud, pour réparer, au moins partiellement, le désastre des
finances américaines. Cette mesure politique et financière aura pour
conséquence d'élever notablement le prix des cotons en laine offerts
aux consommateurs français, et dès lors il ne surviendra point de
perturbation marquée dans les cours actuels, qui paraissent suffisamment rémunérateurs.

Sous l'influence de ces considérations et de ces calculs la confiance
renait, les demandes de produits fabriqués se multiplient, les établissements fermés se rouvrent, ceux qui avaient restreint le nombre des
heures de travail ou renvoyé une partie de leur personnel, reviennent peu à peu à leur ancienne activité; il ne leur manque que les
bras, les ouvriers que la crise industrielle avaient fait renvoyer,
ayant été chercher du travail ailleurs, et ne pouvant revenir de suite à
leurs anciens maîtres.

Dernièrement des émissaires, venus de l'Alsace, parcouraient certains cantons de mon ressort, en cherchant à recruter des travailleurs
auxquels ils offraient des conditions très-avantageuses.

---

[33] These following items were continued on another page of the original text.
Hence this sum is carried over from the preceding page of text.

Tout concourt donc, je le répète, à établir que le chômage a cessé, que la situation tend à devenir normale, et qu'aux temps de crise de l'industrie cotonnière vont succéder des temps de prospérité.

La broderie seule qui, en Lorraine, occupe un si grand nombre de filles et de femmes, souffre de jour en jour davantage; la plupart des fabricants ont fermé leurs ateliers. —Encore si toutes celles qu'ils employaient retournaient aux travaux des champs qu'elles n'auraient pas dû déserter!

268. *Petit, A. G.    Orléans, 3 July 1865.*

La situation industrielle a peu varié. A Orléans, les fabriques de coton sont en pleine activité.

269. *De Marnas, P. G.    Paris, 4 August 1865.*

L'Industrie est dans un état relativement plus prospère que l'agriculture. Le travail ne manque pas aux ouvriers et leurs salaires sont relativement élevés. Depuis le mois de Mai dernier, la crise dont souffraient les industries cotonnières s'est dissipée, grâce à la cessation des hostilités en Amérique.[34] Sur plusieurs points du département de l'Aube, les fabricants ont reçu des commandes importantes; on compte sur une vive reprise des affaires dans un avenir prochain.

.    .    .    .    .    .    .    .    .    .    .    .

Les industries sont dans une situation plus prospère que le travail agricole. Quoique le coton se maintienne encore à des prix élevés, le marché des articles de bonneterie se tient dans des conditions avantageuses, notamment à Troyes et à Romilly. Les ouvriers reprennent courages.

270. *Daguilhon, P. G.    Pau, 13 July 1865.*

Le dénouement de la guerre d'Amérique[34] a gravement affecté l'état agricole du département des Landes. Ce résultat était du reste prévu. Les produits résineux de ces contrées avaient atteint une valeur considérable depuis la suppression des envois du nouveau-monde. Une grande baisse s'est produite depuis la cessation des hostilités. Ce pays, qui était passé subitement de la pauvreté à la richesse, parsuite d'un concours de circonstances qui devaient les unes durer, les autres disparaitre, n'a peut-être pas assez tenu compte de ce que sa prospérité avait d'anormal et s'est créé, par des illusions, des mécomptes dont le moment semble être venu. Toutefois il restera placé dans

[34] See Introductory Note to ch. vii.

des conditions relativement satisfaisantes, grâce à l'impulsion qu'une auguste initiative a donnée aux travaux d'assainissement et de plantation et aux nombreux débouchés qu'elle a ouverts.

### 271. Millevoye, P. G.   Rouen, 10 July 1865.[35]

La crise cotonnière est terminée; les filatures et les tissages reprennent leur ancienne activité: aujourd'hui, ce sont les bras qui manquent au travail; c'est l'ouvrier qui fait la loi au patron; les salaires s'élèvent, et cette hausse, consentie sans difficultés par les principaux industriels, a dû après quelques résistances, être acceptée par tous à la suite de grèves successives qui n'ont amené aucun trouble et n'ont eu que peu de durée.

Les mouvements de reprise n'a été bien prononcée qu'au milieu du mois de Mai pendant la première partie du trimestre, sous l'empire des causes indiquées dans mon dernier rapport. Les esprits sont restés dans l'incertitude, et les affaires ont manqué d'élan. On attendait la fin de la guerre d'Amérique, on redoutait un stock de coton en laine emmagasiné dans les Etats du Sud, qui, disait-on, devait déborder sur tous les marchés dès que la paix serait conclue. La paix s'est faite,[36] et la lumière avec elle. Dès la fin d'Avril le ministre du commerce annonçait au Moniteur que d'après les renseignements recueillis sur place par les agents français les existences de cotons dans les Etats Confédérés ne paraissaient pas dépasser un million de balles —(environ deux cents millions de kilog.). La presse, les correspondances, les informations commerciales indiquaient des chiffres analogues. On apprenait en même temps toute l'étendue du désastre subi par les états producteur de la matière textile: villes et villages brûlés ou saccagés, cultures détruites, routes de terre et chemins de fer bouleversés, tout le matériel agricole anéanti, la population blanche réduite d'un quart ou d'un tiers, et complètement minée, les nègres dispersés ou se refusant au travail. La saison des semailles de coton était d'ailleurs passée au moment où le Sud a posé les armes; la récolte de 1865 ne pouvait être dès lors supérieure à celle des dernières années, et on ne devait avoir à compter sur une augmentation réelle de la production qu'au mois de Novembre ou de Décembre 1866, époque où les premières balles de la ré-

[35] At the top of the first page of this report appeared the following notation: "Vu. B[aroche?]. Industrie cotonnière en reprise. Mouvement de l'opinion vers un libéralisme indéterminé."

[36] See Introductory Note to ch. vii.

colte de cette année parviendraient au delà de l'Atlantique. En partant de ces données, il était facile de conclure qu'avant cette époque il n'arriverait pas sur les marchés européens assez de coton américain pour influer sur les cours et amener les brusques variations qui pendant toute la durée de la crise ont paralysé les transactions. On comprit aussi que cette première récolte de 1866 resterait fort inférieure aux anciennes. Celle-ci était, en pleine prospérité, de 3 millions et demi de balles en moyenne; dans les hypothèses les plus favorables, la première année de culture régulière ne produira pas plus de deux millions. L'Amérique, où les besoins sont grands, en absorbera un tiers; le surplus sera grevé de frais de culture bien plus élevés qu'avant la guerre, et de droits d'exportation nécessité par la dette publique. Cette situation parfaitement connue maintenant des industriels aussi bien que des commerçants, les a amené à penser que pendant un an tout au moins, pendant deux ans peut-être, aucun baisse sérieuse n'était à craindre sur les prix de la matière première. Dans ces conditions l'approvisionnement cessait d'être un danger. Le marché s'est retrouvé, les commandes sont arrivées de toutes parts; les cours se sont affermis et tendant à la hausse.

Cette confiance générale semble dès aujourd'hui confirmer, puisqu'après deux mois d'inter-course entre les ports du Sud et les ports européens, les prix de la matière première ou des produits fabriqués sont exactement les mêmes qu'au commencement du trimestre.

Le coton d'Amérique, qui est tombé à 3$^f$.60 à la nouvelle de la cessation des hostilités, vaut 4$^f$.30 comme il y a trois mois. —Le coton des Indes était alors à 2$^f$.70; il est descendu à 2$^f$.15 pour remonter à 2$^f$.66, son prix actuel.

Les filés valaient fin Mars 5$^f$.26 le kilog.; ils ont baissé jusqu'à 4$^f$.34$^c$ et sont revenus à 5$^f$.33.

Le calicot, de 51 à 52 centimes, est descendu à 42 et 43; il est aujourd'hui à 52 et 53 centimes.

La rouennerie se vendait 1$^f$ le mètre il y a trois mois; on la paie en ce moment 1$^f$.25$^c$.

Les mouchoirs de Bolbec qui valaient 6$^f$.05 était tombés à 5$^f$.80; ils sont remontés à 6$^f$.30$^c$.

L'indienne valait de 77 à 82 le mètre; elle a baissé à 65$^c$ et à 70$^c$; son cours actuel est de 75 à 80$^c$.

Assurément, ces prix ne sont pas définitifs: les tissus de coton devront baisser encore pour reprendre dans la consommation la large part que la crise leur a fait perdre; mais en ce moment ce temps d'arrêt dans la baisse est ce qui pouvait arriver de plus heureux pour l'industrie cotonnière. Si elle s'était produit sans transition, beaucoup de manufacturiers, chargés d'un stock important de marchandises en laine ou fabriqués n'auraient pas supporté une dépréciation subite qui leur aurait imposé une perte énorme et instantanée. —Tandis que la reprise actuelle, si elle dure, réparera les pertes et permettra de supporter un nouvel affaiblissement des cours. La baisse serait ainsi par étapes successifs, sans secousse et sans catastrophe. Tout fait espérer que le mouvement de reprise que je constate est loin de son terme. Les besoins sont grands, et l'avenir est assuré pendant un temps assez long pour que les marchands sortent de leurs abstention et remplissent leurs magasins qu'ils laissaient vides en attendant l'issue des évènements d'Amérique. Les commandes ne manquent à personne. Toutes ou presque toutes les usines sont ouvertes et en pleine activité. Ce qui est plus significatif encore, c'est le retour au filature et au tissage des ouvriers qui avaient abandonné le travail du coton pour celui de la laine. On a constaté entre Elbeuf et les vallées industrielles qui entourent Rouen un déplacement de population déjà très-marqué en sens inverse de celui qui s'était produit il y a trois ans entre les mêmes localités. Cependant, les bras sont encore insuffisants dans beaucoup d'établissements.

Cette situation ne pouvait manquer d'amener une hausse dans les salaires; elle s'est produit en effet, et les ouvriers ont saisi l'occasion d'expérimenter la loi sur les coalitions.

. . . . . . . . . .

Le tissage à la main des articles connus dans le commerce sous le nom de Rouennerie reprend aussi une grande activité.

. . . . . . . . . .

*Industrie des draps.*
. . . On a même vu depuis quelques jours reparaître les acheteurs des Etat-Unis, qui depuis quatre ans avaient disparu du marché; ils ont fait des commandes importantes. . . .

. . . . . . . . . .

La reprise de l'industrie cotonnière n'a pas profité au Hâvre autant qu'on aurait pu s'y attendre, parce que le marché était dégarni et que la consommation, n'y trouvant pas toutes les qualités qu'elle recherche, a pris l'habitude de s'adresser à Liverpool. L'ouverture des ports du Sud aura sans doute pour effet de lui rendre son ancienne importance.

## OCTOBER 1865

#### 272. *Wateau, A. G.    Amiens, 10 October 1865.*

La crise commerciale dont les effets malheureuse se sont si longtemps fait sentir tend chaque jour à diminuer. Partout les filatures
de laine et de coton sont en pleine activité et les diverses industries
favorisées par les commandes importantes ont reconquis un degré
de prospérité tout-à-fait normal. Les ouvriers occupés par les travaux
industriels se trouvent donc dans les meilleurs conditions: les
chômages ont cessé partout, les salaires sont suffisamment élevés et
le travail parait désormais pour longtemps assuré.

#### 273. *Dulamon, A. G.    Bordeaux, 9 October 1865.*

La fin de la guerre qui a désolé les Etats Unis [37] donne jusqu'à
présent plus d'espérences pour l'avenir que de résultats appréciables. Le commerce de Bordeaux souffrira longtemps encore du malaise et des pertes que la lutte des Etats du Sud contre le Nord vient
de lui imposer.

#### 274. *Boivin-Champeaux, A. G.    Caen, 11 October 1865.*

Le grand fait industriel que je suis heureux de pouvoir signaler à
Votre Excellence est la reprise, dans des conditions d'activité inouie,
de l'industrie cotonnière et spécialement de la filature de coton. Il
est inutile de dire que nous le devons à la cessation de la guerre
d'Amérique.[37] La matière textile se tient encore à des prix élevés,
mais les arrivages vont se faire régulièrement, les spéculations ef-
frénées dont cette denrée a été l'objet pendant la guerre vont avoir
un terme, et les opérations commerciales sérieuses n'ont plus à redouter les incertitudes de l'avenir qui les paralyseraient. Il y a quelques mois, c'était le travail qui manquait aux ouvriers; aujourd'hui,
les ouvriers manquent au travail. Les fabricants qui ont traversé la
crise, ont profité du chômage pour renouveler leurs outils et il y
a lieu d'espérer qu'ils sont désormais en état de lutter à armes égales
contre la concurrence étrangère. Cette heureuse évolution dans une
branche si importante de notre fabrication est envisagée comme le
début d'une campagne industrielle dont les brillants résultats arrêteront les désastres des trois années calamiteuses de la famine du
coton.

[37] See Introductory Note to ch. vii.

275. *Leviel de la Marsonnière, A. G. Colmar, 20 October 1865.*

Tous les ateliers sont aujourd'hui rouverts et emploient un nombre d'ouvriers égal et même, sur quelques points, supérieur à ce qu'il était jadis. Des maisons qui semblaient décidément condamnées ont repris leurs travaux, et passeront peut-être, par une longue transition sans doute, de la ruine à la fortune: en un mot un très grande activité a succédé à l'état de prostration auquel la crise américaine a condamné pendant si longtemps l'industrie cotonnière.

Il ne faut pas croire cependant, ainsi que je viens de le dire, que l'activité des ateliers ait pour conséquence nécessaire la prospérité des patrons. Ils ont fait pendant la crise des pertes énormes, et ils ne peuvent espérer de longtemps récupérer l'équivalent de leurs sacrifices: D'un autre côté leurs gains sont relativement peu considérables, et sont loin de réaliser les espérances conçues par les optimistes qui, la guerre finie, croyaient au retour de la fortune. Il est certain qu'au moment où la guerre a cessé, les symptômes qui se sont produits encourageaient les industriels à concevoir les plus flatteuses espérances. Les cotons baissèrent subitement de 30%, et le produits fabriqués trouvèrent un écoulement rapide, non seulement en Europe, mais encore sur le marché américain qui leur était rouvert. Malheureusement cette situation ne s'est pas maintenue. On avait cru que les Etats du Sud contenaient encore de vastes approvisionnements de matière première: il n'en était rien.[38] La culture apauvrie par les dévastations qu'entraine la guerre, et par l'abolition de l'esclavage ne permet pas d'espérer que les approvisionnements se reconstituent promptement dans leurs anciennes proportions. Enfin, la destruction des voies de communication paralyse le commerce et ne permet pas aux petites quantités de coton échappées à l'avidité du vainqueur d'arriver facilement sur le marché. Il s'est donc produit de nouveau sur les cotons une hausse qu'explique la rareté des arrivages, et il est à craindre que cette hausse qui n'est pas encore très-considérable ne se maintienne et même ne s'aggrave encore si le coton ne devient pas plus abondant. Cette situation préoccupe, sans toutefois les décourager, les industriels de ce pays. . . .

[38] There was a scarcity of American cotton for many years after the war. Much cotton had been destroyed during hostilities, as well as transportation facilities on which it depended for shipment. After the war the revival of its culture had been so slow "that in 1868 the yield was half what it had been in 1859." W. A. Dunning, *Reconstruction Political and Economic 1865–1877* (N. Y., 1907), 26, 143.

Les plaintes qui s'élèvent ainsi me paraissent exagérées: sans se dissimuler les embarras très-réels de l'industrie, et notamment celui que lui cause la rareté de la matière première, il faut reconnaître que sa situation est considérablement améliorée. Le manufacturier n'est plus tenu à la même circonspection que par le passé, il n'est plus obligé de limiter sa fabrication, il n'est plus condamné à desespérer de voir se produire, dans un temps plus ou moins prochain, une baisse qui fera revenir la matière première à un prix normal: enfin un vaste débouché est rouvert à sa production et il aura désormais la facilité de changer sur le marché américain le produit fabriqué contre la matière première.

Mais si les patrons peu satisfaits au rendement actuel s'étonnent et s'affligent de ne gagner qu'un dixième peut-être de leurs bénéfices d'autrefois, on sait que désormais il ne travaillent plus à perte, et que par conséquence le sort des ouvriers qu'ils emploient est assuré. La population ouvrière n'a jamais été, en effet, dans une situation plus satisfaisante. Tous les ouvriers sont entrés dans leurs ateliers; de nouveaux arrivans [sic] trouvent à se placer: le travail a repris sa durée ordinaire. Les salaires sont élevés.

### 276. Morcrette, A. G.   Douai, 5 October 1865.

Le tissage du lin subit les conséquences d'une mauvaise récolte. Les métiers à laine sont en pleine activité, et déjà les industriels se preparent à reprendre le travail sur les cotons que la cessation de la guerre d'Amérique [39] doit ramener dans nos ports. Toutefois on s'engage prudemment, ne sachant encore dans quel temps, en quelle quantité et à quel prix, cette précieuse matière nous sera livré.

Les verreries prospèrent.

### 277. Choppin-d'Arnouville, A. G.   Limoges, 9 October 1865.

La situation industrielle est entrée dans une voie d'améloriation très remarquable.

A Limoges surtout, l'industrie de la porcelaine paraît devoir retrouver bientôt toute l'importance que ces dernières années avaient vue diminuer, sous l'influence de la guerre d'Amérique & de la longue grève des ouvriers. Dans ce dernier trimestre, plus de 400 ouvriers nouveaux ont été engagés par les patrons; en ce moment 4,418 ouvriers travaillent dans 28 ateliers de fabrication & 35 ateliers de peinture. Les commandes d'Amérique, qui étaient autrefois le

[39] All of the preceding part of this extract was underlined and pencilled in the margin.

principal débouché de notre industrie, affluent de nouveau, et il y a lieu de penser que l'Angleterre et l'Italie où les fabricants de Limoges étaient allés chercher une nouvelle issue pour leurs produits, conservent une clientèle à ces producteurs intelligents & laborieux.

**278.** *De Prandière, S. P. G.   Lyons, 7 October 1865.*

la situation commerciale et industrielle de la ville de S^t Etienne ne s'est point en effet amélioré au gré des espérances qu'avait [39] fait naître la pacification de l'Amérique.[40] Une légère reprise s'est manifestée cependant dans les travaux de l'industrie rubanière et notamment en ce qui touche l'industrie des velours. Mais les ouvriers veloutiers se sont hâtés de profiter de cette circonstance pour émettre vis-à-vis de leurs patrons, des prétentions au moins prématurées: ils ont même organisé, depuis quelques jours, dans ce but, une grève générale qui, si elle persiste, pourra porter en ce moment une rude atteinte aux intérêts communs.

**279.** *Liffort de Buffévent, A. G.   Nancy, 16 October 1865.*

L'Industrie cotonnière continue à se relever de la triste situation dans laquelle elle a langui pendant si longtemps. Dans toutes les filatures, les broches et les métiers sont en mouvement. Il y a un an les ouvriers se plaignaient du manque de travail, aujourd'hui ce sont les fabricants qui réclament les bras, et s'ils ne peuvent en trouver autant qu'ils en veulent, c'est qu'ils ne peuvent pas encore donner de salaires assez largement rémunérateurs; l'emploi du coton dit courte-soie, de provenance asiatique, ayant pour effet de rendre le travail plus lent par le défaut de consistance des fils, diminue par là-même la rétribution de l'ouvrier qui est payé, non à la journée, mais à la tâche. La crise cotonnière ne sera réellement terminée que lorsque les approvisionnements pourront, comme par le passé, être tirés de l'Amérique, et l'on peut craindre qu'il ne faille attendre longtemps jusqu'à ce que l'agitation qui règne encore dans le Sud [41] soit complètement calmée, que les exploitations soient reconstituées et que les difficultés créées aux planteurs par l'affranchissement des Nègres aient reçu leur solution.

[40] See Introductory Note to ch. vii.
[41] There were many elements of agitation in the South during the summer of 1865. Many destitute returning Confederate soldiers formed bands of lawless raiders; many negroes refused to work and roamed the countryside causing violent reactions among the whites; the stationing of negro troops in the Southern military districts was just one more cause of friction; while the appearance of the Freedmen's Bureau and carpetbaggers in the South fed the fires of resentment.

Quant à présent, nos manufacturiers produisent avec activité, ils retirent de leurs produits un bénéfice faible, il est vrai, mais du moins, et c'est là un grand progrès dans la situation, n'en sont-ils plus réduits à travailler sans bénéfice ou même à perte.

.    .    .    .    .    .    .    .    .    .    .

L'industrie de la Lutherie, si importante dans l'arrondissement de Mirecourt, était tombée dans une stagnation complète pendant la guerre d'Amérique qui fermait à ses produits leur principal débouché. Cet état de crise est arrivé a son terme. Pendant ces derniers mois, les commissionnaires de Paris ont fait à Mirecourt des commandes importantes d'instruments de musique qu'ils expédient ou qu'ils comptent expédier prochainement en Amérique. Malgré l'activité des grands établissements, on ne travaille pas assez vite au gré de ces commissionnaires qui sont obligés de faire revenir aujourd'hui d'Allemagne ce qu'ils ne demandaient autrefois qu'à Mirecourt. C'est assez dire que l'industrie de la Lutherie est en pleine activité.

280. *François-Brava, P. G.   Pau, 31 October 1865.*

Dans la Landes et notamment dans l'arrondissement de Mont de Marsan, les matières résineuses qui avaient acquis, en raison de la crise américaine, une valeur exagérée sont retombées à des prix beaucoup moins élevés. L'exagération donnée à ces produits par une surexcitation momentanée devait cesser avec la cause qui l'avait déterminée.

281. *Gaillard de Kerbertin, A. G.   Rennes, 6 October 1865.*

Un légère reprise semble se manifester dans certaines branches du commerce et de l'industrie. . . .

282. *Millevoye, P. G.   Rouen, 14 October 1865.*

La situation commerciale est bonne. Tous les articles, quels qu'ils soient, trouvent un débouché facile.

.    .    .    .    .    .    .    .    .    .    .

La tendance générale est à la hausse. Le stock est nul, non pas parce que, comme en 1864, on aurait craint de faire des approvisionnements, mais parce que tous les produits trouvent à s'écouler au fur et à mesure de la fabrication.

### JANUARY 1866

283. *Saudbreuil, P. G.   Amiens, 8 January 1866.*

Toutes les fabriques et les maufactures luttent d'activité et de succès: les patrons écoulent leurs produits avec facilité, réalisent des bénéfices importants et assurent aux ouvriers des salaires rémunérateurs.

284. *Blanc, P. G.  Besançon, 13 January 1866.*

Le marché d'amérique trop longtemps fermé, s'est rouvert aux manufactures locales, l'industrie de Montbéliard, celle de Saint Claude, ont reconquis leurs débouchés; [42] il en serait de même de la fabrique de Morez si les négociants de cette ville ne se fesaient [*sic*] une concurrence déloyale. L'horlogerie est dans les meilleurs conditions de progrès. Les filatures ont repris leur activité,[43] mais elles sont dans cette état transitoire et incertain qui suit les grandes crises.

285. *Leviel de la Marsonnière, P. G.  Colmar, 20 January 1866.*

La situation industrielle, sans être absolument prospère, est cependant meilleure que celle de l'Agriculture. Sans doute l'industrie l'industrie [*sic*] cotonnière souffre encore des conséquences de la crise américaine. La prospérité, intimement lié à la production de la matière première, ne renaîtra véritablement que lorsque la reprise de la culture du cotton, en Amérique, sera suffisante pour garantir le marché européen contre les fluctuations incessantes et souvent considérables qu'y apporte la spéculation.[44] Pour en donner un exemple, je puis signaler à Votre Excellence le mouvement de hausse qui s'est opéré dans un seul trimestre. Il y a trois mois les 50 Kilog. de coton a coûté 185 francs; ils s'étaient à l'heure qu'il est 280 francs. Peut-être dans quinze jours le prix dépaisera-t-il 300 f., peut-être sera-t-il inférieur à 200 francs. Cette incertitude est naturellement, de la part des manufacturiers, l'occasion de plaintes qui, tout en étant, fondées sur un fait incontestable, sont cependant imprentes d'exagération. L'état actuel des choses me parait devoir être purement transitoire, et il me semble évident que, du jour où la production cotonnière de l'Amérique sera rentrée dans des conditions normales, les ouvrages seront plus fréquents et la spéculation sera impuissante à maintenir des prix que l'abondance de la marchandise ne permettra plus. De l'autre côté, nous n'en sommes plus au temps où, durant la guerre, la matière première haussait, tandis que baissait le produit fabriqué. En septembre dernier, les filés s'achetaient à raison de 5f.50c. Actuel-

---

[42] The preceding eleven words were underlined with pencil.
[43] The preceding fourteen words were underlined with pencil.
[44] Most of the preceding part of the extract was underlined with pencil, and "bonne" was written in the margin.

lement, ils se vendent 6ʳ.30ᶜ de sorte que le manufacturier retrouve, aujourd'hui, sur son prix de vente l'excédent de son prix d'achat, et il ne lui est plus permit de dire qu'il fabrique à perte. Enfin il est un signe certain auquel il est facile de reconnaître que la confiance renaît malgré les oscillations du marché. C'est que les usines sont partout en pleine activité [45] et ont developpé leur production autant que le permettent les moyens dont elles disposent. Les filés s'écoulent avec rapidité,[46] et les ouvriers qui étaient jusqu'ici un embarras pour les établissements sont aujourd'hui très recherchés. Beaucoup d'usines fermées pendant la crise, telles que celles de Wesserling, Beaucourt, Grandvillars, Cernay et Massevaux ont repris leur activité. D'autres établissements se fondent. M. André vient d'entreprendre à Massevaux le construction d'un tissage de 160 métiers. M. Herzog, beau-père de M. l'Avocat-Général Dufreme, manufacturier aussi distingué par ses connaissances que renommé par sa fortune et par sa bienfaisance est en voie de former une société immobilière en vue [47] de fonder à Colmar une cité ouvrière à l'instar de celle de Mulhouse. Je suis donc convaincu que lorsqu'auront disparu les derniers effets de la crise, l'industrie cotonnière sera représentée en Alsace non seulement par ses établissements anciens, mais encore par des établissements nouveaux.

Les autres industries paraissent également dégagées des conditions défavorables qui pesaient sur elles dans les derniers temps.

286. *Imgarde de Leffemberg, P. G.   Dijon, 12 January 1866.*

Dans l'arrondissement de Chaumont, depuis la pacification d'Amérique,[48] la ganterie a pris des développements considérables, les tanneries voient revenir leur ancienne prospérité; la grande fabrique de limes de Beuvranne [Breuvannes?] travaille avec succès et la coutellerie comme dans le commerce sous le nom de coutellerie de Langres est animée et voit croître sa clientèle.

287. *Pinard, P. G.   Douai, 8 January 1866.*

Malgré l'augmentation du prix du lin qui a manqué cette année, les filatures ont donné à leurs travaux un grand développement.[49]

---

[45] The preceding six words were underlined with pencil.
[46] The preceding five words were underlined with pencil.
[47] The preceding seven words were added in the margin with the comment: "Renvoi apprové—L. de la M[arsonnière]."
[48] See Introductory Note to ch. vii.
[49] Nearly all of the preceding paragraph was underlined with pencil.

Le prix assez élevé du coton,[50] qu'on s'était trop attendu à voir baisser, au moment où cessait la guerre Américaine,[51] n'a pas ralenti l'activité des fabriques [52] qui emploient, dans l'arrondissement de Lille, sur une si large échelle, cette matière première.

Quant aux tissus de laines, leur fabrication atteint également un très grand développement.[53]

288. *De Gérando, P. G.    Metz, 12 January 1866.*

La situation industrielle du département des Ardennes est, en général, non moins prospère. Dans l'arrondissement de Rethel les filatures de laine & les sucreries, dans celui de Sedan les fabriques de drap & les usines métallurgiques, sont en pleine activité.

. . . La fabrication des crayons s'est relevée parce qu'elle a retrouvé plus facilement le bois de cèdre dont l'avait privée la guerre civile de l'Amérique du Nord.[54]

289. *Damay, P. G.    Poitiers, 11 January 1866.*

A la détresse de l'agriculture, on est heureuse de pouvoir opposer la prospérité exceptionnelle de l'industrie viticole. Les vignes ont donné cette année des récoltes aussi remarquable par la quantité que par la qualité des produits, et contrairement à ce qui a lieu d'habitude, dans les moments d'abondance, les prix, par suite de nombreuses commandes, de l'Amérique ont plutôt haussé que subi des diminutions. Les vins et les eaux de vie se vendent dans des conditions fort avantageuses, principalement dans la Saintonge.

290. *Millevoye, P. G.    Rouen, 11 January 1866.*

La situation industrielle [55] et commerciale n'a pas cessé depuis trois mois d'être satisfaisante.[56] Il en sera ainsi toutes les fois que les fabricants et marchands pourront compter sur un stock uniforme et des prix persistants pendant un temps assez long pour assurer l'écoulement de leurs achats. Tout semble annoncer que nous sommes au début d'une période de prospérité.[57] La récolte du coton en 1865,

---

[50] The preceding six words were underlined with pencil, and "coton" was written in the margin.
[51] See Introductory Note to ch. vii.
[52] The preceding six words were underlined with pencil.
[53] Nearly all of the preceding paragraph was underlined with pencil.
[54] The preceding paragraph was underlined with pencil.
[55] The first three words were underlined with pencil.
[56] The preceding word was underlined with pencil.
[57] The preceding eight words were underlined with pencil.

est aujourd'hui connue. Celle de l'année 1866 et 1867, en Amérique, n'excèdera pas 2 millions de balles d'après les valuations de la presse Anglaise, à laquelle les expériences du passé permet d'ajouter fois. Ces appréciation reposent en effet sur des bases qui paraissent sérieux: [58] quatre millions de nègres produisaient autrefois une égale quantité de balles. Aujourd'hui près d'un million ont quitté les plantations et dans l'état de désorganisation sociale des Etats du Sud, le travail des autres ne sera pas la première année tout au moins, aussi fructueux que par le passé. Quant au envois de l'Inde, de la Chine, de la Turquie, ils ont sensiblement diminué en 1865.[59] Dans ces contrées lointaines, les fluctuations excessives des prix ont découragé les producteurs. L'Inde n'est pas remise de la crise terrible qui a suivi la pacification des Etats-Unis et de la baisse énorme qui s'est produit sur les marchés. Les envois de la Chine n'ont été que l'exécution de ventes faites avant la chute de Confédérés. Au lieu d'être en mesure de fournir du coton à l'Europe, elle est réduite à en demander à l'Inde. Enfin l'Egypte qui a envoyé sur les marché Européens 340,000 balles en 1865, voit ses cotonniers atteints d'une maladie épidémique.[60] Dans ces conditions, on n'a à craindre, ni l'extrême rareté de la matière première, ni une de ces invasions subites qui écrasent le marché et déprécient le stock qu'elles trouvent en magasin.[61]

Aussi, un temps d'arrêt de peu de durée qui s'est produit vers le milieu de novembre, le travail depuis trois mois n'a manqué a aucun usine. La plupart des filateurs, des tisseurs et des fabricants d'indiennes ont des commandes pour plusieurs mois encore. Des ventes importantes ont été faites en marchandises de toute nature. Les acheteurs étrangers affluent sur la place de Rouen. Les magasins sont vides; les produits, s'écoulent à mesure qu'ils se fabriquent; les prix sont rémunérateurs et chose rare, les manufacturiers eux mêmes se tiennent pour satisfaits et en conviennent.[62]

## APRIL 1866

291. *Dubeux, P. G.   Bordeau, 24 April 1866.*

La situation commerciale n'a pas subi de modifications appréciables depuis de dernier trimestre. Le commerce des vins est toujours

---

[58] Most of the preceding three sentences were underlined with pencil.
[59] The preceding sentence was underlined with pencil.
[60] The preceding sentence was underlined with pencil.
[61] This sentence was pencilled in the margin.
[62] The preceding three sentences were underlined with pencil.

en voie de prospérité; [63] les prix se maintiennent mais les acheteurs sont moins nombreux; les propriétaires conservent leurs récoltes pour ne pas subir une dépréciation. Dans l'arrondissement de Lesparre, la récolte de la résine continue à donner des résultats satisfaisants,[64] quoique les prix exceptionnellement élevés dans les dernières années, aient baissé de près des deux tiers depuis la fin de la guerre d'Amérique,[65] ils n'ont pas cependant cessé d'être rénumérateurs [sic].

292. *Olivier, P. G.   Limoges, 8 April 1866.*

j'ai reçu, de tous les points du ressort, l'assurance que les industries diverses sont en pleine prospérité; les fabriques de porcelaine ne peuvent suffire aux commandes; [66] le nombre des ouvriers de la ville de limoges augmente chaque jour.

## JANUARY 1867

293. *Morcrette, P. G.   Douai, 4 January 1867.*

Les filatures de lin et le tissage des toiles auxquels la rareté du coton avait donné une activité anormale, commencent à souffrir de la réapparition de ce textile.[67] Mais les bénéfices réalisés pendant quatres années sur les lins doivent largement permettre à cette industrie spéciale de traverser une crise que la fin da la guerre d'Amérique [68] lui annonçait comme inévitable et prochaine.

---

[63] The preceding ten words were underlined with pencil.
[64] The preceding fifteen words were underlined with pencil.
[65] See Introductory Note to ch. vii.
[66] Most of the preceding part of this extract was underlined with pencil.
[67] The preceding nine words were underlined with pencil.
[68] See Introductory Note to ch. vii.

# PART II

## FRENCH OPINION ON THE AMERICAN CIVIL WAR

# CHAPTER IV

## NEUTRALITY AND THE *TRENT* AFFAIR

### Introductory Note

In spite of the unreliability of the French press of the Second Empire three serious studies of French opinion on the American Civil War have been based largely on newspaper sources. These are the works of Pratt, West, and Owsley mentioned above in the general Introduction. Pratt,[1] in his one chapter (Chapter X) of twenty-seven pages devoted to French opinion, depends very largely on the press for his facts and conclusions. He supplements newspapers to some extent, however, by using the Federal and Confederate diplomatic dispatches, eight diplomatic studies and memoirs, and the French parliamentary debates; but he was evidently unable to use the French diplomatic correspondence.[2] And yet Pratt undermines the value of his two more important sources by admitting that "parliamentary discussions of American affairs were rare" and that "the French press, because of censorship and small circulation, could not accomplish as much mischief as the pro-Southern British press."[3] While Pratt attempts to describe the opinion favorable and unfavorable to the South, he does not try to determine which sentiment predominated. Furthermore, the reader cannot verify or utilize his sources because the footnotes have been eliminated.

Owsley in his *King Cotton Diplomacy* devotes only half of a chapter to French opinion on the war, but he uses the French diplomatic documents and West's study, available since 1924, in addition to the sources consulted by Pratt. By the inclusion of careful documentation Owsley gives a very acceptable account of press opinion, but he exceeds the bounds of caution when he asserts that the

---

[1] H. D. Jordan and E. J. Pratt, *Europe and the American Civil War.*
[2] *Ibid.*, pp. 202, 288. Although the French diplomatic correspondence of the Civil War period had been opened to historians at least three years before the publication of Pratt's work, it was probably not available at the time he carried on his researches.
[3] *Ibid.*, pp. 220, 221.

Liberal (*i. e.*, pro-Northern) press "represented the opinion of the majority of the French nation." [4] If that conclusion were true, it could not be satisfactorily proven by referring to the press, dispatches, and debates. Owsley admits uncertainty about real opinion when he says: "It *may be* that the real mass opinion of France could not have been touched by any kind of propaganda hostile to the United States." [5] Yet, by his reliance on West, he bases his conclusions about public opinion in France largely on the press. At the same time he very ably reveals how much French newspapers were subjected to propaganda, bribery, and government influence. In the end, therefore, he leaves the reader still in doubt about what French opinion on the American conflict really was. [6]

The study by West, *Contemporary French Opinion on the American Civil War,* is the only one which devotes an entire book to the question. He relies mainly on "the principal French newspapers and periodicals" and the legislative debates, although he supplements these with opinions of Union and Confederate observers, including those in the Pickett Papers. [7] It may be noted, however, that the sources other than the press are foreign accounts of French opinion and that, of the eighteen papers and magazines consulted, only the *Phare de la Loire* is a provincial publication. [8] The book is, therefore, more a study of contemporary *Paris press* opinion than that of general French public opinion. Yet it is almost a truism to say that French opinion can hardly be judged by that of Paris any more than American tastes and sentiments can be judged by those of New York. On four different occasions in the nineteenth century the French provinces have been known to repudiate revolutionary governments set up by Parisians. But West himself weakens our confidence in his main source, the Paris press, by admitting that it was "muzzled" and bribed [9] and by explaining further that a great deal of the pro-Northern sentiment in the Liberal press was

---

[4] Owsley, *op. cit.*, p. 222.

[5] *Ibid.*, p. 179. The italics are the editor's. Owsley's uncertainty about the agreement of press opinion and public opinion is reflected again on p. 185 where he admitted that one cannot judge "to what extent Hotze influenced public opinion by . . . a campaign [in the press]."

[6] *Ibid.*, pp. 183, 220–221. It is interesting to note that the title of his chapter on opinion begins with "Confederate Propaganda" (ch. vi).

[7] West, *op. cit.*, p. vii.

[8] *Ibid.*, pp. 154–155.

[9] *Ibid.*, p. 65. Chapter VI of West's book is devoted entirely to the subject of Confederate propaganda.

not really a reflection of French opinion on America but rather an indirect means of attacking the undemocratic Napoleonic régime without being suppressed.[10] When West again concedes (p. 104) that "public opinion in France had not the machinery to make itself felt as it did in England," we are reminded once more that the machinery he used registered, for the most part, a limited press opinion rather than that of the public at large.

Yet the very machinery which investigators of public opinion thus far seemed to lack may be found, in part at least, in the reports of the *procureurs généraux*. This collection may not always reproduce basic opinion satisfactorily; it may need to be checked by the press, debates, elections, and personal observations; but in the end it must be recognized as one of the most important sources for the real opinion of all classes, groups, and regions. Four times a year from a large number of the judicial districts came these confidential and relatively conscientious reports discussing, as the war dragged on, local opinions on the principal topic of the moment,—such as slavery, secession, the *Trent* affair, intervention, peace, and reconstruction.

The extracts in Chapter IV deal mostly with the events of 1861. All of the eleven Confederate states had seceded by June 8th, and the first six of them had already established the Confederate government in February. The first hostilities did not begin, however, until the bombardment of Fort Sumter by the Confederates on April 12th. This event was the signal for warlike action in the North. On April 15th Lincoln called for 75,000 volunteer militiamen to suppress "combinations" obstructing the execution of Federal laws, and on the 19th proclaimed a blockade of Southern ports "in pursuance . . . of the law of nations." The South itself during 1861 organized and enforced an extra-legal or unofficial embargo on the exportation of cotton as a means to hasten European recognition and alliances. On 8 November 1861 a Federal man-of-war forcibly boarded a British ship *Trent* and seized Mason and Slidell, two Confederate agents bound for Europe, on the ground that they were contraband of war. This *Trent* affair created an international sensation, and war between the United States and Great Britain seemed just around the corner in December 1861.

During this same year European governments found it necessary

[10] *Ibid.*, pp. 14–15.

to adjust themselves to the peculiar American situation. The conflict was taking on the proportions of a major war, and the United States was applying "the law of nations" to the Confederate States in its blockade. Consequently France and Great Britain, acting together, recognized the belligerency of the South and issued declarations of neutrality in May 1861. Although the North objected to this seemingly half-way recognition of the Confederacy, it had the satisfaction of seeing these European powers eventually acquiesce in the poorly enforced blockade. French and British coöperation showed itself again when both countries protested that the seizure of Mason and Slidell was a violation of the rights of neutrals according to international law. The danger of British intervention and the questionable legality of the seizure led the Federal government to recognize the English objections and release the Confederate agents (1 January 1862). Thereafter the chances of an Anglo-American war became more and more remote.

The *procureur* reports during 1861 and those of early January 1862 showed three definite trends of French opinion: sympathy for the North, hostility toward England, and a desire for French neutrality. Although the general favor given to the North at first was based on the slavery question, the same sympathy after the *Trent* affair was largely explained by a traditional hostility toward England and by the favorable impression caused by the release of Mason and Slidell. Opinion seemed to approve the French protest against the violation of neutral rights, but it was in no mood to see France join England in a war against the United States. French neutrality between England and the North as well as between the North and South appeared to be the consistent reiteration of the *procureurs généraux*.

## JULY 1861

294. *De Baillehache, A. G.   Colmar, 4 July 1861.*

La guerre impie qui a éclaté entre le nord et le sud des états unis d'Amérique, émeut profondément nos centres industriels qui reçoivent de ce pays leurs principales matières de fabrication et entretiennent avec lui de continuels échanges. La ville de Mulhouse ressent en particulier très fortement le contre-coup de cette malheureuse situation. De tous côtés j'entends former des voeux pour le rétablissement de l'union et le triomphe de l'autorité fédérale. La déclaration de neutralité [11] que le Gouvernement a fait publier a été accueillie avec faveur.

295. *Neveu-Lemaire, P. G.   Nancy, 6 July 1861.*

Quant à la querelle intestine des Etats-Unis, excepté quelques manufacturiers qu'elle intéresse à raison des matières premières de provenance américaine, elle s'agite trop loin de nous pour exercer une influence quelconque sur l'opinion publique.

## OCTOBER 1861

296. *Poignand, A. G.   Besançon, 22 October 1861.*

La Guerre d'Amérique notamment, qui compromet l'existence même de l'union américaine, n'a eu dans ce pays d'autre retentissement que celui d'un événement important; mais se produisant loin des frontières de la France n'intéressant pas directement sa sécurité ou sa richesse, et, sans la question de l'affranchissement de l'esclavage qui reste indécise en présence de cette lutte, l'opinion publique se serait à peine émue de la crise des Etats-Unis.

297. *Neveu-Lemaire, P. G.   Nancy, 10 October 1861.*

Le seul conflit lointain dont l'attention publique se soit préoccupée dans mon ressort, est le conflit américain. Si dès le principe, l'opinion ne s'est émue que pour appuyer de ses vœux la cause de l'humanité que le Nord défend contre le Sud, elle envisage aujourd'hui avec anxiété la continuation d'une lutte dont la prolongation devra porter atteinte à de graves intérêts. Notre commerce d'expor-

---

[11] In a dispatch of 11 May 1861 Thouvenel, Minister of Foreign Affairs of France, informed Mercier, French minister to Washington, that France recognized the existence of two belligerents in the American Civil War. ". . . Il est certain," Thouvenel said in part, "que, fondée ou non à agir ainsi, une portion notable de l'Union américaine s'est constituée en confédération séparée, et que cette confédération, maîtresse de vastes et riches contrées, usant de toutes les ressources et de tous les moyens d'administration dont elle était individuellement en possession, a placé à sa tête une autorité incontestée là où elle s'exerce, et qui, par l'espèce de régularité avec laquelle elle fonctionne, revêt aux yeux des puissances étrangères toutes les apparences d'un gouvernement de fait. Dès lors . . . le Gouvernement de l'Empereur ne peut considérer les deux parties contendantes autrement que comme deux belligérants. . . ." *Livre Jaune* (1861), p. 94. About a month later the formal declaration of neutrality followed, carefully couched in terms which might give the least offense to the United States: "Sa Majesté l'Empereur des Français, prenant en considération l'état de paix qui existe entre la France et les Etats-Unis d'Amérique, a résolu de maintenir une stricte neutralité dans la lutte engagée entre le gouvernement de l'Union et les Etats qui pretendent former une confédération particulière." *Ibid.*, p. 97.

tation avec l'Amérique est entravé et l'approvisionnement de nos manufactures de coton gravement compromis par le blocus des ports du Sud.[12] Quelques mois à peine nous séparent du moment où les réserves actuellement existantes seront épuisées. Un tel état de choses dont la perspective inquiète déjà profondément les centres industriels de la Meuse et des Vosges y amènerait la stagnation complète de certaines industries affiliées à celles de l'Alsace, et produirait de très-vives souffrances. Que faire pour les prévenir? La France et l'Angleterre, en proclamant une neutralité absolue,[13] ont manifesté l'intention de se tenir en dehors de la Lutte. Mais on se demande si, plus tard, elles ne seront pas forcées d'intervenir sous l'empire d'impérieuses nécessités, et si, la prétention du Nord d'arrêter l'exportation du coton en interdisant aux pavillons neutres l'accès des ports du Sud, alors même qu'ils ne seraient pas bloqués par une force effective suffisante, prétention contraire aux règles du droit maritime, ne donnera pas à la lutte un caractère et des proportions nouvelles. Dans tous les cas, cette éventualité devant laquelle les Etats du Nord devront évidemment céder si la France et l'Angleterre se réunissent pour appuyer leur demande, offre un intérêt plus commercial encore que politique, et je doute que la paix du monde en soit troublée.

### JANUARY 1862

298. *Lèo Duprez, P. G.  Agen, 6 January 1862.*

La Guerre d'Amérique a laissé les esprits très incertains. Il est à croire que cette question n'est pas généralement envisagée par ses plus grands côtés. Depuis longtems l'outrecuidance de la grande république des états-unis, ses prétensions à la domination exclusive de la moitié de ce grand continent, ses mépris de la vieille Europe et ses institutions avaient éveillé des susceptibilités assez naturelles, et quand cette supériorité pretendue les institutions civiles et même du mérite militaire s'est trouvée démentie par l'évènement, on s'est plus préoccupé du juste châtiment de cette juvénile et brutale jactance que des idées de civilisation et d'humanité qui auraient pu faire déplorer cet immense déchirement. Je ne discerne pas bien de quel côté penchent les sympathies publiques: le sud a contre

---

[12] Lincoln proclaimed a blockade of the ports of the seceded states on 19 April 1861. Richardson, *Messages and Papers*, VI, 14.

[13] Great Britain recognized the belligerency of the Confederacy and proclaimed her neutrality on 13 May 1861. *London Gazette,* 14 May 1861. For the French proclamation of neutrality see ch. iv, note 11.

lui l'esclavage, mais il a pour lui le sentiment de rancune satisfaite que je signalais tout à l'heure. On semble même se souvenir qu'il y a encore de sang français à la Louisiane: quant à la question du coton, on ne s'en inquiète que dans un circle très limité; il n'y a dans le ressort ni fabricans, ni ouvriers, qui soient directement intéressés dans la question: l'esprit de prévoyance et de solidarité ne va pas jusqu'à généraliser ces alarmes. D'autres intérêts ont été vivement atteints par cette guerre; ce sont ceux des producteurs d'eau de vie; j'en parlerai tout à l'heure.[14] Dans les arrondissements d'Auch, de Condom et de Nérac, on fait naturellement des vœux pour que le rétablissement de la paix ramène la reprise des relations commerciales que cette crise a interrompues.

La querelle qui pourrait s'engager entre l'Amérique et l'Angleterre[15] intéresse aussi notre public plus qu'elle ne le passionne: on n'aime pas l'Angleterre assurément et on s'inquièterait peu de ses embarras, mais il se trouve qu'elle soutient aujourd'hui cette thèse de la liberté du pavillon pour laquelle la France a si souvent combattu, et l'Amérique, qui, dans cette cause, a été notre alliée, a le malheur de s'être engagée, cette fois, contre ses précédences et les nôtres. A travers ces hésitations de l'opinion on ne peut discerner qu'un vœu général de neutralité,[16] pour le cas où la guerre éclaterait entre ces deux branches aujourd'hui divisée de la grande nationalité anglo-saxonne: on calcule les avantages que le commerce français receuillerait de cette attitude et comme l'Angleterre ne semble pas devoir retirer d'un guerre, même heureuse, d'autres avantages qu'une satisfaction pour les principes qu'elle nous a empruntés, on pratique la neutralité par avance, sous la forme d'une expectative plus curieuse que passionnée.

On peut même entrevoir que les intérêts commerciaux qu'a compromis la rupture du lien fédéral américain comptent sur l'Angleterre pour abréger la durée de cette guerre civile que l'abstination des deux partis pourrait perpétuer. On se dit que les états du Nord, impuissans, depuis un an, à rétablir l'unité, mais trop puissants pour se résigner à n'en pas poursuivre le rétablissement, cèderont à la nécessité, quand l'Angleterre se joindra ses forces à celles du Sud et que leur orgueil même se soumettra plus facilement à la supériorité d'une nation étrangère qu'à l'insurrection de leurs

[14] See p. 26.
[15] This refers to the *Trent* affair. See Introductory Note to ch. iv.
[16] This opinion was also clearly expressed in both the Imperial and Liberal press. West, *op. cit.*, pp. 42–50.

anciens confédérés. Ainsi la guerre ne s'étendrait qu'aux dépens de sa durée et les relations qu'elle a interrompues, s'accomoderaient de son développement qui leur permettrait d'en entrevoir le terme.

299. *Sigaudy, P. G.   Aix, 9 January 1862.*

La guerre civile qui déchire l'Amérique du Nord, le conflit Anglo-Américain,[17] alarment bien plus les intérêts du commerce Marseillais dont les ramifications s'étendent sur tous les points du globe. . . .

300. *Courvoisier, S. P. G.   Besançon, 24 January 1862.*

La querelle d'angleterre et des Etats-unis[18] a excité l'attention par sa nouveauté. Dans l'arrondissement de Lure elle a présenté un intérêt spécial à raison de l'avenir des filatures existant dans ce pays. mais le sentiment dominant a été partout que la politique de Neutralité dans ce conflit devait être celle de la France.[19]

.    .    .    .    .    .    .    .    .    .    .

Dans les masses, les griefs d'Angleterre contre les Etats-Unis ont fait éclater une fois de plus le sentiment traditionnel d'antipathie nationale contre cette puissance. *Tout* ce qui présente un caractère fâcheux pour elle semble toujours avantageux à la *France*. On s'est donc réjoui du mal que l'incident du *Trent* pouvait occasionner à l'angleterre avec d'autant moins de réserve que la politique de stricte neutralité semblait commandée dans cette affaire à la France et qu'on ne mettait pas en doute l'opinion de Sa Majesté sur ce point.

Toutefois, cet évenement a causé dans l'arrond.t de Monbéliard des préoccupations spéciales. Dans cette partie du Département, la prospérité d'industries importantes tient aux chances du commerce extérieur. Les filateurs ne voyaient pas sans inquiétude un conflit qui pouvait amener la destruction de la marine des Etats unis, et mettre le coton à la disposition absolue de la marine anglaise: d'autres fabricants ont avec l'Amérique un commerce d'exportation important et partageaient les mêmes sentiments.

301. *Courvoisier, S. P. G.   Besançon, 29 January 1862.*

Les probabilités d'une guerre entre l'Angleterre et les Etats du Nord de l'Amérique[20] n'ont pas produit une très grande sensation:

17 See ch. iv, note 15.
18 See ch. iv, note 15.
19 See ch. iv, note 16.
20 See ch. iv, note 15.

on croit à une solution pacifique et on admet peu que la France doive intervenir dans le débat. La perspective de la destruction de la marine américaine au profit de la suprématie de l'Angleterre inspire seule dans les classes moyennes d'autres sentiments. Toutefois on rattache dans les arrondissements de S$^t$ Claude et de Lons-le-Saunier, le ralentissement des transactions commerciales à la durée de ce conflit dont la conclusion serait vue favorablement.

302. *Dubeux, P. G.   Bordeaux, 17 January 1862.*

Dans ces dernières semaines, l'incident relatif au navire le «Trent» et la guerre imminente entre l'Angleterre et les Etats-Unis [21] ont été le sujet des plus vives émotions du commerce de cette grande place maritime.

En présence de ces éventualités menaçantes, les opérations commerciales déjà fort lourdes depuis quelques mois se sont encore ralenties. Je dois constater toutefois qu'au moment que la guerre semblait plus probable, les armateurs bordelais, bien convaincus qu'en cas de conflit, le pavillon français serait de tous les pavillons neutres le plus sûrement défendu, et par conséquent le plus recherché, semblaient entrevoir, sans de trop vives alarmes une situation qui eut assuré pour longtemps de sérieux avantages à la marine commerciale de la France. Ces appréciations n'étaient point partagées par le Commerce proprement dit, qui désireux, avant tout, de calme et de sécurité, a vivement applaudi à la solution pacifique de la question brulante agitée entre deux grandes puissances maritimes. Les esprits impartiaux ont reconnu encore une fois dans la décision prise par le Président Lincoln l'influence de la politique sage et pacificatrice de la France.[22] Ils ont applaudi surtout à une solution qui vient proclamer si haut les droits des neutres consacrés par les réclamations séculaires de la France et sanctionnés aujourd'hui sur la demande de l'Angleterre elle-même qui avait si longtemps soutenu des doctrines toutes contraires. Tous font des vœux pour que cette incident qui a si vivement agité les esprits dans les deux mondes, soit le point de départ de négociations tendant à faire consacrer de plus en plus dans le droit des gens les droits des neutres tels

[21] See ch. iv, note 15.
[22] France also had sent a strong protest to the United States against the seizure of Mason and Slidell in which she had associated herself strongly with Great Britain in the cause of peace and the observance of international law. Thouvenel to Mercier, 3 Dec. 1861, *Livre Jaune* (1861), 99–101.

que les ont soutenus la France[23] et les autres puissances maritimes secondaires.

La guerre qui désole depuis plus d'une année l'ancienne république des Etats-Unis est vue avec un profond regret par tout le Commerce bordelais. Cette lutte intérieure qui absorbe toutes les puissances financières de l'amérique tend chaque jour à réduire encore les relations déjà si amoindries depuis près d'une année entre la France et ces riches contrées. On peut dire avec certitude que toutes les aspirations de ce pays sont pour une solution quelle qu'elle soit, qui vienne, ouvrir les ports américains rétablir sur nos marchés les arrivages du coton et rendre aux transactions commerciales leur ancienne activité.

### 303. *Rabou, P. G.    Caen, 13 January 1862.*

Dans le trimestre qui vient de s'écouler, on s'est très-peu occupé des affaires d'Italie. L'attention publique s'est plutôt portée vers le conflit Anglo-Américain.[24] Le sentiment qui dominait dans les masses, était le désir qu'en cas de guerre entre l'Angleterre et le Gouvernement fédéral, la France gardât une stricte neutralité.

### 304. *De Bigorie de Laschamps, P. G.    Colmar, 9 January 1862.*

Les états dont les actes préoccupent le plus en ce moment l'opinion publique dans les départements du Rhin, surtout à raison de leur position industrielle, sont l'Amérique et l'Angleterre. On est unanime pour désirer que les dissentiments qui divisent l'ancienne union puissent bientôt s'apaiser, en même temps que l'on espère encore que le conflit Anglo-Américain[25] ne dégénérera pas en une guerre ouverte. Les nuages, qui ne sont pas encore dissipés de ce côté, inquiètent vivement le commerce et jettent le trouble dans les transactions. On approuve du reste hautement la conduite du Gouvernement français[26] en présence des événements dont l'amérique est le théâtre; et, l'on fait des vœux pour que, persistant dans sa ligne de conduite, il puisse maintenir, quoi qu'il arrive, une rigoureuse neutralité entre les belligérants.

.    .    .    .    .    .    .    .    .    .    .    .

Du reste, il se produit en ce moment dans l'esprit des industriels français, à l'endroit des événements américains, un revirement singu-

[23] All of this extract from the beginning to this point was bracketed in pencil.
[24] See ch. iv, note 15.
[25] See ch. iv, note 15.
[26] See ch. iv, notes 11, 22.

lier et qui prouve une fois de plus, combien l'intérêt personnel tient place dans les appréciations que les hommes font des événements. Il y a trois mois, des faits tels que l'arrestation des envoyés du Sud, une guerre entre l'Angleterre et les Etats-Unis, et la réouverture des ports cotonniers, eussent été salués avec acclamation. Aujourd'hui, ils produisent de la stupeur, de la consternation; c'est que, depuis trois mois, les cotons n'ont cessé de hausser; c'est que, dans la pensée, assez fondé [*sic*] du reste, que rien ne serait changé dans la situation respective des parties avant le printemps prochain, la filature a fait ses approvisionnements pour l'hiver a des prix fort élevés, et qu'elle éprouverait des pertes incalculables si le conflit Anglo-Américain devait subitement ramener les cotons et déprécier les prix.

Il en résulte qu'en ce moment, l'industrie cotonnière a intérêt à maintenir le statu-quo qui raréfie la matière première, et qu'elle fait des vœux ardents pour qu'aucune guerre n'éclate, au moins avant le printemps, entre les Etats unis et l'Angleterre.

305. *Dagallier, A. G.    Dijon, 8 January 1862.*

Le différend survenu entre l'Angleterre et les Etats Unis est l'objet de jugements divers. Toutefois un sentiment domine, dicté plutôt par l'instinct nationale que par des appréciations réfléchies: c'est le désir de voir l'Angleterre engagée dans une entreprise qui pourrait amener l'amoindrissement de son importance politique et châtier ses procédés d'arrogance et de hauteur qui lui suscitent ailleurs tant d'ennemis. C'est par un sentiment non moins unanime qu'on voudrait voir la France rester simple spectatrice [27] de la guerre qui éclaterait et consacrer toutes ses forces au progrès de son industrie et de son agriculture.

306. *Pinard, P. G.    Douai, 10 January 1862.*

Le conflit Anglo-Américain [28] est apprécié à peu près par tous d'une manière unanime. 1º On blame la capture comme contraire au droit des gens, et on approuve hautement la circulaire de S. E. Le Ministre des Affaires Etrangères.[29] 2º On désire que la guerre n'éclate pas, et nos industriels prévoient que, dans le cas même où elle ferait cesser le blocus des ports du Sud, le coton courrait encore trop de risques de capture pour arriver sur nos marchés à des con-

[27] See ch. iv, note 16.
[28] See ch. iv, note 15.
[29] See ch. iv, note 22.

ditions acceptables. 3° On ne voudrait à aucun prix faire cause commune [30] avec l'Angleterre pour anéantir une marine qui peut être, à un jour donné, pour elle, une rivale, pour nous un auxiliaire.

### 307. Gaulot, P. G.   Lyons, 27 December 1861.

Votre Excellence sait que les Villes de Lyon et de St Etienne doivent leur prospérité aux relations commerciales. Aussi tous les regards sont fixés sur l'Amérique, notre plus vaste marché.

La cause du Sud excitait d'abord de secrète sympathies. La question de l'esclavage semblait oubliée. Au contraire les souvenirs des procédés trop altiers de la jeune république étaient encore vivants. Le grand Etat si vanté, si orgueilleux de ses succès, si fier de sa constitution payait enfin son tribut aux troubles politiques et on était presque tenté de se réjouir!

Mais la réflexion est venue et les faits ont parlé. La lutte intestine des Etats-Unis paralyse les affaires. Elle arrête les progrès d'une marine nécessairement amie. Une rupture définitive ne pourrait que créer un état agricole dans le Sud qui serait alors largement exploité par l'Angleterre.

Aussi depuis l'incident du *Trent* [31] il n'y a plus que des vœux ardens pour la paix. Toutes les classes sont réunies par une même pensée. Je n'ai pas besoin d'ajouter que si le Grand conflit éclate avec l'Angleterre, nos populations attendent du Gouvernement de l'Empereur les avantages de la neutralité.[32] Notre Pavillon serait du moins respecté par les belligérans et notre marine servirait puissamment notre commerce au milieu de ses épreuves.

### 308. Dessauret, P. G.   Montpellier, 8 January 1862.

Le conflit anglo-américain est enrayé,[33] si non mieux, au moment où je trace ces lignes . . . or, le dirai-je? ce dénouement prévu, du reste, par les habiles, a médiocrement satisfait la foule qui n'eut pas été fachée de voir la Grande Bretagne engagée, sans nous, dans une guerre dont les chances eussent pu affaiblir ou mâter [sic] des voisins qui n'obtiendront jamais leur sympathie tant que, ainsi qu'ils le font, ils se montreront insolemment jalou de nôtre [sic] gloire et de nôtre prépondérance en Europe. . . .[34]

[30] See ch. iv, note 16.
[31] See ch. iv, note 15.
[32] See ch. iv, note 16.
[33] See ch. iv, note 15.
[34] Ellipses in the original.

309. *Neveu-Lemaire, P. G.  Nancy, 5 January 1862.*

La querelle intestine des Etats-Unis qui n'avait jusqu'alors excité qu'un intérêt pour ainsi dire industriel ou philanthropique, préoccupe en ce moment l'attention d'une manière toute spéciale. On ne voit plus seulement dans cette question le préjudice apporté par la guerre civile à notre commerce d'exportation et à toutes les industries qui emploient le coton sous ses différentes formes, ou la lutte de la liberté contre l'esclavage et d'une turbulente démocratie contre une oligarchie de grands propriétaires. Au point de vue politique un incident a surgi qui donne au conflit du Nord contre le Sud un caractère de gravité qu'on ne saurait se dissimuler. L'arrestation des Commissaires du Sud, par le capitaine Wilkes sur un navire anglais,[35] est un fait qui sans doute peut descendre de la hauteur d'un principe à une simple formalité de procédure. De l'aveu même des Anglais, le capitaine Américain aurait eu le droit d'arrêter les commissaires sur un bâtiment neutre en destination pour un port neutre, mais à la condition de conduire *le Trent* devant un Tribunal consulaire et de soumettre le jugement à l'autorité compétente.[36] Il n'y aurait eu dans cet acte ni violation des traités internationaux, ni insulte au pavillon britannique. Toutefois, l'irritation des deux peuples, entretenue par une rivalité d'origine par les excitations d'une presse arrogante et une haine qui remonte au siècle dernier, est tellement vive qu'il y a tout à craindre que la question de procédure ne dégénère en une guerre maritime.

Quoiqu'il en soit, le Gouvernement impérial n'avait qu'une chose à faire dans cette conjoncture: Transmettre à Wasington [*sic*] un message empreint de la plus haute impartialité pour conseiller la modération en sauvegardant le droit des gens et l'honneur des pavillons, offrir ses bons offices pour prévenir les hostilités, se faire en un mot médiateur avec prudence et dans la limite des intérêts français.[37] Aussi, sa conduite a-t-elle été universellement approuvée. Notre intérêt en effet n'est-il pas de conjurer le danger d'une con-

---

[35] See ch. iv, note 15.

[36] The British law officer advised Palmerston that "this American cruiser might, by our own principles of international law, stop the West Indian packet, search her, and if the Southern men and their despatches and credentials were found on board, either take them out or seize the packet and carry her back to New York for trial." Palmerston to Delane, London, 11 Nov. 1861. Quoted by E. D. Adams in *Great Britain and the Civil War*, I, 208.

[37] See ch. iv, note 22.

flagration dont les conséquences sont incalculable? Si d'un côté les embarras de nos voisins peuvent profiter à notre action politique, ne devons-nous pas redouter de l'autre, si non la destruction, du moins l'affaiblissement d'une puissance que nous avons contribué à fonder et dont la marine, combinée avec la nôtre, eût été capable de résister au despotisme de l'Angleterre? A ce point de vue, la France ne pouvait rester indifférente aux négociations qui se poursuivent encore, et toutes les démarches que le Gouvernement pourra tenter pour le maintien des relations pacifiques seront conformes au vœu du pays.

Mais si par malheur la guerre éclatait, quelle serait l'attitude de la France? Ira-t-elle, pour rouvrir les ports du Sud à son commerce, unir ses navires aux navires anglais, sous prétexte d'obtenir des Etats du Nord le redressement d'une injure qui ne la touche pas, d'un fait isolé qui ne porte atteinte qu'à l'honneur du pavillon britannique? Evidemment non. Aux yeux des hommes désintéressés ce serait une faute grave. On s'accorde en effet à ne voir dans l'affaire *du Trent* qu'une occasion favorable et non la véritable cause de la guerre prête à éclater. Si l'Angleterre envoie ses escadres sur les côtes de l'Amérique, c'est moins pour venger l'outrage fait à son pavillon que pour sauver son commerce et ses manufactures d'une ruine imminente, en débloquant les ports du Sud. Elle a jusqu'alors montré trop de longanimité envers les Etats-Unis pour que sa subite impatience ne soit point inspirée par ses intérêts mercantiles, seule mobile de sa politique. La France n'a aucun motif sérieux de se rendre complice d'une pareille politique, et de partager les charges et les dangers d'une entreprise dont nos alliés retireraient le principal bénéfice.

La Neutralité la plus absolue, telle est donc la voie que conseille la prudence. Il n'y a là pour motiver notre intervention ni question d'humanité comme en Syrie, ni question d'équilibre européen, comme en Turquie. Rien plus, cette neutralité favoriserait nos intérêts les plus chers. Tandis que les croiseurs ou les corsaires des Etats du Nord poursuivraient les vaisseaux marchands de l'Angleterre, le pavillon français, respecté des belligérants profiterait nécessairement de la plus grande partie du mouvement commercial entre les deux mondes, en même temps qu'il garderait intactes toutes ses forces navales au milieu de la ruine ou de l'affaiblissement des autres marines.

La politique française se résume donc en deux mots: Médiation pour conserver la paix, et Neutralité en cas de guerre. Telle est du moins l'opinion presque unanime dans ce ressort.

### 310. *Thourel, P. G.   Nîmes, 31 January 1862.*

L'esprit public n'est pas d'ailleurs facile à exciter, et il est même triste de constater que les intérêts matériels ont presque seuls la puissance de l'émouvoir— La guerre d'Amérique ne l'impressionne que par les intérêts commerciaux qu'elle compromet ou affecte—

### 311. *Camescasse, P. G.   Rennes, 9 January 1862.*

La question Anglo Américaine [38] faisait naître partout des vœux dans le sens de la neutralité.[39]

### 312. *Salneuve, P. G.   Riom, 11 February 1862.*

[Le] discours [of the Emperor before the Parliament] [40] . . . a dissipé les inquiétudes que faisaient concevoir la situation de l'Italie, le conflit entre les Etats-fédéraux et les Etats confédérés de l'Amérique, l'état de nos finances et le mouvement de nos impôts.

Le commerce a accueilli avec faveur les espérances pacifiques que fait naître la volonté si énergiquement manifestée de Sa Majesté d'employer tous ses efforts pour maintenir la paix.

[38] See ch. iv, note 15.
[39] See ch. iv, note 16.
[40] Napoleon III in his opening speech to the Senate and Legislative Body remarked respecting the American Civil War: "La guerre civile qui désole l'Amérique est venue compromettre gravement nos intérêts commerciaux. Cependant, tant que les droits des neutres seront respectés, nous devons nous borner à faire des vœux pour que les dissensions aient bientôt un terme." *Moniteur*, 28 Jan. 1862.

# CHAPTER V

## INTERVENTION AND MEDIATION

### INTRODUCTORY NOTE

In 1862 the theatre of the War between the States extended to the west. There the North cleared Missouri, Kentucky, and northern Tennessee of Confederate forces and captured the mouth of the Mississippi including New Orleans. On the other hand the Confederates not only checked the invasions of the Federals in Virginia but also invaded the North through the Shenandoah Valley, won a second victory at Bull Run, and threatened Washington. While the North succeeded in stemming the Southern tide of invasion at Antietam on 17 September 1862, it suffered a severe defeat in December at Fredericksburg, half-way between Washington and Richmond. In the meantime important naval history was being enacted when, on 9 March 1862, the two ironclads, the Northern *Monitor* and the Southern *Merrimac,* renamed the *Virginia,* engaged in an indecisive duel in Hampton Roads. Here the superiority of iron ships over those of wood in naval warfare was effectively proven, and as a consequence the fleets of the principal naval powers became obsolete almost overnight.

Political events behind the lines in the North reflected a growing dissatisfaction resulting from the failures of the armies in Virginia. Added to this feeling was a strong opposition to the general suspension of habeas corpus in September 1862. The prevailing discontent showed itself particularly in the congressional elections of November 1862 in which the Democrats won victories in New York, New Jersey, Pennsylvania, Ohio, Indiana, Illinois, and Wisconsin. The opposition had been increased in these states as well as in the border states by Lincoln's preliminary emancipation proclamation of 22 September 1862 which declared that all slaves in regions still in rebellion against the United States on 1 January 1863 would be "then, thenceforward, and forever free."

The indecisive military campaigns and the increased Northern opposition to the Federal government gave Napoleon III an excuse for proposing European intervention in the form of mediation. The Emperor's inclinations in this direction were stimulated by the distress in the cotton and exporting industries of France accompanied by pressure from public opinion. After England and Russia had declined a French proposal of joint intercession for an armistice, France alone, on 9 January 1863, offered her good offices to the United States to bring about negotiations between representatives of the two belligerents. Secretary of State Seward politely but firmly declined the French offer, and there the mediation efforts ended.

On reading West's account of French mediation agitation, one is likely to infer that Napoleon decided on intervention somewhat independently of opinion, and then used the press as a means to obtain a favorable public sentiment. The Liberal opposition, on general principles, began to oppose intervention in the columns of its newspapers and in the parliamentary debates. Hence the press on this occasion was not a mirror of opinion but merely a medium of propaganda. The part played by real opinion in influencing the Emperor's policy and the nation's reaction to that policy are more clearly seen in the reports of the *procureurs généraux* from April 1862 through April 1863. It appears from these reports that the pressure of public opinion was one of the important factors originally influencing the Emperor to take action in respect to the Civil War. A great many reports in 1862 complained about the suffering in French cotton and exporting industries caused by the American conflict. Thirteen of these reports urged immediate action by France, either alone or together with the other powers, while only five advised neutrality and non-intervention. These pleas for action must have been particularly influential because they were accompanied by an almost unanimous expression of sympathy for the South. While there had been, in the first year of the war, considerable sentiment favorable to the North, in 1862 this feeling was almost totally absent despite the issuance of the emancipation proclamation. The trend of opinion toward intervention showed itself again in the reports of January and April 1863 by almost unanimously approving the Government's proposals for mediation of the previous year. Only the manufacturers of Mulhouse objected because they feared that a sudden breaking of the blockade would bring in its wake a sharp drop in cotton prices and ruin them after their purchases of cotton at famine rates. In fact, the French public seemed more bitter toward England and Russia for declining to coöperate with France's mediation plan than toward the United States for spurning France's good offices.

## APRIL 1862

313. *De Bigorie de Laschamps, P. G.   Colmar, 7 April 1862.*

Voici quel paraît être dans l'arrond$^t$ de Mulhouse, le résumé fidèle de l'opinion et des vœux, sur la question américaine. Je transcris sur ce point le rapport de mon substitut qui par ses alliances et par ses relations vit au cœur de la grande industrie.

«Il n'est personne qui ne fasse des vœux ardents pour la solution des difficultés qui divisent ces Etats; que cette solution doive venir par le triomphe définitif du Nord ou par une séparation amiable. Les sympathies publiques s'attachent plutôt du reste à la cause du Sud qu'à celle du Nord, et l'on aimerait voir conquérir son indépendance à cette population vaillante et courageuse qui a tant d'affinité avec le caractère français. Au point de vue commercial, la séparation serait un bienfait pour nous à raison des facilités que le Sud se déclare prêt à accorder au Commerce Européen des avantages inhérents à l'échange direct et sans le coûteuse intermédiaire de New-Yorck [*sic*].

«Toutefois, malgré l'intérêt que Mulhouse aurait à la fin de cette grave conflagration, elle repousse toute idée d'une intervention européenne qui, suivant elle, ne pourrait qu'aggraver la difficulté, et, en exaspérant les partis, rendre la conciliation impossible. On a unanimement approuvé la politique français dans l'affaire du Trent,[1] et les déclarations réitérées de neutralité que le Gouvernement vient de faire aux Chambres.»[2]

314. *Neveu-Lemaire, P. G.   Nancy, 5 April 1862.*

A l'égard de la guerre intestine des Etats-Unis, quelque favorable que soit la cause de la liberté contre l'esclavage, le seul désir qui soit généralement formé est celui de voir se terminer bientôt une lutte dont les conséquences réagissent si vivement sur notre commerce et affectent dans plusieurs de ses branches l'industrie nationale. On craint que les succès des Etats du Nord[3] et la proposi-

[1] See ch. iv, note 22.
[2] See ch. iv, note 40.
[3] See Introductory Note to ch. v.

tion du Président Lincoln à la Chambre des représentants de poser le principe du rachat de la servitude par une indemnité pécuniare [4] ne soient pas suffisante pour amener une solution prochaine, et que la crise, dont le contrecoup se fait si violemment ressentir dans les manufactures européennes, n'ait point atteint son terme. Toutefois la neutralité est toujours l'objet des vœux universels. On se borne à demander, si la situation se prolonge, que le Nord rouvre au commerce du monde les ports des états confédérés où l'autorité de la métropole a été rétablie, et permette de renouveler les approvisionnements de coton si nécessaires au soulagement de nos souffrances et de nos misères industrielles.

## JULY 1862

315. *Léo Duprez, P. G.  Agen, 7 July 1862.*

Quant à la guerre d'Amérique, le pays s'en occupe surtout au point de vue de ses exportations qu'elle a interrompues. La cause du Sud semble, en ce moment, plus populaire que celle du nord et on ne comprend pas généralement que, dans cette immense région où la souvraineté nationale n'a jamais été contestée, où celle des états résulte de la constitution, où l'indépendance des particuliers eux-même est si respectée, l'autorité fédérale s'obstine à s'imposer aux populations qui la repoussent. Les Rois de droit-divin ne sont pas, dit-on, plus tenaces. On ferait des vœux ardens pour la fin de cette lutte, si on ne craignait qu'une fin réconciliée, les Etats du Nord et du Sud ne s'entendissent pour contrarier, au Mexique, les projets peu désintéressés que l'opinion s'obstine à prêter au Gouvernement.[5]

316. *Blanc, P. G.  Besançon, 15 July 1862.*

J'ai dit quelles étaient les impressions du pays au sujet de la guerre du Mexique: [6] j'ajouterai, pour en finir avec cet hemisphère, que la guerre d'Amérique, si fatale à notre industrie, ne préoccupe guère que les centres de Manufacture. On désire généralement voir cesser une lutte fratricide, mais on ne voudrait pas acheter la paix

---

[4] Lincoln in his message to Congress (3 Dec. 1861) recommended that if the slave states freed their slaves, "Congress provide for accepting such persons from such states, according to some mode of valuation, in lieu, *pro tanto,* of direct taxes, or upon some other plan to be agreed on with such States respectively. . . ." Richardson, *Messages and Papers,* VI, 54.

[5] Written in pencil in the margin after this sentence were the words: "Que signifie cela?"

[6] See p. 313.

dans le Nouveau Monde, par un sacrifice si léger qu'il soit de la part de notre armée ou de nos finances.

317. *Dubeux, P. G.    Bordeaux, 11 July 1862.*

La continuation de la guerre des Etats-Unis cause dans le ressort les plus vives préoccupations. Le commerce attribue presqu'exclusivement à cette cause la stagnation de ses opérations et toutes nos industries souffrent plus ou moins vivement de la clôture du marché américain. La cessation de cette état de choses regrettable est vivement réclamée par l'opinion publique. Quand l'heure viendra où les deux grandes fractions de ce que l'on appelle encore aujourd'hui les Etats-Unis, épuisées par les pertes énormes d'hommes et d'argent qu'elles fait tous les jours, comprendront qu'une pareille guerre ne peut durer, l'intervention de la France sera saluée comme un bienfait dans cette terre dont il y a cent ans à peine nos pères préparaient la liberté. Jamais acte de notre politique ne sera plus populaire dans la Gironde que celui qui rouvrira les marchés américains à nos navires.

318. *De Bigorie de Laschamps, P. G.    Colmar, 14 July 1862.*

l'opinion se prononce d'une manière de plus en plus marqué soit en faveur d'une médiation de la part des puissances européennes, soit en faveur de la prompte reconnaissance des états confédérés du Sud.

De toutes parts, la même pensée se manifeste. Depuis quinze mois, fait-on remarquer, les Etats du Sud ont prouvé énergiquement, leur amour pour l'indépendance, leur volonté de la défendre. Dépourvus des moyens énormes dont disposent leurs adversaires ils ont, à force de courage, rendu les chances de la lutte à peu près égales et porté des coups terribles aux Américains du Nord. Ils ont une armée, une administration, des richesse territoriales, des ports, une mer à leur service; ils constituent un corps de nation compacte et populeux. Pourquoi ne gouverneraient-ils pas eux mêmes, pourquoi ne seraient-ils pas un peuple, monarchie ou république selon leurs besoins! La Grèce en 1828, la Belgique en 1830, l'Italie en 1859 étaient loin de présenter aux gouvernements réguliers de l'Europe les mêmes garanties, et cependant elles ont été non seulement reconnues mais secourues. On s'étonne qu'il soit plus difficile aux yeux du droit publique moderne, à des états confédérés de relâcher les liens qui les oppriment qu'à des états monarchiques de briser les sceptres et changer les trônes. On croit généralement dans ce ressort qu'une médiation de la France et de l'Angleterre ne pourrait être repoussée; qu'à tout évenement la reconnaissance proclamée par un de ces grands empires déterminerait les autres gouvernements à l'initier. Enfin quelque profondément désireuse de la paix que soit notre province laborieuse, elle ne semble pas craindre que l'Amérique du Nord déjà si embarrassée, pût songer à déclarer la guerre à la France et moins encore à la faire. On estime aussi que l'abolition progressive de l'esclavage serait beaucoup mieux assurée quand les Etats du Sud reconnue, indépendants, se trouveraient en relations régulières avec l'Angleterre et la France, que sous la pression brutale, sous les excitations quelque peu sauvages des mesures du président Lincoln qui tendent à produire, dans les Etats du Sud, une guerre civile.

L'arrond$^t$ de Mulhouse n'est pas le moins accentué dans cet ordre d'idées; ce qui permet de supposer qu'il apprécie, au fond, combien nos intérêts manufacturiers, commerciaux et relativement politiques peuvent souffrir d'une prolongation de l'état des choses en Amérique.

319. *Pinard, P. G.   Douai, 4 July 1862.*

Le conflit Américain qui a fait doubler le prix du coton, cette matière première que le département du Nord emploie sur une échelle si vaste et qui a fermé à l'Angleterre et à nous tant de débouchés importants, sera toujours l'objet d'une grande préoccupation dans ce ressort. Nos classes industrielles sont fort indifférentes au succès de l'une ou de l'autre des deux partis qui se battent en Amérique, mais leurs intérêts immédiats et personnels leur feraient accueillir avec faveur tout projet de médiation de nature à faire cesser cette guerre acharnée.

320. *Gaulot, P. G.   Lyons, 10 June 1862.*

Les défaites du Sud semblaient promettre la fin des épreuves dues au conflit Américain lorsque les derniers événemens sont venus dissiper ces illusions. Tout ce que le Gouvernement de l'Empereur pourrait tenter dans un but de paix et de conciliation serait accepté avec une profonde gratitude. Il y va de notre avenir commercial et industriel.

321. *Neveu-Lemaire, P. G.    Nancy, 5 July 1862.*

Les implacables fureurs de la guerre fratricide des Etats Unis préoccupent aussi vivement l'attention, surtout dans les départements de la Meuse et des Vosges, dont les intérêts industriels sont directement engagés dans la question. On déplore cette lutte acharnée avec ses alternatives de revers et de succès, et les actes de vandalisme qui en sont les funestes conséquences. Plus elle se prolonge et plus il est constant que la scission est un mal presque sans remède. Aussi l'esprit publique qui réclamait avant tout la neutralité voudrait-il aujourd'hui par une de ces brusques variations, dont l'intérêt est un seul mobile, que l'intervention pacifique de la France et de l'Angleterre puisse, au nom de l'humanité et de la civilisation, terminer un conflit sans issue qui ruine l'Amérique et les districts manufacturiers de l'Europe, comme si toute tentative de conciliation n'était point à peu près impossible lorsqu'elle doit s'opérer, non pas entre nations rivales, mais entre provinces divisées, dont les unes accusées de révolte n'ont point un Gouvernement officiellement reconnu par les puissances! Tel est du moins le dernier état d'une opinion dictée par les longues souffrances de notre commerce.

322. *Salneuve, P. G.    Riom, 14 July 1862.*

Si ce n'était l'embarras qu'apporte à certains genres d'affaires la guerre civile qui désole les Etats-Unis, mon ressort se préoccuperait fort peu de cette lutte; mais le chômage qu'éprouve l'industrie de la rubannerie, des velours et de la dentelle fait désirer qu'il y soit apporté un terme.

323. *Millevoye, P. G.    Rouen, 10 July 1862.*

La lutte américaine continue; et, à mesure que l'espérance d'une solution parait s'éloigner, la crise industrielle dont le conflit est, pour ainsi dire, l'unique cause, s'aggrave à ce point qu'on peut craindre, dans un temps prochain, une cessation générale d'activité. Les préoccupations qu'une situation aussi tendue soulève dans une contrée industrieuse comme la Normandie, dominent tous les autres évènements de la politique générale. J'ajoute qu'elles sont trop vives pour permettre aux intéressés d'apprécier avec justesse la politique d'abstention que le gouvernement a cru devoir suivre jusqu'ici. Les grands industriels et, après eux, la masse presque entière de la population, voudraient nous voir intervenir dans le conflit américain; ils partent de cette pensée, peut être juste, que l'union devient de plus en plus impossible; ils estiment que l'acharnement de la lutte démontre bien manifestement qu'il y a entre les deux races une incompatibilité de caractère et d'intérêts qui ne leur permettra plus de vivre désormais sous l'empire du même pacte fédéral. Ce fait paraissant certain, ils voudraient que les deux gouvernements de France et d'Angleterre proposassent leur médiation dans le but d'organiser une séparation devenue inévitable; que si les états du Nord refusaient, on reconnaîtrait solennellement les Etats du Sud, avec toutes les conséquences politiques que comporterait cette reconnaissance. Telle est l'opinion dominante à Rouen dans toute la classe industrielle. Je ne l'apprécie pas, je ne la juge pas: je ne fait que la constater. Au Hâvre comme à Rouen, toutes les sympathies sont pour la cause du Sud, mais les relations des négociants de cette place avec l'Amérique leur ont donné sur la situation une opinion peut-être plus juste. Ils désirent la médiation, ils ne doutent pas qu'elle ne soit proposée quand elle pourra avoir quelque chance d'être acceptée, mais ils sont convaincus qu'en ce moment, toutes les bases raisonnables de conciliation seraient également repoussées par les deux partis, trop animés dans la lutte acharnée qu'ils soutiennent, pour consentir à des concessions réciproques et acceptables. Cette pensée, vraie dans un sens général, a plus de force encore lorsqu'elle s'applique à l'Amérique où l'opinion toute puissante impose trop souvent ses impressions aux Gouvernements, obligés de suivre les entraînements populaires beaucoup plus qu'ils ne les dirigent. Du reste, au Hâvre comme à Rouen, les hommes les plus éclairés du commerce conservent l'opinion qu'ils ont emise, dès le début, sur l'issue de la lutte. Dans leur profonde conviction, le Nord a entrepris une tâche impossible. Ils n'ont jamais douté qu'avec les puissants moyens dont disposait le Président Lincoln, ses armées ne remportassent des victoires, mais ils se refusent à croire qu'il puisse assurer sa domination sur les Etats du Sud, parce qu'on ne subjugue pas par la force seule une nation état lié sur d'immenses territoires, disposant d'une population nombreuse et résolue à tout souffrir pour son indépendance. Ils citent à l'appui de leur opinion, l'exemple de l'Angleterre qui, elle aussi, avait remporté bien des victoires et qui, cependant, malgré sa puissante organisation, avait dû abandonner sa grande colonie. Au moment des succès les plus marqués dés armées du Nord, leur

croyance ne s'est pas un seul instant modifiée. Les évènements semblent confirmer de plus en plus cette impression que j'ai eu l'honneur d'exposer à Votre Excellence dès le commencement de la
guerre. La sécession est aujourd'hui généralement considérée, en
Normandie, comme un fait accompli, sur lequel la conduite même
des fédéraux ne permet plus de revenir. On dirait, en effet, que les
généraux du Président Lincoln se sont appliqués, chaque fois qu'ils
se sont trouvés en rapport avec les populations confédérées, à rendre
la réconciliation irréalisable. La proclamation du général Butler
à la Nouvelle-Orléans,[7] connue maintenant jusque dans les masses,
a soulevé partout une indicible indignation. La répulsion que rencontrent ici les prétentions du Nord tient aussi à un sentiment moins
désintéressé: on accuse les fédéraux d'avoir, en confisquant le coton
qu'ils ont pu saisir, déterminé les planteurs à brûler eux mêmes
leurs récoltes.[8] —On espère que pendant les chaleurs, les confédérés
reprendront l'avantage et que leurs adversaires, dégoûtés de la
guerre par les sacrifices d'hommes et d'argent qu'elle aura exigés,
se montreront enfin disposés à rechercher la médiation des puissances Européennes. Telle est la solution à laquelle s'attend le commerce du Hâvre. Les derniers nouvelles ne sont pas contraires à
ces pressentiments.[9]

## OCTOBER 1862

324. *Donnodévie, A. G.   Agen, 6 October 1862.*

Les populations de mon ressort qui sont presque exclusivement
agricoles se préoccupent peu des affaires extérieures et ne s'en inquiètent qu'en tant qu'elles peuvent avoir quelqu'influence sur
leurs intérêts matériels; elles resteraient indifférentes aux haines
implacables qui divisent les Etats d'Amérique du Nord et perpétuent
entre eux la guerre la plus violente et la plus acharnée si· pour
l'écoulement de certains produits cette situation si déplorable ne

[7] Because many hostile ladies of New Orleans repeatedly insulted Union soldiers
and officers, General Butler issued an order (15 May 1862) that "when any female
shall, by word, gesture, or movement, insult or show contempt for any officer or
soldier of the United States, she shall be regarded and held liable to be treated
as a woman of the town plying her avocation." Butler's answer to the severe
criticism directed at him by Europeans and Southerners was that no man "did . . .
misinterpret how the order intended that such women should be dealt with, or
that it was the slightest suggestion that she be dealt with in any other way than
being put in the hands of the police." *Butler's Book* (Boston, 1892), 418–419.
[8] A law passed by the Confederate Congress (17 March 1862) provided for the
destruction of cotton whenever it might be in the slightest danger of falling into
the hands of the enemy. Owsley, *op. cit.,* p. 47.
[9] See Introductory Note to ch. v.

venait créer quelques embarras et faire comprendre de quelle importance la cessation d'un pareil état de choses soient surtout pour les grands centres industriels; les personnes plus éclairées ne se bornent pas à regretter les complications industrielles qui en ont été la suite. Elles s'affligent profondément de ces interminables luttes à outrance et désireraient vivement qu'il pût y être mis un terme et que le calme put revenir enfin dans un pays qui semblait et que l'on disait surtout marcher si résolument dans la voie du progrès et de la liberté.

325. *Dulamon, A. G. Bordeaux, 6 October 1862.*

Il serait désirable que des succès plus décisifs ou une médiation de la France qui fit autrefois de si nobles sacrifices pour l'indépendance des Etats-Unis, missent un terme à cette guerre désastreuse.

326. *De Baillehache, A. G. Colmar, 12 October 1862.*

Les événements qui déchirent les Etats-Unis, sont suivis par tout le monde avec une anxieuse curiosité. On comprend qu'il en doive être ainsi en Alsace dont le sort industriel se trouve si fortement engagé dans le conflit dont cette partie de l'Amérique est le théâtre. La cause de la Confédération du Sud gagne chaque jour du terrain. L'opinion se prononce de plus en plus en faveur de cette nationalité jeune, ardente, intrépide, et qui a donné tant de gages déjà de sa virilité et de son énergie. Toute intervention collective des puissances Européennes, pour mettre fin à cette lutte fratricide qui menace, en se prolongeant, d'entraîner pour l'Europe des désastres incalculables, serait vue avec satisfaction.

327. *Morcrette, A. G. Douai, 4 October 1862.*

Le grand conflit Américain est le fait politique qui préoccupe au plus haut degré les populations de ce ressort, surtout des arrondissements industriels. Là, se trouvent, pour elles, la cause principale des épreuves qui ont pesé et qui pèsent encore si lourdement sur toutes les classes auxquelles les opérations commerciales portent la vie, l'aisance et la fortune. Aussi l'Angleterre subissant plus que la France le contre-coup de cette guerre civile, on espère que ces deux grandes nations s'entendront pour en faire cesser ou en atténuer les effects.

328. *Alexandre, A. G.    Nancy, 6 October 1862.*

La question des Etats-Unis mûrit aussi dans l'opinion. Le Nord a pour lui l'avantage moral d'être anti-esclavagiste: et pourtant il est loin de rencontrer les sympathies. La politique arrogante des Etats-Unis durant les années qui ont précédé le grand schisme actuel leur ont fait des ennemis sérieux. Divisés en deux, ils seront assez puissants encore pour que le Nord, assisté de notre marine, soit de force à contrepeser la suprématie maritime anglaise. En attendant, on aime a voir le Sud, moins riche en hommes et en ressources matérielles, lutter avec bonheur contre son adversaire, et l'opinion devance volontiers le moment où le Gouvernement de l'Empereur pourra intervenir, et offrant aux deux nations épuisées une médiation honorable, mettra fin à leur longue querelle comme aux embarras industriels et commerciaux qu'elle suscite dans toute l'Europe. Ou je me trompe fort, ou aux yeux de tous l'heure de cette médiation ne tardera pas de sonner.

329. *Cordoën, A. G.    Paris, 14 November 1862.*

Le même sentiment [desire of an early conclusion] existe à l'égard des affaires d'Amérique, toute fois nulle part ne se produit la pensée d'une intervention. Cette réserve de l'opinion est d'autant plus remarquable que la crise américaine apporte un plus grand trouble à nos relations commerciales.

330. *Salneuve, P. G.    Riom, 8 October 1862.*

Les affaires d'Amérique gardent leur intérêt et leur importance même à côté des évènements qui s'accomplissent en Italie.[10] En effet, si les dernières menacent la tranquillité européenne, les premières sont désastreuses pour notre commerce. Il serait à désirer que cette lutte fratricide, qui compromet tant d'intérêts, pût avoir un terme grâce à l'intervention de la politique européenne.

331. *Millevoye, P. G.    Rouen, 12 October 1862.*

Quant au conflit américain, on paraît maintenant moins désireux

[10] These events in Italy referred to what is known as the Aspromonte affair. Garibaldi planned an attack on the Pope in Rome in June 1862, just at the time France and Italy were about to negotiate an agreement on the Roman question. Although the Italian government put down the disorder in August 1862, the negotiations were ruined, and the French Minister of Foreign Affairs, Thouvenel, was subsequently replaced by Drouyn de Lhuys (15 Oct. 1862). Case, *Franco-Italian Relations*, 193–214.

d'une intervention dont chacun a fini par comprendre le peu de chances de succès et dont on a même pu entrevoir les dangers. Aussi, quelque [*sic*] soit le désir des populations de ce ressort de voir rétablir la paix dans cette partie du monde, on semble comprendre qu'une tentative de médiation ne saurait aboutir. C'est qu'à mesure que les évènemens se développent et que se succèdent alternativement pour les deux partis belligérants, les victoires et les défaites, on apperçoit plus distinctement chez chacune d'elles, les élémens de force et les conditions de faiblesse qui peuvent laisser pour de longs mois encore, le résultat incertain. En même temps que l'on constate du côté du nord la tenacité native de la race anglo-saxonne et l'avantage des ressources matérielles et des moyens d'action maritimes, on reconnait, chez les gens du sud, la fougue, l'audace, l'unité et la vigueur d'impulsion donnée par un pouvoir dictatorial et enfin, la supériorité des talents militaires.

## January 1863

332. *Léo Duprez, P. G.* *Agen, 7 January 1863.*

Il en est différemment [different from apathy] des affaires d'Amérique qui affectent trop d'intérêts pour n'être pas l'objet d'une préoccupation fort générale et fort vive. Chaque jour, la question est mieux comprise; elle est de celle que les victoires éclaircissent: les droits du Sud à l'autonomie n'ont été contredits que par les journaux qui, en ceci encore, ont plutôt tenté d'influencer l'opinion publique qu'ils ne s'en sont inspirés; l'obstination du Nord est réprouvée presqu'unanimement et l'opinion est fort sympathique aux honorables efforts du Gouvernement français pour arrêter cette effroyable lutte[11] qui fait des victimes bien au-delà des limites où elle promène le massacre et la dévastation.

[11] The first official act of the French government to mediate in the Civil War was a request to England and Russia for a joint intercession "afin d'amener une suspension d'armes de six mois, pendant laquelle tout acte de guerre, direct ou indirect, devrait provisoirement cesser sur mer comme sur terre et qui pourrait au besoin être prolongée ultérieurement." Drouyn de Lhuys to the French ambassadors at London and St. Petersburg, Paris, 10 Nov. 1862 (dated back to 30 Oct. 1862), *Livre Jaune* (1862), 142–144. Having failed in this endeavor, the Emperor next resorted to an offer of mediation by France alone to the United States "de concourir, par l'offre de nos bons offices, à rapprocher le terme des hostilités qui désolent le continent américain" and suggested that the United States "entrât en pourparlers avec les confédérés du Sud, dans le cas où ils s'y montreraient eux-mêmes disposés." Same to Mercier, Paris, 9 Jan. 1863, *Livre Jaune* (1863), 111–113.

### 333. *Blanc, P. G.   Besançon, 14 January 1863.*

L'état des affaires étrangères dont les populations rurales se soucient médiocrement et qui n'affecte la population ouvrière que par la continuation de la crise industrielle, préoccupe, en revanche, très vivement les esprits dans les classes élevées et intelligentes. On suit avec anxiété toutes les péripéties de la lutte terrible que se livrent, depuis deux ans, avec des chances à peu près égales, les Etats du Nord et du Sud en Amérique; la nouvelle des résultats de la bataille de Fredericksbourg [12] a causé une sensation très vive: Il semble désormais acquis que les deux parties belligérantes sont assez fortes et indépendantes l'une de l'autre pour maintenir chacune son autonomie, et que cette guerre fratricide demeurera sans issue, tant qu'une médiation puissante n'aura pas été offerte et acceptée. C'est l'honneur du Gouvernement français d'avoir devancé cette appréciation par une résolution généreuse! [13] Le pays lui tient compte, malgré son insuccès, de cette noble initiative. La conduite de l'Angleterre [14] dans cette occasion a été sévèrement jugée.

### 334. *Dubeux, P. G.   Bordeaux, 13 January 1863.*

Un sujet qui préoccupe bien davantage les intérêts de ce pays c'est la guerre d'Amérique. La lutte sanglante engagée entre les provinces du Nord et les provinces du Sud sans issue possible et probable, la cessation forcée des relations commerciales qui en est la conséquence, ont porté depuis plus d'une année un contre-coup funeste au commerce Français et plus particulièrement au commerce du Midi et de l'Ouest. Tout ce qui pourra amener la fin de cet état de choses sera accueilli avec la plus vive satisfaction par l'opinion publique. La proposition de médiation faite au nom de la France [15] restera comme un des actes les plus honorables de notre politique. Cette noble idée, que des causes diverses ont fait ajourner

---

[12] See Introductory Note to ch. v.

[13] See ch. v, note 11.

[14] Great Britain replied to the French proposals of joint mediation by declaring that there was no hope then of a Northern acceptance and that a rejection by the United States would prevent a later renewal of an offer. If later, however, a changed situation arose more propitious to such a scheme, a joint mediation of the three powers might then be advisable. Russell to Cowley, London, 13 Nov. 1862, *Archives diplomatiques* (1863), IV, 68–70.

[15] See ch. v, note 11.

par la prudence de la Russie [16] et par l'égoïsme de l'Angleterre,[17] est appelée quoiqu'on dise, à faire son chemin. Le mot de médiation a été prononcé; un jour viendra où cette Amérique, que la France a si efficacement soutenue il y a cent ans à peine, se rappellera que c'est encore de la France qu'est venue au plus fort de la lutte cette pensée de conciliation, qui peut seule mettre un terme à la guerre déplorable à laquelle nous assistons. Je suis sur d'être dans le vrai en disant que dans ce pays du moins, l'idée de médiation a été partout accueilli avec la plus vive satisfaction et que nul ne s'est mépris sur les causes, qui ont fait ajourner mais non rejeter ce généreux effort de notre politique. Les sympathies publiques se dessinent du reste de la façon la plus nette en faveur des provinces du Sud soit à cause d'intérêts commerciaux plus marqués soit surtout par souvenir de ces pionniers Français, premiers explorateurs de ces vastes solitudes; il semble que l'on retrouve là encore, comme un reflet des luttes malheureuses qui nous ont fait perdre le Canada.

335. *De Bigorie de Laschamps, P. G.   Colmar, 24 January 1863.*

Les affaires d'Amérique deviennent . . . la préoccupation dominante de la population de Mulhouse. Il est inutile de dire avec quelle anxiété l'on en sait le développement et quels vœux l'on forme pour la fin d'une guerre qui rejaillit en désastres sur l'industrie. Les sympathies en faveur de la confédération du Sud s'accentuent chaque jour davantage: ici, ou les rapports pour ainsi dire journaliers avec le Sud éclairent nos manufacturiers sur les dispositions des Confédérés, on est convaincu que c'est dans la séparation seule de deux nations, si profondément divisées par leurs intérêts, par leurs mœurs, par leurs habitudes et par d'invincibles antipathies, que se trouve le salut des Etats autrefois Unis.

Les conseils de médiation manifestés, par la dépêche de

---

[16] The Russian rejection of France's joint mediation proposal justified itself as follows: ". . . Ce qu'il fallait éviter avant tout, c'était l'apparence d'une pression quelconque de nature à froisser le sentiment public aux Etats-Unis et à exciter des susceptibilités très-promptes à s'émouvoir à la seule idée d'une intervention étrangère. Or, d'après les informations que nous possédons jusqu'ici, nous sommes portés a croire qu'une démarche combinée entre la France, l'Angleterre, et la Russie, quelque conciliante qu'elle fût et de quelques précautions qu'on l'entourât, si elle se présentait avec un caractère officiel et collectif, risquerait d'aboutir à un résultat opposé au but de pacification qui fait l'objet des voeux des trois Cours. ". . . Mais si, dans ce cas, notre ministre n'y participait pas officiellement, son appui moral n'en est pas moins acquis d'avance à toute tentative de conciliation." Gortschakoff to d'Oubril, St. Petersburg, 8 Nov. 1862, *Archives diplomatiques* (1863), II, 87–88.

[17] See ch. v, note 14.

S. E. M. Drouyn de Lhuys,[18] ont parfaitement répondu aux préférences averées de nos populations, et cependant ils ont paru trouver peu de faveur à Mulhouse. C'est qu'entre les sympathies et les intérêts la distance est grande et qu'il n'est pas toujours facile de les concilier. L'intérêt de Mulhouse préconcise en ce moment le maintien du statu quo. L'industrie en effet s'est pliée depuis quelque temps, aux moins pour l'approvisionnement d'entretien, aux prix élevés de la matière première; elles possède des stocks considérables et redoute la baisse subite qu'entrainerait, la cessation immédiate des hostilités, et l'ouverture des ports du Sud. Suivant ces manufacturiers, il importerait que la transition fut ménagée et ne se produisit qu'insensiblement. Tout mouvement brusque amènerait des désastres dont les premières et principales victimes seraient précisément, suivant eux, les industriels dont le patriotisme n'aurait reculé devant aucun sacrifice pour assurer du travail et du pain aux ouvriers, et qui, en s'approvisionnant, ont fait acte à la fois de sage prévoyance et de courageuse philanthropie; tandis qu'il ne profiterait qu'à ces fabricants egoïstes, aux Normands, qui, aux risque de plonger leurs ouvriers dans la misère, n'ont pas hésité à cesser le travail, pour vendre leur coton et pour s'enrichir, sans courir chances.

Venue quelques mois plus tôt la proposition de M. Drouyn de Lhuys eut été acclamée avec bonheur: les intérêts étaient moins engagés par les énormes prix que le coton a atteint depuis, et la crise était arrêtée dans son principe.

Dans quelques mois, quand les stocks seront épuisés, quand le *coton-famine* se fera réellement sentir (car aujourd'hui il n'y a encore disette de coton que pour l'industriel qui ne veut pas le payer; —l'Europe possède encore près de 400,000 balles de ce textile), quand Mulhouse, à bout de provisions, sera obligée d'arrêter le travail, à son tour, le renouvellement de cette proposition dut-elle être conçue en termes plus accentués et soutenue par des frégates cuirassés, serait accueillie avec transport, par l'industrie Mulhousienne. On combat pour avoir du pain, tout pacifiques que soient les Mulhousiens, ils admettent à merveille qu'on combatte pour avoir du coton qui est le pain de l'industrie. Ils sont d'ailleurs fort certains que le combat ne deviendra pas nécessaire. Mais au moment actuel, bien que la médiation réponde aux secrets désirs de tous, elle paraît heurter les intérêts engagés.

[18] See ch. v, note 11.

Je dois ajouter du reste que Mulhouse a moins encore protesté contre la proposition en elle-même que contre la publicité qu'elle a reçue. Si cette proposition avait du réellement mettre fin aux déchirements de l'Amérique, Mulhouse se serait probablement consolée de ses pertes par la perspective d'une reprise considérable des affaires, tandis que, repoussée comme elle l'a été, elle n'en fait, disent les Mulhousiens, qu'entraver et arrêter les transactions, sans ouvrir aucune perspective d'amélioration.

J'ai voulu placer sous les yeux de Votre Excellence quelque développée, soit-elle, l'opinion de Mulhouse, parce que fortement groupée dans cette cité industrielle et ouvrière, la manufacture des cotons y parle de plus haut qu'ailleurs; et par le nombre, l'importance, la richesse, autant que par l'intelligence, mérite qu'on examine ses observations avec un soin particulier. Quoi qu'il en soit, les esprits désintéressés sont convaincus qu'il faut faire tout ce qu'un puissant empire peut faire prudemment, pour amener très-promptement la fin de cette lutte horrible que les Républicains du Nord semblent vouloir exaspérer, en même temps qu'ils lui impriment une allure sans example dans les habitudes de notre XIX$^e$ siècle; on pense que la grande industrie de Mulhouse, l'industrie du H$^t$ Rhin, résisteraient, sans trop d'inconvénients à la soudaine reprise des affaires, même avec abaissement des prix, que tandis que l'Angleterre et la Seine-Inférieure, perdraient du temps à réorganiser leurs machines, leur personnel, leurs ateliers, nos industriels d'Alsace, écouleraient avantageusement une partie notable de leurs produits accumulés.

.     .     .     .     .     .     .     .     .

Les anciennes discussions [whether commercial treaty or Civil War was the predominating cause of the crisis] s'appaisent et comme je l'ai dit la part dominante de la perturbation industrielle et commerciale est désormais attribuée à la Guerre des deux états d'Amérique. Aussi l'opinion publique, à peu près sans exception, est-elle acquise à la cause du Sud. Ceux et ils étaient assez rares qui semblaient se payer encore des raisons philantropiques alléguées par le Nord, se montrent aussi indiqués que les autres, en pénétrant les véritables sentiments des Yankées à l'égard le la race du Sud. Chacun voit que c'est le commerçant du Nord qui veut exploiter à son profit le propriétaire du Midi. Bien que les deux états aient des analogies de race, l'opinion toujours disposée à maugréer contre l'Angleterre, voit dans la cupide et féroce obstination du Nord, le

génie Anglais qu'elle abhorre. La proclamation vraiment mon-
streuse des Républicains du Nord, qui maintient soigneusement,
par l'organe du Président Lincoln, l'esclavage chez eux en même
temps qu'ils l'abolissent chez leurs voisins,[19] a soulevé partout l'indignation. Seul le *Courrier du Bas-Rhin* conserve ses prédilections
aux Républicains du Nord.

L'esprit publique s'est étonné que la Russie n'ait pas appuyé
franchement les loyaux desseins de l'Empereur; [20] il n'y a qu'un cri
contre la duplicité et les calculs intéressés de l'Angleterre.[21] Dans la
région cotonnière de l'Est, on devinait, avant que l'aveu n'en fût
echappé aux hommes d'Etat d'Angleterre, que sous l'hypocrisie des
paroles, le Gouvernement Anglais, lorsqu'il refusait de s'adjoindre
à l'Empereur, n'avait pour but que d'éterniser la Guerre d'Amérique, ruiner les deux états, développer extraordinairement dans
l'Inde la culture de son mauvais coton, en couvrir l'Europe et d'un
mal momentané pour elle, tirer des sources incalculables de richesses. Le coton de l'Inde qui valait à peine soixante francs, a dépassé
aujourd'hui le cours de deux cent francs.

336. *Imgarde de Leffemberg, P. G. Dijon, 8 January 1863.*

J'ai encore eu l'occasion de remarquer le même défaut de tact et
de mesure dans les articles [the press] relatifs à la question Américaine. Depuis l'ouverture de médiation faite par le Cabinet des
Tuileries à ceux de St James et de St Pétersbourg,[22] nos journaux
ont pensé que la politique Impériale penchait vers les Confédérés
du Sud, et, pour exalter ainsi, au lieu de parler le langage de la
froide raison, ils ont cru habile de lancer de lourds et grossiers
quolibets à l'adresse de ceux qui, en haine de l'esclavage, poursuivent et combattent dans le Sud l'institution qui le déshonore.
C'était une maladresse susceptible de blesser les nobles cœurs et
qui donnait le beau côté aux familles hostiles. Du reste, la rédaction
du Moniteur de la Côte d'or, auquel s'adresse plus particulièrement
mon reproche, vient d'être changée et il faut espérer que son nouveau rédacteur sera moins mal inspiré.

L'Angleterre en déclinant la proposition Française relative à la
Guerre d'Amérique . . .[23] [a] donné un nouvel aliment au senti-

[19] See Introductory Note to ch. v.
[20] See ch. v, note 16.
[21] See ch. v, note 14.
[22] See ch. v, note 11.
[23] See ch. v, note 14.

ment d'antipathie pour le peuple Britannique et son Gouvernement.

### 337. *Pinard, P. G. Douai, 5 January 1863.*

L'attitude du Gouvernement Français, proposant une médiation en Amérique,[24] ne pouvait être que très favorablement accueillie dans des contrées où la privation du coton a pesé si lourdement sur les ouvriers et les patrons. Dans la pensée des manufacturiers qui ont des relations avec l'Amérique, et dans l'opinion de l'immense majorité le fait de la Sécession est désormais accompli, et tous les efforts du Nord ne sauraient triompher de la résistance du Sud. Pour le Sud prolonger la lutte, c'est à peu prés le triomphe, et pour le Nord, ne pas avancer d'avantage, c'est la défaite. Aussi les vues de l'Empereur ont-elles rencontré ici une complète adhésion, aussi bien parce qu'on les trouvait opportunes, que parce qu'elles sauvegardaient un double intérêt d'humanité pour les belligérants d'abord, pour l'Europe ensuite. Dans ce ressort où tout contribue à miner l'alliance Anglaise, les vieux souvenirs des populations maritimes et les récentes souffrances que l'ouvrier est trop porté à ne rattacher qu'aux traités de commerce, le refus du Cabinet de St James,[25] devait être commenté avec aigreur, et on l'a apprécié comme un nouveau grief.

### 338. *Moisson, P. G. Grenoble, January 1863.*

Aussi, par lassitude d'une cause qui se débat depuis tantôt quatre ans,[26] par désaffection envers ceux qui en sont les défenseurs naturels, par prédominance des intérêts matériels, l'anxiété des esprit n'a-t-elle plus tourné qu'une partie d'elle-même vers les Etats-Romains pour se porter presque tout entière vers la lutte sanglante qui décime le Nord & le Sud des Etats Unis d'Amérique, & qui aux désastres d'une perturbation financière à peine calmée a fait succédés ceux plus irréparables d'une guerre nationale dans laquelle les forces qui sont aux prises paraissent ne devoir s'épuiser qu'en achevant de s'anéantir mutuellement.

### 339. *Gaulot, P. G. Lyons, 29 December 1862.*

L'offre d'une médiation amicale faite à l'Amérique [27] n'a trouvé

[24] See ch. v, note 11.
[25] See ch. v, note 14.
[26] See ch. v, note 10.
[27] See ch. v, note 11.

qu'un concert de louanges. Le patriotisme n'a nullement souffert des refus essayés. L'avenir n'était pas engagé et la France, après une démarche qui l'honorait, conservait sa neutralité.

### 340. Dessauret, P. G.   Montpellier, 9 January 1863.

La guerre civile qui fait tant de victimes aux Etats-unis d'amérique, et qui ruine l'industrie cotonnière en Europe,—laisserait sans émotion mon ressort, s'il ne s'apitoyait pas sur la détresse des filatures du Nord et s'il ne s'affligeait point du sang versé dans une lutte fratricide . .[28] On n'y comprend pas le refus de concours des Iles Britanniques et de la Russie à la pacifique intervention proposée par la France.[29]

### 341. Neveu-Lemaire, P. G.   Nancy, 5 January 1863.

Quant au terrible conflit du nord et du Sud en Amérique, quelqu'ait été le résultat de la généreuse initiative de l'Empereur,[30] le sentiment public a vivement applaudi à cette proposition. Quelqu'opinion que l'on professe en effet sur la véritable cause de cette lutte fratricide, il est impossible de ne pas déplorer une sucession de combats aussi meurtriers que stériles, dont les suites sont encore aggravés par la violation de toutes les lois de l'humanité. —D'ailleurs l'intérêt de nos populations privées d'une source féconde de travail et d'industrie, ne justifiait-il pas suffisamment ce projet d'armistice, auquel n'ont voulu s'associer ni l'Angleterre, ni la Russie.[31] L'opinion ne s'y est pas trompée; elle a hautement manifesté la reconnaissance que devait inspirer cette pacifique pensée. —La chambre de commerce de Bar-le-Duc notamment s'est rendue l'interprète des sentiments unanimes de gratitude de l'industrie envers l'Empereur. —Puisse notre commerce ne pas ressentir longtemps encore les tristes épreuves et le funeste contre coup de cette guerre sans merci.

### 342. Cordoën, P. G.   Paris, 3 February 1863.

Les regards se portent aussi avec un sérieux intérêt sur les Etats Unis d'Amérique; elle hâte de ses vœux le terme de la lutte dont ce pays est le théâtre, et dont chaque courrier nous fait connaître les brusques et toujours impuissantes péripéties. La pensée de média-

[28] Ellipses in the original text.
[29] See ch. v, notes 11, 14, 16.
[30] See ch. v, note 11.
[31] See ch. v, notes 14, 16.

tion exprimée par le gouvernement français [32] répondait à ce sentiment; aussi n'est-ce pas sans irritation que l'on a vu les paroles de
paix et de concorde prononcées de si haut expirer inefficaces devant
la froideur et le mauvais vouloir de l'Angleterre.[33] La déception a
été d'autant plus pénible que l'on y rattachait comme une espérance
le dénoûment prochain de la crise qui pèse sur le commerce tout
entier et qui sévit plus particulièrement sur l'industrie cotonnière.

343. *Durand-Fornas, P. G. Pau, 10 January 1863.*

Les questions extérieures, et notamment . . . la guerre des Etats-
Unis qui se continue malgré les tentatives conciliatrices de la
France . . . ,[34] préoccupent toujours naturellement l'attention
publique. Mais les trois départements qui ressortissent de la Cour
Impériale de Pau ont un tempérament assez froid et ne se passion-
nent pas longtemps pour ou contre les mêmes faits.

344. *Camescasse, P. G. Rennes, 12 January 1863.*

Le discour de Sa Majesté a été bien accueilli de tous les amis de
l'Empire, de même que sa tentative d'intervention officieux entre
les belligérants de l'autre côté de l'Atlantique.[35]

345. *Gastambide, P. G. Toulouse, 7 January 1863.*

La guerre d'Amérique afflige par ses fureurs; elle inquiète et
compromet les intérêts même dans nos contrées. Aussi a-t-on vu
avec reconnaissance les efforts de l'Empereur [36] pour mettre un
terme à cette lutte sanglante.

## April 1863

346. *Donnodévie, A. G. Agen, 5 April 1863.*

La guerre d'Amérique dont on se ressent moins dans nos contrées
que partout ailleurs est maintenant un peu perdue de vue. On a
su gré à l'Empereur de la généreuse initiative qu'il a prise [37] pour
tenter de mettre un terme à cette lutte terrible dont l'Europe souffre
elle-même d'une façon si cruelle. L'humanité commandait de faire
entendre la voix de la raison à ce peuple si aveuglement acharné

[32] See ch. v, note 11.
[33] See ch. v, note 14.
[34] See ch. v, note 11.
[35] See ch. v, note 11.
[36] See ch. v, note 11.
[37] See ch. v, note 11.

contre lui-même; mais quels que fassent, dans cette question, les intérêts de quelques uns de nos Départemens, la sagesse ne permettait pas d'aller au-délà de simples conseils, et la réserve du Gouvernement a obtenu l'approbation publique.

### 347. *Blanc, P. G.   Besançon, 12 April 1863.*

L'opinion est toujours préoccupée de la lutte fratricide qui divise les états de l'ancienne union américaine; on a peine de s'expliquer tant d'acharnement de la part des belligérants et on s'explique encore moins l'apathie des Puissances Européennes [38] qui ne font rien pour arrêter une guerre qui ruine leur fabrication et leur ferme l'accès d'un marché important.

### 348. *Dubeux, P. G.   Bordeaux, 3 April 1863.*

La guerre d'Amérique pèse toujours lourdement sur le commerce de nos contrées; plus que jamais on fait des vœux pour en voir arriver la fin. Tout ce que le Gouvernement fera dans ce sens sera certainement approuvé par l'opinion publique.

### 349. *De Bigorie de Laschamps, P. G.   Colmar, 3 April 1863.*

Amérique.

Ce serait se répéter également que de revenir sur les constatations précédentes. L'Alsace industrielle continue à désirer vivement la séparation du Nord et du Sud; la place de Mulhouse en particulier qui entretient des relations nombreuses avec le Sud, affirme, par suite de ses correspondances: «que les Confédérés ne cèderont pas, et qu'ils accepteront plutôt tous les risques d'une guerre d'extermination que de rentrer dans une union qu'ils abhorrent.»

L'industrie manufacturière se plaint comme précédemment, que la nouvelle tentative de conciliation essayée par M. Drouyn de Lhuys [29] ait produit dans le monde commercial, les mêmes fluctuations fâcheuses que je signalais, d'après ses doléances, dans mon dernier rapport. Toute l'Alsace industrielle désire cette conciliation et conséquemment applaudit aux nobles efforts que multiplie dans ce but le Gouvernement de l'Empereur. Mais elle émet, à cette occasion, le vœu respectueux, que si des démarches semblables doivent de nouveau se produire, le Gouvernement veuille bien les tenir secrèts jusqu'au moment où une réponse lui fera connaître si ses

[38] See ch. v, notes 14, 16.
[39] See ch. v, note 11.

offres sont agréés ou repoussés. De cette manière ajoute l'industrie, le marché ne se sentirait pas entravé par une longue période d'incertitude et la crise en *hausse* ou en *baisse*, si elle devait éclater, aurait des effets moins désastreux par cela seul qu'ils serait et spontanés et moins durables.

350. *Pinard, P. G.  Douai, 1 April 1863.*

La population industrielle si intéressée à la cessation du conflit Américain et qui a su, avec tant de persévérance, lutter par des moyens nouveaux contre une crise nouvelle, est intimement convaincue que le Nord ne vaincra jamais le Sud, et que, tôt ou tard, les relations commerciales renaîtront avec les Etats-Unis separés dans l'avenir en deux Confédérations. Des tentatives d'arbitrages et de conciliation essayées par le Gouvernement Français,[40] nos populations gardent deux impressions vivantes: un sentiment de reconnaissance reporté sur l'Empereur, une aigreur nouvelle contre l'Angleterre,[41] s'ajoutant à de vieux ressentiments.

351. *Moisson, P. G.  Grenoble, 10 April 1863.*

La guerre américaine ne réveillerait aucunes sympathies si elle ne réagissait sur nos principales industries nationales.

352. *Neveu-Lemaire, P. G.  Nancy, 12 April 1863.*

La cause la plus sérieuse de malaise et d'inquiétude consiste toujours dans la prolongation de la guerre civile en Amérique. Si l'on n'avait à regretter que l'obstination et l'aveuglement qui ont porté le Gouvernement fédéral à repousser les ouvertures de la France,[42]

---

[40] See ch. v, note 11.

[41] See ch. v, note 14.

[42] Seward's negative reply to the French offer was couched in the following polite but unmistakable terms: "The commissioners in a negotiation [between the North and South] must agree in recommending either that the Union shall stand, or that it shall be voluntarily dissolved; or else they must leave the vital question unsettled, to abide at last the fortunes of war. . . . There is not the least ground to suppose that the controlling actors would be persuaded at this moment . . . to forego the ambition that has impelled them to the disloyal position they are occupying. . . . The loyal people in the insurrectionary States would be unheard. . . . On the other hand . . . this Government has not the least thought of relinquishing the trust which has been confided to it by the nation . . . ; and . . . peace proposed at the cost of dissolution would be immediately, unreservedly, and indignantly rejected by the American people. It is a great mistake that European statesmen make if they suppose this people are demoralized." Seward to Dayton, Washington, 6 Feb. 1863. *Sen. Ex. Doc.* No. 38, 37th Cong., 3rd Sess., p. 13. A Congressional resolution of 3 March 1863 was much more abrupt and violent in its reaction when it declared that Congress "would look upon any further attempt in the same direction [mediation] as an unfriendly act." Edward MacPherson, *A*

et à se consumer en efforts inutiles pour atteindre un résultat impossible, la reconstitution de l'Union, peut-être se bornerait-on à
plaindre les sacrifices volontaires qu'entraine une rivalité de domination au profit du Nord; mais le commerce souffre tout entier, et
la crise qui pèse sur nos départements devient chaque jour plus
pénible. Il faut rendre cependant cette justice au bon sens des populations ouvrières, que reconnaissantes envers tous les secours et les
sympathies prodigués à leurs souffrances, elles le sont également
envers l'Empereur de la double proposition [43] dont seul il a pris la
noble initiative dans l'intérêt des deux Mondes.

353. *Cordoën, P. G.   Paris, 18 May 1863.*

C'est au contraire avec froideur et indifférence que les regards se
tournent maintenant vers les Etats-Unis d'Amérique. Les esprits se
sont fatigués à suivre les incidents d'une guerre dans laquelle il n'est
pas de succès qui ne soit immédiatement compensé par des revers;
l'on est de plus en plus convaincu qu'aucune coup décisif ne peut
être porté, et que la lutte ne cessera que lorsque les passions opinâtres
qui l'entretiennent succomberont elles-mêmes dans l'épuisement
général.

354. *Millevoye, P. G.   Rouen, 10 April 1863.*

l'opinion [est] répandue dans le commerce et partagée dans une
certaine mesure par la consommation que la guerre qui désole
l'Amérique est près de finir et que les prix vont incessamment
s'abaisser.

Cette opinion fort accréditée dans le cours du dernier trimestre,
n a jamais paru sérieusement fondée à ceux de nos industriels qui
avaient quelques données exactes sur la situation de l'Amérique:
en effet si des paroles de paix ont été envoyées au Gouvernement du
Nord,[44] on sait quel accueil il leur a fait; [45] si des projets d'apaisement paraissent être dans la pensée des démocrates et si quelques
symptômes permettent d'espérer que l'élection leur donnera l'avantage,[46] il ne faut pas oublier que le pouvoir, quoiqu'il arrive, doit

Political History of the United States of America during the Great Rebellion . . .
(Washington, 1865), 346–347.
    [43] See ch. v, note 11.
    [44] See ch. v, note 11.
    [45] See ch. v, note 42.
    [46] The Democrats at this time were beginning to favor the end of hostilities and
the calling of a constitutional convention, a policy which, they felt, would settle
the great dispute and save the Union. The hopeful "symptoms" of their possible

rester aux mains du Président Lincoln, pendant de longs mois encore; d'un autre côté, si les Etats de l'Ouest, semblent disposés à une transaction, ceux du Nord tiennent avec vigueur pour la reconstitution de l'Union,[47] et l'on sait que la tenacité est un des traits distinctifs du caractère américain. Enfin, si la guerre est difficile à soutenir à cause de l'épuisement des ressources, la paix n'est pas moins difficile à conclure à raison de la contrariété des intérêts, de la différence des points de vue et de la quasi impossibilité de s'entendre sur des bases acceptables pour les deux partis. A supposer même que cette paix tant désiré soit faite, tout ne serait pas fini. Ne faudrait-il pas transporter le coton des lieux de production aux ports d'embarquement? Or, la guerre a détruit les moyens de transport et la plus grande partie des voies de communication. Ce qu'on semble également ignorer, c'est que pour arriver en Europe dans les anciennes conditions de bon marché, une marchandise aussi incombrante que le coton a besoin de navires spéciaux et la flotte marchande des Etats-Unis, qui transporterait les énormes cargaisons nécessaires à la consommation Européenne, est aujourd'hui détruite ou transformée en marine de guerre et ce n'est pas sans beaucoup de temps et de dépenses qu'on lui rendra sa première destination.

success were their election victories in New York, New Jersey, Pennsylvania, Ohio, Indiana, Illinois, and Wisconsin in October and November 1862. J. F. Rhodes, *History of the Civil War* (N. Y., 1917), 175, 352.

[47] Millevoye was no doubt judging the entire West by Ohio, Indiana, Illinois, and Wisconsin. He ignored, or was ignorant of, the fact that Michigan, Iowa, California, Minnesota, Kansas, and Oregon did not give Democratic majorities in the elections of 1862. *Ibid.*, p. 175.

# CHAPTER VI

## ENNUI AND LINCOLN'S REËLECTION

### INTRODUCTORY NOTE

In the summer of 1863 the North succeeded in getting control of the entire course of the Mississippi River by capturing Vicksburg and Port Hudson. But the South obtained a slight advantage in the fearful and indecisive struggle during the years 1863 and 1864 in Virginia. After stopping the Federals at Chancellorsville in May 1863, the Confederates again invaded the North as far as Gettysburg, Pennsylvania, where they were turned back after a desperate and momentous three-day battle (1 to 3 July). The scene of active hostilities shifted back to Virginia where Grant's movements toward Richmond were slowed down by the battles of the Wilderness and Spottsylvania (May 1864) and brought to a definite halt at Petersburg in June. All the North could boast of in this region was the repulse of a third Confederate invasion by victories at Winchester and Cedar Creek in September and October 1864.

Northern success was more conspicuous, however, in the Tennessee sector and on the sea. Although the South held off the invader at Chickamauga, its defense was soon broken by the Federals at Chattanooga (November 1863). During the next spring the Northern army under Sherman began its hotly contested march through Georgia, entering Atlanta on 2 September 1864. In the preceding month of August Farragut had been able to capture Mobile Bay with its surrounding forts. This closed one of the most popular blockade-running bases. Another naval victory was won by the North (19 June 1864) when the *Kearsarge* sank the Southern raider *Alabama* off the northern coast of France.

As the war dragged on without any decisive results, many people in both the North and the South became weary of fighting. In July 1863 this mood was revealed by New York's resistance to the new draft law. The presidential election campaign of 1864 furnished another occasion for the crystallization of sentiment in the North.

The moderate Republicans in June 1864 joined with a large wing of the Democrats in nominating Lincoln on a Union ticket with a platform favoring the forceful suppression of the "rebellion" and the emancipation of slaves by constitutional amendment. In August the "regular" Democrats nominated General McClellan upon a platform declaring the war a failure and recommending peace negotiations based on reunion, a program which the candidate himself repudiated. The Northern pre-election victories at Mobile, Atlanta, and Cedar Creek belied the Democratic accusation of failure and made the Union cause more popular. Consequently in November 1864 Lincoln was reëlected with a majority of 400,000 votes.

American war weariness had its counterpart in France. Between April 1863 and July 1864 the *procureur* reports repeatedly expressed a lessening of interest in the Civil War because of the endless alternations of indecisive victories and defeats. The only spark of attention remaining was found in industrial circles, and even here feeling was largely one of a hopeless wish for peace. Through all of these discouraging and apathetic months, however, pro-Southern sentiment seemed to be steadily increasing wherever Frenchmen took the trouble to express themselves. The fear of what might happen to the French in Mexico in case of Northern victory was no small factor in encouraging sympathy for the South.

American events in the last half of 1864 created a revival of French interest. The presidential campaign raised some false hopes of an early peace without victory. When these had been dashed by Lincoln's reëlection, French hopes sprang up anew in the wake of Northern victories which signified a peace by subjugation.

## July 1863

355. *Saudbreuil, P. G.   Amiens, 8 July 1863.*

Cette paix bienfaisante, on espère aussi à la voir signer bientôt en Amérique: au risque de voir scinder en deux le grand Etat, dont la force exubirante et le mécanisme ont été si longtemps l'objet d'études diverses, et pour quelques-uns l'occasion d'un enthousiasme désormais fort compromis.

356. *Blanc, P. G.   Besançon, 13 July 1863.*

On ne s'inquiète guère davantage, si ce n'est cependant dans les centres manufacturiers, de la guerre d'Amérique. L'esprit français, si impatient, si décisif, s'est blasé sur cette guerre sans issue, sur ces marches et contremarches sanglantes qui n'aboutissent jamais.

357. *De Bigorie de Laschamps, P. G.   Colmar, 10 July 1863.*
Amérique.

Les populations du ressort, et en particulier l'industrie cotonnière, appellent toujours de leurs vœux l'apaisement de l'épouvantable lutte qui déchire l'Amérique. Les sympathies sont absolument pour le Sud, et l'espoir d'une prochaine solution a repris le dessus: on en voit l'indice dans l'agitation qui commence à se faire au nord dans le sens de la paix.[1] On prévoit que la fatigue et l'épuisement amèneront le résultat que la diplomatie française,[2] contrariée par l'Angleterre,[3] a cherché sans succès.[4]

358. *Imgarde de Leffemberg, P. G.   Dijon, 4 July 1863.*

la pensée des difficultés romaines et de la guerre d'Amérique s'efface de plus en plus. . . . Nos trois départements, où l'industrie cotonnière, n'a que de très-faibles et très-rares ramifications, ressentent peu le contrecoup du conflit américain, et par lassitude les esprits se détachent du spectacle prolongé des revers et des succès alternatifs et jamais décisifs des parties belligérantes.[5]

Si je juge bien les aspirations de nos pays, . . . elles sont pacifiques dans les questions de politique extérieur [*sic*].

359. *Pinard, P. G.   Douai, 3 July 1863.*

Le conflit Américain est trop ancien, pour que les péripéties de cette guerre à outrance occupent vivement l'opinion: mais quand il ferme tant de débouchés à nos exportations et quand il prive tant de nos industries de leurs matières premières, il est logique que la pensée des classes ouvrières, comme des grands manufacturiers se reporte avec reconnaissance sur l'Empereur qui a voulu le terminer [6] et avec ressentiment sur l'Angleterre qui ne s'est point prêtée à cette humaine et loyale intervention.[7]

---

[1] See ch. v, note 46, and the Introductory Note to ch. vi.
[2] See ch. v, note 11.
[3] See ch. v, note 14.
[4] See ch. v, note 42.
[5] See the Introductory Note to ch. vi.
[6] See ch. v, note 11.
[7] See ch. v, note 14.

*360. Dessauret, P. G. Montpellier, 9 July 1863.*

Il n'en est pas de même [lack of interest] des péripéties de la guerre civile qui désole les états *désunis* d'Amérique. Toutes nos aspirations appellent la reconnaissance par les grandes nations de l'Europe de la Confédération du Sud, reconnaissance qu'on suppose devoir mettre un terme à une guerre dont l'acharnement est si funeste au commerce du monde entier. . . . .[8]

*361. Salneuve, P. G. Riom, 10 July 1863.*

Si l'humanité déplore la guerre qui déchire les Etats-Unis, le trouble qu'elle apporte à nos relations commerciales fait désirer la fin de cette guerre fratricide.

## OCTOBER 1863

*362. Dulamon, A. G. Bordeaux, 9 October 1863.*

On désirerait vivement l'apaisement de la guerre qui déchire les Etats-Unis d'Amérique et qui compromet au plus haut degré les relations du négoce de Bordeaux.

*363. De Baillehache, A. G. Colmar, 16 October 1863.*

La guerre civile des Etats-Unis en prolongeant la crise industrielle cotonnière qui intéresse tant de fortunes et d'existences en Alsace, continue à occuper le premier rang dans les préoccupations publiques. Il y a malheureusement peu d'espoir que cette lutte cesse de sitôt, et l'industrie n'ose même plus désirer qu'une intervention Européenne prennent parti pour l'héroique Confédération du Sud, essaie d'y mettre un terme, le Sud étant aujourd'hui tellement épuisé et démantelé qu'il ne pourrait guère offrir d'appui sérieux à la nation qui lui apporterait le secour de son bras.

*364. Proust, A. G. Dijon, 3 October 1863.*

On pretend, il est vrai, que notre expédition [to Mexico] doit se rattacher à l'idée préconçue de la reconnaissance et par suite à la séparation du Sud. Mais le partage de la Grande République n'est encore qu'une hypothèse.

[8] Ellipses in the original text.

**365.** *Morcrette, A. G.  Douai, 2 October 1863.*

Les dissentions civiles de l'Amérique compromettent quelques branches de notre industrie, font chômer nos ateliers, et réduisent à l'indigence les ouvriers de plusieurs contrées. Sous ce rapport, on en désire la fin, mais la plupart ne voudraient pas qu'elle vînt par la défaite du Sud dont l'intrépidité ne pouvait qu'exciter les sympathies d'un pays comme le nôtre.

**366.** *De Prandière, S. P. G.  Lyons, 10 October 1863.*

Devant cette grande question [Polish], la guerre d'Amérique ne joue qu'un rôle secondaire; si elle n'atteignait le commerce dans ses intérêts, elle tomberait dans l'oubli et l'indifference comme la question Romaine; malheureusement elle touche à trop de points vitaux pour nos industriels et les esprits y sont involontairement ramenés malgré des préoccupations plus proches et plus pressantes. Le jour où l'intervention des puissances Européennes pourra faire cesser cette horrible lutte, le vœux général sera accompli.

**367.** *Souëf, A. G.  Nancy, 24 October 1863.*

Que dirai-je maintenant des Etats-Unis? La longue lutte fratricide qui les épuise a toujours droit à l'intérêt de tous ceux qui réfléchissent. Cependant l'opinion semble fatiguée de suivre les changeantes péripéties [9] de ce drame sanglant. Dans sa durée, d'ailleurs, on s'accoutume à trouver une garantie contre le mauvais vouloir des Etats du Nord, à raison de notre conquête du Mexique, et contre une alliance de leurs forces avec celles de la Russie en cas de guerre européenne.

**368.** *Mestre, A. G.  Nîmes, 9 October 1863.*

les habitans de nos contrées tournent plus volontiers leur préoccupation vers la Guerre des Etats-Unis dont la persistance porte au débouché de leurs produits et au développement de leur industrie une cruelle atteinte, et ils appellent de leurs vœux la fin d'une lutte fratricide funeste à leurs intérêts.

**369.** *Levé du Montat, A. G.  Riom, 2 October 1863.*

La guerre qui règne encore dans l'amérique du nord et dans celle du sud passerait inaperçue si elle n'était marquée par la crise coton-

[9] See Introductory Note to ch. vi.

nière qui se fait sentir avec trop de durée. il est certain en effet que le peuple lui-même souffre du renchérissement qui s'est produit sur les vêtemens et les marchandises de première nécessité.

370. *Millevoye, P. G.   Rouen, 15 October 1863.*

Les affaires des Etats-unis n'ont plus le pouvoir de passionner personne, l'opinion et les vœux sont toujours favorables aux confédérés; mais on a été si souvent déçu dans les espérances pacifiques, que l'on ne se berce plus aujourd'hui d'une prochaine cessation du conflit.

## JANUARY 1864

371. *Blanc, P. G.   Besançon, 12 January 1864.*

La lutte des états unis d'amérique continue, au grand détriment de nos centres manufacturiers, mais on s'y résigne; l'industrie a trouvé pour ses produits de nouveaux débouchés et quant aux matières premières que l'on craignait de voir manquer, elles arrivent d'autres pays.

372. *De Bigorie de Laschamps, P. G.   Colmar, 2 February 1864.*

La population industrielle de l'Alsace, qui est plus directement intéressé à la question, voit avec peine les déchirements des Etats-Unis se prolonger, sans qu'on puisse entrevoir la fin de cette situation désastreuse. Mulhouse, sympathique à la Confédération du Sud, commence à désespérer de son salut, et cité manufacturier avant tout, elle se sont disposée à faire bon marché de ses sympathies politiques en faveur de son coton; elle ne forme donc plus qu'un vœu c'est celui d'une victoire décisive, qui ramène une paix, si indispensable à l'industrie Européenne. Les autres centres manufacturiers participent des mêmes idées quoique avec moins d'accentuation. L'opinion publique qui les pénètrent forcément continue d'être favorable aux Etats-Unis qu'on croit plus prédisposés à un sérieux bon vouloir pour la France.

373. *Neveu-Lemaire, P. G.   Nancy, 5 January 1864.*

l'opinion est trop occupée ailleurs en ce moment pour que sa situation [that of Greece] cause quelque influence sur l'esprit public.

J'en dirai autant des interminables péripéties de la guerre civile du Nouveau-Monde. Si nos sympathies restent acquises aux Confédérés, et si la reconnaissance du Sud est toujours dans le vœu des populations, la lutte n'en a pas moins perdu une grande partie de son intérêt dans nos départements. On se lasse de suivre depuis trois longues années les phases d'un conflit sans résultat, et le monde industriel lui-même attend, sinon avec indifférence, du moins avec une facile résignation, quelque évènement décisif qui précipite enfin le dénouement. Depuis que l'industrie cotonnière a trouvé d'abondantes ressources en Egypte et dans l'Inde, tout indique que la crise qui a pesé d'une manière si désastreuse sur nos filatures et nos fabriques touche à son terme. Le travail qui reprend insensiblement de tous côtés sera bientôt en pleine activité et le symptôme le plus frappant de ce nouvel état commercial, ce sont les commandes faites par l'Amérique elle-même dans quelques arrondissements du Ressort. La question n'est donc plus pour nous qu'une question d'humanité et d'alliance pour l'avenir. A ce point de vue et après la Guerre du Mexique nous ne devons plus guère espérer que le Gouvernement de Wasingthon [sic] puisse devenir notre allié contre l'Angleterre, et nous n'avons qu'à souhaiter aux Etats du Sud un succès qui nous permette de les reconnaître et de les aider à reconstituer une maison forte et puissante.

## April 1864

374. *De Bigorie de Laschamps, P. G.  Colmar, 27 April 1864.*

La guerre des Etats-Unis, qui semble redoubler d'archarnement, continue à éprouver cruellement l'industrie cotonnière. Mulhouse toutefois espère toujours que 1864 verra la fin de la lutte, soit qu'elle viennent de l'épuisement du Sud, soit qu'elle résulte d'un changement de la politique du Nord, et du remplacement de M. Lincoln par un Président plus favorable aux idées de conciliation.[10] Aujourd'hui que la disette du coton ne paraît à redouter, les industriels rendent justice à la politique de neutralité de la France dans ce conflit, bien que les sympathies soient toujours, et de plus en plus acquises, à la cause du Sud.

375. *Neveu-Lemaire, P. G.  Nancy, 14 April 1864.*

Quelles que soient en effet les péripéties de la guerre d'Amérique, . . . l'attention se détourne indifférente, parce que ces événements n'affectent directement ni la sécurité du pays, ni sa grandeur ni ses intérêts.

[10] See Introductory Note to ch. vi.

376. *Millevoye, P. G.  Rouen, 10 April 1864.*

On a cessé de croire à la fin prochaine de cette lutte acharnée [in America].

## July 1864

377. *Blanc, P. G.  Besançon, 11 July 1864.*

Quant à l'amérique, elle a depuis longtemps lassé notre sollicitude: on ne comprend rien à ces chocs continuels d'armées, à ces luttes sanglantes, qui n'amènent jamais de résultat, et qui semblent ne devoir finir que par l'extermination. UN intérêt passager s'est cependant attaché à l'épisode maritime qui a eu lieu récemment en vue de nos côtes, et l'opinion, dans le combat qui s'est engagé entre le Kearsage [*sic*] et l'Alabama,[11] a été pour le vaincu.

378. *Dubeux, P. G.  Bordeaux, 19 July 1864.*

Bordeaux est trop ville de commerce pour rester étrangère aux grands intérêts qui se débatent dans le Mexique et dans les deux Amériques. Tous ici souhaitent ardemment la cessation de la guerre qui divise le Nord et le Sud, et tous aussi font des vœux assez nettement formulés en faveur de l'indépendance du Sud, qui semble représenter ici, à tort ou à raison, l'influence Française en lutte avec l'influence Anglaise.

379. *De Bigorie de Laschamps, P. G.  Colmar, 26 July 1864.*

Les populations, et en particulier l'industrie cotonnière, appellent de leurs vœux l'apaisement de la guerre qui déchire l'Amérique. Toutefois, la persistance et les caractères de cette lutte ont enlevé tout espoir d'un prochaine solution. On ne pense plus que ce résultat puisse être obtenu soit par un changement de politique, soit par les efforts de la diplomatie; on ne l'attend que de la fatigue et de l'épuisement. Aussi, tant en applaudissant au sanglant échec du général Grant à Petersburg,[12] car les sympathies du public sont toujours fermement acquises au Sud, on n'accepte que sous toutes réserves les nouvelles récemment publiées par la presse, annonçant que la défaite du nord est complète et que l'échec de Petersburg est décisif.[13]

[11] See Introductory Note to ch. vi.
[12] See Introductory Note to ch. vi.
[13] *La France*, for example, published (6 July 1864) an article by its American correspondent, Renauld, which began: "Le sanglant échec de Grant à Petersburg est décisif. La partie est perdue pour le Nord."

380. *Dessauret, P. G.   Montpellier, 7 July 1864.*

on a mois compris,—généralement, . . . la continuation indéfinie de la guerre civile dans les Etats *désunis* de l'Amérique Septentrionale, quelles qu'en soient les conséquences pour certaines de nos industries.

381. *Neveu-Lemaire, P. G.   Nancy, 16 July 1864.*

La Guerre d'Amérique seule a donné un nouveau mouvement aux esprits par l'espoir de voir enfin la cause du Sud couronnée par le succès de ses armes. On fait des vœux d'autant plus sincères pour les confédérés et l'habile et opiniâtre petit-fils de Washintong [*sic*] [14] que nos intérêts matériels au Mexique semblent aujourd'hui engager dans la lutte, et que les Etats du Nord témoignent hautement de leur hostilité pour l'œuvre lointain que nous poursuivons.[15] Peut-être aussi cette implacable guerre, qu'entretient et féconde l'exaltation d'une indépendance illimitée, sera-t-elle un grand et terrible enseignement pour la démocratie, et cette situation sans issue amènera-t-elle de si cruels mécomptes qu'il n'est pas impossible que le principe monarchique déjà rétabli par nos aigles audelà de l'Atlantique [16] n'obtienne encore un jour dans cette partie du monde quelque retour inespéré.

382. *Léo Duprez, P. G.   Toulouse, 8 July 1864.*

la continuation de la lutte dans l'Amérique du Nord a montré combien le Gouvernement impérial avait été prévoyant et sage

[14] This refers to General Robert E. Lee who was not, of course, Washington's grandson. Lee married Mary Ann Randolph Custis, granddaughter of John Park Custis, who was Washington's stepson. Therefore Lee was only the husband of the granddaughter of Washington's stepson.

[15] On 19 Jan. 1863 the Federal Congress passed the following joint resolution denouncing French intervention in Mexico: "*Resolved* . . . that the present attempt of the government of France to subject the Republic of Mexico to her authority by armed force is a violation of international law and . . . of the . . . treaty made at London on the 31st day of October, 1861. . . . *Resolved further*, that the attempt is an act not merely unfriendly to this Republic but to free institutions everywhere, and that it is regarded by this Republic, as not only unfriendly, but as hostile. *Resolved further*, that . . . this Republic . . . require of the government of France that her armed forces be withdrawn from the territories of Mexico. *Resolved further*, that . . . this Republic . . . lend . . . aid to the Republic of Mexico . . . to prevent the forcible interposition of any of the States of Europe in the political affairs of that Republic. . . ." MacPherson, *Rebellion*, 348–349.

[16] The French were at this time endeavoring to establish the Austrian Archduke Maximilian as Emperor of Mexico. See Introductory Note to ch. ix.

quand il avait, dès le début, essayé d'arrêter par ses bons offices [17] cette guerre civile où de moins clairvoyants ne voulaient voir qu'une insurrection locale et éphémère.

## OCTOBER 1864

383. *Sigaudy, P. G.    Agen, 31 October 1864.*

parmi les questions soulevées pendant le trimestre écoulé, celle qui a le plus préoccupé l'opinion publique dans mon ressort est sans contredit l'élection du Président des états-unis. la lutte fratricide qui désole les amériques et dont il devient difficile de présager la fin, a son contre coup sur plusieurs points des départements de Lot et Garonne et du Gers. les eaux de vie de l'Armagnac et les farines de nérac trouvait dans les Amériques des débouchés importants qui leur manquent aujourd'hui.

384. *Gesbert de la Noë-Seiche, A. G.    Amiens, 8 October 1864.*

Les yeux sont portés en ce moment vers l'Amérique. . . . Les succès obtenus par les fédéraux à Atlanta et devant Mobile [18] leur permettraient de remporter une de ces victoires qui mettent fin aux guerres les plus acharnées, mais l'immobilité de Grant à Petersburg [18] et l'approche de l'hiver qui va nécessairement mettre fin à toute espèce d'opération militaire, font perdre les légitimes espérances que l'on avait pu concevoir. On se préoccupe également de l'élection présidentielle.[18] On pense, avec raison, que la division des démocrates [18] facilitera le triomphe de M. Lincoln, et on voit dans cette nomination, la perte de toute espérance de transaction et pour l'avenir une guerre à outrance dont la fin ne peut être prévue.

385. *Dulamon, A. G.    Bordeaux, 7 October 1864.*

Le commerce de Bordeaux souffre toujours de l'horrible lutte qui déchire les Etats-Unis; ce vaste marché n'offre plus à notre négoce les relations incessantes et sûres d'autrefois. On regrette que la politique jalouse de l'Angleterre [19] n'ait pas voulu s'associer à la généreuse pensée qui aurait pu concilier les intérêts et calmer les prétentions rivales avant que de sanglants sacrifices eussent amené les luttes ardentes et les haines irréconciliables.

[17] See ch. v, note 11.
[18] See Introductory Note to ch. vi.
[19] See ch. v, note 14.

### 386. *De Bigorie de Laschamps, P. G. Colmar, 27 October 1864.*

La guerre qui déchire l'Amérique, occupe toujours les populations, et en particulier l'industrie cotonnière, et les sympathies restent
fermement et justement acquises à la cause du Sud. On attache,
cependant, de moins en moins importance aux alternatives de revers
et de succès des belligérants, et l'on commence à se fatiguer à suivre
les sanglantes péripéties d'une lutte qui favorise alternativement le
nord et le Sud, sans jamais amener de résultat décisif.[20] Toutefois, on
ne désespère pas de voir bientôt la conciliation sortir de la lassitude
et de l'épuisement des parties. D'un autre côté, l'approche de la
campagne présidentielle, la candidature à la présidence offerte au
général MacClellan par la convention de Chicago,[20] donnent des
espérances, quoique très faibles, aux partisans de la paix. On commence donc, en général, à pressentir, peut-être simplement parce
qu'on la désire, la fin d'une lutte qui ne peut s'éterniser, et l'industrie
cotonnière s'attend, pour ce moment, à une crise qui lui paraît
devoir résulter nécessairement de la baisse importante que subiront,
très-probablement, la matière première et les produits fabriqués
aussitôt que la paix sera conclue.

### 387. *Souëf, A. G. Nancy, 15 October 1864.*

Quant à la guerre d'Amérique elle continue à affliger notre industrie. Les sympathies sont toujours en général pour le Sud, mais
ce que l'on désire avant tout, c'est la cessation des hostilités. La fin
de la guerre était espérée de l'épuisement des deux parties, on
l'espère aujourd'hui du résultat des élections présidentielles,[20] mais
nul ne peut assurer que le terme en soit proche: il n'y a rien de
changé dans les impressions du public, et je n'ai rien à ajouter à ce
que j'ai dit dans mes précédents rapports.

### 388. *Levé du Montat, A. G. Riom, 8 October 1864.*

Les nouvelles d'amérique sont lues avec intérêt quand elles arrivent.
On voudrait entrevoir l'espérance d'une trève et la possibilité de
rétablir nos relations commerciales avec les états-unis, au point de
vue de l'importation et de l'exportation.

### 389. *Millevoye, P. G. Rouen, 11 October 1864.*

Ce qui, dans nos contrées, préoccupe le plus vivement l'opinion

[20] See Introductory Note to ch. vi.

publique, c'est la guerre aux Etats-Unis. Malgré la continuation des hostilités, des espérances de pacification prochaine s'étant produites dans plusieurs journaux anglais, cet état de choses a paru de nature à faire entrer la question dans une phase nouvelle.

Bien qu'il y ait lieu de se défier de tous ces bruits si souvent démentis par les évènements, cependant les industriels ont été troublés par les rumeurs ainsi répandues et il en est résulté une grande perturbation dans le commerce. On s'effraie en effet, de la possibilité d'une modification subite et l'on craint après l'achat des matières premières à un prix élevé et en présence d'une fabrication coûteuse, de voir s'avilir tout à coup la valeur du produit fabriqué. Il en résulte que ces espérances ou, tout au moins, ces bruits de pacification sont bien plutôt défavorables qu'avantageux à l'industrie cotonnière. L'inquiétude qui, à cet égard, agite grandement les esprits ne cessera que par la solution même de cette question depuis si longtemps en suspens. A ces préoccupations vient s'ajouter l'incertitude née des éventualités que peut faire naître l'élection du Président.[20]

En resumé, c'est pour l'industrie de ce pays qu'il est surtout désirable de voir se terminer une pareille lutte. La guerre d'Amérique, en se prolongeant, devient en effet, de plus en plus dommageable pour les intérêts normands.

## JANUARY 1865

390. *Saudbreuil, P. G.   Amiens, 7 January 1865.*

L'industrie cotonnière occupe une place trop importante dans le ressort pour que la Guerre d'Amérique et ses péripéties n'y soient pas l'objet d'une vive préoccupation. A défaut d'un résultat décisif par la voie des armes dont on a fini par desespérer, on avait longtemps pensé que la lassitude aurait raison de l'obstination des contendants. L'époque de l'élection présidentielle paraissait être le terme de cette politique guerrière à outrance dont le président Lincoln est le représentant et dans laquelle on ne supposait pas qu'il serait suivi par la nation américaine. Les évènements se sont chargés de détuire cette illusion.[20] Dès avant la réélection de M. Lincoln et par le programme même de son adversaire, le général MacClellan, on aurait pu se rendre compte des passions qui dominent encore aujourd'hui le Nord. L'union offerte comme base préliminaire et indiscutable de tout projet de transaction, c'était la guerre. Dès lors pourquoi ne pas réélire celui qui personnifie le mieux la politique de la guerre? Telle est la réflexion qui est venue naturellement à l'esprit, à la facture des manifestes, et des compte-rendus de toutes les opérations préparatoires qui ont précédé l'élection. Elle est aujourd'hui un fait-accompli et les conditions auxquelles elle s'est faite ont encore dépassé, s'il est possible, les prévisions qu'indiquait la logique des faits et des sentiments. Ces impressions que cette événement a produites sont de nature diverse et chacun l'a jugé selon ses tendances personnelles. Les anciens admirateurs des institutions américaines, déconcertés depuis quelques temps dans leur enthousiasme, y ont vu une raison nouvelle de les glorifier. Ceux qui dans la durée de la Guerre d'Amérique, quelle que soit son issue, voient le tombeau de l'esclavage, ont applaudi. Mais ces sentiments n'ont eu, je dois le dire, qu'un écho très faible dans mon ressort où la question n'est guère envisagée qu'au point de vue industriel. A ce point de vue même elle est loin d'avoir causé la sensation qu'elle aurait inévitablement produite il y a deux ou trois ans. A force de vivre avec un mal, on s'y accoutume. Il y a si longtemps déjà que les cotons n'arrivent plus d'Amérique. . . .[21] c'est vers d'autres contrées que les fabricants tournent aujourd'hui leurs regards.

### 391. *Blanc, P. G.*     *Besançon, 11 January 1865.*

Les états d'amérique sont le seul point du monde où la lutte soit encore engagée et où les chances d'avenir soient indécises. L'opinion publique suit avec une anxiété douloureuse les sanglantes péripéties de cette guerre fratricide; elle voit avec regret que la réélection du Président Lincoln [22] soit venue fermer l'accès à toute espoir de conciliation.

### 392. *Dubeux, P. G.*     *Bordeaux, 15 January 1865.*

La lutte déplorable entre les Etats du Sud et les anciens Etats-unis d'Amérique excite dans le commerce Bordelais, les plus vives préoccupations. Comme toujours, les vœux des populations Girondines se prononcent trés-hautement en faveur du Sud. Les intérêts divers tenus en souffrance par cette terrible lutte aspirent plus que jamais à la voir terminer; aussi la cessation, quelle qu'en soit la cause, de la guerre Américaine sera considerée ici comme un évènement des plus heureux.

---

[21] Ellipses in the original text.
[22] See Introductory Note to ch. vi.

393. *De Bigorie de Laschamps, P. G.   Colmar, 19 January 1865.*

Les alternations presque constantes de succès et de revers qui ont marqué la lutte entre les deux confédérations ennemies, ont lassé la curiosité et jeté comme un voile, sur l'issue probable de la lutte. Depuis la réélection du Président Lincoln,[22] on renonce même à conjecturer la fin de cette guerre d'extermination. Cette réélection était, d'ailleurs, généralement prévue. J'ajouterai même qu'elle était désirée, à Mulhouse notamment, malgré les sympathies toujours hautement avérées pour la cause du Sud. Ce sentiment n'implique aucune contradiction. Il en est un grand nombre qui préféraient la continuation d'une lutte à outrance à une paix soudaine qui, en abaissant subitement les prix dans les proportions énormes, aurait été le signal d'une perturbation profonde, et sans doute, de nombreux désastres particuliers.

394. *Imgarde de Leffemberg, P. G.   Dijon, 14 January 1865.*

Quant à la guerre américaine avec son acharnement opiniâtre et son alternative de péripéties se succédant toujours les mêmes depuis trois ans, elle provoque à peine la curiosité que la fatigue et la monotonie éloignent d'elle. On s'en occupe un peu plus dans certaines parties du département de Saône et Loire, parce que, dans l'arrondissement de Charolles particulièrement, cette guerre civile contribue à diminuer l'activité des métiers à tisser la soie, sans que cependant il y ait souffrance dans cette contré.

395. *Pinard, P. G.   Douai, 7 January 1865.*

Les populations du ressort sont, je l'ai souvent dit, sympathiques au Sud et antipathique au Nord des Etats-Unis. Si on a vu avec indifférence la réélection du Président Lincoln [22] qui paraissait depuis longtemps certaine, on a été blessé de ce mot de son Message si dédaigneux à la France à propos du Mexique: «le Mexique continue d'être le théatre de la guerre civile, tandis que nos relations politiques avec ce pays n'ont subi aucun changement.» [23] En résumé, au double point de vue des intérêts et de la sympathie, on accueillerait favorablement tout pas fait vers la reconnaissance des Etats du Sud.

[23] In his annual message to Congress (6 Dec. 1864) Lincoln dealt first with Mexico in the following terse words: "Mexico continues to be a theatre of civil war. While our political relations with that country have undergone no change, we have, at the same time, strictly maintained neutrality between the belligerents." *House Ex. Doc.* No. 1, 38th Cong., 2nd Sess., 3.

### 396. *Gaulot, P. G.   Lyons, 28 December 1864.*

La réélection du Président Lincoln [24] était prévue. Néanmoins, avec son caractère menaçant, elle est venue, une fois encore, ajourner toutes les espérances d'une paix prochaine. Les intérêts de Lyon, de St Etienne sont plus qu'engagés dans cette grave question; aussi toutes les péripéties de ces luttes gigantesques sont suivies avec anxiété parmi nous. Si Lyon trouve pour ses étoffes de soie quelques compensations dans les besoins d'une consommation plus générale, St Etienne est moins favorisée: la prospérité ou la ruine de son commerce de Rubans dépend de ses exportations dans le nouveau monde.

### 397. *Leclerc, P. G.   Nancy, 15 January 1865.*

Ces espérances bien permises [of an alliance with the Mexican Empire] ont produit un changement manifeste dans la manière dont on apprécie autour de moi la Guerre d'Amérique. On suit toujours, avec une curiosité mêlée de tristesse, les sanglantes péripéties de cette lutte gigantesque et acharnée; mais· les vœux qu'on faisait au début pour le Nord, se reportent vers le Sud, depuis qu'on sait le Président Lincoln, sinon ouvertement hostile, du moins très-peu favorable à l'œuvre entreprise par nos armes au Mexique. Le laconisme de son dernier message sur les résultats de notre expédition, et son silence absolu sur l'avènement de l'Empereur Maximilien n'ont échappé à personne, et révélé aux moins attentifs ses sentiments et ses intentions.[25] Il est, d'ailleurs, par trop évident aujourd'hui qu'en cherchant à réduire le Sud, le Nord obéit à d'étroites et mesquines considérations de mercantilisme et de négoce, bien plutôt qu'il ne songe à venger les droits méconnus de l'humanité. L'humanité n'a que faire de défenseurs qui poursuivent l'affranchissement des Noirs au prix de l'extermination des blancs, qui dévastent les Provinces, qui saccagent des villes entières, qui violent enfin les règles les plus sacrées du droit des gens.

Avant l'élection du 8 novembre, on pouvait espérer que tout cela allait finir parce que des gages sérieux de conciliation sortiraient du scrutin, mais le triomphe éclatant de Mr Lincoln [26] a dissipé les dernières illusions, et chacun se résigne à voir cette guerre d'extermi-

[24] See Introductory Note to ch. vi.
[25] See ch. vi, note 23.
[26] See Introductory Note to ch. vi.

nation se continuer à outrance jusqu'au moment où, là encore, à moins de prodiges incroyables, le faible aura succombé.

398. *Massin, P. G.   Riom, 7 January 1865.*

On déplore . . . les sanglantes luttes qui désolent l'Amérique.

# CHAPTER VII

## PEACE AND RECONSTRUCTION

### Introductory Note

The events of 1865 were fast-moving and dramatic. Sherman had reached the sea at Savannah the preceding December. From thence he had started north into South Carolina taking Columbia on February 15th. Wilmington, North Carolina, had already been closed to blockade-runners by the Union capture of Fort Fisher on January 15th, and Charleston was occupied by other Union forces on February 17th. Grant's hammering to the south of Richmond also compelled the already weakened and demoralized Confederacy to evacuate its capital city on April 3rd. Six days later the exhausted Army of Virginia commanded by the South's great commander-in-chief, Robert E. Lee, surrendered to Grant at Appomattox Court House. On April 26th Johnston's surrender followed near Durham's Station, North Carolina, and the pursuing Federals captured the fleeing Confederate president, Jefferson Davis, near Irwinville, Georgia, on May 10th.

Disaster did not limit its ravages to the fallen South, however. On the evening of April 14th Lincoln was assassinated while attending a theatre, and on the same evening Seward was attacked in his bed and severely stabbed by his assailant. The problem of reconstruction was therefore left for Lincoln's successor, Johnson, and for a vindictive congress.

President Johnson, in the absence of Congress, carried on his own independent policy of reconstructing the Southern states during 1865. On May 29th he issued an amnesty proclamation pardoning all those who had fought against the Union except thirteen categories of leaders including property-holders worth over $20,000. Most of those excepted might receive a special pardon after making a personal application. According to the Johnson plan, when one-tenth of the qualified voters of a Southern state had obtained pardons and had taken the prescribed oath of loyalty to the Union, they might then elect a constitutional convention which had to nullify secession, abolish slavery, repudiate all its state's war debts, and organize a new government. After the legislature of this new government had ratified the Thirteenth Amendment abolishing slavery in all the United States, the state was considered by Johnson to be reconstructed. By December 1865 all the former Confederate states except Mississippi had fulfilled these requirements, and on December 18th the necessary three-fourths of all the states had ratified and put into effect the Thirteenth Amendment.

But Congress, when it met in December 1865, contained a large Republican majority which feared an increased number of opponents by the admission of representatives from the reconstructed states. This body therefore challenged the President's right to proceed without congressional collaboration, ignored the new state governments, and refused to seat the new Southern congressmen and senators. Thus began a long and bitter contest between the Executive and Congress which was to delay full reconstruction for ten more years.

In France there was a general expression of relief and satisfaction upon hearing of the end of the war. This feeling was prompted more by economic than by humanitarian motives. A few, however, expressed concern for the fate of the French Mexican venture once the United States had overcome its domestic difficulties. The North became a little more popular both because it was the winning side and because its victories meant peace and emancipation, but the South's defeat elicited much pity and regret.

French interest in American affairs did not flag, however, immediately after hostilities ceased. The novel problem of reconstruction and reconciliation under the unprecedented circumstances existing in post-bellum United States excited the curiosity of Frenchmen and sustained their attention. Not until 1866, when the dispute over reconstruction became too complicated, did the French public shift its interest to the exciting events of the Austro-Prussian War nearer home. The assassination of Lincoln revealed a changed attitude in France toward the martyred president. Whereas in 1864 the French had favored Lincoln's defeat in the interest of peace, in 1865 they had pinned their hopes on his moderation and statesmanship to reunite and reconcile the Southern and Northern states. News of his death was therefore greeted by universal expressions of horror and regret. The French reaction to Johnson's early policy of severe pun-

ishment for Confederate leaders was decidedly unfavorable; but as
he became more moderate and sensible during the summer, the
French began to commend his actions. Indeed, so devoted were the
French to the policy of forgive and forget that opinion in one report
favored French official overtures to the North in the interest of
moderation.

West, who had made the most detailed study of press opinion,
concluded that "the South received much sincere sympathy in
France, a sympathy fostered by all the powerful organs of the government, and shared, perhaps, in a passive way by the great masses
of the supporters of Napoleon." [1] From Pratt's observations on trends
of French opinion we gain the same impression of an appreciable
sympathy for the South. Although Pratt was too cautious to state
positively toward which side the majority of French opinion leaned,
he indicated that "Imperialists in general," "many of the most important elements in French society," "the older and stricter Catho-
lics," and "the conservative middle classes" favored the South.[2] To
Pratt the North's support seemed largely reduced to "the educated
and intellectual French liberals." [3] Although Owsley depended on
West for most of his information on French opinion, he did not
hesitate to make the very positive, but rather unsupported, statement that "public opinion in France was almost solidly on the side
of the United States." [4] The *procureur* reports revealed, as we have
seen, that the majority of Frenchmen generally seemed to favor the
South, although at first they tended to support the North and at the
end of the war turned slightly toward the Northern camp again.
These reports very likely do not give the last word on this disputed
point, but they will contribute eventually to a more definitive ap-
praisal.

Did opinion influence Napoleon's Civil War policy? On this question Pratt was less equivocal than on the question of the side favored
when he stated that "opinion . . . in France . . . was not suffi-

---

[1] West, *op. cit.*, p. 152.
[2] Jordan and Pratt, *op. cit.*, pp. 218–219.
[3] *Ibid.*, p. 228.
[4] Owsley, *op. cit.*, p. 87. Elsewhere this author makes many similar undocu-
mented statements: "It may be that the real mass opinion of France could not
have been touched by any kind of propaganda hostile to the United States [p. 179]."
". . . Popular sympathy with the North [p. 183]." "In England opinion . . . [was]
hostile to the North and sympathetic with the South, while in France the reverse
was true [p. 196]." "The Liberal press . . . represented the majority of the French
nation [pp. 222–223]."

ciently strong to affect the French Government's policy."[5] Even West, whose main theme was French opinion, inferred that this opinion had not been influential. Imperial opinion, he felt, had not obtained intervention, and English opinion rather than French liberal opinion had forestalled it.[6] Owsley, on the other hand, disagreed again with the other two writers when he stated that "Napoleon was afraid to risk playing a lone game in the face of [French] public opinion."[7] The *procureur* reports showed at least that Napoleon solicited descriptions of French opinion and informed himself of the trends of that opinion more systematically than we had hitherto realized. These reports with their marginal notes and underlinings may, therefore, aid in eventually clearing up the question of whether Napoleon's American policy was modified by the confidential information he possessed.

## APRIL 1865

399. *Blanc, P. G.   Besançon, 15 April 1865.*

Il ne reste plus devant nous que la guerre d'amérique dont la persistance est si fatale aux droits de l'humanité et à nos relations commerciales.

400. *Mourier, P. G.   Chambéry, 3 March 1865.*

L'attention s'est portée sur . . . les craintes éloignées d'une guerre avec les états-unis dans le cas d'un arrangement entre eux.[8]

.     .     .     .     .     .     .     .     .     .     .

On suit avec une curiosité modérée les péripéties de la guerre d'Amérique.

401. *Pinard, P. G.   Douai, 8 April 1865.*

La crise Américaine a préoccupé les populations du ressort pendant le dernier trimestre plus que précédemment. Ceci s'explique par les perspectives de paix qui s'étaient fait jour prématurément, et par les conséquences que la cessation des hostilités peut avoir sur notre marché industriel. Ajoutons enfin que la baisse du coton, qui

---

[5] Jordan and Pratt, *op. cit.,* pp. 204–205.
[6] West, *op. cit.,* p. 104.
[7] Owsley, *op. cit.,* p. 87.
[8] The fear was often expressed in France that even if the North lost in the Civil War, the North and South might both unite to defend the Monroe Doctrine against France in Mexico.

produisait un encombrement dans les magasins à raison des rabais qu'invoquait l'acheteur et que le fabricant ne voulait pas consentir, devait rendre notre commerce plus attentif aux péripéties de la crise.[9]

De ces préoccupations deux sentiments se dégagent au point de vue politique: la crainte de voir le Sud écrasé par le Nord, le regret que l'arbitrage ne se soit pas produit au moment où la partie semblait encore égale.

Enfin, en prévoyant que la cessation de la guerre Américaine aurait pour base convenue entre les belligérants l'adoption de la doctrine absolue de Monroë, on redoute de nouvelles complications pour le Mexique.[10]

402. *Massin, P. G.    Riom, 6 April 1865.*

Les événements d'Amérique sont, en ce moment, l'objet de l'attention publique; on désire vivement, dans l'intérêt du commerce, la fin de la lutte depuis si longtemps engagée; les complications possibles que pourrait faire naître au Mexique le rétablissement de l'union, ne semblent donner lieu à aucune préoccupation.

## July 1865

403. *Saudbreuil, P. G.    Amiens, 8 July 1865.*

Je n'ai pas besoin de dire l'horreur inspiré par l'exécrable attentat qui a privé la république américaine d'une des citoyens qui ont le plus illustré la présidence.[11] Ces sentiments sont venus attrister, sans les décourager, des espérances saluées plus vivement peut-être que partout ailleurs, dans ce pays, où l'industrie cotonnière occupe une large place, et où depuis si longtemps déjà la guerre fratricide qui désole l'amérique, l'avait frappé de langueur ou d'inaction. Après avoir traversé beaucoup de perplexités sous l'influence tantôt de l'intérêt, tantôt de l'humanité, l'opinion est aujourd'hui unanime pour applaudir à la résistance opiniâtre du Nord et à son triomphe qui après tout, est le triomphe de la bonne cause. Mais le vainqueur saura-t-il faire un bon usage de la victoire? . . . .[12] C'est ce que chacun se demande avec anxiété. Toutes les nouvelles d'au delà de l'Atlantique sont lues avec avidité. . . . . . .[12]

---

[9] The preceding sentence was underlined with pencil.
[10] See ch. vii, note 8.
[11] See Introductory Note to ch. vii.
[12] Ellipses in the original text.

*404. Blanc, P. G.   Besançon, 8 July 1865.*

La prise de Richmond [13] et la ratification par les Etats du Sud aux abois de la capitulation du général en chef de l'armée confédérée,[14] ont causé ici une vive sensation: on se félicitait de voir la fin de cette lutte de quatre ans, si fatale à la cause de la civilisation et, en même temps, si désastreuse pour les intérêts du commerce Européen. On comptait sur l'esprit ferme et conciliant du President Lincoln pour cicatriser promptement les plaies de la guerre civile et rapprocher, par un lien durable, les éléments divisés de l'union; l'attentat qui a amené la mort violente de ce grand citoyen [15] est venu, comme un coup de foudre, anéantir ces illusions tout à la fois généreuses et intéressés. Toute idée de pacification doit disparaître devant un esprit de réaction qui a rivé les fers et menacé la vie de Jefferson Davis, devant les menaces de dissolution sociale qui agitent les états du sud et, surtout, en face de ce grand problème social de l'esclavage qui se pose ainsi brusquement au milieu d'éléments si contraire à sa solution. Il est malheureusement trop certain que, de longtemps encore, le marché d'amérique ne se rouvrira comme débouché, aux produits de notre industrie.

*405. Dubeux, P. G.   Bordeaux, 13 July 1865.*

La fin de la guerre d'Amérique [15] a été accueillie avec la plus vive satisfaction dans ce pays, dont les opérations commerciales avaient été si singulièrement entravées par cette déplorable lutte. Les sympathies en faveur du Sud n'ont pas été ébranlées par sa défaite; aussi tout en réprouvant énergiquement l'odieux attentat commis sur la personne du President Lincoln,[15] on s'est ici très nettement prononcé contre les mesures de réaction inintelligente et barbare [16] qui ont signalé le premier acte de la Présidence de Johnson.[17]

Ce que l'on désire ici, c'est de voir la France user de son autorité morale pour faire comprendre aux Etats-Unis que la seule manière d'apaiser des passions si vivement surexitées, c'est de faire appel à

[13] See Introductory Note to ch. vii.
[14] Neither the Southern states individually nor the Confederate government ratified the terms of Lee's surrender.
[15] See Introductory Note to ch. vii.
[16] "Et barbare" was scratched out and then reinserted.
[17] This refers, no doubt, to Johnson's proclamation of 2 May 1865 in which he claimed that the assassination of Lincoln was "incited, concerted, and procured by and between Jefferson Davis" and his accomplices, certain other Southern gentlemen, and wherein he offered a reward of $100,000 for the capture of the Confederate ex-president. Richardson, *Messages and Papers,* VI, 307–308.

la conciliation et à l'oubli, et de se tenir sérieusement en garde contre un systême de réaction que repoussent également le bon sens et l'humanité.

### 406. *Jardin, A. G. Caen, 8 July 1865.*

. . . Sous l'émotion de l'exécrable assassinat du Président Lincoln,[18] nos populations avaient-elles vu avec inquiétude, Sa Majesté partir pour l'Algérie.

### 407. *Leviel de la Marsonnière, A. G. Colmar, July 1865.*

Je n'ai pas besoin de dire avec quelle joie a été accueillie l'heureuse nouvelle de la cessation des hostilités en Amérique.[18] Il y avait sans doute dans ce ressort, même parmi les industriels, beaucoup de personnes qui sympathisaient aux courageux efforts des Confédérées. Mais cette sympathie pour le sud n'a point survécu à ses malheurs, et l'on ne songe plus en Alsace qu'à se féliciter au retour du coton qu'on acceptera toujours de quelque main qu'il vienne.

### 408. *Pinard, P. G. Douai, 1 July 1865.*

La majorité n'a jamais été favorable dans le ressort au parti fédéral Américain. Comme l'intérêt commercial est ici le grand mobile des opinions politiques, on est heureux de voir cesser la crise qui entravait sur un autre Continent l'exportation de nos produits et l'importation en France de matières étrangères qui nous sont précieuses. Mais tout en se félicitant de la cessation des hostilités,[18] on ne déguise pas un sentiment tout sympathique aux vaincus.

### 409. *Leclerc, P. G. Nancy, 18 July 1865.*

Je ne dois pas cependant laisser ignorer à Votre Excellence que cette attitude bienveillante du Nouveau Président des Etats-Unis d'Amérique [forbidding American enlistments in the Juarist army], quoi que fort appréciée, ne fait point oublier certains actes de son administration, comme la mise en jugement de Jefferson-Davis, les rigueurs inutile de sa captivité,[19] une amnistie dérisoire,[20] puisqu'elle contient des catégories d'exceptions en si grand nombre et si élas-

---

[18] See Introductory Note to ch. vii.
[19] Davis was treated with unjustifiable cruelty during the early part of his imprisonment at Fortress Monroe. He was put in chains in a dark, damp, poorly ventilated casemate, and the only communication allowed with the outside world was by censored and inspected correspondence.
[20] See Introductory Note to ch. vii.

tiques qu'aucun habitant du Sud ne peut, avec certitude, compter sur le pardon. Aux yeux des plus indulgents, le lâche assassinat d'Abraham Lincoln [20] explique, jusqu'à un certain point, toutes ces fautes, mais ne saurait les légitimer; et chacun voudrait, pour l'honneur de cette grande République encore aujourd'hui notre alliée, que son Gouvernement s'inspirât des généreux conseils que Lord Brougham lui adressait dernièrement du haut de la Tribune Anglaise: «Ah, si ma voix pouvait traverser les espaces et franchir les mers, je voudrais pouvoir dire aux Américains: ne souillez point l'Echafaud en faisant couler le sang des prisonniers; ceux que vous considérez comme des rebelles, vous les avez traité comme des soldats.» [21]

Le jour où le Président Johnson comprendra un aussi noble langage, on se réjouirait sans réserve de la victoire du nord, parcequ'elle a mis fin à cette longue et terrible lutte, si fatale au Commerce et à l'Industrie de l'Europe; on s'en réjouirait aussi parce qu'elle consacre, dans le nouveau monde, par l'abolition de l'esclavage, le grand et auguste principe de la fraternité humaine.

### 410. *Paul, P. G. Nîmes, 11 July 1865.*

L'intérêt de la politique extérieure, j'ai déjà eu l'occasion de le dire à Votre Excellence, se concentre, pour mon ressort, dans la Guerre d'Amérique, dont la durée a si rudement éprouvé le commerce de la garance et des soies. Aujourd'hui l'espérance renait avec la paix.[22]

### 411. *De Marnas, P. G. Paris, 4 August 1865.*

L'annonce de la fin de la guerre civile qui désolait l'Amérique,[22] n'a pas été accueillie avec toute la satisfaction qu'elle aurait dû causer. Malgré la répulsion qu'inspire l'esclavage, de vives sympathies s'étaient attachées à la cause du Sud dans le triomphe de laquelle on voyait le plus sérieux obstacle aux vues envahissantes des Etats-Unis. La paix a réveillé ces apprehensions, quelques inquiétudes, que les nouvelles favorables n'ont pu dissiper entière-

---

[21] The words were not spoken in Parliament but rather at the London fishmongers' banquet in honor of the Prince of Wales on 10 June 1865. In the *Moniteur* (14 June 1865) Lord Brougham was quoted as saying further: "Avec ces mêmes hommes vous avez signé des trêves, des amnisties. Ah! ne rendez pas haïssable une cause aujourd'hui triomphante. . . . Je suis certain que ces paroles seront approuvées de tous mes concitoyens."

[22] See Introductory Note to ch. vii.

ment, continuent à se produire, surtout parmi les souscripteurs aux deux emprunts émis par le Gouvernement Mexicaine.

L'assassinat du Président Lincoln [22] a été l'objet de la réprobation générale.

### 412. *Daguilhon, P. G.    Pau, 13 July 1865.*

L'assassinat de Lincoln [22] y a cependant soulevé, comme partout, une indignation générale. A ce sentiment s'est joint bientôt le regret de voir l'Union privée de la sage direction de son Président, au moment où les circonstances conseillaient autant de modération que la lutte avait exigé de fermeté. Il n'y a qu'une voix pour demander que les chefs de la confédération ne soient pas confondus avec les complices de Boolk [*sic*].[23] Il n'y a qu'un élan pour conseiller au nord, en face du Sud vaincu et désarmé, l'oubli du passé, les mesures de clémence. On éspère que le Président Johnson finira par s'inspirer des sentiments généreux qui sont le fruit ordinaire de la victoire et qui peuvent seule aujourd'hui, en désarmant les ressentiments, opérer l'œuvre de la reconstitution de l'Union, si cette œuvre est possible.

## OCTOBER 1865

### 413. *Blanc, P. G.    Besançon, 12 October 1865.*

L'attitude nouvelle du Président Johnson [24] et les progrès que fait chaque jour autour de lui l'esprit de modération et de paix, donnent l'espoir fondé d'une reconstitution prochaine des Etats de l'UNION, et laissent aussi pressentir le moment si désirable où le marché si important du nouveau monde pourra se rouvrir aux produits de notre industrie.

### 414. *Mourier, P. G.    Chambéry, 30 September 1865.*

Quant à la guerre d'Amérique aujourd'hui terminée,[25] quant aux affaires même de l'Italie on croirait volontiers que nous n'avons à les observer qu'en spectateurs complètement désintéressés.

### 415. *Liffort de Buffévent, A. G.    Nancy, 16 October 1865.*

C'est avec un sentiment marqué de satisfaction que l'on demeure convaincu de l'intelligence, de la droiture et des dispositions con-

[23] See ch. vii, note 17.
[24] See Johnson's policy of reconstruction in the Introductory Note to ch. vii.
[25] See Introductory Note to ch. vii.

ciliantes du Président des Etats-Unis; [26] On apprécie d'autant mieux ces qualités si nécessaires à la réorganisation politique et sociale d'un pays profondément troublé par la guerre civile, que les premiers actes de son Gouvernement [27] ne les avaient pas révélées, et que l'on avait de justes raisons de craindre la prolongation indéfinie d'un état de choses qui portait les plus graves atteintes à notre industrie et à notre commerce.

## JANUARY 1866

416. *Imgarde de Leffemberg, P. G. Dijon, 12 January 1866.*

curieuse mais tranquille, elle [opinion] suit le travail de reconstruction de l'Union Américaine; applaudit au langage ferme et libéral du Président des Etats-Unis.[28]

[26] See Johnson's policy of reconstruction in the Introductory Note to ch. vii.
[27] See ch. vii, note 17.
[28] See Johnson's policy of reconstruction in the Introductory Note to ch. vii.

# PART III

## FRENCH OPINION ON THE MEXICAN EXPEDITION

# CHAPTER VIII

## FROM VERA CRUZ TO MEXICO CITY

### Introductory Note

The political history of Mexico after her war with the United States had been one of rapid changes accompanied by civil wars and violence. Foreign residents had suffered particularly from this instability. Both contending factions of the moment had not hesitated to confiscate the wealth of foreigners, destroy their farms, impede their mining operations, rob their transport caravans, violate the immunity of their legations, and even kill several individuals. Against these wrongs European countries—particularly France, Great Britain, and Spain—had protested vigorously, and twice before 1860 France had even intervened by force in an attempt to secure satisfaction. Eventually most of these powers had obtained from one Mexican government or another treaties of settlement which had recognized the justice of foreign contentions and had provided various modes of gradual payment of indemnities. But Mexico failed to carry out these agreements because of financial inability, and President Juarez in July 1861 officially suspended for two years payments due under these treaties.

Such action exhausted the patience of the Powers and led them to resort to joint intervention by force. By the Treaty of London of 31 October 1861 England, France, and Spain engaged to participate in a joint expedition to take and hold certain areas of Mexico until they obtained assurances of protection for their nationals and of fulfillment of Mexico's treaty obligations. They agreed to refrain from any territorial acquisitions and to avoid any intervention in Mexico's internal affairs.

When the joint expedition arrived at Vera Cruz at the beginning of 1862, their leaders found it necessary to move immediately to the uplands during the yellow fever season. To accomplish this peacefully they had tacitly to recognize the Juarez government by

negotiating the Treaty of Soledad (17 February 1862). This negotiation was the beginning of disagreements between the intervening
countries. The French negotiators disliked the treaty, and their
home government refused to ratify it. On the other hand the English and Spanish were disgusted with the French insistence on Mexico's fulfillment of her obligations in the questionable affair of the
Jecker bonds. Finally, when the French refused to dismiss a Mexican
monarchist leader, Almonte, from their camp, the Spanish and
English abruptly withdrew from the expedition (9 April 1862) on
the ground that France was thereby interfering in Mexican politics
in violation of the Treaty of London.

The French, finding it necessary to continue the intervention
alone, pushed on toward Mexico City but suffered a severe defeat
at Puebla (5 May 1862). While the expedition waited at Orizaba
for reënforcements, Jules Favre on June 26th denounced the government's Mexican policy in the Legislative Body and received certain signs of sympathy from some of Napoleon's supporters. The
next spring the French troops, with new reënforcements under
General Forey, moved on Puebla, took it (17 May 1863) after a
costly and bitter struggle, and obtained the surrender of Mexico
City on June 10th.

The *procureur* reports during this phase of the Mexican expedition made one fact appear certain: intervention was not initiated
as the result of the pressure of French public opinion. Until July
1862, nine months after the signing of the Treaty of London, the
reports scarcely mentioned the Mexican question in connection
with public sentiment. When a rare remark was made, it testified
to a complete apathy on the part of the people. From then until
July 1863 the voice of the public mounted in a crescendo of opposition to the expedition. Although the check at Puebla in May
1862 made the French people determined to retrieve their honor,
still they were extremely irritated at the course of events. When a
whole year passed before Puebla and Mexico City were taken, public
impatience knew no bounds. The reports were filled with constant
reiterations of the desire to have France withdraw from the conflict as soon as she could do so without losing face. Even the costly
victories at Puebla and Mexico City (May and June 1863) added
little popularity to the venture and seemed to give pleasure only
to the extent that they inspired hopes of an early withdrawal.

There is little question of the fearlessness of the *procureurs généraux* when they continued to make reports of adverse opinion on what was obviously the Emperor's pet venture. One typical report was unmistakable in its assertions:

> I have already had the honor of telling Your Excellency that the Mexican war was not popular. The latest bulletins have still failed to stir a feeling of patriotism. I am astonished because our Flag flies in the midst of the dangers of that distant expedition and France's honor is involved. Indeed, should news of victory come . . . , all would applaud. The applause would be still louder if peace were swiftly imposed.
> In the meantime, it is regrettable that disquieting stories are circulated. According to them the Emperor was deceived by diplomacy, the [Mexican] people are hostile toward our soldiers, President Juarez is not abandoned by his army, and we are thrown into the midst of all the difficulties of a regular conquest. The letters from our officers seem to substantiate these rumors.[1]

It was just such reports as this during the darkest days of disaster and delay of January 1863 which were gathered together and sent directly to the Emperor.[2] Hence Napoleon knew the worst about public opinion from the frank and faithful pens of his *procureurs* just on the eve of his public sponsorship of the establishment of a Mexican Empire.

## OCTOBER 1861

417. *Neveu-Lemaire, P. G.   Nancy, 10 October 1861.*

Quant à l'intervention imminente de la France unie à l'Espagne et à l'Angleterre pour faire justice des Spoliations dont nos nationaux ont été victimes au Mexique,[3] c'est un fait qui passe complètement inaperçu.

## JANUARY 1862

418. *Neveu-Lemaire, P. G.   Nancy, 5 January 1862.*

Quant à l'expédition lointaine que la France entreprend de concert avec l'Espagne et l'Angleterre [3] pour assurer au Mexique la protection des intérêts nationaux, elle n'excite guère l'attention, si ce n'est par la sympathie que fait toujours naître un lien nouveau entre nous et nos voisins de la Manche et surtout des Pyrennées [*sic*].

[1] Report of Gaulot, P. G.   Lyons, 2 July 1862. A. N., BB[30] 379.
[2] Extracts dealing with the "Guerre du Mexique" in the reports of January 1863 were brought together and evidently sent to the Emperor under the date of 28 June 1863. A. N., BB[30] 368.
[3] See Introductory Note to ch. viii.

## APRIL 1862

419. *Léo Duprez, P. G.   Agen, 6 April 1862.*

L'expédition du Mexique [3] préoccupe assez désagréablement l'opinion: on admet bien qu'elle était indispensable après les injures et les spoliations que nos nationaux avaient subies: mais ces injures et ces spoliations sont peu connues: un fait unique, mais éclatant et qui aurait directement touché aux susceptibilités nationales, passionnerait plus ce pays que cette masse de griefs obscurs et anonymes: on considère donc cette expédition comme un malheur à craindre; mais on n'en attend ni gloire, ni profit [4] et quant au côté romanesque de la question, nos guerres de chine et d'ailleurs ont amplement satisfait, sous ce rapport, à notre goût pour les émotions et comme on en est aujourd'hui aux préoccupations de finances, on se laisse moins séduire par l'extraordinaire qui coûte toujours fort cher.

420. *Neveu-Lemaire, P. G.   Nancy, 5 April 1862.*

Quelle que soit aussi l'importance future des avantages positifs que le succès de nos armes en Chine et en Cochinchine nous a déjà assurés, et que nous promet l'expédition du Mexique, ces tentatives de colonisation dans des pays fertiles où la force morale et commerciale de la France pourra prendre une extension durable et illimitée, passionnent peu les esprits dans nos campagnes. On ne comprend point assez que le développement et l'avenir de la puissance des peuples modernes tiennent non seulement à leur influence sur le continent, mais encore à ces vastes entreprises qui ont fait de l'Angleterre une si grande nation dans le monde.

## JULY 1862

421. *Léo Duprez, P. G.   Agen, 7 July 1862.*

On accepte aussi plus résolument qu'il y a trois mois l'expédition du Mexique, si mal accueillie, d'abord, par l'opinion. La question est mieux comprise aujourd'hui, l'honneur des armes est engagé, d'ailleurs et l'éloquent exposé de Son Excellence, M. Billaut [*sic*],[5]

---

[4] The preceding two words were underlined with pencil.

[5] In a debate in the Legislative Body on 26 June 1862 over the question of extra credits for the Mexican expedition Jules Favre opposed them, charged the Government with aiding a traitor to Mexico in the person of Almonte, advised negotiations with Juarez and a quick withdrawal, and warned that if France imposed a government on Mexico, she might find it necessary to keep troops there indef-

ne trouverait pas plus de contrediseur dans le pays qu'il n'en a rencontré dans le corps législatif.[6]

## 422. *Dufour, P. G.   Amiens, 8 July 1862.*

Les dernières nouvelles de l'expédition du Mexique & les explications données par Son Excellence Mr Billault à la fin de la session législative [7] ont calmé l'inquiétude qui commençait à se répandre sur les périls du corps expéditionnaire. Le beau fait d'armes du 99e [8] produit un excellent effet dans notre Picardie où règne un vif patriotisme.

## 423. *Blanc, P. G.   Besançon, 15 July 1862.*

L'expédition du Mexique se lie trop intimement à la question financière pour ne pas avoir eu sa part des préoccupations publiques à cet endroit: L'opinion était généralement, dans l'origine, peu favorable à cette entreprise lointaine dont la cause était peu connue et qui n'avait pas un but bien manifeste d'utilité. Les industriels surtout voyaient avec peine qu'on leur fermât l'accès d'un lieu important d'exportation. Cette défaveur a cessé depuis que la mauvaise foi de nos alliés nous a laissés seuls [9] à l'oeuvre et que le sentiment de l'honneur national a été froissé par l'apparence d'un échec.[10] La france n'a jamais marchandé la gloire, et, quel que soit l'état de ses finances, elle ne craint pas d'engager l'avenir quand il s'agit de relever, en face de l'ennemi, l'orgueil de son drapeau. On a donc applaudi, dans cette province guerrière, aux mesures qui viennent d'être prises pour mettre notre armée d'occupation sur un pied respectable.[11]

initely in order to sustain it. Billault, replying for the government, gave a short history of the expedition, attacked the policy of Juarez, tried to justify the inclusion of the Jecker bonds in the claims against Mexico, and finally disclaimed any attempt by France to impose a new government on Mexico against the will of its people. *Moniteur,* 27 June 1862.

[6] The Legislative Body by a unanimous vote granted 15,000,000 francs as a supplementary appropriation for the War and Navy ministries to carry on the Mexican expedition more vigorously. *Moniteur,* 18 June 1862.

[7] See ch. viii, note 5.

[8] The "beau fait d'armes" of the 99th infantry regiment of the line consisted of a disastrous assault against Guadaloupe Hill (5 May 1862) during the first attack on Puebla. This engagement took a heavy toll of lives, and the outcome forced the French to retreat to Orizaba where they awaited reënforcements. La Gorce, *Second Empire,* IV, 70–75.

[9] For the withdrawal of the English and Spanish from the Mexican expedition see Introductory Note to ch. vi.

[10] See ch. viii, note 8.

[11] See ch. viii, note 6.

**424.** *Dubeux, P. G.    Bordeaux, 11 July 1862.*

L'expédition du Mexique, mal comprise dans le commencement, a, je dois le constater, été dans le principe fort peu populaire dans ce pays.[12] Il n'a fallu rien moins pour modifier le courant de l'esprit public à ce sujet que la nouvelle de l'abandon de la cause commune par les Espagnols et par les Anglais et surtout que l'insuccès de nos armes lors de l'attaque Puebla. Malgré tous les efforts faits par l'habile et perfide parole de M. Jules Favre[13] pour donner le change à l'opinion publique; le vote unanime des chambres pour l'envoi des secours nécessaires à notre corps expéditionnaire[14] a été compris et apprové de tous; grâce à Dieu la fibre nationale n'est point encore éteinte à ce point dans le pays pour que l'on comprenne l'étrange proposition de se retirer sous le coup d'un insuccès. Cette conclusion du discours du député de l'opposition n'a été acceptée par personne et M. Billault,[15] avec son talent ordinaire, n'a pas eu de peine à réfuter sur ce point la politique antinationale de l'adversaire du Gouvernement.

En présence des difficultés de toute nature de cette expédition lointaine et surtout du mal terrible qui menace de décimer notre armée, tous font des vœux pour qu'une éclatante victoire vienne promptement dégager l'honneur du drapeau et permettre aux populations mexicaines la libre et complète manifestation de leurs vœux.

.    .    .    .    .    .    .    .    .    .    .    .    .

Sous ce point de vue [reopening of American markets] la présence au Mexique d'une armée et d'une flotte aguerries semble appelée à peser un jour d'un grand poids dans les déterminations de l'avenir. Quand la paix se fera, nul n'oubliera dans ce vaste continent que la France seule a su faire respecter son drapeau et l'éclat de notre expédition du Mexique donnera à nos nationaux répandus sur toute l'étendue du vaste continent américain une situation que regretteront alors, mais trop tard, de nous avoir laissé prendre, les alliés si pressés d'en finir, lorsque l'heure de la lutte avait sonné. C'est ainsi que partout la forme expansive de la France se répand, et qu'on la retrouve combattant avec les Anglais dans les derniers confins de la Chine et avec les Espagnols dans le pays d'Annam, alors que ces deux nations la laissant seule vider sa querelle avec

[12] The preceding sentence was underlined with pencil.
[13] See ch. viii, note 5.
[14] See ch. viii, note 6.
[15] See ch. viii, note 5.

le Mexique.[16] Cet abandon au jour du danger a été très vivement senti dans le pays: presque tous les rapports que j'ai reçus constatent combien le sentiment public a été froissé de cette singuilière attitude des deux nations qui avaient signé avec nous le traité de Londres.[17]

### 425. *Rabou, P. G.   Caen, 7 July 1862.*

La guerre du Mexique cause une certaine préoccupation; on s'effraye des sacrifices d'hommes et d'argent qu'elle doit nécessairement entraîner, mais en reconnaît, en même temps, qu'il était impossible de ne pas demander réparation des nombreux griefs de la France contre le Gouvernement Mexicain. Notre drapeau est engagé; Au Méxique, comme ailleurs, il faut soutenir l'honneur de nos armes, et l'opinion publique s'est associée, avec énergie, au vote du Pouvoir Législatif.[18]

### 426. *De Bigorie de Laschamps, P. G.   Colmar, 14 July 1862.*

Le public ne se rendait pas d'abord un compte bien précis du but de notre expédition; mais on n'a pas cessé, un instant, d'avoir une profonde confiance dans l'esprit de sagesse, de prévision et de force qui anime l'Empereur. Depuis l'affaire de *la Puebla,*[19] l'Alsace qui est très militaire et dont les enfants ont glorieusement combattu sur ce sol lointain, demande que nos armes reçoivent une satisfaction éclatante, sans pour cela, cesser de désirer qu'après le prélèvement d'une très-effective indemnité, nos troupes soient rappelées dans la mère patrie. Cette opinion cependant tend à s'introduire, qu'il pourrait bien y avoir quelque connexité ultérieure entre notre action morale au profit du Sud de l'Amérique et l'établis[t] d'un Gouvernement réparateur, s'il est possible au Mexique. La conduite du Général Prim [20] a été jugée avec une juste sévérité; c'est sur cet officier général, plutôt que sur l'Espagne que se concentre le blâme. Au 9 avril dernier dans mon premier rapport trimestriel, relatif à cette question, j'avais l'honneur d'exprimer à Votre Excellence les

[16] For the withdrawal of the English and Spanish from the Mexican expedition see Introductory Note to ch. viii.
[17] Most of the two preceding sentences were underlined with pencil.
[18] See ch. viii, note 6.
[19] See ch. viii, note 8.
[20] General Prim was the commander of the Spanish contingent in the Mexican expedition. As Spanish representative at the conference of Orizaba he took the responsibility of deciding on Spain's withdrawal from Mexico. He was later upheld in this action by the Spanish government.

appréhensions qu'inspirait notre alliée l'Angleterre. Aujourd'hui, ces appréhensions, à tort ou à raison, sont pour la grande majorité de nos justiciables, considérées comme justifiées parce qu'ils appellent: la défection des Anglais.[21]

### 427. Pinard, P. G.   Douai, 4 July 1862.

L'expédition du Mexique a peu préoccupé l'opinion tant que les Puissances alliées ont marché d'accord. Depuis la rupture,[22] depuis surtout l'engagement du 5 mai,[23] on recueille avec empressement les nouvelles de l'expédition, et l'ensemble des populations approuvera toute mesure énergique de nature à maintenir dans ces contrées l'honneur du drapeau et la sécurité de nos Nationaux. Malgré l'opposition de certains Journaux,[24] on peut dire qu'aux yeux de l'amour propre national, notre intervention au Mexique est devenue populaire, précisément le jour où les alliés nous ont abandonnés.[25]

### 428. Saint-Luc-Courborieu, P. G.   Limoges, 27 July 1862.

dans le Cours du trimestre, l'esprit public s'est particulièrement occupé des nouveaux impots, de l'affaire Mirès, de l'expédition du Mexique, du Voyage des Evêques à Rome, de la Visite fait par certains Légitimistes au Comte de Chambord, et des Elections.

.     .     .     .     .     .     .     .     .     .     .

l'expédition du Mexique, dont le but définitif ne semble pas bien nettement indiqué, n'est pas suffisamment comprise pour que

---

[21] The preceding passage concerning England was pencilled in the margin. For the British and Spanish withdrawals see Introductory Note to ch. vi.

[22] See Introductory Note to ch. viii.

[23] See ch. viii, note 8.

[24] On the occasion of the withdrawal of Great Britain and Spain from Mexico the French opposition press was particularly critical of its own government. Le Temps (25 May 1862) likened Almonte to the Count of Artois and France to the German allies of 1792. It was very much opposed to France's sponsorship of a monarchy in Mexico. Forcade in the Revue des Deux Mondes (1 June 1862) deplored the lack of information given by the Government, declared it would have been better for France never to have had any allies in Mexico than to have lost them, and opposed the idea of an imposed monarchy. On the announcement of the French check at Puebla (5 May 1862) the opposition press instead of becoming more hostile, joined mildly in the demands for an even stronger prosecution of the expedition. (Le Correspondant, June 1862.) But the defeat at Puebla did not prevent the Journal des Débats (3 July 1862) from observing that the unwelcome reception of French troops by the Mexican populace had resulted in the former's lack of sufficient knowledge of the terrain. See Lally, French Opposition, 45–48, 52–53.

[25] The last preceding clause was pencilled in the margin with the comment: "N'est-ce pas aller bien loin?"

l'opinion incline à l'approuver. l'échec subi par nos armes [26] n'a
pas contribué à la rendre populaire. on peut supposer que ses Succès
éclatants ramèneront l'esprit public à une appréciation plus bienveillante. mais il ne faudra rien moins pour effacer les mauvaises
impressions.[27]

429. *Gaulot, P. G.   Lyons, 10 June 1862.*

L'expédition du Mexique n'a rien de populaire. Vienne un bulletin de victoire avec la nouvelle de la prise de Mexico et l'opinion
s'enflammera bientôt.

430. *Gaulot, P. G.   Lyons, 2 July 1862.*

J'ai eu déjà l'honneur de dire à Votre Excellence que la Guerre
Mexicaine n'était pas populaire.[28] —Les derniers bulletins n'ont
point fait encore vibrer le patriotisme.[29] Je m'en étonne, car notre
Drapeau flotte au milieu des périls de cette lointaine expédition et
l'honneur de la France est engagé. Vienne du reste un bulletin de
Victoire annonçant notre entrée à Mexico et tous applaudiront. Les
applaudissemens seront plus chaleureux encore si la paix est bientôt
imposée.

En attendant, il est très regrettable que des bruits inquiétans
soient répandus. S'il fallait les accepter, l'Empereur aurait été
trompé par la diplomatie, les populations se montreraient hostiles
envers nos soldats, le Président Juarez ne serait point abandonné
par son armée et nous serions jetés au milieu de toutes les difficultés
d'une conquête. —Les lettres de nos officiers donnent à ces bruits une
gravité réelle.[30]

431. *De Gérando, P. G.   Metz, 8 July 1862.*

Dans les classes qui s'occupent des questions politiques et qui
sont à même de les apprécier, la guerre avec le gouvernement mexicain est vue avec peu de faveur, mais l'honneur du drapeau français étant maintenant engagé dans cette guerre, on a unanimement
applaudi au crédit voté [31] pour l'envoi de nouveaux renforts.

---

[26] See ch. viii, note 8.
[27] The preceding paragraph was pencilled in the margin.
[28] The preceding sentence was pencilled in the margin.
[29] See ch. viii, note 8.
[30] The preceding paragraph was pencilled in the margin.
[31] See ch. viii, note 6.

**432.** *Neveu-Lemaire, P. G.      Nancy, 5 July 1862.*

Quant à l'expédition du Mexique, quelque incertitude sur son but précis, l'abandon de nos alliés, l'ignorance où l'on est des véritables dispositions des populations Mexicaines, les dangers du climat,[32] les frais énormes qu'entrainera la continuation forcée des hostilités, tant de circonstances inquiétantes ont contribué, il faut bien le dire, à jeter d'abord quelque défaveur sur cette entreprise lointaine. Mais du moment que l'honneur du drapeau est engagé dans la lutte, la plus ardente sympathie, la plus patriotique sollicitude ne font pas défaut aux braves qui combattent audelà de l'Atlantique, et le vote unanime du Corps législatif [33] a pleinement répondu sous ce rapport au sentiment national.

Ce sentiment s'est d'autant plus énergiquement exprimé, que la jalousie traditionnelle des Anglais, sans oser ratifier la convention de leur Consul,[34] n'a pas même pu dissimuler ses souhaits contre nous, en espérant «quelque changement inattendu dans la crise américaine, et la liberté pour les Etats-Unis de prendre part à la lutte.»

**433.** *Thourel, P. G.      Nîmes, 20 July 1862.*

L'opinion s'est préoccupée de la Guerre du Mexique. On admet généralement que cette guerre étant engagée, la france ne peut pas rester sous le coup d'un échec; [35] mais on s'impatiente de ne pas voir partir les renforts annoncés.[36] Il y a ici plusieurs familles dont les fils sont au Mexique et qui craignent que le petit nombre de français qui y sont ne succombent sous le nombre des ennemis avant l'arrivée des renforts. les gens raisonnables les rassurent en leur représentant que l'Empereur est trop sage et trop dévoué aux in-

---

[32] Summer was the season of yellow fever in Vera Cruz.

[33] See ch. viii, note 6.

[34] The convention in question was one negotiated between the Juarez government and the British minister after England and Spain had withdrawn their forces from Mexico. In a note of 17 June 1862 Russell stated that "when the convention is examined with a view to ascertain its conformity to the great rules of policy by which the British nation is guided, Her Majesty's Government are not at all satisfied with several of its provisions. . . . For these reasons Her Majesty's Government . . . will decline to ratify the Convention of Puebla. . . ." Russell to Cowley, London, 17 June 1862. *British Foreign and State Papers*, LIII, 594.

[35] See ch. viii, note 8.

[36] Although the Legislative Body approved of the appropriation for reënforcements on 17 June 1862 and although a few additional troops arrived at Vera Cruz in early August, the main body of fresh troops under Forey did not land until September 21st.

térêts de son armée pour ne pas faire tout ce qui sera possible en sa faveur.

### 434. Grandperret, P. G.    Orléans, 1 July 1862.

Les dissentiments inattendus qui ont laissé à la France seule l'honneur et le poids de la guerre du Mexique [37] et les obstacles qui ont arrêté la marche de nos troupes,[38] ont fait renaître de vives préoccupations. Mais, dès que l'on a vu le drapeau national engagé, toutes les autres considérations ont été dominées par le désir d'obtenir promptement un succès décisif qui n'est douteux pour personne; aussi a-t-on approuvé les mesures que le Gouvernement de l'Empereur prend pour assurer ce résultat.[39] Cependant cette expédition lointaine, dont on n'a pas d'abord, bien compris le but est en elle-même peu populaire; et il était opportun que les explications données au Corps législatif par un organe du Gouvernement [40] vinssent rectifier beaucoup d'idées fausses,[41] montrer la fermeté et la droiture de notre politique et donner au pays la satisfaction de ne pas lui faire trop longtemps un secret de ses affaires.

### 435. Camescasse, P. G.    Rennes, 4 July 1862.

La guerre du Mexique a été vue d'abord avec une certaine défiance. Beaucoup de gens ont appris que nous allions faire la guerre, sans connaître les motifs impérieux qui nous y contraignaient, aussi ont-ils montré d'abord une certaine répugnance à accepter de bon coeur une expédition lointaine et coûteuse, par conséquent, mais, de tous côtés, lorsqu'on a su que, par suite d'un léger échec,[42] de nouveaux renforts étaient indispensables, on n'a eu que des applaudissements pour la vigoureuse initiative prise par le gouvernement.[43] Le discours de S. E. M. Billaut [sic],[44] en démontrant la nécessité de cette guerre, y ralliera de plus en plus tous les esprits.

### 436. Salneuve, P. G.    Riom, 14 July 1862.

La guerre du Mexique, dont on ne sentait pas bien l'intérêt dans le principe, a obtenu l'approbation, après les explications données

[37] See Introductory Note to ch. viii.
[38] See ch. viii, note 8.
[39] See ch. viii, note 6.
[40] See ch. viii, note 5.
[41] This sentence up to this point was pencilled in the margin.
[42] See ch. viii, note 8.
[43] See ch. viii, note 6.
[44] See ch. viii, note 5.

par Son Exc. M. Billault,[44] et tous les vœux ont été et sont encore pour que nos soldats puissent, à l'aide des secours qui leur sont envoyés,[45] prendre une revanche éclatante du retard apporté dans leur marche sur Mexico.[46]

### 437. Millevoye, P. G.   Rouen, 10 July 1862.

L'Expédition du Mexique avait rencontré d'abord quelque défaveur dans l'opinion. Beaucoup de gens, même parmi ceux qui ne sont pas hostiles, acceptant, cette fois, trop facilement, les déclamations de l'opposition, craignaient que le gouvernement ne se fût laissé entraîner par un esprit d'aventure et un goût trop facile pour les entreprises lointaines. C'est qu'alors, on ne connaissait pas, ou on connaissait mal, les causes déterminantes de l'Expédition. Aujourd'hui, après le discours de M. Billault,[47] il n'y a plus qu'un sentiment parmi les gens de cœur, c'est à dire parmi ceux dont l'opinion compte pour quelque chose, et ce sentiment est une adhésion reconnaissante à la politique si manifestement nationale suivie par l'Empereur dans cette question comme dans toutes celles où se trouvent engagés l'honneur et les intérêts de la France.

### 438. Gastambide, P. G.   Toulouse, 4 July 1862.

L'expédition du Mexique, mais surtout les dépenses qu'elle doit entrainer, est ici l'objet de bien des critiques. Nos populations, essentiellement agricole comprennent difficilement l'intérêt qui s'attache à la sureté de nos établissements commerciaux dans des régions si lointaines; elles sont plus sensibles à l'honneur de notre drapeau, aussi applaudissent-elles sans réserve à l'acte de vigueur[48] qui promet bientôt à nos soldats une complète et glorieux revanche.

## OCTOBER 1862

### 439. Donnodévie, A. G.   Agen, 6 October 1862.

Notre intervention au Mexique qui n'avait pas été d'abord bien comprise et contre laquelle l'opinion, préoccupée des dangers d'une guerre lointaine, s'était prononcée, a pris des proportions telles que tous les sentimens qu'elle a pu inspirer se confondent à présent dans

---

[44] See ch. viii, notes 6, 36.
[45] See ch. viii, note 8.
[47] See ch. viii, note 5.
[48] See ch. viii, notes 6, 36.

les vœux que l'on forme pour le succès de nos armes et l'espoir de nouveaux triomphes pour la France.

440. *Casabianca, A. G.   Bastia, 13 October 1862.*

De toute les questions de la politique internationale, il n'en est que deux qui occupent ici l'attention à une manière sérieuse: je veux parler de la guerre du Mexique et du conflit entre la papauté et le Royaume d'Italie.

Personne ne doute que notre armée du Mexique ne prenne une revanche éclatante de l'échec,[49] déjà glorieusement réparé d'ailleurs, que nous avons subi il y a quelques mois. La France couronnera ensuite l'œuvre qu'elle a entreprise en assurant au Mexique, avec la paix et un gouvernement régulier, les véritables conditions du progrès matériel et moral.

441. *Dulamon, A. G.   Bordeaux, 6 October 1862.*

L'expédition du Mexique, d'abord mal comprise, peu populaire à Bordeaux, où elle pouvait troubler les relations commerciales si nombreuses et si importantes avec ce pays est un peu oubliée aujourd'hui: on ne doute pas du succès de nos armes, et les vœux de tous suivent ces braves soldats, qui portent si haut partout où le devoir les appelle, l'honneur du drapeau et la gloire de notre pays. On serait heureux qu'une prompte solution délivrât les populations mexicaines d'un gouvernement anarchique, et permit à notre armée de quitter un pays dont le climat dévorant est bien plus dangereux que les ennemis à combattre.

442. *Olivier, A. G.   Caen, 9 October 1862.*

L'embarquement de nos troupes à Cherbourg a présenté un spectacle touchant. Chaque jour et souvent au milieu de la nuit, les ouvriers de cette ville se portaient, en masse, à la Gare du chemin de fer et s'empressaient d'offrir à nos soldats une part prise sur leur modeste repas, et les traitaient de leur mieux. Au départ, les habitants accompagnaient les régiments jusqu'au port militaire et on se quittait aux cris répétés de Vive l'Empereur!

Chacune de ces scènes laissait au cœur de ceux qui en étaient témoins une vive émotion.

[49] See ch. viii, note 8.

443. *De Baillehache, A. G.   Colmar, 12 October 1862.*

La guerre du Mexique, après quelques alarmes, passagères, se trouve mieux comprise, et l'on ne met plus en doute la nécessité de cette expédition et sa légitimité. Je manquerais cependant à mon devoir, Monsieur le Garde des Sceaux, si je laissais penser à Votre Excellence que cette entreprise soit considérée comme populaire et que l'on ne désire passivement qu'elle ne soit pas promptement menée à fin, avec le moins de sacrifices possibles.

444. *De Plasman, A. G.   Lyons, 7 October 1862.*

Quant à la guerre du Mexique, elle est généralement impopulaire; elle est mal comprise. On n'en aperçoit pas bien le but et l'on redoute les dépenses d'hommes et d'argent qu'elle entrainera. Sur ce point les renseignements que je reçois sont unanimes, et c'est avec bonheur que l'on saluerait le triomphe de nos armes qui permettrait de mettre une fin prochaine à cette expédition.

445. *De Gérando, P. G.   Metz, 8 October 1862.*

Le but & la portée de l'expédition du Mexique sont peu compris par les masses, & on désire qu'une prompte & décisive victoire mette fin à cette expédition.

446. *Alexandre, A. G.   Nancy, 6 October 1862.*

Du Mexique je n'ai rien à dire en ce moment: l'expédition d'abord mal comprise *dans son but final* peut-être est aujourd'hui accompagnée des vœux de tous et ces vœux seront satisfaits avant peu.

447. *Petit, A. G.   Orléans, 12 October 1862.*

La guerre du Mexique, qui un instant a éveillé les susceptibilités nationales perd de sa popularité depuis qu'on sait que, grâce à d'énergiques mesures, tout péril a cessé pour le premier corp expéditionnaire. Les diverses classes de la population réunies dans un même vœu désirent vivement qu'elle se termine plus tôt.

448. *Cordoën, P. G.   Paris, 14 November 1862.*

L'expédition du Mexique avait été à son début froidement accueillie; on n'en comprenait pas bien le motif; on en redoutait les dépenses au moment où les idées d'économie budgétaire passait à l'ordre du jour; mais une fois l'honneur de notre drapeau engagé, tout le monde a approuvé les armements considérables faits pour cette guerre dont on désire la prompte conclusion.

### 449. *Massin, A. G. Rennes, 1 October 1862.*

L'intérêt qui s'attache à la question Romaine a fait à peu près oublier la guerre du Mexique. Au commencement de ce trimestre cependant, Cette expédition lointaine préoccupait les esprits, je dois même dire qu'elle était généralement désapprouvée; mais depuis qu'un échec a été subi par nos troupes devant Puebla,[50] l'opinion s'est sensiblement modifiée. On n'est pas habitué à voir reculer le drapeau de la France et au Mexique, comme ailleurs, on désire, on veut même au prix des plus grands sacrifices, le triomphe de nos armes.

### 450. *Salneuve, P. G. Riom, 8 October 1862.*

L'expédition du Mexique n'avait d'abord nullement préoccupé l'attention publique. On ne croyait ni à une sérieuse résistance ni à la nécessité d'une déploiement considérable de forces; mais l'abandon de l'Angleterre et de l'Espagne,[51] le léger échec subi par nos armes,[52] ont généralement et universellement passionné les esprits. Aujourd'hui l'honneur du drapeau et les secours à porter à notre corps expéditionnaire [53] sont les seules préoccupations; on éprouve, du reste, aucune inquiétude sur les résultats inévitablement heureux de l'expédition.

### 451. *Millevoye, P. G. Rouen, 12 October 1862.*

Cette disposition du caractère normand à traiter toutes les questions politiques au point de vue des intérêts matériels se retrouve dans les appréciations que j'ai recueillies sur l'expédition du Méxique et sur les conséquences à tirer de notre succès définitif, dont personne ne doute. Les uns veulent un prompt arrangement qui en stipulant de larges indemnités de guerre, nous permettent de nous dégager des charges de cette lointaine expédition; les autres demandent que la France en établissant et en maintenant son protectorat dans ce vaste et riche pays, en fasse un débouché important

[50] See ch. viii, note 8.
[51] See Introductory Note to ch. viii.
[52] See ch. viii, note 8.
[53] See ch. viii, notes 6, 36.

pour les produits de notre industrie. Tous ont applaudi à l'envoi des renforts nécessaires [53] pour frapper un coup décisif.

452. *De Vaulx, A. G.   Toulouse, 6 October 1862.*

La question romaine . . . a fait oublier presqu'entièrement ce qui se passe en Orient, en Pologne, aux Etats-Unis, et même la guerre du Mexique.

Cette expédition lointaine avait excité, dans le principe, un mécontentement presque général. —On la regardait comme une nouvelle charge financière difficile à supporter. mais, après l'échec subi par nos armes,[54] on a applaudi à l'envoi des forces nécessaires [55] pour venger l'insulte qu'avait reçu le drapeau de la France.

## January 1863

453. *Léo Duprez, A. G.   Agen, 7 January 1863.*

On s'occupe aussi du Mexique et depuis l'échec de Puebla,[56] l'expédition ne trouve plus de contradiction; mais on n'y résigne plus qu'on ne s'en félicite: j'ai entendu comparer la France vis à vis du Mexique à un honnête homme qui a eu le malheur d'être provoqué et insulté par un misérable. Il faut qu'il se batte, mais il n'en recueillera, même vainqueur, ni gloire, ni profit. Ici, nous aurons la gloire assurément, mais nous en avons déjà tant qu'il est fâcheux, dit-on, d'être obligés d'aller chercher si loin ce qui ne nous manquait pas; on trouve, surtout, que c'est bien cher. 83 millions de dépenses pour la première année, c'est un débat qui donne aux alarmistes d'inquiétantes perspectives.[57]

454. *Sigaudy, P. G.   Aix, 9 January 1863.*

L'expédition du Mexique, dont la cause et le but n'ont jamais été bien précises, est loin d'avoir excité une approbation unanime. Dans les classes élevées et éclairées on pense généralement que si le soin de la police du monde entier est la plus haute mission qu'un Etat puisse remplir, il expose à des risques[?] excessifs, et mieux vaudrait encore renoncer à ces généralités imprudentes, dont aucun gouvernement ne songe à s'imposer le fardeau. Cependant aujour-

---

[54] See ch. viii, note 8.
[55] See ch. viii, notes 6, 36.
[56] See ch. viii, note 8.
[57] This entire extract was pencilled in the margin.

d'hui que la guerre est engagée, on en attend avec confiance le résultat.

### 455. *Dufour, P. G.    Amiens, 1 January 1863.*

Les exagérations que la malveillance se plaisait à répandre, sur les dépenses occasionnées par l'expédition du Mexique, ont reçu un démenti très opportun. Ces sacrifices faits pour protéger nos nationaux sans sauvegarder l'honneur de nos armes, sont d'ailleurs ceux qu'accepte le mieux la grande majorité des habitants de nos campagnes et de nos villes. Leur patriotisme ne se laisse point égarer par les intrigues et les rancunes des partis. Peu importe que la guerre devienne longue et coûteuse, la gloire du pays, la défense du drapeau ne leur paraissent jamais trop chères.[58]

### 456. *Blanc, P. G.    Besançon, 14 January 1863.*

Cette dernière guerre [Mexican], dont les populations ne s'expliquent pas le but, et dont elles s'exagèrent les dangers, est restée impopulaire: Les familles craignent de voir leurs enfants appelés à y concourir; les maladies surtout les effraient. Il semble enfin que la gloire cherchée si loin n'ait plus la même séduction, le même pouvoir d'entrainement.[59]

### 457. *Dubeux, P. G.    Bordeaux, 13 January 1863.*

L'expédition du Mexique continue à préoccuper vivement les esprits. Il est de mon devoir de constater que sur la question d'honneur, tous sont unanime; chacun comprend que pour la gloire de nos armes il faut que notre drapeau entre victorieux à Mexico. Le rapport dans lequel ont été si vivement reproduit les souffrances et les efforts de nos soldats pour se maintenir à Orizaba pendant la saison des pluies a été lu avec un vif intérêt.[60] Je ne dois pas dis-

---

[58] This entire extract was pencilled in the margin along with the marginal comment: "C'est le seul pr. g<sup>al</sup> qui rapporte ainsi le sentiment public."

[59] This entire extract was pencilled in the margin.

[60] The report in question was one from the Minister of War, Randon, to the Emperor (20 and 21 Nov. 1862). The part describing the hardships at Orizaba ran as follows: ". . . Tous les efforts pour procurer les mulets de bât, avec lesquels seulement les transports sont practicables à cette époque de l'année, venaient échouer contre les mauvaises dispositions des habitants à notre égard, ou ne donnaient que des résultats insignifiants. . . . Cet état de choses commandant la plus grande économie dans les distributions, il fut décidé, à la date du 24 juin, que la ration de pain serait réduite de 750 à 500 grammes; . . . que la troupe ne recevrait plus que deux rations de vin par semaine, mais que la ration de viande serait portée d'abord à 360, puis à 400 grammes. Un ordre du 13 juin avait déjà prescrit la substitution du maïs vert à la paille à la ration de fourrage. Le moment n'était

simuler toutefois qu'une fois la part faite au sentiment national, la guerre du Mexique cause de vives préoccupations et est loin d'être aussi populaire que les autres expéditions entreprises sous le Gouvernement Impérial. On s'alarme des fâcheuses nouvelles répandues sur l'état sanitaire de l'armée; [61] on trouve bien élevé le chiffre des dépenses déjà faites et l'on voudrait voir un terme probable et prochain aux sacrifices de toutes natures faits par la France dans ces contrées lointaines. Tous ne comprennent point assez bien les causes qui ont rendu indispensable ce grand déploiement des forces nationales et ne rendent pas assez justice à la pensée de prévoyance qui grâce à la présence de nos vaisseaux et de notre armée sur cette terre lointaine, donnera à la France une influence décisive à un jour marqué pour la solution de toutes les questions américaines. Il est désirable que la discussion de l'adresse éclaire les esprits au sujet de la guerre du Mexique. Dès à présent les débats parlementaires Espagnols et surtout les outrecuidantes explications du Comte de Reuss [62] n'ont encore pu expliquer à personne comment l'honneur Castillan a pu se croire intéressé à abandonner ses alliés en face de l'ennemi et à la veille d'une lutte inégale.

Dans cette question comme dans toutes celles traitées déjà dans ce rapport, on m'assure que la ligne suivie par l'Angleterre a été loin de concilier à cette puissance les sympathies de nos populations; plus le temps marche, plus les divergences se montrent. . . .

### 458. Tenaille, A. G.   Bourges, 9 January 1863.

Confiantes dans le Gouvernement de l'Empereur, nos populations ne se préoccupent de la politique ni intérieure ni extérieure. Elles ne paraissent pas songer même à notre expédition du Mexique.

### 459. Olivier, A. G.   Caen, 10 January 1863.

La guerre du Mexique excite cependant d'assez vives préoccupations. Les populations s'effraient des sacrifices d'hommes et d'argent que cette guerre peut encore leur imposer.[63] Leur dévouement au

éloigné où il deviendrait impossible de donner du grain aux chevaux, qui n'ont été nourris que de cannes à sucre et de maïs vert pendant les mois d'août et de septembre." *Moniteur*, 21 Nov. 1862.

[61] The preceding two sentences were pencilled in the margin.

[62] On 10, 11, and 12 Dec. 1862 General Prim, Count of Reuss, gave in the Spanish Senate a first-hand history of the expedition to Mexico and a justification of the part he played in the Spanish decision to withdraw from the venture. Genaro Estrada, Ed., *Don Juan Prim y su labor diplomática en Mexico* (Mexico City, 1928), 149–251.

[63] The preceding two sentences were pencilled in the margin.

Gouvernement de l'Empereur n'en a, du reste, reçu aucune atteinte.

460. *De Bigorie de Laschamps, P. G. Colmar, 24 January 1863.*

Je l'ai dit souvent dans mes rapports trimestriels, cette guerre lointaine a préoccupé et préoccupe l'opinion; il faut la foi entière qu'ont nos populations en la sagesse de l'Empereur pour que cette préoccupation ne se soit pas plus accentuée; on regrette les dépenses considérables qu'entraine cette expédition; mais d'une autre côté cette pensée indiquée dans mon rapport du 15 juillet, que la vigoureuse manifestation de la France au Mexique pouvait se rattacher, dans l'intérêt de notre politique à la guerre des Etats-Unis, prend de la consistance et rassure. La lettre de l'Empereur au Général Forey [64] a été lue avec satisfaction. La nouvelle très-

[64] The Emperor's letter to General Forey (3 July 1862) is so significant in its description of Napoleon III's Mexican policy and this declaration of policy is so bound up with the careful and suggestive language in which it is couched that it seems necessary to quote the communication in full:

"Mon cher général, au moment où vous allez partir pour le Mexique, chargé des pouvoirs politiques et militaires, je crois utile de bien vous faire connaître ma pensée.

"Voici la ligne de conduite que vous aurez à suivre: 1o faire, à votre arrivé, une proclamation dont les idées principales vous seront indiquées; 2o accueillir avec la plus grande bienveillance tous les Mexicains qui s'offriront à vous; 3o n'épouser la querelle d'aucun parti, déclarer que tout est provisoire tant que la nation mexicaine ne se sera pas prononcée; montrer une grande déférence pour la religion, mais rassurer en même temps les détenteurs de biens nationaux; 4o nourrir, solder at armer, suivant vos moyens, les troupes mexicaines auxiliaires; leur faire jouer le rôle principal dans les combats; 5o maintenir parmi vos troupes, comme parmi les auxiliaires, la plus sévère discipline; réprimer vigoureusement tout acte, tout propos blessant pour les Mexicains, car il ne faut pas oublier la fierté de leur caractère, et il importe au succès de l'entreprise de se concilier avant tout l'esprit des populations.

"Quand nous serons parvenus à Mexico, il est à désirer que les personnes notables de toute nuance, qui auront embrassé notre cause, s'entendent avec vous pour organiser un Gouvernement provisoire. Ce Gouvernement soumettra au peuple mexicain la question du régime politique qui devra être définitivement établi. Une assemblée sera ensuite élue d'après les lois mexicaine.

"Vous aiderez le nouveau pouvoir à introduire dans l'administration, et surtout dans les finances, cette régularité dont la France offre le meilleur modèle. A cet effet on lui enverra des hommes capable de seconder sa nouvelle organisation.

"Le but à atteindre n'est pas d'imposer aux Mexicains une forme de Gouvernement qui leur serait antipathique, mais de les aider dans leurs efforts pour établir, selon leur volonté, un Gouvernement qui ait des chances de stabilité et puisse assurer à la France le redressement des griefs dont elle a à se plaindre.

"Il va sans dire que, s'ils préfèrent une monarchie, il est de l'intérêt de la France de les appuyer dans cette voie.

"Il ne manquera pas de gens qui vous demanderont pourquoi nous allons dépenser des hommes et de l'argent pour fonder un Gouvernement régulier au Mexique.

"Dans l'état actuel de la civilisation du monde, la prospérité de l'Amérique n'est pas indifférente à l'Europe; car c'est elle qui alimente nos fabriques et fait vivre notre commerce. Nous avons intérêt à ce que la république des Etats-Unis vraisemblable de la prise de Puebla,[65] je n'ai pas besoin de le dire, a réjoui ce ressort si fier de notre gloire militaire. Quoiqu'il en soit, on désire que nos sacrifices, après de sûres garanties, puissent avoir un terme prochain.

461. *Imgarde de Leffemberg, P. G. Dijon, 8 January 1863.*

Dans mes précédents rapports je n'ai pas caché que l'expédition du Mexique était peu populaire; ce qui précède dit assez que mon appréciation sur ce point est restée la même. Mais je serais incomplet si je n'ajoutais que le sentiment national et naturellement militaire en France, en faisant des réserves sur le principe de l'entreprise, n'hésite pas sur les suites qu'elles doit avoir. Tout le monde sent que l'honneur du drapeau est engagé et, coûte que coûte, tout le monde veut qu'il sorte sauf. La retraite que préconisait au Corps Législatif l'orateur de l'opposition serait un sujet de réprobation générale; l'esprit public veut, attend une victoire; il regrette l'entreprise, aurait honte de son abandon, et supportera avec impatience sa prolongation.

Je ne dois pas omettre une remarque que j'ai personnellement faite dans nos campagnes et que confirment à mes yeux les observations analogues de plusieurs de mes collègues. Elle me parait prouver que la malveillance s'efforce d'exploiter et d'envenimer cette délicate question de la Guerre du Mexique. Les calomnies déjà repoussées par son Exc. M. Billaut [*sic*] [66] et qui attribuent la responsabilité

soit puissante et prospère, mais nous n'en avons aucun à ce qu'elle s'empare de tout le golfe du Mexique, domine de là les Antilles ainsi que l'Amérique du Sud, et soit la seule dispensatrice des produits du Nouveau-Monde. Nous voyons aujourd'hui, par une triste expérience, combien est précaire le sort d'une industrie, qui est réduite à chercher sa matière première sur un marché unique, dont elle subit toutes les vicissitudes. Si, au contraire, le Mexique conserve son indépendance et maintient l'intégrité de son territoire, si un Gouvernement stable s'y constitue avec l'assistance de la France, nous aurons rendu à la race latine, de l'autre côté de l'Océan, sa force et son prestige; nous aurons garanti leur sécurité à nos colonies des Antilles et à celles de l'Espagne; nous aurons établi notre influence bienfaisante au centre de l'Amérique; et cette influence, en créant des débouchés immenses à notre commerce, nous procurera les matières indispensables à notre industrie. Le Mexique, ainsi régénéré, nous sera toujours favorable, non-seulement par reconnaissance, mais aussi parce que ses intérêts seront d'accord avec les nôtres, et qu'il trouvera, un point d'appui dans ses bons rapports avec les puissances européennes.

"Aujourd'hui donc, notre honneur militaire engagé, l'exigence de notre politique, l'intérêt de notre industrie et de notre commerce, tout nous fait un devoir de marcher sur Mexico, d'y planter hardiment notre drapeau, d'y établir, soit une monarchie, si elle n'est pas incompatible avec le sentiment national du pays, soit tout au moins un Gouvernement qui promette quelque stabilité." *Livre Jaune* (1862), 190–191.

[65] This rumor was unfounded since Puebla did not capitulate until the following May.

[66] See ch. viii, note 5.

de cette guerre à quelques hautes influences engagées dans des spéculations sur les créances Mexicaines, ont pénétré au milieu des populations rurales, et il sera bon que le Gouvernement ne néglige pas les occasions qu'il pourra avoir de les démentir. De semblables rumeurs sont en effet susceptibles de faire impression sur l'esprit des cultivateurs, d'autant plus crédules de ces sortes de choses qu'ils sont eux-même cupides. Il importe également d'éclairer l'opinion par de plus fréquents avis sur la réalité ou l'inexactitude du bruit que répandait les journaux étrangers de l'envoi au Mexique de nouveaux renforts, c'est encore une fâcheuse cause d'émotion.[67]

462. *Pinard, P. G.   Douai, 5 January 1863.*

Les nouvelles du Mexique sont attendues avec une certaine impatience. On tient à ce que l'expédition atteigne son but et à ce que le drapeau Français ne se relève qu'honoré et vengé. Seulement on regrette d'autant plus les lenteurs nécessaires de cette guerre lointaine, qu'on calcule, peut-être, en les exagérant, les dépenses considérables dont elle grévera le trésor.

463. *Gaulot, P. G.   Lyons, 29 December 1862.*

La Guerre du Mexique . . . éveille des appréhensions et reste impopulaire.[68] On ne veut comprendre ni la nécessité, ni le but de cette entreprise qui entrainera de très lourdes charges. On juge avec sévérité cette marche téméraire qui après l'abandon de nos alliés comprettait notre drapeau et nous jetait dans tous les hasards d'une expédition lointaine. Viennent les bulletins de victoires et sans doute le pays applaudirait. Mais il est à désirer que nos troupes soient rappelées le plus tôt possible, après des épreuves courageusement supportées et noblement vengées. Au milieu des difficultés d'une crise commerciale il importe que nos budgets ne soient surchargés de dépenses sans résultats possibles. Telle est la réflexion qui est sans cesse formulée, même par les hommes les plus dévoués.[69]

464. *De Gérando, P. G.   Metz, 10 January 1863.*

On attend avec impatience la conclusion de l'expédition du Mexique, dont le but et la portée ne sont pas compris des masses,

---

[67] The preceding three sentences were pencilled in the margin.
[68] The preceding three words were underlined with pencil.
[69] The first half of this extract was pencilled in the margin.

& qui est vue avec défaveur, je dois le dire, à cause des sacrifices d'hommes et d'argent qu'elle entraîne, par les personnes assez éclairées pour se préoccuper de cette expédition.

### 465. *Dessauret, P. G.    Montpellier, 9 January 1863.*

Notre expédition du Mexique, la défection de l'Espagne, la désertion de l'Angleterre,[70] les débats du Sénat de Madrid,[71] sont ici l'objet de toutes les conversations. On ne trouve plus assez d'expression pour maudire ceux qui nous ont abandonnés; on n'en trouve plus pour traduire l'approbation donnée à la persévérance de l'Empereur. On attend avec une fébrile impatience des nouvelles du théâtre de la guerre. On se repaît avec avidité de celles qu'on en reçoit: jamais, peut-être, les intimes et patriotiques aspirations d'un public généreux ne se sont produites plus vivement surexcitées, quoique la confiance dans le succès de nos armes soit entière. . . .[72]

### 466. *Neveu-Lemaire, P. G.    Nancy, 5 January 1863.*

Je ne puis dissimuler qu'à ce point de vue l'expédition du Mexique n'a point encore reconquis l'approbation général. L'ignorance du but proposé, les sacrifices d'hommes et d'argent imposés au pays, nos soldats exposés aux dangers d'un terre inhospitalière plus encore qu'aux balles ennemies, les compensations douteuses ou peu proportionnées aux sacrifices, la lenteur même des résultats n'ont pas favorablement disposé les esprits. On n'ignore pas sans doute que le Gouvernement a été entraîné audelà de ses projets primitifs; on n'en regrette pas moins l'expédition, on désire surtout ne point la voir se prolonger en occupation permanente, et l'on fait les vœux les plus ardents pour que la victoire couronne promptement les glorieux efforts de nos troupes. —Toutes les fois que nos populations ne comprennent ni le sens, ni la portée d'une mesure politique, lorsqu'un intérêt direct et palpable ne les touche pas dès l'origine, elles restent si non hostiles, du moins froides et indifférentes, et il ne serait point sans importance que lors des élections prochaines, on n'eut plus à se souvenir que des difficultés vaincues et du triomphe de nos armes.

[70] See Introductory Note to ch. vi.
[71] See ch. viii, note 62.
[72] Ellipses in the original text.

467. *Thourel, P. G. Nîmes, 18 January 1863.*

L'opinion publique un moment inquiète sur le sort réservé à l'armée du Mexique est aujourdui [*sic*] parfaitement rassurée. on a confiance au succès des armes françaises dans cette contrée lointaine.

468. *Cordoën, P. G. Paris, 3 February 1863.*

L'expédition du Mexique attire plus vivement l'attention. L'opinion publique suit avec quelque anxiété nos soldats engagés dans cette contrée lointaine; habituée à des succès rapides, elle ne veut pas dans son impatience tenir compte des difficultés que la distance, le climat et d'autres obstacles matériels ont jusqu'à présent opposés à l'issue de l'entreprise, elle accuse la lenteur des résultats et la rareté des nouvelles.

469. *Duran-Fornas, P. G. Pau, 10 January 1863.*

la lointaine expédition du Mexique et les difficultés qu'elle a rencontrées au début, préoccupent toujours naturellement l'attention publique.

470. *Camescasse, P. G. Rennes, 12 January 1863.*

La guerre du Mexique occasionne en Bretagne de graves préoccupations; c'est une affaire mal comprise, parce qu'elle n'a pas été étudiée ou n'était pas de nature à l'être utilement par les masses. Nous fournissons, comme tous, notre contingent à l'armée expéditionnaire, mais, avec nos deux cent lieues de côtes, nous fournissons, une qualité bien plus forte à la marine et c'est justement chez les marins restés aux environs du Vera-Cruz que la mortalité sévit le plus, d'un autre côté, les partis exagèrent toujours le mal, de sorte qu'un sentiment général de souffrance existe ici au sujet de cette guerre. J'espère qu'avant peu une marche héroïque et heureuse en avant va faire disparaître tout ce malaise.

471. *Millevoye, P. G. Rouen, 10 January 1863.*

De toutes les questions de la politique étrangère, celle du Mexique a plus que, toutes les autres, le pouvoir d'intéresser les masses: c'est qu'elle s'agite sous les plis du drapeau français. On attend avec impatience la nouvelle des succès qui doivent venger l'héroïque échec de Puebla.[73] Le bulletin d'une éclatante victoire, satisfera

---

[73] See ch. viii, note 8.

tous les vœux des classes inférieures qui ne voient, dans l'expédition du Mexique, qu'une question d'honneur national; mais, ils n'en est pas de même pour les hommes auxquels leur fortune et leur éducation permettent de se préoccuper du but politique que poursuit le Gouvernement français. Dans ce pays positif où tous les efforts tendent à un résultat pratique, on espère que la pensée de l'Empereur est d'établir au Mexique la prépondérance française et d'ouvrir un large débouché à notre industrie.[74]

472. *Gastambide, P. G.   Toulouse, 7 January 1863.*

L'expédition du Mexique est un sujet d'émotion. On déplore les sacrifices d'hommes et d'argent qu'elle impose.[75]

## APRIL 1863

473. *Donnodévie, A. G.   Agen, 5 April 1863.*

Malgré les sacrifices qu'impose à la France l'expédition du Mexique, il n'est personne, ainsi que j'ai déjà eu occasion de le dire, qui ne comprenne la nécessité de la poursuivre avec vigueur. On a hâte sans doute de nous voir sortir de la situation difficile où nous a placés, dans ce lointain pays, un abandon imprévu; mais on veut avant tout que nos armes victorieuses aient obtenu la réparation des outrages faits à nos nationaux et on se confie maintenant à la valeur de nos soldats.

474. *Blanc, P. G.   Besançon, 12 April 1863.*

Les difficultés que rencontre l'expédition du Mexique et l'apparente lenteur avec laquelle sont conduites les opérations irritent l'impatience publique, et rendent cette entreprise, dont on ne comprend d'ailleurs pas la portée, très impopulaire, mais vienne un succès un peu éclatant de nos armes et cette impression sera bien vite effacée par l'honneur du drapeau.

475. *Dubeux, P. G.   Bordeaux, 3 April 1863.*

L'expédition du Mexique excite seule encore l'attention publique. La lenteur de la marche de l'armée et l'absence de nouvelles décisives, sans causer de trop vives inquiétudes, est cependant l'objet des préoccupations publiques; il est vivement à désirer que d'éclatants succès soient bientôt annoncés dans le pays. Une des causes

[74] The preceding sentence was pencilled in the margin.
[75] This extract was pencilled in the margin.

qui ont contribué à appeler l'attention sur la guerre du Mexique est certainement l'insurrection Polonaise. On s'est demandé si dans la crise Européenne que pouvaient soulever ces graves évènements, la France garderait toute sa liberté d'action lorsqu'elle avait la meilleure partie de sa flotte et une armée considérable engagées dans des contrées lointaines. Depuis que la question Polonaise semble avoir pris une tournure pacifique, on parle moins ici du Mexique; il est probable que l'on en parlera moins encore, ou tant au moins en d'autres termes, lorsque la nouvelle de nos premiers succès viendra ranimer chez tous le sentiment de l'orgueil national toujours si vivace en France.

### 476. *De Chenevière, P. G. Bourges, 3 April 1863.*

La reprise des travaux législatifs, les questions soulevées dans la discussion de l'adresse, devenue l'arène où se dessinent les partis, le rapport des pétitions au Sénat où toutes les opinions et tous les intérêts se font jour, tiennent l'esprit public en éveil et le prédisposent à une certaine agitation. Pour communiquer cette agitation aux masses, les circonstances semblaient particulièrement favorables. Un accroissement imprévu de dépenses venait de rompre l'équilibre rétabli à force de sacrifices au budget de l'Etat; la grande épreuve des élections,[76] cette époque climatérique du suffrage universel, se dressait pour ainsi dire avec l'imminence d'une date fixe, et deux questions émouvantes à divers titres, celles de la Pologne et du Mexique, devenaient pour des esprits ardents ou systematiquement hostiles, autant de moyens d'exciter les passions ou d'entretenir les inquiétudes.

De ces moyens dont la mise en œuvre habilement pratiquée aurait eu pour effet, à toute autre époque, de provoquer des manifestations factieuses et d'interrompre la marche des transactions, aucune n'a produit dans nos régions un effet dont il y ait à tenir compte, et n'a troublé le calme dont elles se sont fait, à la fois une habitude et un besoin.

### 477. *Olivier, A. G. Caen, 11 April 1863.*

["La guerre"] que l'honneur national nous force de soutenir au Méxique cause d'assez vives inquiétudes et le jour où elle se ter-

---

[76] The election of the Legislative Body was to take place on 30 and 31 May 1863.

minera par une paix glorieuse, sera, à tous les points de vue, un jour heureux et béni.

478. *De Bigorie de Laschamps, P. G.  Colmar, 3 April 1863.*

Je ne puis que reproduire les observations contenues dans mon dernier rapport trimestriel. On ne murmure pas, parce que le drapeau de la France est engagé, et qu'on est dévouée à l'Empereur; mais l'opinion publique désire fortement la fin honorable de cette expédition; et, sur ce point, l'éloquence d'ordinaire si entrainante de S. E. M. le Ministre Billault,[77] n'est pas parvenue à produire ses résultats habituels.

479. *Imgarde de Leffemberg, P. G.  Dijon, 7 April 1863.*

Les deux faits qui ont principalement préoccupé le pays ont été l'insurrection Polonaise et l'expédition Mexicaine. Sur ce dernier sujet j'ai déjà eu l'honneur de dire à Votre Excellence que cette question est peu comprise même par les gens appartenant aux conditions libérales; elle ne l'est pas du tout dans les campagnes et je répète qu'elle est très impopulaire. A ces dispositions qui persistent, vient se joindre, pour l'heure présent, non pas du découragement, mais un véritable désappointement. Les difficultés imprévues et dont on ne se rend pas compte en retardant jusqu'à présent la marche de nos troupes, arrêtent l'impatience publique qui, depuis trois mois, attend un succès et le souhaite définitif. Je ne puis, à ce propos, que m'en rapporter à l'expression de ma pensée telle que je l'ai fait connaître dans mes précédents rapports. L'amour propre national sent que l'honneur est maintenant engagé dans cette affaire; il ne supporterait pas une retraite avant qu'un grand coup a été porté, mais l'opinion très générale regrette l'entreprise, s'effraie de tout ce qu'elle doit coûter en temps, en hommes et en argent, et ne s'intéresse pas du tout au bonheur des Mexicains ou à la réforme de leur gouvernement. Cette pensée je la trouve répandue dans toutes les conditions ou classes sociales.

[77] In the debates in the Legislative Body, Billault had to answer two opposition charges. To the first, that France went to Mexico largely to enthrone an Austrian prince, his cryptic reply was: ". . . Jamais, vous le savez bien, cette combinaison accessoire et éventuelle subordonnée au vœux du peuple mexicain, n'a été ni le motif ni le but exclusif de l'expédition entreprise." To the second charge, that the scandalous Jecker bonds were another motive, he replied that it was not scandalous but as legitimate a claim against Mexico as the others. He denied any private interests in the French government were influencing the Jecker bond demands but did not give very convincing proof. *Moniteur,* 8 Feb. 1863.

480. *Pinard, P. G. Douai, 1 April 1863.*

L'expédition du Mexique est un sujet de préoccupation, sinon d'impatience. Tout en comprenant la nécessité de la mener à bonne fin, et les lenteurs que le but exige, l'opinion calcule les charges qu'elle impose, et se demande si le résultat vaudra les sacrifices.

481. *Moisson, P. G. Grenoble, 10 April 1863.*

l'expédition au Mexique ne provoque que l'impatience d'un bulletin qui vienne dégager l'honneur de notre drapeau et d'une solution qui arrête les dépenses énormes d'une entreprise aussi lointaine.

482. *Gaulot, P. G. Lyons, 2 April 1863.*

L'expédition du Mexique n'a pas retrouvé les faveurs populaires. Les lenteurs, les dépenses, les incidents, les récits colportés, tout est ardemment commenté. Des négociants montrent des lettres dans lesquelles la créance Jecker [78] est sévèrement jugée. D'autres affirment que Juarez est ouvertement soutenu par les Mexicains; que nos

---

[78] "La créance Jecker" (Jecker bonds) was the center of a complicated and shady deal. Jecker was a Swiss banker residing in Mexico City. In 1859 President Miramon of Mexico negotiated a conversion loan with Jecker to the value of 75,000,000 francs which took the place of the former greatly depreciated national bonds with the inducement of 6% interest and special guaranties from the customs and tax collections. These new bonds could be bought by turning in the old bonds to an equal value plus cash equal to 25% of the value of the new bonds. Jecker's commission absorbed about 20 of this 25%. This loan was so obviously unfavorable to the Mexican government that Juarez repudiated it at a later date. In 1861 Miramon was out of office and Jecker had gone into bankruptcy. There were three connections between this transaction and France. Several of Jecker's French creditors held many of these unsold bonds as a part of Jecker's assets. Many other French importers in Mexico had been intending to use these bonds in part payment of their customs duties. Also the Duc de Morny, half-brother of Napoleon III and President of the Legislative Body, brought suspicion on himself by representing the Jecker interests in France. Jecker in fact was subsequently given French naturalization, and the claims of the holders of the Jecker bonds were added to the other claims of the French government against Mexico. This action swelled the French sum to such proportions that it seemed obvious that France was not seeking a settlement as much as a pretext for some form of permanent control over Mexico. It was this affair which fostered the disagreements between England and Spain on the one side and France on the other in 1862. La Gorce, *Second Empire,* IV, 36–41. The implication of Napoleon III himself in the Jecker affair is suggested in a passage from one of Maximilian's letters to the French Emperor (27 Dec. 1865): "Si d'autres mesures ont grevé le budget et n'ont pas toujours mérité l'approbation, d'où vient l'insistance qui m'a moralement contraint à faire un fâcheux arrangement avec Jecker, arrangement auquel je ne me suis naïvement résolu que *parce que j'ai cru rendre service à mon meilleur ami l'Empereur Napoléon?*" (The italics are the editor's.) Emile Ollivier, *L'Empire libéral* (17 vols. Paris, 1895–1915), VII, 537.

soldats ne rencontrent que des ennemis peu courageux il est vrai,
mais obstinés; qu'aucune solution heureuse n'est possible; qu'après
des pertes et des combats nous arriverons à Mexico pour élever une
ombre de Gouvernement qui tombera aussitôt après notre retraite.
Dans toutes les classes une pensée semble dominer, c'est qu'une fois
notre honneur vengé par une belle victoire, nous sortions de cette
guerre si lointaine et si coûteuse. Le projet d'une grande et florissante colonie exploitant les mines n'est pas même compris.

*483. Dessauret, P. G.  Montpellier, 6 April 1863.*

Il en est autrement [not "indifférentes"] de nos expéditions
lointaines de la cochinchine et du Mexique. La dernière est plus
particulièrement un sujet de sollicitudes profondes et de préoccupations incessantes que les oppositions hostiles exploitent avec moins
de succès heureusement que de déloyauté. Cependant, je ne saurai
le dissimuler, sans faillir à mes devoirs, l'opinion publique, quelque
convaincue qu'elle soit de la nécessité actuelle de tous les sacrifices
à faire pour obtenir un résultat qui laisse intact l'honneur du
drapeau de la France, hésite à reconnaitre, aujourd'hui, ce qu'elle
admettait sous contrainte à la fin de l'année dernière, savoir: qu'il
ne nous ont pas été possible, aprés avoir été délaissés par l'Angleterre et par l'Espagne,[79] de renoncer, nous-mêmes, à des conditions
identiques, à renverser à Mexico, le gouvernement de Juarés. Il
serait à désirer que nos braves soldats entrassent à Mexico avant la
réunion prochaine des collèges électoraux en France.[80]

*484. Neveu-Lemaire, P. G.  Nancy, 12 April 1863.*

L'opinion parait plus impatiente d'un dénouement au Mexique.
Aujourd'hui que le drapeau français est engagé, les populations
lorraines applaudissent sans réserve aux efforts de l'Empereur pour
s'assurer le succès de nos armes. Il n'y a nul dissentiment à cet égard.
Dans tous les partis politiques, dans toutes les classes de la société
on demande que la guerre soit poussée avec énergie, et que l'insuccès
de Puebla[81] soit effacé par de nouvelles victoires et la prise de
Mexico.

Quand notre étendard flottera sur cette ville, c'est que la paix
pourra être faite avec honneur. —Mais l'expédition, je dois le dire

[79] See Introductory Note to ch. viii.
[80] See ch. viii, note 76.
[81] See ch. viii, note 8.

en toute sincérité, n'est pas devenue plus populaire. Que la France doive fonder son influence dans le nouveau-monde, y ouvrir un vaste débouché à son commerce et à son industrie, qu'elle établisse au Mexique un centre pour les nations latines, de même que la race Saxonne l'a fait aux Etats-Unis, ce point de vue spécial et élevé échappe aux masses. Ce qui les touche et les émeut sont les difficultés inattendues, l'insalubrité du climat, et les dépenses considérables qu'entraine nécessairement une lutte lente et opiniâtre, la plus glorieuse sans contredit pour ceux qui la soutiennent, mais la moins en harmonie avec les impatiences du génie français. —Faut-il dire aussi que malgré l'autorité avec laquelle la parole nette et brillante de S. Exc. M. Billault [82] a fait justice des sourdes calomnies répandues, l'ombrageuse susceptibilité de l'opinion regrette d'avoir vu la question militaire embarrassée d'une créance litigieuse. On espère donc que les outrages, les spoliations, les assassinats dont nos nationaux ont été victimes, recevront une satisfaction efficace et légitime; mais on espère surtout que cette réparation sera prompte, et que notre armée victorieuse rentrera bientôt en Europe.

485. *Mestre, A. G. Nîmes, 13 April 1863.*

Sans avoir aussi vivement frappés que dans les expéditions antérieures du but de la campagne du Mexique, les esprits comprennent instinctivement la grandeur de cette lointaine entreprise, et attendent avec confiance le retour de nos troupes couronnées de nouveau succès.

486. *Grandperret, P. G. Orléans, 28 March 1863.*

Que l'Empire soit la paix; [83] qu'il évite les aventures de la guerre toutes les fois qu'un grave intérêt national ne lui commande pas de les affronter! Tel est le désir dont j'entends autour de moi l'expression à peu-près unanime. Aussi attend-on avec quelque impatience l'issue de la campagne du Mexique et le jour où l'honneur de nos armes permettra de terminer cette expédition qui n'a jamais été populaire,[84] parce que l'on en a toujours mieux deviné les

---

[82] See ch. viii, note 77.

[83] In 1852 when President Louis Napoleon (the later Napoleon III) was sounding out French opinion on the idea of his assumption of the title of Emperor, he declared at Bordeaux: "Par esprit de défiance, certaines personnes se disent: l'Empire, c'est la guerre; moi je dis: *l'Empire, c'est la paix.* C'est la paix, car la France la désire, et, lorsque la France est satisfaite, le monde est tranquille." Quoted from Seignobos in Lavisse, *France contemporaine,* VI, 242.

[84] The preceding eight words were underlined with pencil.

périls que le but.[85] Les retards qui ralentissent la marche de nos troupes, les souffrances qu'elles éprouvent, et que l'imagination exagère sans doute, ne laissent pas, sinon de diminuer, du moins d'attrister la confiance.[86] Ce n'est pas, d'ailleurs, aux yeux de l'opinion un des moindres torts de la guerre du Mexique, que d'avoir rendu nécessaire une prompte dérogation à des règles qui avaient paru destinées à entourer d'excellentes garanties l'administration des finances publiques, et dont l'efficacité, pour l'avenir, est aujourd'hui devenue douteuse. Il ne faut pas se dissimuler, en effet, qu'il ne manque pas de gens qui, en reconnaissant les bienfaits dont l'Empire nous a dotés, voient dans l'accroissement des dépenses de l'Etat, une ombre menaçante au tableau de la prospérité publique.

Ces préoccupations ne sont toutefois, ni assez générales, ni assez fortes, pour obtenir le sentiment des masses, et pour exercer une influence sérieuse sur le résultat des élections qui se préparent.[87] Si dans quelques arrondissements, on doit prévoir une lutte assez vive, c'est à des questions de personnes et à des préférences locales que l'opposition empruntera ses armes et devra quelques chances de succès.

### 487.  Cordoën, P. G.   Paris, 18 May 1863.

La paix [88] est à ce point le tendance du moment présent, que les appréciations sur l'expédition du Mexique en subissent le contre-coup exagéré; on cède à un sentiment vague, mal défini, mais anxieux et voisin du mécontentement. Les origines et les causes premières de cette entreprise sont méconnues; l'on oublie que nous avons été abandonnés successivement par l'Angleterre et l'Espagne,[89] que bientôt, l'honneur de nos armes a été engagé, et ceux-là même qui se livrent aux critiques les moins contenues n'auraient pas subi sans amertume et sans récriminations, la honte d'un retour en arrière et d'un échec qui nous eût abaissés. Quoiqu'il en soit de ces conséquences de l'opinion, je suis obligé de constater que l'expédition est vue avec regret, que l'issue en est attendue avec impatience et qu'elle sera considérée comme un soulagement à une situation inquiétante et trop prolongée.

---

[85] The preceding six words were underlined with pencil and the entire sentence was pencilled in the margin.
[86] This extract was bracketed in pencil from the beginning to this point.
[87] See ch. viii, note 76.
[88] The words "la paix" were underlined with pencil.
[89] This extract was pencilled in the margin down to this point.

488. *Lespinasse, A. G. Pau, 14 April 1863.*

La guerre du Mexique préoccupe vivement les esprits. Les uns considère surtout les embarras financiers qu'elle peut accroitre et dont les résultats les plus favorables ne leur semblent pas devoir nous indemniser suffisamment; les autres sont principalement frappés des difficultés de l'entreprise, de l'insalubrité du climat, de la lenteur des opérations, de la rareté des nouvelles, des envois réitérés de renforts et de la célérité plus grande apportée cette année aux opérations de recrutement. . . .[90]

489. *Camescasse, P. G. Rennes, 10 April 1863.*

L'expédition du Mexique est toujours un grand sujet d'inquiétudes sur nos côtes.

490. *Thévenin, A. G. Riom, 7 April 1863.*

L'expédition du Mexique préoccupe aussi bien vivement les esprits et il faut reconnaître que la grande majorité persiste, malgré les explications les plus claires et les plus catégoriques, à ne se rendre pas compte des motifs de cette expédition lointaine et dispendieuse ainsi que les avantages, que nous pourrons retirer de nos sacrifices d'hommes et d'argent.

L'absense de résultats décisifs, depuis un an que notre vaillante armée lutte sous un climat meurtrier contre les plus grandes difficultés contribue à entretenir cette préoccupation dans les esprits; on reconnaît toutefois généralement que l'honneur national exige que nous menions à fin et glorieusement l'expédition dans laquelle nous nous sommes engagés.

491. *Millevoye, P. G. Rouen, 10 April 1863.*

Des diverses questions de la politique extérieure, celles du Mexique et de la Pologne sont les seules auxquelles l'exprit publique dans ce ressort ait prêté quelque attention. Dans la première, l'honneur de nos armes et nos finances se trouvent trop engagés pour que la pensée de nos populations même lorsqu'elle est sollicitée par d'autres sujets d'inquiétude, ait pu s'en abstraire complètement. Sans avoir perçu peut être bien nettement les difficultés qu'il s'agit de vaincre, sans s'être rendu bien compte de la nature et de l'étendue des pré-

[90] Ellipses in the original text.

paratifs que la prudence rend nécessaires, l'opinion est mécontente de l'apparente inactivité du Général en Chef.[91] Toutes ces impatiences disparaîtront vite dès qu'un coup décisif et éclatant sera porté.

492. *Gastambide, P. G.   Toulouse, 13 April 1863.*

Les éventualités qui peuvent naître de la question Polonaise ont reporté l'attention sur l'expédition du Mexique. Peu populaire et mal comprise dès le début, cette guerre lointaine excite d'assez graves préoccupations. L'opinion publique désire vivement une solution qui permette de rappeler nos braves soldats, dès que l'honneur de nos armes sera satisfait.

## JULY 1863

493. *Merville, P. G.   Aix, 13 July 1863.*

Auparavant [before the election], [92] avait été proclamée la prise de Puebla par nos troupes.[93] Cet événement a certes été bien accueilli; mais ce serait tromper le Gouvernement que de dire qu'il l'a été avec enthousiasme.[94] Ce dernier sentiment ["enthousiasme"] est loin, de s'attacher aux destinées [95] de notre expédition du Mexique. La partie éclairée de la nation blâme généralement cette guerre comme inutile,[96] dispendieuse, témérairement conçue. Le peuple, lui, ne s'arrêterait pas à ces objections et acclamerait volontiers les victoires du drapeau national sans calculer ce qu'elles peuvent coûter au trésor et à l'armée; mais on n'a jamais encore vu le peuple de France se passionner pour une guerre lointaine; il ne lui semble pas que ces peuples reculés, qui n'ont d'ailleurs aucune renommée de force et de puissance, soient des rivaux dignes de la France; et il faut pour l'émouvoir que le champ de bataille soit en Europe.

Le sentiment qui a accueilli la nouvelle de la capitulation de Puebla a été celui qu'on éprouve en croyant voir arriver ou au moins se rapprocher, le terme d'une entreprise qui vous pèse et dont on a hâte de sortir.

---

[91] General Forey, who had charge of the expedition at this time, had arrived in Mexico in September 1862 but did not begin any serious operations until March 1863.

[92] See ch. viii, note 76.

[93] See Introductory Note to ch. viii.

[94] All of the preceding section of this extract was pencilled in the margin.

[95] The preceding three words were underlined with pencil.

[96] The preceding four words were underlined with pencil.

*494. Saudbreuil, P. G.   Amiens, 8 July 1863.*

La prise de Puebla [97] n'a point été accueillie avec l'enthousiasme que nos instincts guerriers assurent d'ordinaire aux triomphes de nos soldats. La guerre du Mexique a le tort de n'être point populaire et elle le doit surtout à ce qu'elle est lointaine. Tout le monde en désire la fin, même le peuple dont la gloire militaire est le premier culte. Notre dernière victoire a été saluée surtout comme un symptôme précurseur d'un succès définitif dû à d'héroiques efforts. [98]

*495. Blanc, P. G.   Besançon, 13 July 1863.*

La prise de Puebla et la reddition de Mexico [99] sont d'heureuses nouvelles que le pays a successivement accueillies avec une faveur marquée; elles décorent d'un reflet de gloire une expédition qui avait besoin de ce prestige pour se faire accepter, car elle n'a jamais été populaire et pesait même fâcheusement sur le sentiment public. Cette impression sévère tend à s'adoucir, elle disparaitrait bientôt si l'on entrevoyait, à cette guerre, un avantage réel, ou même si l'on pouvait espérer d'obtenir une large indemnité aux sacrifices d'hommes et d'argent qu'elle nous impose.

*496. Dubeux, P. G.   Bordeaux, 16 July 1863.*

La nouvelle de la prise de Puebla [99] a été accueillie par tous avec une patriotique satisfaction; l'on y a vu une nouvelle gloire pour notre armée, et l'éclatante revanche de l'insuccès de l'an dernier. La guerre du Mexique assez peu populaire dans ce pays où elle est mal comprise, parait toucher à son terme; on désire non moins vivement la cessation de la guerre Américain peut-être comprendrait-on mieux l'expédition du Mexique si l'on se préoccupait davantage du poids énorme que doit apporter dans la solution de la crise Américaine la présence dans l'Amérique du Sud d'une armée Française victorieuse et d'une flotte aguerrie. La prise de Mexico [99] annoncée Samedi produit une vive et heureuse sensation dans Bordeaux.

[97] See Introductory Note to ch. viii.
[98] This entire extract was pencilled in the margin.
[99] See Introductory Note to ch. viii.

**497.** *Raboux, P. G.   Caen, 11 July 1863.*[100]

La prise de Puebla [101] a été saluée comme un glorieux fait d'armes et aussi comme le présage d'une paix vivement désirée.

**498.** *De Bigorie de Laschamps, P. G.   Colmar, 10 July 1863.*

Les succès de nos armes au Mexique [101] a été accueilli avec enthousiasme. Je n'oserais affirmer cependant que l'expédition mexicaine y a gagné en popularité.[102] Mais, en même temps qu'elle ajoutait une belle page à notre histoire militaire, la prise de Puebla rassurait les esprits en leur faisant entrevoir la fin glorieuse et prochaine d'une guerre que le sentiment national n'avait pas acceptée sans appréhension.

**499.** *Imgarde de Leffemberg, P. G.   Dijon, 4 July 1863.*

J'ai peu de chose à dire de la question mexicaine. Les derniers rapports du général Forey [103] ont été accueillis comme les sont toujours en France les nouvelles d'une victoire; mais les dispositions de l'esprit public ne se montrent pas plus favorable à l'expédition elle-même. Les difficultés de la lutte, les sacrifices d'hommes et d'argent qu'elle rend nécessaire, l'occupation plus ou moins prolongée qui doit suivre, enfin l'incertitude des moyens sur lesquels on peut compter pour obtenir les remboursement total ou partiel des frais de la guerre; telles sont les considérations que la malveillance exploite et qui entretiennent dans le public une certaine anxiété voisine du mécontentement.

La vigoureuse impulsion donnée au mouvement industriel par le gouvernement de l'Empereur et les réformes économiques dues à son initiative, ont, comme conséquence, développé dans le pays les idées et les besoins pacifiques. Il est peu de citoyens qui ne soient engagés ou tout au moins intéressés dans quelques-unes des nombreuses affaires en cours d'exécution, et tous comprennent la fâcheuse influence exercée sur ces opérations par les évènements militaires. Aussi la tendance générale du pays est-elle pacifique, et c'est ce qui explique ce que je disais plus haut de la guerre du Mexique.

---

[100] This report was erroneously bound with those from Bordeaux and therefore may be found in carton no. 374.
[101] See Introductory Note to ch. viii.
[102] The preceding sentence was pencilled in the margin.
[103] This refers to the captures of Puebla and Mexico City. See Introductory Note to ch. viii.

500. *Pinard, P. G.   Douai, 3 July 1863.*

La Prise de Puebla [104] a été le grand évènement extérieur de ce trimestre: elle a fait battre bien des poitrines, et l'admiration que nous portons à l'armée, comme l'amour que nous avons en France pour le drapeau, a réuni un moment tous les partis. Une assez grande anxiété avait précédé l'heureuse nouvelle, et, depuis le succès, l'affaire du Mexique est ainsi appréciée par l'ensemble des populations: voir se terminer promptement une Expédition lointaine et coûteuse: obtenir que nos sacrifices ne soient point sans compensation: s'en rapporter à la sagesse de l'Empereur pour atteindre le but.

501. *Gaulot, P. G.   Lyons, 27 June 1863.*

Il n'est pas besoin, Monsieur le Garde des Sceaux, d'ajouter en terminant ce trop long rapport que la nouvelle de la prise de Puebla [104] a été accueillie dans les trois Départements avec d'autant plus de joie qu'elle n'était pas encore attendue. Cette victoire est venue fort à propos démentir les insinuations perfides de quelques journaux étrangers. Et faire cesser, par une heureuse diversion, les dernières agitations que le mouvement électoral avait laissées après lui.

502. *De Gérando, P. G.   Metz, 9 July 1863.*

La prise de Puebla [104] a été accueillie avec une patriotique satisfaction, mais les rapports de mes substituts s'accordent pour affirmer l'impopularité de l'expédition du Mexique, parce que les sacrifices d'hommes & d'argent qu'elle entraîne paraissent de beaucoup hors de proportion avec les résultats, même les plus avantageux, que l'on peut en espérer.[105]

503. *Dessauret, P. G.   Montpellier, 9 July 1863.*

*P. S. Evénements extérieurs. . . .*[106] Long-temps inquiète mais non découragée au regard de l'expédition du Mexique, l'opinion s'est trouvée soulagée du poids énorme qui l'accablait à la nouvelle de la capitulation de Puebla [107] dont l'opiniâtre résistance faisait craindre que la saison des pluies ne vint rendre inéfficaces, encore pour un an, les peines, les souffrances, les héroïques efforts de nos

---

[104] See Introductory Note to ch. viii.
[105] This entire extract was pencilled in the margin.
[106] Ellipses in the original text.
[107] See Introductory Note to ch. viii.

soldats sur cette terre lointaine et l'enthousiasme le plus universel
s'est produit, gagnant de proche en proche, ainsi que le feu mis à
une trainée de poudre, des abords du palais de Fontainebleau où la
première annonce du succès fut si gracieusement faite par le Prince
impérial, jusque aux confins de l'Empire.

504. *Neveu-Lemaire, P. G.    Nancy, 8 July 1863.*

Au premier rang des faits dont la solution était impatiemment
attendue, se trouve l'expédition du Mexique. Aujourd'hui qu'elle
est entrée dans une phase nouvelle par la prise du Puébla [107] et le
succès définitif de nos armes, l'enthousiasme national n'a même
point encore tout à fait dissipé les nuages qui obscurcissaient l'état
de la question. Lorsque la guerre éclate sur les Alpes ou sur le Rhin,
ou même sur la Vistule, l'intérêt direct et immédiat qui est en jeu
surexcite les imaginations populaires, et l'on comprend sur le champ
quels avantages peut en retirer la France, même en redoutant l'issue
d'une conflagration générale; mais quels que soient les horizons
politiques ou commerciaux ouverts aux races latines dans le Nouveau
Monde, on ne s'est jamais bien rendu compte du but de l'expédition,
et cette ignorance du but a paralysé l'essor de l'opinion dès l'origine.
La situation des esprits ne s'est donc pas aussi sensiblement modifiée
qu'on était en droit de l'espérer. Le patriotisme des masses a applaudi aux héroïques efforts de nos troupes, mais on se demande
qu'elle sera l'organisation intérieure du pays conquis, et au prix de
quels sacrifices de temps et d'argent on pourra fonder quelque chose
de stable dans une République si profondément déchirée par les
partis et si éloignée de nos rivages. Le sentiment public est toujours
inquiet à cet égard; il est cependant un résultat à l'evidence duquel
il ne peut se refuser, c'est que le paiement des frais de la guerre
parait assuré, qu'un vaste débouché va s'ouvrir à notre industrie,
que l'envoi de certains fonctionnaires de la Métropole, employés des
forêts ou de l'enregistrement, témoigne hautement que nous avons
l'intention de recueillir les fruits de notre conquête, et que sous la
forme de colonisation ou de suzeraineté politique ou commerciale, le
Gouvernement Impérial veut sérieusement fonder l'influence française en Amérique. Les assurances récemment données par l'Empereur qu'il n'entend imposer aucun Gouvernement au Mexique [108]
ont déjà produit d'heureux effets.

Ce qui nuisait principalement à la popularité de cette expédition

[108] See ch. viii, note 64.

lointaine, c'est la fermentation actuelle de l'Europe, et les nombreuses causes de conflit qui pouvaient malheureusement surgir de cet état de choses, et exiger la concentration éventuelle de nos forces. —Que l'on jette en effet les yeux sur la Pologne, la Prusse, l'Italie ou l'Orient, et l'on se demandera si la sage et intelligente fermeté de l'Empereur parviendra à étouffer par les voies amiables le germe des difficultés pendantes.

505. *Paul, P. G.  Nîmes, 6 July 1863.*

La prise de Puebla [109] est venue fort à propos répondre aux bruits fâcheux qui s'étaient répandus sur cette expédition lointaine dont la population ne comprend bien ni le but ni les avantages. Mais aujourd'hui on ne se demande plus pourquoi la France fait la guerre au Mexique, ni quels seront les résultats financiers de cette expédition, la gloire de nos soldats répond à toutes les objections, et l'opposition, qui invoquait cette guerre comme un grief contre le gouvernement, serait très mal venue aujourd'hui, si elle essayait du même argument.

506. *Cordoën, P. G.  Paris, 5 August 1863.*

Les préoccupations électorales ont pour quelque temps rejeté sur le second plan les questions extérieures. Il en est une, cependant que les partis se sont gardé de laisser mettre en oubli qu'ils ont au contraire exploitée avec une perfide habilité: c'est l'expédition du Mexique. J'ai fait connaître, dans mes derniers rapports, quelles étaient, à cet égard, les dispositions de l'opinion publique, combien elle était fatiguée des lenteurs, anxieuse des résultats, et impatiente d'une solution. Les obstacles que nos soldats ont rencontrés devant Puébla et que des déclamations malveillantes se plaisaient à exagérer, l'ont encore surexcitée; déjà se présentait à elle la perspective d'un Siège long, difficile, meurtrier, tel qu'en retraçaient à ses souvenirs nos récentes annales militaires; elle voyait s'éloigner indéfiniment le terme de nos sacrifices et de nos dépenses, et, dans son mécontentement à peine contenu, elle accusait le Gouvernement de s'être jeté dans une entreprise dont elle recherchait en vain le but et la pensée. La prise de Puébla,[109] et plus récemment l'entrée de notre armée dans Mexico,[109] ont calmé cette agitation; ces deux évènements ont produit un effet salutaire et ont été acueillis avec joie; mais il convient de ne pas s'y méprendre: c'est moins une émotion

[109] See Introductory Note to ch. viii.

de fierté et d'enthousiasme que l'on a éprouvée qu'une impression de soulagement et d'espérance.[110] Ce qu'on en attend, ce qu'on réclame, c'est une conclusion dans le délai le plus prochain. Je dois cependant ajouter qu'au moment où j'écris, les rapports publiés sur le succès de nos armes ont relevé les cœurs et que la régénération d'un grand pays comme le Mexique ne paraît plus un but indigne de nos efforts.

Si la France hâte de ses vœux, le dénouement de la Guerre du Mexique, et le retour de ses soldats, ce n'est pas dans la pensée de concentrer ses forces militaires et de les tenir prêtes à secourir la Pologne.

. . . . . . . . . . . .

Le pays est las de la Guerre, rassassié [sic] d'émotions guerrières, il calcule froidement ce que les expéditions les plus glorieuses coûtent en hommes et en argent; satisfait d'avoir repris dans le monde le rang et l'influence qui lui appartiennent, il craint qu'on ne dépasse le but, et il désire la paix, une paix durable avec toute la force d'une conviction réfléchie.

507. *Lespinasse, A. G.   Pau, 15 July 1863.*

La prise de Puebla [111] a réveillé partout le sens patriotique et a découragé les rares vélléités [sic] d'opposition qui faisaient un grief au gouvernement des lenteurs inévitables d'une semblable expédition.

508. *Gast, A. G.   Poitiers, 10 July 1863.*

La nouvelle de la prise de Puebla [111] a été accueille avec autant plus de joie qu'on s'est plu voir dans cet événement si glorieux pour nos armes, l'indice de la fin prochaine de la guerre avec le Mexique.

509. *Camescasse, P. G.   Rennes, 2 July 1863.*

Je n'ai pas besoin de dire quel accueil a fait à la prise de Puebla [111] un pays qui, par sa marine compte tant de représentants au Mexique.

510. *Salneuve, P. G.   Riom, 10 July 1863.*

La prise de Puébla [111] a heureusement marqué ce trimestre. La nouvelle qui en est arrivée au moment où des esprits malveillants

---

[110] Most of the preceding twenty-eight words were underlined with pencil and pencilled in the margin.
[111] See Introductory Note to ch. viii.

répandaient le bruit mensonger d'un échec essuyé par nos armes, a été accueillie avec la plus vive satisfaction. Ce succès fait espérer la fin prochaine de la guerre et l'on désire unanimement et avec ardeur que les trésors que nous y avons dépensés et le sang que nous y avons répandu ne soient pas sans compensation. L'Empereur a porté si haut la gloire de la France qu'on fait aujourd'hui des vœux pour que les frais de nos armements soient mis à la charge du pays auquel nous allons rendre le calme et la prospérité et porter les bienfaits de la civilisation.[112]

[112] The preceding sentence was underlined with pencil and pencilled in the margin.

# CHAPTER IX

## THE ESTABLISHMENT OF THE MEXICAN EMPIRE

### Introductory Note

Napoleon III had played with the idea of a monarchy for Mexico even before the intervention of 1861. Conservative Mexican émigrés had whispered it in his ear, and his own dislike of republicanism and Anglo-Saxon dominance in North America had stimulated a favorable response. The Emperor encouraged the Mexican émigrés to negotiate with Archduke Maximilian of Austria about accepting a Mexican crown although he had previously pledged France to non-intervention in Mexican domestic affairs in the Treaty of London. Hence we are not surprised that Napoleon approved of the presence of Almonte, a Mexican monarchist leader, with the French forces during their invasion of Mexico. Almonte became one cause of the English and Spanish withdrawals from the joint expedition.

Just one month after the French occupation of Mexico City a hastily organized assembly of notables, made up largely of conservative Mexicans with monarchist sympathies, proclaimed a monarchy and voted to offer the crown to Maximilian. The young prince received the offer in October 1863 and, after a long period of negotiation, accepted the crown on 10 April 1864. At about the same time he signed the Treaty of Miramar with France in which he promised to assume all of Mexico's debts and obligations to France and eventually the whole cost of the French expedition in return for France's military support of the new Mexican Empire until 1867. Thus by its impossible and exorbitant financial terms this treaty became the death-warrant as well as the birth certificate of the new Empire.

When the new Emperor arrived in his capital in June 1864, he found that the French army under its recently appointed commander, General Bazaine, had already "pacified" the regions around Guadalajara and Guanajuato to the west of Mexico City. By September French expeditions to the north had extended Maximilian's control to Monterey and Matamoros, and in the early months of 1865 French troops gained a precarious foothold in Oajaca to the south of the capital and in the Pacific coast towns of Mazatlan and Guaymas in the north-west.

Maximilian's troubles, however, only increased as the military occupation extended. Lack of funds necessitated new loans; conservatives opposed his mild liberalism; liberals disliked his very presence in Mexico; and his native Mexican troops remained small in number and uncertain in loyalty. At the same time Juarez was finding sufficient aid and comfort in the unoccupied regions to keep up a constant guerrilla warfare; and the United States, having ended its own civil war, was casting menacing glances toward this European and monarchical enterprise. Such were the discouraging prospects for Napoleon's Mexican venture at the end of 1865.

To the French Emperor the situation must have appeared just as discouraging at home. For a variety of reasons—of which the Mexican expedition was a very important one—the parliamentary elections of 1863 increased the opposition by 1,290,000 votes and sent to the Legislative Body eleven more opposition deputies than in 1857. Emboldened by their success, Thiers, Berryer, and Favre, important opposition leaders, took advantage of the debates of the following January to inveigh against the expedition and the establishment of an empire. The final favorable vote on the Mexican clause of the parliamentary address could not have deceived the government about the attitude of the country because during the entire period covered by this chapter (1863–1865) the *procureur* reports were registering an overwhelming sentiment for an early withdrawal. The idea of the establishment of the Mexican Empire elicited some enthusiasm in France only because it was thought to indicate an early return of the French army. There was a great deal of complaint in the reports about the cost of the expedition, and in 1865 at the close of the American Civil War there was considerable apprehension concerning the intervention of the United States in favor of Juarez. The American factor, which was only beginning to loom on the diplomatic horizon in 1865, was to be the cause of much more anxiety in the following year.

## October 1863

511. *Donnodévie, A. G.    Agen, 7 October 1863.*

La nouvelle de la prise de Puebla [1] a été accueillie avec une grande joie. Il est seulement regrettable qu'elle ne se soit pas produite avant les élections.[2] Elle aurait été la meilleure réponse à ces alarmes, à ces fâcheux pronostics que l'on répandait avec plus de zèle que de patriotisme, et il faut convenir que ces inquiétudes étaient d'autant plus contagieuses, que la guerre du Mexique n'a pas été bien comprise par la majorité de la population.

512. *Blanc, P. G.    Besançon, 13 October 1863.*

enfin l'expédition du Mexique est glorieusement terminée [3] et on ne s'en entretient que pour rendre hommage au courage et au dévouement de notre armée.

513. *Dulamon, A. G.    Bordeaux, 9 October 1863.*

on souhaîterait aussi que l'établissement d'un pouvoir régulier au Mexique nous permît de rappeler nos troupes de ces contrées lointaines. Mais on sent que ce n'est pas l'œuvre d'un jour et qu'il faut compter avec le temps pour obtenir des solutions durables.

514. *Farjas, A. G.    Caen, 8 October 1863.*

Les questions extérieures ont peu de prise sur l'esprit froid et positif de nos populations, préoccupées avant tout, il faut le dire, de leurs intérêts prochains et personnels. La reddition de Mexico [4] a été saluée par elles avec joie comme un fait glorieux pour nos armes, devant mettre fin à une guerre lointaine et meurtrière.

515. *Mourier, P. G.    Chambéry, 30 September 1863.*

Le Mexique [5] dont on ne s'occupe plus guères [*sic*] et les murmures que la guerre entreprise à cause de lui a causés nous peuvent renseigner déjà sur l'effet que produirait la guerre avec la Russie à propos de la Pologne.

---

[1] See Introductory Note to ch. viii.
[2] See ch. viii, note 76; and Introductory Note to ch. ix.
[3] This remark shows a desire to make the wish father of the thought. Nearly four years were to pass after the captures of Puebla and Mexico City before the expedition was to be terminated, and then certainly not very "glorieusement."
[4] See Introductory Note to ch. viii.
[5] "Mexique" was underlined with pencil.

516. *De Bigorie de Laschamps, P. G.   Colmar, 16 October 1863.*

Cette expédition jugée à l'étranger avec tant de haine et de dénigrement continue d'ailleurs à être l'objet de critiques assez sévères. Je ne saurais m'en faire le juge, je me borne à ajouter, en constatant les impressions que je reçois que si l'on s'est montré franchement heureux du succès de nos armes,[6] c'est autant par patriotisme qu'avec la pensée que la soumission de Mexico terminerait honorablement et promptement cette entreprise.[7] Aujourd'hui que l'occupation de ce pays paraît devoir se prolonger, les inquiétudes se réveillent et elles sont d'autant plus vives dans le monde industriel que l'on appréhende que cette occupation n'aboutisse tôt ou tard à une guerre avec les Etats-Unis, jaloux de faire respecter en Amérique le principe de non-intervention proclamé par Monroë.[8]

517. *Proust, A. G.   Dijon, 3 October 1863.*

On commence à mieux comprendre le but de notre expédition au Mexique. On comprend qu'il s'agit sans doute de protéger les races latines dans le Nouveau Monde, d'y répandre notre influence morale et religieuse et d'ouvrir un immense débouché à notre commerce. Cependant on n'est pas sans craindre quelques complications futures. On pense en effet que les Etats-Unis ne doivent voir avec peine une intervention européenne sur le sol Américain.[8] Les Etats-Unis ont du reste toujours des vues sur le Mexique et en 1848, à la suite d'une guerre assez longue, ils ont mis la main sur plusieurs de ses provinces. On prétend, il est vrai, que notre expédition doit se rattacher à l'idée préconçue de la reconnaissance et par suite à la séparation du Sud. Mais le partage de la Grande République n'est encore qu'une hypothèse. Quoi qu'il en soit, la France a appris avec orgueil que notre drapeau flottait sur les murs de Puebla et de Mexico.[9] Elle s'est satisfaite une fois de plus dans sa noble ambition de gloire militaire.

518. *Morcrette, A. G.   Douai, 2 October 1863.*

L'expédition du Mexique semble terminée par la prise de Mexico.[10] L'opinion publique verrait avec plaisir l'établissement d'un

[6] See Introductory Note to ch. viii.
[7] See ch. ix, note 3.
[8] See Introductory Notes to ch. ix, x.
[9] See Introductory Note to ch. viii.
[10] See Introductory Note to ch. viii; and ch. ix, note 3.

Gouvernement qui permit le rappel de nos troupes et assurât le recouvrement des sommes consacrées à cette glorieuse entreprise.

519. *Choppin d'Arnouville, A. G.    Limoges, 18 October 1863.*

Les questions internationales préoccupent davantage l'attention. Celle du mexique que touche heureusement à son terme, a cédé la place à la question polonaise.

520. *De Prandière, S. P. G.    Lyons, 10 October 1863.*

Les résultats inespérés de l'expédition du Mexique,[11] sont venus fort opportunément rassurer l'opinion publique peu favorable à cette entreprise lointaine. —L'élection d'un prince Autrichien[12] a pu causer quelque étonnement, mais on vit généralement avec satisfaction se résoudre ainsi une situation qui pouvait plus tard faire naitre des difficultés.

521. *De Gérando, P. G.    Metz, 10 October 1863.*

La prise de Mexico a été accueillie avec une joie toute patriotique. On désire vivement que nos valeureux soldats reviennent, le plus tôt possible, d'une contrée si éloignée, & que l'établissement d'un gouvernement régulier mette fin à notre occupation armée.

522. *Souëf, A. G.    Nancy, 24 October 1863.*

Mais si l'on porte les yeux sur le nouveau Monde, là, de nouveau, nous trouvons des causes de sérieuses préoccupations. Je ne reviendrai pas sur les considérations contenues dans mes précédents rapports, il me suffira de dire que si les évènements ont marché l'opinion publique ne semble pas s'être modifiée et des appréciations des faits nouveaux ne sont que comme la suite et la conséquence de ses appréciations antérieures. Il y a trois mois je faisais connaître à Votre Excellence que la prise de Puébla et la facile entrée de nos troupes à Mexico[13] avaient causé une légitime satisfaction à l'amour-propre National, mais sans dissiper entièrement les inquiétudes nées de l'incertitude sur le but de notre expédition. Ce but n'avait pas été bien nettement compris, et s'il l'est mieux maintenant, il ne l'est pas encore complètement partout, si ce n'est peut-être, à ce que l'on m'assure, dans l'arrondissement de Nancy.

[11] See Introductory Note to ch. viii.
[12] See Introductory Note to ch. ix.
[13] See Introductory Note to ch. viii.

Il faut pourtant reconnaître que l'esprit public est beaucoup plus rassuré; on comprend que notre honneur est dégagé, que nous pourrons nous retirer avec gloire lorsque le moment en sera venu, que le remboursement des frais de la guerre n'est plus douteux, que des débouchés considérables sont ouverts à notre commerce et à notre Marine. —quant aux hommes qui s'occupent de politique, ils savent que l'établissement d'une solide Monarchie au Mexique, doit mettre une digue à l'ambition envahissante des Etats-Unis.

Tous rendent hommage à la grandeur de ce résultat. Quelques-uns cependant se demandent s'il nous est définitivement acquis et si nous n'aurons pas à le payer par de nouveaux sacrifices.

Les conditions mises par l'Archiduc Maximilien à son acceptation du trône [14] n'ont pas surpris et n'ont pas généralement été considérées comme un refus déguisé. Il a semblé naturel qu'avant de prendre en main le Gouvernement du Mexique, il ait voulu qu'une manifestation du suffrage universel établit son droit d'une manière éclatante aux yeux du monde. Quant à sa résolution de n'être que le Chef d'une Monarchie constitutionnelle, c'était la conséquence de la même pensée, et on y a vu la preuve d'un esprit éclairé en même temps que d'un caractère élevé.

Mais on s'est demandé si l'établissement d'un semblable Gouvernement dans un pays si profondément troublé par l'Anarchie ne serait pas long et difficile.

Que l'Archiduc ait demandé des garanties, cela n'a donc causé aucun étonnement. Mais quelles seront ces garanties et à qui les demandera-t-il? L'Autriche ne parait pas disposée à les lui donner, ni peut-être en état de la faire. C'est donc à la France qu'il s'adressera, et une occupation assez prolongée sera sans doute nécessaire. —Cependant, d'après tous les renseignements qui me parviennent, l'opinion publique aura quelque peine à s'y résigner, surtout en présence des complications européennes.

Dans cet état de choses un assez grand nombre de personnes regrettent que nos sacrifices ne servent pas dumoins à assurer le Trône à un Prince français, mais que nous l'offrions à un Prince de

[14] On 3 October 1863 at the time the invitation was officially tendered to him, Maximilian seemed to give a conditional acceptance. The conditions were: 1) A plebiscite by universal manhood suffrage should supplement the invitation of the Mexican Assembly of Notables. 2) The head of the Hapsburg family (Emperor of Austria) should give his consent. 3) Certain definite guaranties (probably by France or by all of the signatories of the London Convention) should be given for the future. La Gorce, *Second Empire*, IV, 319.

cette maison d'Autriche, *habituée à étonner le monde par son in-gratitude.*

D'autres, au contraire, voient des obligations moins étroites et par suite des dangers moindres pour notre pays dans l'élection d'un Prince étranger. —Le public se partage entre ces deux opinions, mais la majorité me semble acquise à la première.

### 523. *Petit, A. G.   Orléans, 8 October 1863.*

Le triomphe de nos armes [15] au Mexique a causé une satisfaction générale. On s'est réjoui de voir se terminer d'une manière aussi glorieuse [16] une expédition qui avait fait naître au début d'assez vives appréhensions.

### 524. *Cordoën, P. G.   Paris, 27 October 1863.*

Les succès de notre armée au Mexique [17] ont calmé bien des appréhensions; le pays inquiet du grand développement de forces qu'avait exigé cette expédition, a éprouvé un immense soulagement à la nouvelle de la prise de Mexico. Aujourd'hui on se demande avec plus d'intérêt que d'inquiétude, quelles compensations la France obtiendra en échange de ses sacrifices et comment se dénouera cette situation sans précédents d'une monarchie constituée sous le sceptre d'un prince Autrichien,[18] et appuyée par l'occupation d'une armée Française.

### 525. *Damay, P. G.   Poitiers, 6 November 1863.*

Les succès au Mexique [19] ont été accueillis favorablement, mais surtout comme promettant la fin de cette guerre qui n'a pas été populaire en général.

### 526. *Levé du Montat, A. G.   Riom, 2 October 1863.*

Les événemens extérieurs n'ont que rarement la puissance de toucher les populations; mais ces dernières ont acclamé nos victoires du mexique.[19]

Ceux qui avaient envisagé d'abord notre expédition dans un sens

[15] See Introductory Note to ch. viii.
[16] See ch. ix, note 3.
[17] See Introductory Note to ch. viii.
[18] See Introductory Note to ch. ix.
[19] See Introductory Note to ch. ix.

critique, reconnaissent que sa majesté l'empereur sait toujours se modérer dans le triomphe de ses armes. chacun se confie à sa sagesse pour faire maintenant de la victoire un usage profitable aux intérêts commerciaux et moraux de la france.

527. *Millevoye, P. G.   Rouen, 15 October 1863.*

Nos succès au Mexique [19] ont donné à cette expédition lointaine la popularité qu'elle n'a pas eue d'abord. Les masses laborieuses chez lesquelles le sentiment national et l'instinct patriotique sont toujours si faciles à exciter, ont été les premières à applaudir à notre triomphe, les classes moyennes et les commerçants, chez lesquels dominent la réflexion et l'esprit de calcul ont suivi ce mouvement; ils ont enfin compris que, si, sous l'influence de notre drapeau, un gouvernement régulier se constitue au Mexique; que si l'ordre et la paix peuvent se rétablir dans ce beau pays qui n'a connu jusqu'ici que l'exploitation de la conquête espagnole ou l'anarchie des gouvernements républicains, il en résultera d'immenses avantages jour la civilisation générale et pour le commerce français. Déjà nos industriels privés depuis deux ans du marché des Etats-Unis se préparent à entrer dans la voie des exportations et des échanges avec le Mexique pacifié; ils espèrent y trouver un important débouché. C'est surtout à Elbeuf que cette tendance se manifeste; à Rouen où il y a moins d'initiative et d'esprit d'entreprise, on montre moins d'empressement à se mettre en mesure de profiter du nouveau marché qui va s'ouvrir au commerce de l'Europe. Cependant, quelques négociants ont déjà pris l'initiative, les autres ne manqueront pas de suivre la voie dès qu'elle sera tracée.

528. *Gastambide, P. G.   Toulouse, 6 October 1863.*

Les graves préoccupations que fait naître le soulèvement de la Pologne,[20] n'ont pas empêché nos populations d'accueillir, avec un sentiment de légitime fierté, la nouvelle de nos succès au Mexique: [21] mais l'opinion publique voit aussi, dans la victoire, le présage assuré d'une paix vivement désirée et le rappel prochain de notre brave armée.[22]

[20] This refers to the unsuccessful uprising of the Poles in 1863 against the Russian Czar. The Poles had the sympathy of many Frenchmen.
[21] See Introductory Note to ch. viii.
[22] See ch. ix, note 3.

## JANUARY 1864

**529.** *Blanc, P. G. Besançon, 12 January 1864.*

L'expédition du Mexique est toujours le point sombre de l'horizon. On la voit d'un œil prévenu et l'opinion publique presse de tous ses vœux le terme des sacrifices d'hommes et d'argent qu'elle nécessite. C'est dans ce sens surtout qu'elle applaudit au succès de nos armes,[23] elle espère qu'une solution prochaine rouvrira à nos troupes le chemin de la france.[24]

**530.** *Dubeux, P. G. Bordeaux, 20 January 1864.*

Au milieu des préoccupations de la politique extérieure, l'esprit public en tout temps peu sympathique à l'expédition du Mexique, a semblé moins que jamais comprendre la grandeur et l'importance des intérêts français engagés en Amérique. Oubliant que les résultats d'une pareille expédition ne peuvent être immédiats, oubliant surtout dans quelles conditions et sous l'empire de quelles impérieuses nécessités a été engagée d'abord, poursuivie et accomplie plus tard cette expédition,[25] l'opinion n'a cessé de se prononcer contre cette guerre lointaine, et a manifesté hautement le désir de voir hâter le moment du retour de notre armée.[26] Il y a là une situation parfaitement dessinée qui ne peut être changée d'un jour à l'autre. Quoiqu'il en soit, toute mesure qui, sans compromettre en rien la dignité du pays, hâterait la conclusion de cette difficile affaire serait sûre de répondre aux aspirations générales.[27]

**531.** *Rabou, P. G. Caen, 11 January 1864.*

La confiance des populations dans la sagesse du Gouvernement est toujours la même, elles croient à son vif désir de maintenir la paix et sont heureuses d'en entendre hautement exprimer le vœu: ce sentiment est unanime dans le ressort de Caen. Les rapports de mes Substituts me signalent l'impopularité des expéditions lointaines et l'inquiétude que causerait une guerre entreprise en faveur de la Pologne.[28]

[23] See Introductory Note to ch. viii.
[24] See ch. ix, note 3.
[25] After "expédition" the word "lointaine" had been deleted.
[26] The preceding sentence from the word "opinion" to the end was underlined and marked in the margin with pencil.
[27] The preceding sentence was underlined and marked in the margin with pencil.
[28] See ch. ix, note 20. The preceding sentence was pencilled in the margin, and the last three words were underlined with pencil.

**532.** *De Bigorie de Laschamps, P. G.   Colmar, 2 February 1864.*

Le rapport de M. Fould sur la situation financière de l'Empire,[29] attendu avec impatience, ne paraît point avoir complètement répondu à l'attente générale. On ne voit pas, d'un œil complètement rassuré, le chiffre élevé de notre dette flottante; et je ne puis dissimuler à Votre Excellence que les nécessités budgétaires, qu'on attribue à l'expédition du Mexique, augmentant les appréhensions inspirées par cette guerre lointaine, et que le succès de nos armes n'a pu dissiper entièrement. Toutefois on espère fortement que des garanties données à notre dignité, à nos intérêts permettront un prompt retour à nos armées de terre et de mer.[30]

**533.** *Imgarde de Leffemberg, P. G.   Dijon, 11 January 1864.*

La guerre du Mexique pèse toujours lourdement sur les esprits, c'est un sujet d'attaque constamment invoqué avec succès par les ennemis ou les adversaires du Gouvernement.[31] On comprend la nécessité de conquérir une place à côté des autres grandes nations européennes dans l'extrême Orient qui vient de s'ouvrir et qui, dans un avenir prochain, promet un si vaste espace à l'expansion de notre activité, mais les lointaines perspectives politiques qui pensent se rattacher à notre entreprise Mexicaine, sont beaucoup plus difficilement entrevues.[32] La prise de Puebla, l'entrée de Mexico [33] avaient été joyeusement accueillies, d'abord parce qu'elles étaient des succès, mais surtout parce qu'elles semblaient annoncer un terme prochain à la dispendieuse poursuite d'un ennemi [34] qui nous fatigue en fuyant et devant lequel s'étend l'immensité de l'espace. L'opinion publique, sur ce sujet, peut être aveugle, mais ce qu'il y a de certain, c'est qu'elle est mécontente et ne semble pas en voie de se modifier prochainement. Aussi, je le répète, la critique de cette expédition et celle de notre situation financière est-elle le thème de prédilection des hommes de l'opposition et leurs diatribes ne sont pas sans effet

---

[29] Fould, Minister of Finance, at the beginning of the 1864 session of the Legislative Body presented a report which showed that the floating debt had increased by 357,000,000 francs in the twelve years of Napoleon III's personal administration, and a little later he requested a supplementary appropriation of 93,000,000 francs principally to finance the Mexican expedition. La Gorce, *Second Empire*, IV, 248.

[30] Most of the extract was pencilled in the margin.

[31] The preceding sentence was underlined and marked in the margin with pencil.

[32] The last half of the preceding sentence was underlined with pencil.

[33] See Introductory Note to ch. viii.

[34] See ch. ix, note 3.

sur nos populations. Dans les champs, comme dans les faubourgs, on parle du Mexique et de l'emprunt pour blâmer et se plaindre.[35]

### 534. Pinard, P. G.   Douai, 1 January 1864.

Sur la question du Mexique l'opinion s'est ralliée au langage si digne et si modéré de l'Empereur dans son discours du 5 novembre.[36] La préoccupation des charges financières, que pourrait nous imposer un séjour prolongé dans ces contrées lointaines,[37] la crainte d'y voir nos soldats décimés par le climat[38] se font jour dans l'opinion, et s'accusaient dans ces derniers temps avec une certaine persistance. Mais on comprend, sans le discuter, que là où la parole et l'épée de la France sont engagées pour établir un Gouvernement fort qui devra rester notre allié après avoir été notre œuvre, le pays ne doit répondre au Souverain que par un vote absolu de confiance.

### 535. Gaulot, P. G.   Lyons, 30 December 1863.

Si la Guerre du Mexique est bientôt terminée, si les dépenses n'imposent plus à nos finances de nouveaux sacrifices[39] et si la Paix surtout peut être maintenue, il semble que notre ciel politique n'aura plus de gros nuages.[40]

### 536. Neveu-Lemaire, P. G.   Nancy, 5 January 1864.

Il n'en est pas de même [referring to a previous mention of opposition to withdrawal from Rome] en ce qui concerne le Mexique et des considérations analogues font unanimement souhaiter un résultat contraire. Aujourd'hui que nos nationaux sont protégés contre la spoliation et le meurtre, que l'honneur du pavillon est vengé et l'anarchie vaincue, on désire ardemment qu'un Gouverne-

---

[35] The preceding three sentences were underlined with pencil.
[36] The preceding sentence was underlined with pencil.
   In his message to the Senate and Legislative Body on 5 Nov. 1863 the French Emperor declared: "Au Mexique, après une résistance inattendue, que le courage de nos soldats et de nos marins a surmonté, nous avons vu les populations nous accueillir en libérateur. Nos efforts n'auront pas été stériles, et nous serons largement dédommagés de nos sacrifices lorsque les destinées de ce pays, qui nous devra sa régénération, auront été remises à un Prince que ses lumières et ses qualités rendent digne d'une aussi noble mission. Ayons donc foi dans nos entreprises d'outre-mer; commencées pour venger notre honneur, elle se termineront par le triomphe de nos intérêts, et si des esprits prévenus ne devinent pas ce que renferment de fécond les germes déposés pour l'avenir, ne laissons pas dénigrer la gloire acquise, pour ainsi dire, aux deux extrémités du monde à Pékin comme à Mexico." *Moniteur*, 6 Nov. 1863.
[37] See ch. ix, note 29.
[38] See ch. viii, note 32.
[39] See ch. ix, note 29.
[40] Most of this extract was underlined and marked in the margin with pencil.

ment régulier puisse s'établir sur des bases fortes et solides, et nous rende la liberté d'action qui ne nous a jamais été plus nécessaire. Si en opposant un digue aux envahissements successifs de la Race Anglo-Saxonne, nous parvenons à créer de riches et nombreux établissements dans ces régions lointaines, il faudra bien reconnaître que cette expédition, l'une des plus vastes et des plus glorieuses du règne actuel, n'aura pas été une des moins fécondes en résultats heureux. Mais justement fière du brillant succès de nos armes, l'opinion publique recommence à se montrer impatiente en présence des nouveaux obstacles que rencontrent nos soldats et nos agents dans la poursuite de leur œuvre. On se demande s'il est possible de compter sur la stabilité des institutions que nous nous efforçons d'organiser au milieu de ce peuple mobile et indiscipliné. L'hésitation même que l'Archiduc Maximilien apporte à accepter la Couronne,[41] et la Campagne qui vient de s'ouvrir pour expulser définitivement Juarez des provinces où il se maintient,[42] ont amené comme un revirement des esprits moins favorable aux suprêmes tentatives de notre entreprise. On redoute les événements imprévus, une occupation prolongée, le mouvement incertain de nos avances, et la difficulté de reconstituer, après quarante ans de troubles, un ordre de choses assez puissant pour résister au dedans comme au dehors.[43]

537. *Paul, P. G.    Nimes, 8 January 1864.*

Ce regret [that the Powers were not conciliatory on the Polish question] a été d'autant plus vif qu'en ce moment le pays a soif de paix, il comprend que, comme force et comme gloire, il serait difficile à s'élever plus haut, et il répugne dès lors à toute guerre dont le résultat ne l'intéresse pas directement. Aussi désire-t-on la fin de la guerre du Mexique, et la question polonaise a-t-elle perdu beaucoup de son importance aux yeux des masses.

538. *Cordoën, P. G.    Paris, 15 February 1864.*

La guerre du Mexique tient toujours une grande place dans les préoccupations publiques. Le succès de nos armes, l'accueil fait à notre drapeau dans les provinces les plus reculées, les sympathies croissantes qui se groupent autour du nom de l'archiduc Maxi-

[41] See ch. ix, note 14 and Introductory Note to ch. ix.
[42] See Introductory Note to ch. ix.
[43] The last sentence was pencilled in the margin.

milien, l'espoir d'une solution prochaine et décisive, tout se réunit pour dissiper des préventions excessives et d'injustes défiances. Les explications données par le gouvernement au corps législatif [44] en faisant entrevoir l'extension et les avantages que notre commerce extérieur peut attendre de cette expédition lointaine ont exercé sur les esprits élevés et impartiaux une légitime et salutaire influence; mais pour le grand nombre les premières impressions ne sont pas effacées. On ne voit que les sacrifices d'hommes et d'argent, l'incertitude des résultats, les charges et les obligations de l'avenir et la France, on peut le dire, éprouvera un immense soulagement le jour où l'Empereur pourra rappeler notre armée.

539. *Salneuve, P. G.   Riom, 9 January 1864.*

L'expédition du Mexique est jugée sévèrement. Personne ne saisit le côté politique de cette entreprise lointaine. On aspire à une solution rapide qui permette de rappeler des soldats dont l'entretien coûte si cher à l'Etat. On se demande enfin que nous soyons remboursés de tous les frais de l'expédition.[45]

540. *Millevoye, P. G.   Rouen, 10 January 1864.*

L'expédition du Mexique [46] n'a pas soulevé dans les centres industriels et commerçants de ce ressort les appréhensions et les résistances qu'elle semble, sur d'autres points, avoir soulevées dans l'opinion. On pense, au contraire, que notre puissance coloniale et nos relations commerciales ne sont en rapport ni avec le développement de notre marine, ni avec les progrès de notre industrie et on voit avec faveur se former par les armes et sous la protection de la France, un nouvel empire qui offrirait de larges débouchés aux produits français. Cette guerre deviendra tout à fait populaire si le

---

[44] Rouher in his speech of 27 Jan. 1864 described the valuable commerce France enjoyed with Latin America. Connecting this with the Mexican question he declared: "Voilà les 200,000 nationaux que vous avez à protéger. Et vous aurez quitté le Mexique à la suite du général Prim! Mais alors la situation eût été impossible pour votre commerce et pour nos nationaux; c'eût été la plus honteuse de toutes les désertions, et je ne crains pas de dire que jamais plus grands intérêts maritimes et commerciaux n'ont été pris en main par une expédition que les intérêts en vue desquels a eu lieu la guerre du Mexique. . . . Traiter avec Juarez, aujourd'hui! . . . Après avoir vaincu cet ennemi impie . . . ; ce serait dire aux Indes occidentales: ne comptez plus sur nous. . . . Nous fuyons, abandonnant nos nationaux aux cruautés de notre implacable ennemi! Traiter avec Juarez! C'eût donc été se résigner à sacrifier nos intérêts, notre dignité, notre honneur dans ces Indes occidentales où le pavillon français se déploie noblement." *Moniteur*, 28 Jan. 1864.

[45] All of this extract was pencilled in the margin.

[46] The first three words were heavily underlined with pencil.

Gouvernement peut assurer le recouvrement des dépenses faites par la France. C'est le seul point qui préoccupe ici l'opinion publique.[47]

## APRIL 1864

541. *Sigaudy, P. G.   Agen, 31 May 1864.*

l'expédition du Mexique mieux connue dans ses causes et dans ses conséquences commerciales et politiques prendra bientôt dans les pensées de tous le rang qui lui appartient parmi les événements les plus féconds et les plus glorieux du second empire. l'acceptation de la courone [*sic*] par le Prince Maximilien,[48] sa présence à Paris, la facilité avec laquelle il a obtenu de Londres avec la seule signature les sommes les plus importantes[49] sont considérées à bon droit, comme les heureux présages d'une situation avantageuse.

542. *Saudbreuil, P. G.   Amiens, 8 April 1864.*

Il serait sans intérêt de revenir aujourd'hui avec détail sur l'adresse[50] et les débats auxquels elle a donné lieu. Il me suffira de constater que la politique du Gouvernement, défendue avec une grande autorité par M. le Ministre d'Etat,[51] n'a pas obtenu un moindre succès hors de la chambre qu'au sein du corps législatif. L'affaire du Mexique elle-même si peu populaire, présentée avec des aperçus nouveaux & heureux, commence à être mieux comprise. On la considère comme moins onéreuse qu'elle n'avait paru d'abord. La perspective de rencontrer là des débouchés importants, plus de sécurité dans les relations, non seulement avec le nouvel empire, mais encore avec les divers états de l'Amérique méridionale, la nécessité où se trouve le commerce français de déplacer une partie de son

[47] The entire extract was heavily pencilled in the margin.

[48] See Introductory Note to ch. ix.

[49] The need of money led Maximilian to offer a new bond issue in Paris and London. In Paris the resources of the French government were semi-officially put behind the flotation. In London such an advantageous exchange of these new bonds for the valueless old ones was offered that the appearance of a successful flotation was obtained. La Gorce, *Second Empire*, IV, 349–350.

[50] The Mexican paragraph adopted by the Legislative Body in its address (28 Jan. 1864) by a vote of 201 to 47 reads as follows: "The Legislative Body thinks with you, Sire, that the most wisely governed nations cannot always flatter themselves on escaping foreign complications. The distant expeditions of Mexico and China have disquieted many minds because of the sacrifices entailed. . . . We do not deny that they must inspire respect abroad for our fellow countrymen, and for the French flag, and that they may also extend our maritime commerce. But we shall be happy soon to witness the realization of the good results which Your Majesty leads us to hope for." Quoted from a translation in Lally, *op. cit.*, pp. 78–79.

[51] See ch. ix, note 44.

marché par suite de la guerre qui ne cesse d'ensanglanter le Nord, la
satisfaction même de voir à peu près conduite à fin une entreprise qui
avait été le sujet de tant d'alarmes: telles sont les causes d'un retour
qu'il m'a été permis de constater surtout chez les négociants dans le
principe très opposés à l'expédition et qui s'étaient longtemps obstinés à ne le regarder que comme une aventure.

543. *Darnis, P. G.    Angers, 5 April 1864.*

Les questions de Rome et de la Pologne, depuis longtemps as-
soupies, ne passionnent plus les esprits; d'un autre côté, l'heureuse
issue de l'expédition du Mexique,[52] l'acceptation de l'Empire par
l'archiduc Maximilien,[53] la perspective d'une conclusion prochaine
de cette affaire, réduisent au silence les prophètes de malheur et
rassurent tout le monde.

544. *Casabianca, A. G.    Bastia, 16 April 1864.*

On assiste avec une satisfaction générale à la fin de cette expédition du Mexique [54] qui avait été représentée, d'un certain côté, sous
des couleurs si fausses, et qui sera l'une des belles pages d'un règne
auquel n'aura manqué aucune gloire.

545. *Dubeux, P. G.    Bordeaux, 16 April 1864.*

L'acceptation du trône du Mexique par l'archiduc Maximilien [55]
a été accueillie par tous avec une vive satisfaction. On y a vu la conclusion glorieuse d'une entreprise difficile. L'orgueil national s'est
applaudi de voir un prince de la maison de Hapsbourg recevoir une
couronne des mains de l'Empereur. Les inquiétudes soulevées par
l'expédition du Mexique sont aujourd'hui sans objet; l'heure approche où la France recouvrira la gloire et les bénéfices d'une expédition dont trop peu de gens ont compris l'importance et les
grands résultats à venir. Nos nationaux répandus sur le vaste continent des deux Amériques diront un jour combien grande a été la
politique qui, en portant au Mexique le drapeau et les soldats de
la France, a effacé les tristes souvenirs de nos désastres de Québec [56]

---

[52] See Introductory Note to ch. viii.
[53] See Introductory Note to ch. ix.
[54] See ch. ix, note 3.
[55] See Introductory Note to ch. ix.
[56] The surrender of Quebec to the English in 1759 "involved the ruin of French
power in North America." George M. Wrong, *The Rise and Fall of New France*
(2 vols. London, 1928), II, 851.

et renouvelé de nos jours les brillants merveilles de l'expédition d'Egypte.[57]

546. *De Bigorie de Laschamps, P. G.   Colmar, 27 April 1864.*

Jamais expédition ne préoccupe l'opinion d'une manière plus pénible [58] et si la Providence continue à favoriser les grandes vues de l'Empereur, jamais peut-être expédition n'aura marqué plus glorieusement dans les annales d'un grand règne. L'Alsace entière, à part quelques mauvais dissidents ou opposants incorrigibles, de l'Ecole de l'opinion nationale,[59] suit du cœur et de ses vœux les plus patriotiques le voyage de l'Archiduc Empereur et de l'Impératrice Charlotte.[60] On désire que la fortune de ces nouveaux souverains soit au niveau de leur courage; on commence à voir dans le rétablissement d'une monarchie au Mexique, le présage d'une véritable civilisation à l'avantage de la France et de l'Europe que la race latine va répandre dans cette partie de l'Amérique. On y voit, pour l'avenir, une monarchie qui trouvera son point d'appui, quoiqu'il arrive, du côté des confédérés du Sud et contribuera à arrêter le développement purement matérialiste de l'élément anglo-saxon et protestant. Les menaces du congrès de Wasington [*sic*] [61] ont un moment préoccupé; mais, à la réflexion, l'appréhension s'est dissipée ou au moins considérablement affaiblie.

Les traités stipulés entre l'Empereur Napoléon et le souverain du Mexique [62] ont obtenu l'adhésion générale.

547. *Imgarde de Leffemberg, P. G.   Dijon, 9 April 1864.*

Les progrès de l'armée d'occupation au Mexique, l'établissement prochain du gouvernement que, sous les auspices de la France, ce malheureux pays tente de se donner, l'espérance d'une évacuation au moins partielle de ces contrées lointaines et l'allégement, sinon la cessation immédiate, du lourd fardeau que cette entreprise peu populaire faisait peser sur notre pays, ont été une cause de générale satisfaction.[63]

[57] This refers to the Egyptian campaign of Napoleon I in 1798.
[58] "Pénible" was underlined with pencil.
[59] The words "opinion nationale," referring to the newspaper by that name, were underlined with pencil.
[60] See Introductory Note to ch. ix.
[61] See ch. ix, note 77.
[62] On the Treaty of Miramar see Introductory Note to ch. ix.
[63] This entire extract was pencilled in the margin.

548. *Pinard, P. G.   Douai, 30 April 1864.*

Sur la question du Mexique [64] on a compris que le Gouvernement suivait la seule marche conforme en ce moment à l'honneur, comme aux intérêts de la France, et les conclusions de M. M. Thiers et Berryer, devant le Corps Législatif,[65] ont semblé ou naïve ou inspirées par une opposition systématique.

549. *Saint-Luc-Courborieu, P. G.   Limoges, April 1864.*

s'il était une question sur laquelle les amis du Gouvernement se crussent vulnérables, c'était la question du Mexique; le beau discours de Son Excellence M. Rouher [66] a cerné sur l'opinion la plus heureuse influence. Mais, depuis que ces grands débats se sont apaisés, on est moins inquiet de toutes les questions de politique extérieure; elles sont de trop longue durée pour que l'opinion en France en demeure si longtemps occupée; c'est ainsi qu'en dépit *du siècle* et de *l'opinion nationale,* les amis même de ces journaux pensant moins à la Pologne; l'affaire du Mexique est désormais acceptée.

550. *Gaulot, P. G.   Lyons, 26 March 1864.*

La guerre du Mexique [67] ne sème plus les mêmes alarmes depuis l'acceptation de l'archiduc Maximilien.

551. *De Gérando, P. G.   Metz, 9 April 1864.*

Le dénouement prochain de l'expédition du Mexique est vu avec satisfaction. On espère que le départ de l'Archiduc Maximilien ne subira pas de nouveaux retards,[68] & qu'il nous sera bientôt possible de rappeler nos troupes de ces contrées lointaines, sans compromettre notre honneur ou nos intérêts.

[64] The preceding three words were underlined with pencil.
[65] In the debates in the Legislative Body of 26 and 27 Jan. 1864 Thiers exclaimed: "Traitez avec Juarez et retirez-vous; surtout ne vous engagez pas dans un essai de restauration monarchique, car n'eussiez-vous pris aucun engagement formel, vous serez moralement engagé envers celui que vous aurez intronisé." Berryer, in support of Thiers, stressed the financial unwisdom of the Mexican venture. Ollivier, *Empire libéral,* VI, 460–461.
[66] See ch. ix, note 44.
[67] The first four words were underlined with pencil.
[68] On the day following the writing of this report Maximilian definitively accepted the Mexican crown. See Introductory Note to ch. ix.

552. *Neveu-Lemaire, P. G.   Nancy, 14 April 1864.*

Le sentiment public a également subi une heureuse transformation, en ce qui concerne notre expédition du Mexique. Il est
aujourd'hui complètement rassuré, et après la discussion solennelle
qui a eu lieu au Corps Législatif,[69] il n'a point hésité à condamner
la politique de l'opposition et à se rallier à celle du Gouvernement.
C'est en vain que la critique s'est exercée sur les causes premières de
l'expédition et les mesures d'exécution qui ont été employées; C'est
en vain que l'on a provoqué le blâme sur l'occupation trop étendue
des provinces de l'Intérieur [70] et que l'on a reproché au Gouvernement français de n'avoir traité ni avec le Président Juarez le lende-
main de notre entrée à Mexico, ni avec le Général Almonte [71] dont
l'autorité provisoire n'était pas légalement reconnue. Toutes ces
imprudentes censures sont tombées devant l'exposé fidèle et sincère
de la situation.

Il est désormais reconnu que commandée par l'honneur du drapeau et les plus chers intérêts de nos compatriotes indignement sacri-
fiés, cette expédition qui n'a pas été sans gloire dans le présent ne
sera pas sans compensation dans l'avenir, que les plus riches marchés
du Monde nous seront ouverts et que nos industries trouveront
bientôt de vastes débouchés sans concurrence sérieuse de la part des
autres puissances. N'est-ce donc rien pour une Nation, outre la salutaire influence de ses armes sur tout le continent américain, que
d'assurer à sa Marine et à son commerce, une immense et féconde
colonie, sans avoir à redouter les incertitudes de la colonisation et
les périls de l'occupation militaire. Si l'Angleterre a conquis le respect pour son pavillon, assuré la fortune et la vie de ses Nationaux,
et porté partout son commerce, n'est-ce pas en prouvant au Monde
qu'elle ne laissait aucune insulte impunie. On s'était beaucoup trop
préoccupé des considérations financières pour reléguer la question
politique au second plan, et il faut reconnaître de bonne foi la
vérité. Non seulement notre armée sera bientôt de retour, mais son
entretien est déjà à la charge du Nouvel Empire, l'emprunt est contracté et nous sommes certains du règlement de notre indemnité de
guerre.[72]

[69] See ch. ix, notes 44, 50, 65.
[70] See Introductory Note to ch. ix.
[71] On Almonte see Introductory Note to ch. viii.
[72] On the Treaty of Miramar see Introductory Note to ch. ix.

Que l'Archiduc dont l'esprit politique et libéral n'a pas craint d'assumer une aussi lourde tâche, rende donc à sa prospérité naturelle un pays si profondément troublé, qu'il réunisse les éléments épais d'un Gouvernement stable et régulier, qu'il fonde et consolide une monarchie constitutionnelle dans le Nouveau monde en face de nos colonies des Antilles, et la France sous les auspices de laquelle grandira ce gouvernement ami, sera suffisamment payée de ses sacrifices et du sang de ses soldats!

553. *De Marnas, P. G.    Paris, 3 May 1864.*

L'acceptation définitive de la Couronne du Mexique par l'Archiduc Maximilien [73] est venue clore heureusement cette longue et difficile expédition. La convention conclue avec le nouvel Empereur du Mexique [74] assure la rentrée de nos troupes dans un délai déterminé, et garantie à la France le remboursement des dépenses que la guerre lui a occasionnées. Ces évènements ont été accueillis avec une profonde satisfaction, et bientôt l'opinion publique applaudira aux résultats d'une entreprise qui a éveillé tant d'inquiétude et suscité tant de récriminations.

554. *Duran-Fornas, P. G.    Pau, 14 April 1864.*

Toutes les aspirations des hommes dévoués au gouvernement tendent à la Paix. Ils voient, par suite, avec satisfaction arriver le moment où les sacrifices que nous avons faits au Mexique vont recevoir leur récompense par l'installation d'un gouvernement stable [75] qui permettra peu à peu de faire rentrer nos troupes en France.

555. *Salneuve, P. G.    Riom, 2 April 1864.*

On voit avec satisfaction la fin prochaine de la guerre du Mexique et le retour de nos troupes dans un très-voisin avenir.

556. *Millevoye, P. G.    Rouen, 10 April 1864.*

J'ai déjà dit dans un précédent rapport que les critiques soulevées par l'expédition du Mexique ne s'étaient pas produites dans ce ressort avec l'excessive vivacité qu'elles paraissent avoir eue dans d'autres parties de la France. Aujourd'hui les esprits impressionnés par le succès ne contestent plus la portée politique et les avantages

[73] See ch. ix, note 68.
[74] On the Treaty of Miramar see Introductory Note to ch. ix.
[75] For the French establishment of the Mexican Empire see Introductory Note to ch. ix.

commerciaux de cette grande entreprise. Les négociants du Hâvre et les industriels d'Elbeuf et de Rouen se préparent à tirer de beaux profits des relations que la prépondérance de la France doit assurer à notre commerce dans le nouvel Empire.

### 557. *Léo Duprez, P. G. Toulouse, 5 April 1864.*

Les aspirations pacifiques, que je signalais tout à l'heure, ont fait accueillir, avec une satisfaction générale, le voyage et le séjour de l'archiduc Maximilien à Paris, coincidant avec l'annonce de nombreux et importants succès remportés sur les bandes de Juarez.[76] On a vu dans ces événements d'heureux pronostics qui permettent d'espérer que la France pourra mettre fin, prochainement, aux sacrifices que lui a imposés une expédition lointaine et mal appréciée jusqu'à présent.

## JULY 1864

### 558. *Sigaudy, P. G. Agen, 5 July 1864.*

les grands événements du jour sont l'entrée de l'archiduc Maximilien dans son empire [76] et la reprise des hostilités par l'armée austro-Prussienne contre le Danemarck.

le jour se fait de plus en plus sur notre expédition du Mexique. les dernières craintes qu'on avait pu concevoir aux protestations du parlement américain [77] se sont dissipées devant les faits récents qui ne témoignent que trop de l'intensité de la guerre existant entre le sud et le nord. le rappel de la fameuse maxime de Monroë n'a été qu'une vaine fantôme . . .[78] singulière doctrine qui aujourd'hui même appuie ses prétentions sur des recrues Européennes!

### 559. *Darnis, P. G. Angers, 8 July 1864.*

Le succès de l'affaire du Mexique a mis une fois de plus en relief la sagesse de l'Empereur; de là, sans doute, ce sentiment de sécurité que je constate partout, malgré les péripéties alarmantes de la question des duchés.

---

[76] See Introductory Note to ch. ix.

[77] In March 1864 the McDougall Resolution was passed by the American Congress declaring that "the occupation of Mexico; or any part thereof by the Emperor of France; or by the person indicated by him as Emperor of Mexico, is an offense to the people of the United States of America" and that "the movements of the government of France and the threatened movements of an Emperor improvised by the Emperor of France demand, by this Republic, if insisted upon, war." Quoted from Lally, *op. cit.*, p. 88.

[78] Ellipses in the original text.

**560.** *Blanc, P. G.   Besançon, 11 July 1864.*

L'Acceptation par l'Archiduc Maximilien du trône du Mexique,[79] et la convention du 10 avril relative aux indemnités,[79] ont produit une sorte de soulagement dans les esprits toujours prévenus. ON y a vu la fin de nos sacrifices et le digne couronnement d'une entreprise plus chevaleresque que profitable.

**561.** *Dubeux, P. G.   Bordeaux, 19 July 1864.*

L'entrée triomphale de l'Empereur Maximilien à Mexico et les succès toujours croissants de l'occupation française dans le nouvel empire sont accueillis avec une vive satisfaction par l'opinion publique. On y voit la glorieuse conclusion d'une entreprise difficile, acceptée avec quelque répugnance par le pays, et qui tournera toute entièrement à l'honneur de nos armes et au profit de notre influence dans l'Amérique du Sud.

**562.** *De Bigorie de Laschamps, P. G.   Colmar, 26 July 1864.*

L'opinion publique suit avec un vif intérêt les premiers pas de l'Empereur Maximilien dans son nouvel Empire. On espère que le rétablissement d'une monarchie inaugurera au Mexique une ère de paix, et qu'avec les bienfaits d'une véritable civilisation s'ouvrira pour ces vastes et riches contrées un avenir de prospérité. On espère surtout que la réussite de cette immense et délicate entreprise, consacrant les prévisions de l'Empereur, nous débarrassera des soins et des charges de l'expédition. Enfin on y voit un point d'appui de notre politique, si le Sud [80] héroïque triomphe dans la lutte pour son indépendance. Par contre on appréhende que le Nord,[81] s'il est victorieux, ne nous crée des difficultés. Mais on comprend d'un autre côté, que l'Amérique épuisée ne devra pas se mettre en quête de querelles nouvelles.

**563.** *Pinard, P. G.   Douai, 6 July 1864.*

Elle [opinion] n'a eu à s'occuper de la question Mexicaine que pour applaudir à l'heureuse solution qu'elle a reçue. Sur ce point tous les partis ont été unanimes, et, pour beaucoup, la solution a été plus prompte qu'on ne l'attendait.

---

[79] See Introductory Note to ch. ix.
[80] The words "le Sud" were underlined with pencil.
[81] The words "le Nord" were underlined with pencil.

564. *Gaulot, P. G.   Lyons, 3 July 1864.*

Les questions de finances, Monsieur le Garde des Sceaux, ont le privilège de réveiller bien des échos dans la population. Toutes les accusations de dépenses excessives, de folles prodigalités, d'expéditions lointaines, sont trops souvent acceptées: les craintes d'avoir à supporter de nouveaux impôts viennent leur faire cortège. Aussi la marche de notre politique extérieure est toujours interrogée avec inquiétude. Je crois traduire un sentiment général en signalant la joie avec laquelle le départ de l'Archiduc Maximilien [82] a été salué. Ce n'était pas encore la fin de la Guerre du Mexique, mais c'était une solution rendue plus séduisante par le premier paiement de la dette.[82] Notre budget était allégé, le second décime de guerre pouvait disparaitre, l'équilibre devenait plus certain!

565. *Leclerc, A. G.   Metz, 11 July 1864.*

On se réjouit de voir nos expéditions lointaines toucher à leur terme, l'Empereur Maximilien, dont on accusait les défaillances, accueilli en libérateur dans ses nouveaux Etats, le remboursement des frais de la guerre effectué déjà pour partie & assuré pour le reste par l'établissement d'un pouvoir régulier.

566. *Dessauret, P. G.   Montpellier, 7 July 1864.*

Les événements qui se sont déroulés durant le dernier trimestre sur la scène du monde et en dehors de nos frontières, quels qu'en ait été la grandeur et le retentissement, ont laissé l'opinion, en ce pays du moins, très à peu près [sic] indifférente, dans les campagnes, surtout, si l'on en excepte la Pacification, désormais assurée, du vaste empire du Mexique et la répression vigoureuse de la fanatique insurrection des tribus algériennes. C'est que le positivisme pénètre de plus en plus dans nos mœurs et que, là et là, seulement on a vu l'intérêt français bien réellement engagé.

567. *Neveu-Lemaire, P. G.   Nancy, 16 July 1864.*

Dans tous les cas, l'heureuse solution de l'expédition du Mexique est désormais un fait accepté sans contestation. Votre Excellence me permettra de ne point revenir sur les appréciations de mon précédent rapport au sujet du revirement qui s'est fait à cet égard dans le sentiment public. On continue à rendre justice à la grandeur du

[82] See Introductory Note to ch. ix.

but et à l'utilité de l'entreprise. On suit attentivement les phases naissantes de l'empire fondé sous nos auspices. On ne se dissimule pas sans doute les difficultés que le Souverain rencontrera dans le travail de pacification et d'organisation intérieure de cette Magnifique contrée. Peut-être même aurait-on désiré que l'emprunt Mexicain se fût couvert avec plus d'enthousiasme; mais si l'on prévoit d'inévitables lenteurs, on en [sic] comprend pas moins que l'ère des sacrifices est terminée, qu'un résultat considérable est acquis et que la France s'est victorieusement dégagée de la responsabilité qu'elle n'avait pas craint d'assumer malgré la défection de ses alliés. On peut dire enfin que l'opinion se tient dès aujourd'hui pour satisfaite du pas important qui a été fait vers le but final d'une entreprise aussi courageusement commencée que glorieusement accomplie.

568. *Duran-Fornas, P. G.   Pau, 15 July 1864.*

La politique extérieure n'a pas été moins féconde en évènements importants: l'expédition du Mexique couronnée du plus heureux succès a fait évanouir les appréhensions de ceux qui ne savaient pas encore assez combien la main qui nous conduit est sage, ferme et prévoyante.

569. *Massin, P. G.   Riom, 9 July 1864.*

Les évènements extérieurs ne semblent préoccuper l'opinion que dans une mesure fort restreinte. On a applaudi néanmoins à l'heureuse conclusion de l'expédition du Mexique, et à l'énergie déployée contre l'insurrection partielle des tribus algériennes. Les entreprises lointaines, bien que toujours critiquées au point de vue des dépenses qu'elles entrainent, sont cependant mieux appréciées; On comprend qu'elles ont augmenté le prestige de notre nom, qu'elles ont accru notre prépondérance, et qu'elles peuvent ouvrir à notre commerce maritime d'importants débouchés.

570. *Léo Duprez, P. G.   Toulouse, 8 July 1864.*

Au Mexique, enfin, cette expédition tant attaquée semble devoir être définitivement heureuse et satisfaire notre politique et nos intérêts aussi bien que l'honneur de nos armes. M. Thiers, en déplorant qu'après la prise de Puebla nous n'ayons pas traité avec Juarez,[83] a fait suite, avec plus de logique que de bonheur, à M. Jules

[83] See ch. ix, note 65.

Favre qui, l'an passé, voulait une retraite après l'échec.[84] Sa théorie sur les injures nationales, qui revient à dire qu'il faut s'en venger sur les faibles et n'en pas tenir compte si la réparation est chanceuse ou simplement difficile, avait le tort de trop rappeler ses propres hésitations, quand il dirigeait les affaires, et celles de ses rivaux, qu'il dénonçait avec tant d'ardeur quand il était hors du ministère; on commence à reconnaître que, dans cette question, les difficultés étaient grandes et que si le Gouvernement a pris un parti périlleux, en définitive il en a été justifié par l'évènement. Les adversaires, par l'indignité des procédés qu'ils conseillaient, ont achevé de démontrer qu'il n'y avait rien de mieux à faire que ce qui a été fait.

## OCTOBER 1864

571. *Blanc, P. G. Besançon, 13 October 1864.*

LA tournure que prennent les affaires du Mexique agit favorablement sur l'opinion: ON suit avec intérêt les progrès de la pacification dans ce riche et fertile pays arraché à l'anarchie. LA rentrée prochaine de nos troupes et le paiement exact des termes échus de nos avances sont un démenti aux prédictions sinistres qui ont accompagné l'Empereur Maximilien lors de son départ. ON fait des vœux pour le succès de sa lourde tâche, et on applaudit aux heureux débuts de son règne. LA reconnaissance du Royaume d'Italie [85] fait un grand honneur à l'intelligence et à la sage impartialité de ce jeune Souverain.

572. *Dulamon, A. G. Bordeaux, 7 October 1864.*

L'opinion publique accueille avec joie les nouvelles favorables qui arrivent du Mexique et qui permettent d'espérer la consolidation d'un pouvoir régulier et fort dans ce pays si tourmenté par de stériles révolutions. On est heureux de voir successivement revenir nos braves soldats [86] de ces contrées lointaines où ils portent avec la gloire de nos armes l'influence de notre civilisation. L'expédition du Mexique, peu populaire à l'origine parce qu'elle était mal comprise,

---

[84] See ch. viii, note 5.

[85] In April 1864 on his journey to Mexico, Maximilian stopped at Naples and made an official visit to the Italian royal family. P. E. Martin, *Maximilian in Mexico* (London: Constable, 1914), p. 161.

[86] A month earlier some troops had arrived in Marseilles. The *Moniteur* (1 Dec. 1864) published the following notice: "Une dépêche télégraphique de Marseilles, 30 novembre, annonce l'arrivée à Toulon du *Var*, venant du Mexique avec le 20e bataillon de chasseurs à pied et 224 libérables de différents corps; ces troupes sont en parfait état sous tous les rapports."

est aujourd'hui l'objet d'appréciations plus justes. Lorsque les Etats du Sud auront fait reconnaître leur indépendance, on comprendra mieux encore la haute pensée de l'Empereur et les féconds résultats qu'elle doit produire.

573. *De Bigorie de Laschamps, P. G. Colmar, 27 October 1864.*

L'expédition du Mexique, si vivement désapprouvée dans le principe, fait chaque jour de nouveaux adhérents, au fur et à mesure que la grande pensée qui a présidé à cette entreprise se dégage plus clairement, et qu'on entrevoit les conséquences immenses que peut avoir le rétablissement d'une monarchie au Mexique, si le *Sud* triomphe et conquiert son indépendance. Aussi, l'opinion publique n'en est plus à regretter, comme par le passé, les sacrifices que la France s'est imposés et voit, avec un vif intérêt, ce nouvel Empire se consolider. Toutefois, il tarde à tous, en égard à l'état général de l'Europe et au dégrèvement de nos finances, que nos troupes rentrent dans la mère patrie.

574. *Pinard, P. G. Douai, 4 October 1864.*

Les intérêts industriels et commerciaux sont trop considérables dans les départements du Nord et du Pas-de-Calais, pour que tous les évènements n'y soient pas d'abord appréciés au point de vue des dépenses qu'ils entraînent, de la paix qu'ils maintiennent ou de la guerre qu'ils peuvent amener. Aussi la rentrée prochaine des troupes de l'expédition Mexicaine, la solution prochaine de la Question Danoise sont bien accueillies. . . .

575. *De Prandière, S. P. G. Lyons, 7 October 1864.*

A l'extérieur, quelques évènements ont sollicité l'attention publique; . . . la conférence de Londres . . . , l'insurrection polonaise, la résistance du Danmarck . . . , le triomphe définitif de nos armes et de notre politique au Mexique, ont tour à tour préoccupé les esprits. . . .

576. *Souëf, A. G. Nancy, 15 October 1864.*

Cependant comme l'avenir est toujours gros de dangers sinon probables du moins possibles en Europe comme en Afrique, l'opinion continue à désirer la concentration à l'Intérieur de toutes nos forces: ausi n'y a-t-il chez tous qu'un sentiment, celui de la satisfaction, à l'idée que bientôt les troupes que nous avons au Mexique seront rentrées dans la mère patrie.[86]

Aujourd'hui le but de l'expédition est mieux compris, la grandeur en est appréciée et l'on rend justice à la pensée qui l'a dictée. Le soin avec lequel le Nouvel Empire s'acquitte de ses obligations financières et tout ce que l'on sait des actes de l'Empereur Maximilien ont rendu générale la confiance dans le succès de l'œuvre que la France a entreprise. Néanmoins maintenant que le but est atteint, le sentiment public hâte de ses vœux le moment où nos intérêts militaires ne seront plus engagés sur cette terre lointaine et où elle ne conservera de notre occupation qu'un glorieux et sympathique souvenir.

577. *De Marnas, P. G.   Paris, 14 November 1864.*

La rentrée successive des troupes employées à l'expédition du Mexique [86] cause une vive satisfaction. On reconnait aujourd'hui l'importance de l'œuvre accompli, on désire qu'elle se soutienne dans l'avenir sans le secours de nos armes, et les inquiétudes causées par les charges de cette guerre lointaine sont entièrement calmées.

578. *Millevoye, P. G.   Rouen, 11 October 1864.*

Relativement au Mexique, on lit toujours avec intérêt les correspondances qui mettent au courant de la situation de ce pays. Les courriers annonçant le retour d'une partie des troupes [86] par suite du rétablissement de l'ordre à l'intérieur sont accueillis favorablement; toutefois cette expédition ne rencontre plus maintenant les critiques qui s'étaient élevées contre elle dans l'origine; les détracteurs commencent eux-mêmes à reconnaître combien il peut devenir avantageux pour la France d'avoir, par ses armes, rétabli son influence dans un pays où elle se trouvait méconnue; et constitué un gouvernement régulier et ami dans une contrée où les relations commerciales peuvent être fécondes.

## JANUARY 1865

579. *Blanc, P. G.   Besançon, 11 January 1865.*

l'expédition du Mexique a atteint son but, et on peut dire son but glorieux.

580. *Dubeux, P. G.   Bordeaux, 15 January 1865.*

L'expédition du Mexique, qui touche aux intérêts de bien des familles dont les fils combattent dans les rangs de l'armée ou de notre flotte, est entrée dans une période d'apaisement qui répond aux aspirations clairement manifestées de l'opinion publique. On est heureux du retour en France d'une partie de l'armée,[86] et on constate avec satisfaction que l'heure approche où la France mettant un terme à tous ses sacrifices ne tardera pas à tirer de cette grande entreprise les résultats politiques et commerciaux auxquels elle a droit.

581. *De Bigorie de Laschamps, P. G.   Colmar, 19 January 1865.*

Le Mexique désormais préoccupe beaucoup moins l'opinion publique; on commence à espérer et on continue à désirer la consolidation de ce nouvel empire et le retour aussi prochain que possible de nos troupes dans la mère-patrie.

582. *Imgarde de Leffemberg, P. G.   Dijon, 14 January 1865.*

On se félicite de la rentrée partielle de nos troupes du Mexique [86] et les nouvelles publiées par le Moniteur [87] ont augmenté la foi générale dans la consolidation et l'avenir de l'empire mexicain.

583. *Pinard, P. G.   Douai, 7 January 1865.*

[See No. 395.]

584. *Leclerc, P. G.   Nancy, 15 January 1865.*

Les regards continuent à se porter avec sympathie vers le Mexique où combattent encore nos soldats. On se réjouit de penser que cette expédition ne coûtera à notre Trésor que des avances bientôt remboursées, et qu'après avoir aidé à fonder un Gouvernement libéral et régulier, nous trouverons sur ces plages lointaines une alliance utile à nos intérêts commerciaux.

585. *De Marnas, P. G.   Paris, 17 February 1865.*

Le progrès que fait la Constitution du nouvel Empire Mexicain [88] donne l'espérance de voir bientôt rentrer en France les dernières troupes employées à cette expédition.

586. *Massin, P. G.   Riom, 7 January 1865.*

on applaudit aux efforts faits par l'Empereur Maximilien pour organiser au Mexique un gouvernement libéral et durable.

---

[87] This refers to the extension of French control to the extreme north-east of Mexico at Matamoras and to the Pacific coast at Mazatlan.
[88] See Introductory Note to ch. ix.

587. *Léo Duprez, P. G.    Toulouse, 7 January 1865.*

Chacun sait avec quelle ardeur il ["le parti de révolution"] a combattu l'expédition du Mexique et pris occasion des affaires de Pologne et du Danemarck pour prêcher une guerre européenne. Aujourd'hui cette affaire du Mexique, qui avait inquiété ceux même qui ne la blâmaient pas, semble heureusement, comme glorieusement, terminée.

## APRIL 1865

588. *Blanc, P. G.    Besançon, 15 April 1865.*

il y a un an à peine . . . l'expédition du Mexique n'avait point encore atteint complètement son but de pacification et pouvait être entravée. . . . Aujourd'hui ces sombres perspectives se sont évanouies, il ne reste plus devant nous que la guerre d'amérique.

589. *De Chenevière, P. G.    Bourges, 3 April 1865.*

Ce point [Roman question] écarté, la politique ne parait avoir percé aucune influence sur les esprits. Malgré les doutes que certains organes de la presse ont cherché à soulever sur la rentrée en france du corps expéditionnaire du Mexique, la foi des populations dans les paroles de l'Empereur annoçant et la pacification de ce pays et le retour prochain des forces françaises,[89] qui y ont concouru, n'a laissé prise à aucune inquiétude.

590. *Rabou, P. G.    Caen, 10 April 1865.*

Après Rome, le Mexique est le seul objet de préoccupations étrangères à notre situation intérieure: tout le monde fait des vœux pour le retour de notre armée et la fin de cette lointaine expédition.

591. *Mourier, P. G.    Chambéry, 3 March 1865.*

L'ouverture des assemblées, le discours de l'Empereur,[89] la mort de M. le duc de Morny, les mandements des Evêques à propos de l'Encyclique et du Syllabus, l'enseignement primaire gratuit et obligatoire, le retour de nos troupes du Mexique,[89] et les craintes éloignées d'une guerre avec les états-unis dans le cas d'un arrangement entre

[89] In his opening speech to the Senate and Legislative Body (15 Feb. 1865) Napoleon III said: " . . . Notre armée . . . du Mexique rentre déjà en France. . . ." In the *Exposé de la Situation de l'Empire* the Government declared that this return of troops "suivra son cours dans la mesure que nous indiquera notre sollicitude pour les intérêts qui nous ont amenés au Mexique."

eux, ont été les seuls évènements politiques sur lesquels l'attention se soit portée.

592. *Imgarde de Leffemberg, P. G.   Dijon, 11 April 1865.*

Je ne veux pas dire cependant que toutes les anxiétés aient disparu; Il en est une spécialement qui aient grandi pendant le dernier trimestre. Précédemment je vous annonçais que la Guerre civile d'Amérique avec l'uniformité de ces alternatives avait fatigué la curiosité Française, mais les dernniers succès des armées fédérales,[90] la tentative pour la première fois essayée de pourparlers pacifiques,[90] fait entrevoir la fin possible et même prochaine de cette lutte acharnée et, en même temps, est née la crainte de voir l'activité Américaine se retourner vers ses frontières et attaquer les entreprises que l'Europe, favorisée par les discordes des Etats unis, cherche à fonder depuis trois ans.

L'établissement Impérial au Mexique est ainsi devenu un sujet d'alarmes.[91] Cette prévision est-elle fondée? Je n'ai pas mission de l'examiner et les lumières me manquent pour me prononcer. Mais ce qu'il m'importe d'annoncer à Votre Excellence, c'est qu'elle existe. Je ne vous ai pas laissé ignorer autrefois combien cette Guerre du Mexique a rencontré peu de sympathies dans nos pays, je vous ai dit, il y a un an, la joie avec laquelle on avait cru pouvoir en saluer la fin, mais depuis lors la série d'escarmouche [*sic*] dont le Moniteur chaque mois apporte la nouvelle semble reculer pour longtemps encore le jour où la France pourra retirer sa main engagée dans ces affaires lointaines et l'on redoute que par la force des choses, attardée dans une guerre de broussailles, notre armée ne se trouve retenue jusqu'au moment où pourrait apparaître le drapeau étoilé des Etats-unis. A ce propos les imaginations entrevoient les plus graves complications dont certains journaux s'ingénient à assombrir la perspective.[92] Encore une fois je n'entends pas me prononcer sur le mérite

---

[90] See Introductory Note to ch. vii.

[91] The preceding sentence was underlined with pencil.

[92] Lally in his discussion of the French opposition to the Mexican expedition tells us that "as long as the French army was on Mexican soil there existed the danger that the expedition might end in contention with the United States. This was a deplorable possibility which every foe of Imperial Mexican policy wished to avert without delay, and not the least among these were the radical deputies who met in March to draw up their fourth successive amendment demanding the recall of the expeditionary army." *L'Opinion nationale* (11 Sept. 1864) declared that the United States would never abandon the Monroe Doctrine nor recognize the Mexican empire. On 25 Oct. 1864 it warned again of the danger from the United States and illustrated this by the fact that the American government had

de ces appréhensions, mais je constate qu'il y a là dans l'opinion publique un point délicat et il est à souhaiter que la reprise déjà annoncée du mouvement de rapatriement [93] qu'avait suspendu le siège d'Oajaca,[94] vienne calmer les seules inquiétudes qui nous viennent du dehors.

593. *Pinard, P. G.   Douai, 8 April 1865.*

Enfin, en prévoyant que la cessation de la guerre Américaine aurait pour base convenue entre les belligérants l'adoption de la doctrine absolue de Monroë,[95] on redoute de nouvelles complications pour le Mexique. Sans se dissimuler ces dangers de l'avenir, d'autres esprits, plus élevés mais moins nombreux persistent à penser qu'il y avait avantage à profiter de la guerre actuelle pour fonder sur ce continent Américain, qu'on voudrait nous fermer, un Empire ami de la France, et fidèle aux traditions comme aux alliances de la vieille Europe.

594. *Gaulot, P. G.   Lyons, 29 March 1865.*

La Guerre en effet ne compte plus guère de partisans et les idées sont tellement arrêtées que le petit nuage, qui enveloppe encore la question Mexicaine dans ses rapports avec les Etats-Unis, excite des sollicitudes. Le retour de nos derniers soldats sera salué avec bonheur.

595. *Leclerc, P. G.   Nancy, 24 April 1865.*

C'est ainsi qu'elles appellent de leurs vœux le retour prochain de nos troupes engagées dans l'expédition du Mexique, mais sans cette impatience fiévreuse qui compromettrait l'avenir d'un Etat que nous avons fondé. Elles pensent ce que M[r] le Ministre d'Etat disait si éloquemment le 11 avril, au milieu des clameurs de l'opposition, «Le but doit être atteint, la pacification doit être complète, la dignité de la France, celle de l'Empereur le veulent également; L'armée française ne doit revenir sur nos rivages que son œuvre accomplie et triomphante des résistances qu'elle aura recontrées.» [96]

Toutefois, si elles trouvent bien de consolider le Trône de l'Empereur Maximilien, et d'anéantir dans ce but, les derniers débris

just recognized the consul sent to San Francisco by the Mexican republican government. Lally, *op. cit.,* p. 95.

[93] See ch. ix, note 89.

[94] The siege of Oajaca lasted from the middle of Jan. 1865 to Feb. 9th of the same year when it was surrendered by Porfirio Diaz.

[95] See ch. vii, note 8.

[96] See *Moniteur* (12 April 1865), p. 435.

des bandes juaristes, elles s'alarmaient à la pensée d'un conflit avec
l'Amérique,[97] quand le Nord, vainqueur du Sud, et disposant de
toutes ses forces, pourrait les diriger contre le nouvel Empire. Elles
apprécient peu les colonies lointaines et la cession de deux grandes
et belles provinces, comme la Sonora et le Chihuahua ne les aurait
pas consolées d'une guerre dont la durée et les résultats effrayaient
les plus fermes esprits. Aussi ont-elles écouté d'une oreille attentive
et curieuse l'histoire des malentendus et des mensonges à l'aide
desquels ceux qui nous jalousait [sic] cherchaient, sans y parvenir,
à attirer sur nous un semblable malheur. Et maintenant que toutes
leurs craintes sont tombées devant les explications si complètes de
Mᵣ le Ministre d'Etat,[98] elles aiment à croire, et elles s'en réjouissent,
que la Prise de Richemond [99] va mettre enfin un terme à une lutte
fratricide qui n'a que trop duré.

### 596. Massin, P. G.   Riom, 6 April 1865.

Les complications possibles que pourrait faire naître au Mexique
le rétablissement de l'Union, ne semblent donner lieu à aucune préoccupation. On croit à la consolidation du nouvel Empire, et on
espère que les sacrifices d'hommes et d'argent que notre intervention
dans les affaires de ce lointain pays a imposés à la France, tourneront
au profit de notre commerce et de la civilisation.

### 597. Millevoye, P. G.   Rouen, 10 April 1865.

Le pays a entendu avec joie l'annonce du retour de l'armée du
Mexique.[100] On a craint un instant que la paix ne se fit aux Etats
Unis sur les bases de la doctrine Monroë; on voyait déjà Fédéraux
et Confédérés envahissant le nouvel Empire et le drapeau français
engagé dans une suite interminable de périlleuses aventures. Ces
appréhensions, assez vives au début, n'ont pas été de longue durée.
On a bien vite compris qu'au sortir de la lutte terrible qu'ils soutiennent depuis 4 ans, les Etats-Américains ramenés à l'union par
l'épuisement, ne penseraient qu'à réparer leurs ruines, sans songer
à se lancer dans les périls d'une guerre avec l'Europe dont le premier
résultat serait la ruine complète de leur marine marchande. En effet,
si quelques croiseurs confédérés ont pu lui infliger des pertes sensi-

---

[97] The preceding nine words were underlined with pencil.
[98] See ch. ix, note 96.
[99] See Introductory Note to ch. vii.
[100] See ch. ix, note 89.

bles, qu'arriverait-il si elle avait à faire aux marines de France ou d'Angleterre.

## JULY 1865

### 598. *Blanc, P. G.   Besançon, 8 July 1865.*

ON a craint un instant, pour le Mexique, le contrecoup que pouvait produire la cessation des hostilités et la dissolution des armées américaines.[101] Il y avait là une masse énorme d'aventuriers prêts à servir toutes les causes et qui n'auraient fait aucune difficulté de s'affilier aux bandes de JUAREZ: ces appréhensions se sont dissipées, mais elles ont rendu plus vif encore le désir de terminer une expédition qui pèse lourdement sur nos finances, et qui, tout en flattant l'honneur national par l'éclat de la gloire qui s'y rattache, a toujours cependant froissé le sentiment public.

ON verrait à tort un démenti de cette appréciation, dans la facilité avec lesquelles s'est conclu l'emprunt mexicain: [102] les capitaux n'ont pas d'opinion. Le succès de l'opération se rapporte tout entier au crédit de l'établissement financier qui l'a patronée; il est dû aussi à la vogue croissante de ces combinaisons plus ingénieuses que morales, qui renouvellent les excitations de l'ancienne loterie et en reproduisent le danger. Comment résister à l'appât d'un intérêt de 14% joint à la perspective d'un gain de cinq cent mille francs?

### 599. *Jardin, A. G.   Caen, 8 July 1865.*

La guerre du Mexique continue d'être impopulaire. On n'a pas la notion claire de l'intérêt de la France dans cette expédition lointaine. On craint que la pacification du Sud [103] n'amène quelques collisions avec la République des Etats-Unis et on fait toujours des vœux pour le retour prochain de nos troupes.

### 600. *Mourier, P. G.   Chambéry, 3 June 1865.*

De tous les évènements dont on s'est armé contre le gouvernement de l'Empereur l'expédition du Mexique est celui qui a fait la plus vive impression et sur lequel s'appuient le plus ses ennemis. On

[101] See Introductory Note to ch. vii.
[102] In April 1865 a second Mexican loan was floated in Paris. "It was fathered," Martin explained, "by a strong syndicate formed among thirty-five well-known bankers, and no fewer than two hundred subsidiary financial houses. The result, as might be anticipated, was an oversubscription, and in less than three days the lists were closed, and the scrip was quoted on the Bourse at a substantial premium." Martin, *Maximilian in Mexico*, p. 222.
[103] See Introductory Note to ch. vii.

oublie volontiers les raisons puissantes qui ont rendu cette expédition indispensable, les services qu'elle a rendus au monde civilisé tout entier et on ne voit plus que les charges qu'elle a imposées et celles surtout encore que dans l'avenir elle devra imposer au pays. C'est certainement peu de chose pour un grand pays comme la France, mais il serait souhaitable que ce prétexte pût être enlevé à l'opposition. Elle trouverait sans doute un prétexte nouveau à défaut de celui-là, mais elle en trouverait difficilement un aussi aisé à faire accueillir par les petits et mauvais sentiments de la nation.

601. *Leviel de la Marsonnière, P. G.   Colmar, July 1865.*

La guerre du Mexique continue d'être peu populaire en Alsace. Ce regrettable état des esprits est entretenu par les correspondances privées. L'Alsace a, au Mexique, un grand nombre de jeunes militaires, et les lettres qu'ils adressent à leurs parents dans les heures dépanchement [*sic*] expriment par fois des sentiments de tristesse et de défaillance peu en harmonie avec la vigueur morale déployée sur le champ de bataille. L'opposition trouve donc, dans l'inquiétude de quelques familles, un prétexte de plus à choisir la guerre du Mexique pour thème de ses commentaires malveillants.

602. *Imgarde de Leffemberg, P. G.   Dijon, 11 July 1865.*

J'ai dit enfin que la principale préoccupation du moment paraissait être le besoin de l'économie financière. Je ne crois pas avoir besoin de multiplier les détails pour justifier cette appréciation. C'est pour cette considération que s'explique l'impopularité toujours croissante de l'expédition du Mexique. Nul ne doute, en effet, du succès de nos troupes en face des bandes mexicaines, mais tous ces petits combats sans cesse renaissants et quelquefois meurtriers, provoquent une impatiente lassitude, on ne voit que dans le lointain la possibilité du rapatriement de notre armée, on doute de la solvabilité du Gouvernement qu'elle forme, et on calcule avec un sentiment d'aigreur tout ce que cette expédition a déjà coûté et ce que probablement elle doit coûter encore; c'est là surtout le point sensible. Sur le même sujet, au début du trimestre, on avait craint des complications venant du Gouvernement Américain, mais dans ces derniers temps l'attitude pris par le Président des Etats-unis [104] a

---

[104] On the occasion of receiving the new French minister, Montholon, on 13 May 1865 Johnson declared: "The people of this country have a traditional regard for France, which was originally so deeply planted and has been so universally

fait disparaître ces anxiétés dont deux seules journaux de nos départements, le journal de Beaune, dans la Côte-d'or, et le Progrès dans la Haute Marne, se font encore les organes.

### 603. Pinard, P. G. Douai, 1 July 1865.

Sur la question du Mexique, nul autre programme que celui du Gouvernement ne parait possible même à ceux qui souhaitent le plus vivement la fin de cette campagne lointaine.

### 604. Leclerc, P. G. Nancy, 18 July 1865.

En ce qui touche le Mexique, tout en désirant la consolidation du Trône de l'Empereur Maximilien, tout en reconnaissant que l'honneur du nom français s'oppose au retour de nos troupes, avant que l'anarchie et la révolution aient été vaincues, on désire vivement, plus vivement que jamais, voir cesser dans le plus bref délai possible, une expédition qui sera, peut-être, un jour, aussi utile à notre influence et à nos intérêts matériels que glorieuse pour le règne de Napoléon III, mais dont on ne veut entrevoir aujourd'hui que les charges et les périls.

Ces périls ont singulièrement diminué depuis mon dernier rapport. Répandus par certains journaux, colportés et commentés de bonne ou de mauvaise foi, les bruits les plus inquiétants n'avaient pas tardé à s'accréditer et déjà on voyait la France engagée avec l'Amérique dans une guerre dont on n'osait mesurer ni les conséquences ni le terme. L'esprit de parti, entraîné hors des voies du véritable patriotisme, triomphait de cette situation que rendaient de plus en plus menaçante des enrôlements effectués, pour le Mexique, à Washington, New-York, Baltimore.[105] A l'heure où j'écris, ces

and warmly cherished that it must continue to flourish and expand, unless it should be checked by events most uncommon, not to be anticipated by ordinary foresight. I trust that the results of your mission will be to strengthen and perpetuate the good understanding between our two governments, and that perfect peace may be restored on the American continent [mistranslated in the *Moniteur,* 30 May 1865, to read "sur les continents américains"] pursuant to the wishes of your sovereign to which you refer." When the French people read Johnson's words in the *Moniteur,* they no doubt exaggerated the significance of these usual diplomatic words of courtesy. The mistranslation noted above, intentional or not, might tend to encourage the erroneous interpretation that Johnson was beginning to condone the French Mexican expedition. *N. Y. Daily Tribune,* 15 May 1865.

[105] E. B. White in her dissertation on *American Opinion of France from Lafayette to Poincaré* (N. Y., 1927), 166, referred to this activity: "Another favorite idea was that the war veterans should emigrate to Mexico, enlist in the Liberal army, and accomplish the desired end without involving the government in any diplomatic difficulties. It was believed that many Confederates as well as Northerners would be drawn into such a scheme, and recruiting for this purpose was actually

alarmes exagérées ont heureusement cessé; Andrew-Johnson a fait entendre pour notre pays des paroles rassurantes et amies; [106] il ne permettra point que les soldats victorieux de l'Armée du Nord aillent grossir les bandes épuisées de Juarez [107] et éterniser ainsi, en nous créant les plus sérieux embarras, la présence de nos troupes audelà de l'Atlantique.

### 605. Petit, A. G.    Orléans, 3 July 1865.

Les attaques passionnées, que quelques voix isolées ont fait entendre au corps législatif,[108] n'ont pas eu d'écho dans ce ressort. Les masses recherchent par dessus tout la tranquillité et le bien-être; elles savent discerner leurs véritables amis et elles rendent justice à l'Empereur dont la haute et persévérante sollicitude poursuit sans relâche leur progrès matériel, intellectuel et moral.

### 606. De Marnas, P. G.    Paris, 4 August 1865.

On lit toujours avec intérêt les bulletins du Mexique; [109] mais on n'en désire pas moins voir arriver le jour où nos soldats pourront honorablement rentrer en France. En général il faut bien le reconnaître, on n'est pas assez juste dans l'appréciation d'une entreprise destinée à grandir considérablement notre influence dans le Nouveau-Monde.

### 607. Bodan, P. G.    Rennes, 15 July 1865.

En se portant sur la question mexicaine les attaques de l'opposition [110] ont su également choisir un terrain où elles n'ont pas été privées de tout avantage. Les considérations de haute politique qui ont conduit notre drapeau sur le sol Américain ne sont pas à la

under way in several cities before it was stopped by lack of funds and by a government warning that neutrality would be enforced."

[106] See ch. ix, note 104.

[107] Somewhat later the American neutral position was emphasized by General Order No. 17 issued by the American Secretary of War on 19 April 1866 instructing commanders on the southwestern border "to take the necessary measures to preserve the neutrality of the United States with respect to the parties engaged in the existing war in Mexico, and to suffer no armed parties to pass the frontier from the United States, nor suffer any arms or munitions of war to be sent over the frontier to either belligerent." Richardson, *Messages and Papers*, VI, 383.

[108] Ollivier had spoken in favor of a more liberal government; Thiers had criticized the September Convention respecting the evacuation of Rome; and Favre and Picard had again attacked the Mexican policy especially in connection with a new loan flotation.

[109] "Mexique" was underlined with pencil.

[110] See ch. ix, note 108.

portée des esprits vulgaires et trop de gens n'ont vu qu'une entreprise chevaleresque dans cette expédition qui justifiaient les griefs les plus légitimes et de grands intérêts d'avenir. —La fin de la Guerre des Etats-Unis,[111] les premiers actes du nouveau Président,[112] les insinuations de certains journaux étrangers ont, d'ailleurs, un moment provoqué de trop faciles alarmes et fait craindre de graves complications. Les saines appréciations étaient peu suivies au milieu de telles circonstances, et l'opposition rencontrait aisément le sentiment du plus grand nombre, en demandant itérativement la fin d'une campagne lointaine et le rapatriement de nos soldats. Mais aucun intérêt ne prévaut jamais en France, et particulièrement en Bretagne sur l'honneur du drapeau et il suffit que cet honneur soit engagé dans la Question du Mexique pour que le Gouvernement puisse conduire son entreprise à ses fins premières sans négliger de tenir compte des vœux du pays.

608. *Massin, P. G. Riom, 7 July 1865.*

On n'accorde plus aux événements d'Amérique et à l'expédition du Mexique qu'une attention distraite; on fait, cependant, des vœux pour la consolidation du nouvel Empire, tout en désirant le prompt rappel de nos troupes.

609. *Léo Duprez, P. G. Toulouse, 8 July 1865.*

les discours mêmes de M. M. Thiers et Jules Favre [113] qui remuent tout d'abord l'auditoire, au point de vue de l'art, ont-ils laissé peu d'impression. Il n'est personne qui ne reconnaisse que l'argent n'a jamais été mieux employé en vue de la gloire, du bien-être et de la grandeur nationale. Si l'on trouve que nos guerres lointaines coûtent cher, on ne songe pas à contester qu'elles soient civilisatrices au premier chef. L'expédition du Mexique n'est plus, autant que par le passé, un objet de critiques; surtout depuis que l'opposition manifeste le parti pris de n'en montrer que le côté faible, on commence à comprendre qu'il faut attendre la fin, dès que l'horizon s'éclaire de jour en jour. Déjà la facilité avec laquelle l'emprunt a été couvert a prouvé qu'on ne s'associait guère à la triste idée d'une retraite prématurée, et l'on s'habitue de plus en plus à cette pensée d'aider à

---

[111] See Introductory Note to ch. vii.
[112] See ch. vii, note 17.
[113] See ch. ix, note 108.

la renaissance d'un grand pays, dont on a vu des bandes de brigands s'adjuger les richesses outrageusement.

La crainte de voir la guerre se raviver avait exagéré l'importance des enrôlements de volontaires américains,[114] mais on n'a pas tardé à se rendre compte des difficultés qui préoccupent actuellement les Etats-Unis en vue de leur reconstitution, et personne ne prêche plus le retour de nos troupes avant l'heure.

## OCTOBER 1865

### 610. *Blanc, P. G. Besançon, 12 October 1865.*

LA situation du Mexique continue à être, aux yeux de l'opinion, le côté regrettable de notre politique extérieure. ON se préoccupe de la pensée que notre occupation devient indéfinie, et qu'après avoir exterminé les derniers restes de l'armée de JUAREZ, nous ne pouvons parvenir à créer un établissement solide sur ce sol tourmenté et rebelle.

### 611. *Dulamon, A. G.   Bordeaux, 13 October 1865.*

La vigueur heureuse avec laquelle le Gouvernement poursuit l'œuvre commencée au Mexique a, depuis longtemps, calmé les premières inquiétudes. On désire cependant que ce pays régénéré par nos soins, remis en possession de ses immenses ressources, puisse être bientôt livré à ses propres forces et ne nous impose plus de nouveaux sacrifices.

### 612. *Mourier, P. G.   Chambéry, 30 September 1865.*

Tout le monde approuve sans doute le langage attribué à M. Drouin de Lhuis dans l'affaire du Sleswig holstein, mais le public se préoccupe bien autrement de la peste bovine et de la continuation de la guerre au Mexique.

### 613. *Maitrejean, A. G.   Dijon, 19 October 1865.*

On souhaite vivement le retour de nos troupes du Mexique. On est fier de leurs lauriers, mais une fois cueillis, on aimerait voir nos soldats les rapporter dans leur patrie, et ne pas prolonger trop long-tems une occupation lointaine, onéreuse pour notre budget et douloureuse pour tant de familles.

[114] See ch. ix, note 105.

614. *Morcrette, A. G. Douai, 5 October 1865.*

On se préoccupe peu de la question du Mexique, les succès de nos troupes et de l'armée nationale faisant espérer le retour de notre corps expéditionnaire.

615. *Dhector de Rochefontaine, A. G. Grenoble, 16 October 1865.*

L'importance de l'expédition du Mexique, si elle a été bien démontrée, n'a pas été généralement bien comprise. Jamais, peut-être, la dignité de la france et les intérêts de nos nationaux n'avaient été plus outrageusement froissés par un Gouvernement moins honnête et moins sympathique au pays qu'il opprimait. Si la france fût restée neutre et impassible, quelles n'eussent pas été les diatribes de l'opposition? Il fallait donc obtenir réparation! et, l'attaque une fois commencée, notre drapeau pourait-il s'incliner devant les résistances de Juarès? Monsieur Thiers a pu le dire au Corps Législatif,[115] mais il faut croire que quand il présidait les conseils du Gouvernement de Juillet, ce n'est pas ainsi qu'il comprenait l'honneur du Pays.[116]

aujourd'hui, l'affaire est entrée dans une phase nouvelle: on en pressent le dénouement. Notre armée partout victorieuse accomplie sa tâche de telle façon que la pacification du pays est considérée comme prochaine sans qu'il soit besoin d'avoir recours à l'envoi de nouveaux renforts dont la nécessité a, un moment, préoccupé les esprits. Les Etats-Unis qu'on représentait comme disposés à une intervention hostile au Mexique songent uniquement et ne peuvent songer, on le sait à présent, qu'à panser leurs blessures. Les discours et les actes de l'Empereur Maximilien dénotent tout à la fois, droiture, intelligence, et fermeté. En un mot, la question du Mexique a, pour ainsi dire, cessé d'être militaire et politique et tend à devenir exclusivement financière; c'est à dire que, peu à peu, on voit s'amoindrir et s'atténuer les inquiétudes qu'elle avait, naguère, le privilège de surexciter; peut être même le temps n'est pas très-éloigné où, les

[115] See ch. ix, note 65.
[116] In 1840 Thiers directed French foreign policy in favor of Mehemet Ali of Egypt against the Sultan of Turkey. When England, Russia, Austria, and Prussia opposed France in favor of Turkey, Thiers wished to force the issue by a firm stand that would save France's honor but might lead to war. In October 1840 he proposed a strong text for the King's parliamentary address in which Louis Philippe would say: "La France est fortement attachée à la paix, mais . . . votre Roi . . . veut laisser intact à son fils ce dépôt sacré d'indépendance et d'honneur national. . . ." When Louis Philippe insisted on modifying this strong language, Thiers resigned. S. Charléty, "La Monarchie de Juillet," in E. Lavisse, *France contemporaine*, V, 175–176.

avantages de cette expédition apparaissant enfin, chacun voudra les avoir prévus, et l'avoir appréciée pour ce qu'elle est en réalité: une des plus grandes, et si elle réussit, une des plus profitables choses qu'ait faites le Gouvernement Impérial. De ce côté, je le répète, il se produit un apaisement notable, ce qui, néanmoins, ne diminue en rien le désir général de voir rappeler définitivement nos troupes.

616. *Liffort de Buffévent, A. G. Nancy, 16 October 1865.*

On comprend qu'en présence de telles préoccupations [regarding Denmark], les inquiétudes occasionées par notre occupation du Mexique soient réléguées au second rang. Il est certain cependant qu'elles sont entretenues par le récit même des succès de notre armée,[117] trop constants et trop nombreux pour ne pas révéler les efforts d'une résistance persévérante et opiniâtre. Sans doute, le Souverain choisi par l'Empereur a donné des preuves irrécusables de sagesse et de sens politique, mais le génie et le dévouement d'un homme ne peuvent qu'être impuissants s'ils n'ont pas à leur service un peuple et une armée nationale. Aussi redoute-t-on sérieusement que nos troupes ne soient indéfiniment engagées dans une entreprise dont les difficultés semblent renaître à mesure que l'on s'efforce de les résoudre, et dont il n'est pas encore permis de prévoir l'issue. Il est vrai que les craintes occasionnées par certaines manifestations hostiles qui avaient eu lieu en Amérique [118] sont aujourd'hui calmées. On paraît assuré que le gouvernement américain saura se garantir de fâcheux entrainements en s'abstenant de toute intervention dans les affaires du Mexique, et que, dans les questions de politique étrangère il ne s'écartera pas de la voie prudente et modérée dans laquelle il est entré.

617. *De Marnas, P. G. Paris, 15 November 1865.*

Il n'en est pas de même [lack of interest] des affaires du Mexique. On continue à s'inquiéter de voir que malgré l'annonce de succès constants, la solution des difficultés se fait encore attendre et l'on se

---

[117] See Introductory Note to ch. ix.

[118] During the last six months of 1865 there were many demonstrations of hostile American opinion respecting France in Mexico. Grant, Sherman, and Schofield were anxious to drive France out by force, and similar sentiments were expressed in public speeches by "General Wright at Sacramento (June 11), General Lew Wallace in Washington (June 15), General Banks at New Orleans (July 4), Montgomery Blair at Hagerstown (July 12), Secretary James Harlan (Department of Interior) at Washington (July 13), and in the farewell order of General F. P. Blair at Louisville (July 11)." J. M. Callahan, *American Foreign Policy in Mexican Relations* (N. Y., 1932), 305. See also ch. ix, notes 105, 132, 148.

demande quelles sacrifices d'hommes et d'argent doit encore nous coûter cette expédition, qui n'a jamais été bien comprise des masses et qui dès lors leur est peu sympathique.

618. *Massin, P. G. Riom, 10 October 1865.*

Les questions de politique extérieure intéressent peu nos populations. Elles comptent sur la haute sagesse de l'Empereur pour amener la solution de la question Romaine et de la question Mexicaine.

619. *Galles, A. G. Toulouse, 8 October 1865.*

La guerre du Mexique est momentanément vouée à l'oubli et à l'indifférence. Cependant on ne saurait méconnaître que l'opinion publique est hostile à ces expéditions lointaines dont elle ne comprend pas toujours les inspirations généreuses et civilisatrices.

## JANUARY 1866

620. *Sigaudy, P. G. Agen, 3 January 1866.*

L'occupation mexicaine est à sa fin et la réduction des cadres de l'armée,[119] en donnant satisfaction à l'une des plus grandes préoccupations du moment, a été accueillie comme l'heureux présage d'une ère de paix et de prospérité publique.

621. *Blanc, P. G. Besançon, 13 January 1866.*

tout l'intérêt s'est . . . concentré sur le Mexique, où notre armée continue à promener de succès en succès le drapeau de la france,[120] et sur Rome, où vient de s'executer, pour la première fois, la convention du 15 Septembre.[121]

622. *Dubeux, P. G. Bordeaux, 18 January 1866.*

Pour le Mexique, il est impossible de se méprendre sur les tendances de l'opinion: on attend avec impatience le moment où la France pourra honorablement sortir d'une situation compliqué et de nature à produire des résultats difficiles et imprévus. Sans que les évènements survenus récemment dans les Etats Unis aient modifié les sympathies très accentuées de ce pays pour l'Amérique du Sud, nul ne se fait ici d'illusion sur les dangers d'une collision avec les

---

[119] This refers to the reduction of the peace-time army at home and not to the Mexican expedition. See *Moniteur*, 23 Jan. 1866.

[120] See Introductory Note to ch. ix.

[121] Almost the entire extract was underlined with pencil.

Etats-Unis; aussi chacun se confie dans la sagesse de l'Empereur, certain d'avance qu'il saura dans cette question difficile, sauvegarder la dignité et les intérêts de la France et préparer par les meilleures voies la conclusion d'une affaire où notre politique a rencontré tant de difficultés et un concours si peu cordial de la part des deux puissances engagées avec nous dans une cause où les intérêts français n'étaient peut-être pas les plus grands.

### 623. De Chenevière, P. G.   Bourges, 9 January 1866.

les sacrifices exigés pour l'accomplissement de la mission à la fois française et sociale qui a porté nos armes au Mexique s'attenuent de jour en jour, et malgré les protestations bruyantes ou les taquineries mesquines d'un peuple voisin [122] qui affecte des prétentions exclusives à la souveraineté du Nouveau Monde, le terme de notre occupation se laisse entrevoir, non avec les mécomptes prédits par ses adversaires, mais avec les fruits espérés par la haute et prévoyante pensée qui l'a conçue et arrêtée.[123]

### 624. Leviel de la Marsonnière, P. G.   Colmar, 20 January 1866.

L'opinion continue de se préoccuper, en ce pays, et particulièrement à Mulhouse de l'occupation du Mexique, et des complications qu'y pensent apporter les résolutions encore incertaines des Etats-Unis. L'industrie cotonnière est trop intéressée à la paix des deux mondes pour ne pas être excusable dans ses appréhensions contre lesquelles semble protester ce caractère amical des relations existant entre la France et les Etats-Unis.

### 625. Imgarde de Leffemberg, P. G.   Dijon, 12 January 1866.[124]

Les paroles que Sa Majesté adressait au Corps diplomatique le 1 Janvier courant,[125] reflètaient exactement, en même temps qu'elles confirmaient, le sentiment de complète tranquillité et de pacifique confiance avec lequel l'opinion publique envisage les relations de notre pays à l'extérieur. Aucune anxiété ne troublerait la placidité dans laquelle se repose l'opinion, si l'on pouvait oublier la question de Mexique, la permanence de notre occupation lointaine et

---

[122] See ch. vi, note 15; ch. ix, notes 77, 105, 118, 132, 148.
[123] Nearly every word of this entire extract was underlined with pencil.
[124] At the top of this page was written: "Reçu le 24 février. B[aroche?]."
[125] The perfunctory words of the Emperor on this occasion were quite indefinite and without significance. The tenor of his remarks is embodied in this passage: "L'expérience d'événements accomplis nous permet d'augurer pour le monde de longs jours de paix et de prospérité!" Moniteur, 2 Jan. 1866.

coûteuse et la perspective des conflits pénibles qu'elle nous ménage avec la République des Etats-Unis. Ces craintes,[126] se référant du reste à une échéance qu'on ne juge pas devoir être immédiate, cette impopularité d'une entreprise dont on ne veut jusqu'à présent calculer que les charges et les risques défavorables sans mettre en balance les perspectives d'influences politiques et d'activité commerciale qui peuvent ultérieurement s'ouvrir, enfin cette impatience irritée avec laquelle on souhaite que la main de la France se retire de cette guerre de brousailles dans laquelle les succès du jour sont toujours suivis des luttes du lendemain; tout cela existe, mais est-il fondé? Je n'ai ni les lumières nécessaires pour apprécier la question ni la mission de la résoudre; j'ai pour seul devoir de discerner et de dire ce que pense sur ce sujet l'opinion publique, et j'affirme sa fatigue et son ennui.

626. *Olivier, P. G. Limoges, 10 January 1866.*

La grande préoccupation du moment est pour les affaires du Mexique, on ne saurait méconnaître que le sentiment public aspire à une solution qui permette de rappeler en france les troupes employées à la pacification de cette contrée. l'attitude des Etats-unis cause de vives inquiétudes.[127] on ne croit pas à une rupture avec la france, mais on croit à de graves difficultés résultant des secours en hommes et en argent qui peut fournir aux dissidents de la république américaine.

627. *Gaulot, P. G. Lyons, 8 January 1866.*

La question du Mexique [128] est malheureusement plus compliquée.[129] J'ai eu l'honneur de dire à Votre Excellence avec une religieuse sévérité cette expédition n'avait jamais été populaire.[130] Les derniers incidents [131] ne sont pas de nature à lui donner un autre

126 The preceding twenty-six words were underlined with pencil.
127 See ch. vi, note 15; ch. ix, notes 77, 105, 118, 132, 148.
128 The first four words were underlined with pencil.
129 The preceding two words were underlined with pencil.
130 The preceding three words were underlined with pencil.
131 "Recent incidents" included not only American hostile demonstrations but also the unsuccessful French military campaigns in northern and western Mexico during 1865 when successful invasions were succeeded by abrupt withdrawals. One of Maximilian's own letters reflected the prevalent discouragement: ". . . Comment expliquer le renvoi précipité de troupes en Europe . . . en un moment où il y avait des dissidents à deux heures de la capitale [in Michoacan]! Comment expliquer le système d'envoyer des troupes dans des points importants et de les retirer huit jours après en sacrifiant toutes les personnes qui s'étaient déclarées pour l'Empire, combinaison funeste qui a eu lieu trois fois de suite à Monterey,

caractère. La pensée de ces lourds sacrifices en hommes et en argent sans résultat certain est pénible. La crainte d'une rupture avec les Etats-Unis est trop facilement amplée.[132] La nécessité d'en finir est proclamée même par les personnes les plus dévouées. Tous désirent qu'on ne laisse pas plus longtemps cette arme entre les mains de l'opposition,[133] et qu'une mesure due à l'initiative de Sa Majesté assigne un terme à notre expédition.

628. *Dessauret, P. G. Montpellier, 11 January 1866.*

Elle [opinion] sourit à l'espérance du rappel qu'elle suppose devoir être prochain de notre armée du Mexique. . . .[134]

sur la frontière en face des Yankees, et qui à Chihuahua a étouffé les germes de bon gouvernement que le Général Brincourt avait fait fructifier dans une occupation de quelques jours?" Maximilian to Napoleon III, 27 Dec. 1865. Ollivier, *Empire libéral*, VII, 537.

[132] The preceding sentence was underlined with pencil.

One of the most definite connections of the Monroe Doctrine with the French invasion of Mexico was made in the following passage of Johnson's message to Congress (4 Dec. 1865): "From the moment of the establishment of our free Constitution the civilized world has been convulsed by revolutions in the interest of democracy and or of monarchy, but through all those revolutions the United States have wisely and firmly refused to become propagandists of republicanism. It is the only government suited to our condition; but we have never sought to impose it on others, and we have consistently followed the advice of Washington to recommend it only by the careful preservation and prudent use of the blessing. During all the intervening period the policy of European powers and of the United States has, on the whole, been harmonious. Twice, indeed, rumors of the invasion of some parts of America in the interests of monarchy have prevailed; twice my predecessors have had occasion to announce the views of this nation in respect to such interference. On both occasions the remonstrance of the United States was respected from a deep conviction on the part of European governments that the system of noninterference and mutual abstinence from propagandism was the true rule for the two hemispheres. Since those times we have advanced in wealth and power, but we retain the same purpose to leave the nations of Europe to choose their own dynasties and form their own systems of government. This consistent moderation may justly demand a corresponding moderation. We should regard it as a great calamity to ourselves, to the cause of good government, and to the peace of the world, should any European power challenge the American people, as it were, to the defense of republicanism against foreign interference. We cannot foresee and are unwilling to consider what opportunities might present themselves, what combinations might offer to protect ourselves against designs inimical to our form of government. The United States desire to act in the future as they have ever acted heretofore; they never will be driven from this course but by the aggression of European powers, and we rely on the wisdom and justice of those powers to respect the system of noninterference which has so long been sanctioned by time, and which by its good results has approved itself to both continents. The correspondence between the United States and France in reference to questions which have become subjects of discussion between the two Governments will at a proper time be laid before Congress." Richardson, *Messages and Papers*, VI, 368–369. See also ch. vi, note 15; ch. ix, notes 77, 105, 118, 148; and Introductory Note to ch. x.

[133] All of the preceding part of this sentence was underlined with pencil.

[134] Ellipses in the original text. The words "sourit," "rappel," and "Mexique" were each underlined with pencil.

629. *Leclerc, P. G. Nancy, 18 January 1866.*

Quant au Mexique, l'opinion ressent encore des alarmes plus vives et qu'exagère l'impopularité originelle de l'expédition; [135] de ce côté ses espérances sont un peu déçues et cette déception se traduit en une impatience que les malveillants ne manquent pas d'exploiter. Le 11 avril dernier M^r l̤ Ministre d'Etat disait au corps Législatif: «Nous avons chassé du Mexique la guerre civile et l'anarchie; et, dans peu d'années, ce pays pacifié bénira la France et contribuera au développement de son commerce et de sa grandeur. Que nos troupes restent *quelque mois encore* au Mexique, peu importe. . . . . .» [136] M^r Rouher semblait par là assigner une époque assez proche au retour de nos soldats, et cependant nos soldats ne sont pas encore revenus et leur présence audelà de l'Atlantique n'est que trop justifiée par les combats qu'ils livrent tous les jours, sur tous les points de l'Empire, aux guerrillas et aux bandes grossies des débris indiciplinés de l'armée du Nord et de l'armée du Sud.[137] On répète partout que, sans eux, le Trône mal affermi de Maximilien s'écroulerait; et, sans tenir assez compte de ce que l'honneur nous impose, on voudrait en finir avec une expédition ruineuse; on le voudrait d'autant plus que les intentions de l'Amérique inspirent la défiance; et, à cet égard, on rappelle qu'au milieu de généralités bienveillantes et pacifiques à l'endroit de la France, le Président Johnson maintient, comme l'indispensable de la politique Américaine, la doctrine de Monroë; [138] on rappelle enfin la nomination, du moins étrange, de Général Logan en qualité de Ministre plénipotentiaire des Etats-Unis près du Président Juarés.[139] Pendant que les optimistes voient dans le premier de ces faits une comission [*sic*] sans importance du parti militaire et exalté et dans le second une simple affaire de chancellerie, les autres, en beaucoup plus grand nombre, les considèrent tous deux comme un ordre de mauvais augure, comme une sorte de défi jeté au nouvel et jeune empire fondé par nous, comme un encouragement offert à Juarès qui, à bout de ressources, vaincu, fugitif, ose

---

[135] All of the preceding part of this sentence was underlined with pencil.
[136] See *Moniteur,* 12 April 1865.
[137] See ch. ix, note 105.
[138] See ch. ix, note 132.
[139] Although General John A. Logan was selected as the minister to the Mexican Republic on 14 Nov. 1865, he later declined the appointment. G. F. Dawson, *Life and Services of Gen. John A. Logan* (Chicago, 1887), 113. The *N. Y. Times* (15 Nov. 1865) states that "General Logan is known as a strong and earnest friend of the Liberal [Juarist] cause in that country."

cependant encore, au moment de l'expiration de ses pouvoirs, proclamer à la face du Nouveau Monde qu'ils lui sont continués. Ces commentaires révèlent, dans leur diversité même, la constante et unanime préoccupation des esprits; car ceux qui nient le péril, comme ceux qui l'exagèrent, tous souhaitent et demandent, en égoistes et un peu en aveugles, le rappel de nos troupes et la cessation de sacrifices sans compensations et sans profits pour nous. Le bruit courrait hier, accrédité par les journaux semi-officiels, qu'en vertu d'une convention récente l'armée française quitterait le Mexique dans deux ans à la condition que les Etats-Unis reconnaitraient l'Empereur Maximilien, abandonné à lui-même, mais libre de demander à l'Europe des auxiliaires qui deviendraient ses propres soldats.[140] Ce que je viens de dire à Votre Excellence me dispense d'ajouter qu'un pacte de cette nature recevrait dans mon ressort le plus chaleureux assentiment; il le recevrait surtout des ami du Gouvernement, puisque, par un moyen presque d'intrigue, à Mexico comme à Rome, notre parole se trouverait dégagée sans compromettre l'avenir de deux Etats et de deux causes chers à la France et qui se placent, quoiqu'il advienne, sous la sauvegarde de son honneur. Au début de la session législative qui va s'ouvrir, l'opposition se verrait réduite au silence et contrainte de renoncer aux attaques qu'elle se propose de diriger, pendant la discussion de l'adresse, sur un terrain dès longtemps préparé.[141]

630. *Daguilhon, P. G.   Pau, 16 January 1866.*

Le Mexique [142] est toujours à l'extérieur une des principales préoccupations [143] de l'opinion. Ce qui peut sortir d'imprévu de l'attitude méfiante du gouvernement des Etats-Unis fait naître quelques appréhensions. On redoute de nouvelles complications et de nouveaux sacrifices. On souhaite de voir arriver le terme de notre occupation au Mexique. Cette entreprise n'a jamais été populaire. Aussi l'opposition se plaît-elle à en faire un de ses principaux champs de discussion.

---

[140] No such convention was ever signed; but Drouyn de Lhuys, in a dispatch to Montholon (at Washington), 18 Oct. 1865, suggested that if the United States recognized the Mexican Empire and promised non-intervention, France would negotiate for the withdrawal of her troops within a reasonable time. This proposal was not accepted by the American government. Callahan, *op. cit.,* pp. 317–319.

[141] This entire extract was pencilled in the margin.

[142] The first two words were underlined with pencil.

[143] The preceding two words were underlined with pencil.

631. *Massin, P. G.   Riom, 10 January 1866.*

La position prise au Mexique, par l'Empereur Maximilien, les efforts faits par son Gouvernement pour organiser chez un peuple avide de bien-être, les éléments d'ordre et de prospérité, le départ de Juarez, la dispersion de ses guérillas, font, mieux que par le passé, augures des résultats d'une expédition dont l'esprit de parti continue à calomnier le caractère et qui sera peut-être l'une des pages les plus glorieuses du règne de Napoléon III. Toutefois l'attitude ombrageuse et défiante des Etats-Unis, les termes calculés par lesquels dans son dernier message, le Président Johnson, rappelle une doctrine célèbre,[144] ont éveillé quelques inquiétudes sur le sort réservé au nouvel Empire; mais ces inquiétudes sont dominées par la confiance qu'inspirent la sagesse du Gouvernement et la force dont il dispose, et on ne doute pas qu'une entreprise généreuse, par lui si vaillamment conduite, ne se termine au grand avantage de notre influence politique et commerciale dans le Nouveau Monde.

632. *Millevoye, P. G.   Rouen, 11 January 1866.*

Il [Havre commercial circles] compte également sur elle [wisdom of the Emperor] pour applanir les difficultés qui pourraient surgir entre la France et les Etats-Unis. Les bruits alarmants répandus surtout par la Presse anglaise [145] n'ont produit qu'une impression très passagère.[146] Il est vrai que les rapports de cette contrée avec l'Amérique sont si fréquents que les négociants normands sont mieux que

---

[144] See ch. ix, note 132; and Introductory Note to ch. x.

[145] Even the London *Times,* which sympathized with Maximilian and minimized usually the chances of a Franco-American war, at times showed concern about the preservation of peace. On 5 Dec. 1865 an article appeared which recognized the possibility of war, saying among other things that "every thing now said and done in America with regard to Mexico looks like intervention," that "a majority of the people sympathize with Juarez, and a goodly number would go to war to aid him," and finally that "the President is ready, as Congress indicates, to adopt either plan,—to fight for Juarez . . . ; or to recognize Maximilian. . . ." On 25 Dec. 1865 the London *Times* commented on the resolutions in the American Congress against France in Mexico noting that although "they have not, indeed, as yet been passed, . . . neither have they been 'laid over' . . . ," and adding that "they are, it must be confessed, very far from being satisfactory." The rest of this editorial consisted of an earnest plea for an amicable solution which by its tone indicated that the *Times* was considerably worried. When the congressional resolution showed an intense feeling against France and after Johnson nominated Logan as minister to the Juarist government, the *Times* reported (28 Dec. 1865) that "it is rumored that M. Montholon has intimated to the Federal Government that in case a Federal minister is accredited to Juarez the French Legation will leave Washington."

[146] The preceding sentences were underlined with pencil.

tous autres en situation d'apprécier la conséquence et la portée des manifestations de l'opinion dans les Etats de l'Union.[147] On n'attache pas une très grande importance aux motions faites dans les meetings de New-York.[148] On s'attend même à des discours encore plus vifs dans le Congrès. En les appréciant, on tient compte de la violence et de l'orgueil qui caractérisent les Yankees. D'une autre part, personne n'ignore que les Etats-Unis, à peine sortis d'une lutte terrible, ne songent pas à conquérir le Mexique;[149] on sait qu'ils gardent le souvenir de l'échec subi, il y a 20 ans, par le Général Scott dans ce pays,[150] et que le Président Johnson passe pour être favorable à la France.[151] Or, dans la Constitution des Etats-Unis, les pouvoirs du Président sont essentiellement distincts de ceux du Congrès. Il a le droit de faire prévaloir sa politique. Ces considérations, bien connues en Normandie, donnent un grand prix aux sympathies du Président à l'égard de la France et réduisent à leur juste valeur les manifestations des orateurs de meetings et du Congrès.

L'opinion verra, néanmoins, avec bonheur le retour de nos troupes aussitôt que la position du Mexique permettra de les rappeler.

## APRIL 1866

633. *Sigaudy, P. G.   Agen, 30 March 1866.*

En vous rendant compte de mes impressions,· je constatais avec satisfaction, dans mon dernier rapport, le calme des esprits et les bienfaits toujours croissants de l'ordre et de la paix. Je ne voyais qu'un seul point noir à l'horizon. C'était l'occupation mexicaine; et

---

[147] See ch. ix, note 118.

[148] On the evening of 6 Jan. 1866 a great mass-meeting was held in New York City which filled the hall of Cooper Institute to capacity. The purpose of the meeting was largely to protest the violation of the Monroe Doctrine by France in Mexico and by Spain in Chile. Several speeches were made against France and in support of the protests of the American government, and at the end of the meeting the following resolution was adopted: "Resolved, that in Andrew Johnson . . . we recognize a statesman . . . who will . . . dedicate himself to the vindication of those great national principles enunciated by our fathers as essential to our peace and safety, and among which the Monroe Doctrine is one of the most vital, and at this moment, of first and practical importance." *N. Y. Herald,* 7 Jan. 1866.

[149] The preceding eighteen words were underlined with pencil.

[150] The fact that Scott had proceeded no farther than Mexico City no doubt convinced this *procureur général* that the Americans had been checked by the forces of Mexican resistance. It is unlikely that the "souvenir" of this campaign would deter Americans from another war against Mexico.

[151] From "on sait" to "la France" the preceding sentence was pencilled in the margin.

j'unissais mes vœux à ceux de tous pour hâter le moment d'une solution qui, d'ailleurs, était annoncée comme très prochaine.[152]

**634. *Merville, P. G.   Aix, 28 April 1866.***

Je répète d'ailleurs que cette émotion [alarm over Prussian activity in Germany] tend à se calmer et laisse le pas à d'autres préoccupations, parmi lesquelles j'indiquerai celle de savoir quel sera le sort de l'Empire du Mexique.

Notre expédition dans ce pays a toujours été désapprouvée de l'immense majorité du public éclairé. Aujourd'hui plus que jamais on déplore l'argent qu'elle a coûté, parce que l'on se convainct de plus en plus qu'il n'a fondé rien de solide. De plus, les porteurs de rentes ou d'obligations Mexicaines s'inquiètent vivement de l'avenir de leur créance; et l'intérêt qu'inspire un grand nombre d'entre eux ajoute au regret que l'on exprime d'avoir vu le gouvernement Français tenter une entreprise si difficile.

Vainement la *Gazette du Midi* fulmine-t-elle, de temps à autre, des réquisitoires contre Juarez et ses partisans. Personne, je n'ai pas besoin de le dire, ne s'intéresse à Juarez et ne le défend. Les réquisitoires de la *Gazette* n'ont donc aucune portée et exercent d'ailleurs sur son propre parti d'autant moins d'influence que, soit par besoin d'opposition, soit par mécontentement de n'avoir pas vu réalisées par l'Empereur Maximillien toutes les espérances du Clergé Mexicain, elle a souvent varié sur notre expédition au Mexique et joint son blâme à celui des journaux d'une autre couleur.

**635. *Blanc, P. G.   Besançon, 14 April 1866.***

LA politique extérieure n'avait offert, jusqu'à ces derniers temps, aucun incident qui fût de nature à préoccuper l'esprit public. Deux seules questions, celle de Rome et celle du Méxique, fixaient encore l'attention, mais la première a été résolue d'une façon si explicite par le discours du trône,[152] qu'il ne reste placé à d'autre sentiment que celui d'une entière sécurité: il n'est guère que des légitimistes forcenés ou des lectures assidus du journal Le Monde, qui puissent

---

[152] Napoleon III in his speech to the Senate and Legislative Body (22 Jan. 1866) made the following intimation: "Ainsi que j'en exprimais l'espoir l'année dernière, notre expédition touche à son terme. J'entends avec l'Empereur Maximilien pour fixer l'époque du rappel de nos troupes, afin que leur retour s'effectue sans compromettre les intérêts français que nous avons été défendre dans ce pays lointain." *Moniteur*, 23 Jan. 1866.

douter, aujourd'hui, du maintien du pouvoir temporel. Quant au Méxique, la situation n'est pas moins satisfaisante, et la convention [153] qui vient d'être arrêtée pour le rapatriement des troupes,[154] met fin aux prévisions sinistres que l'on se plaisent à répandre sur l'issue [155] d'une expédition sévèrement jugée, et qui n'a jamais été bien comprise.

636. *Dubeux, P. G.   Bordeaux, 24 April 1866.*

La guerre du Mexique semble toucher à son terme. Là encore, l'attitude prise par l'Empereur répond aux légitimes aspirations du pays.[156] Nul ne voudrait voir notre drapeau se retirer avant le temps devant les exigences mal déguisées d'un ancien allié, mais tout en faisant la part à ces justes susceptibilités nationales, nul ne voudrait aussi voir se prolonger indéfiniment une occupation féconde en complications et en incidents de toutes natures.

637. *Mourier, P. G.   Chambéry, 30 March 1866.*

parmi nous [157] notamment . . . ce qu'on demandait par dessus tout c'était l'ordre dans les finances, le retrait des troupes employées à l'expédition du Mexique, le maintien du pouvoir temporel du Pape et que sous ces divers point de vue on ne peut méconnaitre les efforts sincères du gouvernement pour se conformer au vœu du pays.[158] Le surplus n'est donc plus qu'un désir en quelque sorte théorique et dont la réalisation n'offre rien d'urgent.

638. *Leviel de la Marsonnière, P. G.   Colmar, 24 April 1866.*

L'expédition du Mexique excite particulièrement la curiosité publique. Les journaux de l'oppositon s'en occupent principale-

---

[153] The preceding two words were underlined with pencil.
[154] The decision for the return of the French troops was not made by means of a convention. The following extract from the *Moniteur* of 5 April 1866 may have led to this erroneous idea: "M. Saillard est revenu à Paris après avoir rempli à Mexico la mission dont il avait été chargé. A la suite des communications qui ont été échangées entre M. Dano, Ministre de France, S. Exc. le maréchal Bazaine et le governement mexicain, l'Empereur a décidé que les troupes françaises évacueront le Mexique en trois détachements: le premier partira en novembre 1866, le second en mars 1867, le troisième en novembre de la même année. Des négociations se poursuivent entre les deux gouvernements pour substituer aux stipulations financières du traité de Miramar des conditions nouvelles ayant pour objet d'assurer des garanties à la créance de la France et aux intérêts français engagés dans les emprunts mexicains."
[155] The preceding sixteen words were underlined with pencil.
[156] The preceding seven words were underlined with pencil.
[157] In the margin were written in pencil the words "dans ce ressort."
[158] All of the extract which precedes was underlined with pencil.

ment, et, c'est inutile de dire qu'ils ne font pas des vœux bien ardents pour le succès de nos armes. D'après les uns, l'Amérique ne serait pas d'humeur à supporter longtemps encore notre présence au Mexique et des difficultés graves pourraient bientôt surgir. D'áprès d'autres, la France aurait été obligée de subir les conditions des Etats-Unis, et si elle a obtenu un délai suffisant pour lui permettre de se retirer avec honneur, ce n'est que parce qu'elle s'est engagée à laisser tomber alors le trône de l'Empereur Maximilien. Telles sont les fables absurdes que certaines journaux allemands se plaisent à publier sans cesse et que la crédulité publique accepte d'autant plus volontiers qu'elles sont plus conformes à ses désirs.

Je parlais il n'y a qu'un instant du rapprochement qui s'est opéré entre l'Autriche et la France et de l'impression produite sur les esprits par les faits qui en ont été le signe. C'est surtout en Prusse que l'émotion a été vive, et qu'elle a donné lieu a des publications aussi violente qu'outrageantes.[159] Pour donner un spécimen de ces infamies, il me suffira de dire que dans ces derniers temps, le charivari prussien (le Kladeradatsch) a publié [160] une caricature dans laquelle l'Empereur Napoléon est représenté sous la forme d'un porc infecté de trichine. Les trichines représentaient à leur tour, Rome, l'Algérie et le Mexique qui, aux yeux de certains allemands, sont autant de chancres destinés à dévorer, tôt ou tard, la France.[161]

639. *Proust, A. G.   Dijon, 11 April 1866.*

Je dois être très bref sur la politique extérieure. En ce qui concerne le Mexique, il me suffira de constater que le pays a appris avec satisfaction que les promesses du discours du trône [162] allaient être accomplies et que nos troupes devaient rentrer en France dans un délai relativement rapproché. Cette grande affaire peut donc être aujourd'hui considérée comme terminée.

640. *Pinard, P. G.   Douai, 2 April 1866.*

Sur les questions de politique extérieure l'opinion dont je parle n'a pas de critique à soulever. Si on excepte les extrêmes, tous à peu près approuvent: les uns le font avec satisfaction, les autres contraintes et forcés, mais ils le font. . . . Au Mexique le retour de nos

---

[159] The preceding sentence was underlined with pencil.
[160] The preceding six words were underlined with pencil.
[161] The last third of the preceding paragraph was all underlined with pencil.
[162] See ch. ix, notes 152, 154.

troupes mais à l'heure que notre honneur et nos intérêts trouveront opportune. —Nul ne songe à critiquer ce loyal programme.

**641. *Gaulot, P. G. Lyons, 27 March 1866.*[163]**

Le Mexique retient encore notre armée. Les correspondances diplomatiques [164] révèlent plus d'un danger; mais une solution est promise et les craintes sont apaisées.

**642. *Choppin d'Arnouville, A. G. Montpellier, 14 April 1866.***

La fin de l'expédition du Mexique [165] annoncée par l'Empereur et confirmée par la note récente du Moniteur [166] a été accueilli par une approbation marquée; [167] bien qu'on n'ait jamais douté du maintien de nos bonnes relations avec les Etats-Unis, cette guerre lointaine était considérée comme devant être pour le Gouvernement une cause de gêne, regrettable surtout au moment où la contrée de l'Europe s'agite dans de belliqueux préparatifs.

**643. *Leclerc, P. G. Nancy, 18 April 1866.***

Le 22 janvier, en ouvrant la session législative, l'Empereur disait: [168] «. . . . . . . . Notre expédition du Mexique touche à son terme. Je m'entends avec l'Empereur Maximilien pour fixer l'époque du rappel de nos troupes, afin que leur retour s'effectue sans compromettre les intérêts français que nous avons été défendre dans ce pays lointain. . . . . .» [169] Et, le 5 avril, une note insérée au Moniteur [170] est venue prouver que ces paroles du Souverain n'étaient pas une espérance trompeuse ou une promesse illusoire, mais une prochaine et heureuse réalité. La mission de M^r le Baron Saillard a pleinement réussi; [171] nos soldats évacueront le Mexique en trois détachements, le premier au mois de novembre 1866, le second au mois de Mars 1867, et le troisième au mois de novembre de la même année; en même temps que des négociations se poursuivent pour modifier les stipulations financières du traité de Miramar et assurer

---

[163] At the top of the page was the pencilled notation: "Vu. B[aroche?]."

[164] See the published correspondence with the United States concerning Mexico, *Livre Jaune* (1866), 173–226; and supplement pp. 3–22.

[165] The first six words were underlined with pencil.

[166] See ch. ix, notes 152, 154.

[167] The preceding six words were underlined with pencil.

[168] The ellipses following were in the original text.

[169] Ellipses in the original text. See ch. ix, note 152.

[170] See ch. ix, note 154.

[171] Baron Saillard arrived in Mexico in February 1866, but his mission failed to conclude an agreement. He returned to France the following month.

de sérieuses garanties à la créance de la France et à celles de ses Nationaux.[172]

Je n'ai pas besoin de dire à Votre Excellence le sentiment de vive et profonde satisfaction qu'a causé partout cette importante nouvelle, qui fixe le terme d'une expédition mal comprise à son origine et restée impopulaire même aux yeux des plus fidèles et des plus sincères amis du Gouvernement.

Tous les jours on oubliait davantage le point de départ de l'entreprise; on en mesurait mal les conséquences; on ne se rendait pas compte des dédommagements qu'elle peut nous réserver dans l'avenir; on ne voyait que les sacrifices d'hommes et d'argent qu'elle nous impose. De là une certaine importance et un malaise qui rendaient nécessaire l'annonce d'un dénouement sinon immédiat, du moins assez rapproché.

Personne ne pensera que nous manquerons à nos engagements; le but que nous nous proposions se trouve atteint; le Trône de l'Empereur Maximilien, élevé sous notre influence et par nos armes, se consolide; Juarez n'exerce plus d'autorité régulière, ses derniers partisans l'abandonnent depuis qu'il a perdu le titre légal de son ancien pouvoir;[173] on ne signale que quelques résistances éparses et faciles à vaincre; enfin, après avoir tenu un langage qui nous blessait[174] et contre lequel M.r le Ministre des affaires Etrangères et le Sénat ont eu le mérite de protester,[175] avec une modération digne et

---

[172] See ch. ix, note 154.

[173] According to the Mexican republican constitution Juarez' term of office expired in December 1865. Under the circumstances, however, it was impossible to hold an election, and Juarez, the logical and necessary leader in that emergency continued to act as president with the general acquiescence of those opposing the Empire. The United States, too, continued to recognize him in that capacity. Later, after the downfall of Maximilian, certain military leaders did challenge his authority, but to say he was abandoned by his followers in 1866 was largely to make the wish father of the thought. See F. J. Rippy, *The United States and Mexico* (N. Y., 1926), 275–276; and David Hannay, *Diaz* (N. Y., 1917), 131–132.

[174] See ch. ix, note 132; Introductory Note to ch. x, last part of the first paragraph; and the text of Seward's note of 12 Feb. 1866, *Diplomatic Correspondence of the United States* (1865), part 3, pp. 813–822.

[175] The protest of Drouyn de Lhuys against Johnson's annual message to Congress (Dec. 1865) denied that France purposely invaded Mexico to set up a monarchy. He declared that the expedition was exclusively to secure satisfaction for wrongs done French nationals. This action, Drouyn de Lhuys declared, would have been taken against a monarchical government as quickly as against a republican one. In closing the French Minister reiterated the assurance that France had no idea of threatening the safety of the United States. Drouyn de Lhuys to Montholon, Paris, 26 Dec. 1865. *Livre Jaune* (1866), 214–215. In a later dispatch he informed the United States that steps were being taken by France for the eventual evacuation of Mexico. Same to same, Paris, 9 Jan. 1866. *Livre Jaune* (1866), 221. The resolution of the French Senate is found in its address to the Emperor:

ferme, «*en rappelant que la France avait l'habitude de ne marcher qu'à son heure,*» les Etats-Unis nous donnent aujourd'hui les plus formelles assurances de non-intervention et de neutralité; le Président Johnson se montre résolu à ne point obéir à de folles incitations; [176] il saisit toutes les fois qu'elle se présente l'occasion de faire entendre des paroles pacifiques et sages; et désavoue et flétrit la coupable expédition des filibustiers de Bagdad; [177] les journaux eux-mêmes deviennent plus raisonnables; et récemment un des orateurs populaires de Washington [178] pouvait dire sans s'exposer au déshonneur et aux invectives du parti exalté, «Tous les Mexicains qui pensent veulent Maximilien; c'est leur seule ressource contre le vieux système d'anarchie, de rapine et de brigandage; Tous ceux qui ont quelque chose à perdre par le pillage et à gagner par la paix et l'ordre sont les adhérents de l'Empire. On a trop longtemps trompé les Américains. Maximilien est plus libéral, dans le vrai sens du mot, que Juarez, Ortega,[179] ou tout autre fauteur du désordre.»

Aucun de ces favorables symptômes n'échappe à personne et tout

"Quant aux Etats-Unis, si par l'effet d'un malentendu, la présence du drapeau français sur le continent américain leur paraît moins opportune qu'à une autre époque très-illustre de leur histoire, les communications fermes de votre Gouvernement ont montré que ce ne sont pas les paroles altières et menaçantes qui détermineront notre retour; la France a l'habitude de ne marcher qu'à son heure. Mais elle aime à se souvenir de sa vieille amitié pour les Etats-Unis. Ce que vous leur demandez, c'est la neutralité et le droit des gens. Par là ils verront plus promptement qu'une guerre entreprise dans le but tant de fois déclaré de protéger nos nationaux contre un gouvernement sans loyauté ne devient pas, parce qu'elle est heureuse, une guerre de conquête, de domination ou de propaganda." *Moniteur,* 11 Feb. 1866.

[176] See ch. ix, notes 104, 132.

[177] On 5 Jan. 1865 a body of men consisting of Mexican republicans, discharged American soldiers, and some Americans still in active service (mostly negroes) crossed the Rio Grande, captured the Mexican town of Bagdad from the Franco-Mexican imperialists, and pillaged many shops and dwellings belonging to civilians. Mexican republicans had planned the raid and had induced the Americans to participate. J. B. Moore, *History and Digest of International Arbitrations to Which the United States Has Been a Party* (6 vols. Washington, 1898), IV, 4029–4034.

[178] In the foreign correspondence column of the *Moniteur* of 5 April 1866 appeared the following communication: "M. Train, l'orateur populaire de Washington, écrivait dernièrement: 'Tous les Mexicains qui pensent veulent Maximilien; c'est leur seule ressource contre le vieux système d'anarchie, de rapine et de brigandage. Tous ceux qui ont quelque chose à perdre par le pillage et à gagner par la paix et l'ordre sont les adhérents de l'empire. On a trop longtemps trompé les Américains. Maximilien est plus libéral dans le vrai sens du mot, que Juarez, Ortega ou tout autre fauteur du désordre.'" Train was no doubt George Francis Train, the rather eccentric author, politician, and promoter, who had become popular at an earlier time by his violent advocacy of the Union against secession. Later in 1872 he became an independent candidate for the presidency against both Grant and Greeley.

[179] Jesus Gonzalez Ortega was one of the Juarist generals. He had had command of the republican troops defending Puebla in 1863.

le monde rend grâce à l'Empereur d'avoir si bien choisi le moment d'assigner un terme définitif et préfix à une expédition qui pouvait, dans une certaine mesure, fournir des armes à ses adversaires et compromettre sa popularité.

644. *Daguilhon, P. G.   Pau, 16 April 1866.*

Les questions extérieures ont eu une part secondaire dans les préoccupations publique pendant le dernier trimestre. Je dois noter cependant la satisfaction générale avec laquelle a été recueillie l'annonce du prochain retour de notre armée du Mexique.[180] Cette satisfaction a été d'autant plus vive qu'après les communications diplomatiques qui ont été échangées entre les Etats-Unis et la France,[181] notre évacuation gardera le caractère d'un acte indépendant et que notre honneur sera aussi bien sauvegardé que nos intérêts.

645. *Bodan, P. G.   Rennes, 27 April 1866.*

Le langage du Souverain [182] a eu, surtout, cet important résultat, —qu'il a dissipé les dernières préoccupations que les partis hostiles s'efforçaient d'entretenir au sujet de l'expédition du Mexique et de nos rapports avec la Papauté.[183] Sur ces deux questions, qui ont agité vivement l'opinion pendant les dernières années, la politique du Gouvernement est désormais comprise et généralement consacrée par l'assentiment que sa sagesse et sa loyauté devaient lui assurer.

646. *Massin, P. G.   Riom, 14 April 1866.*

La question du Mexique, qui, vers la fin de l'année dernière, jetait dans les esprits une certaine agitation, a cessé de les inquiéter, depuis que le pays voit l'action de la France se dégager peu à peu,[184] et la politique Impériale, toujours maîtresse d'elle-même, fixer, sans faiblesse et sans hésitation, les limites naturelles de notre intervention.

647. *Léo Duprez, P. G.   Toulouse, 9 April 1866.*

La question du Mexique est toujours difficile,[185] mais elle a été ajournée et le sentiment de l'honneur national est trop vif pour que les complications extérieures que suscite cette affaire ne la simplifient pas au dedans.

[180] See ch. ix, notes 152, 154.
[181] See ch. ix, note 174; and Introductory Note to ch. x, last of first paragraph.
[182] See ch. ix, notes 152, 154.
[183] All of the preceding part of this extract was underlined with pencil.
[184] See ch. ix, note 154.
[185] The first seven words of this extract were underlined with pencil.

# CHAPTER X

## THE FRENCH WITHDRAWAL FROM MEXICO

### Introductory Note

While historians are not agreed on the amount of influence American protests had on the French decision to withdraw from Mexico, these overtures were nevertheless a very important element in the situation and deserve some consideration. Before 1865 the United States government found its hands tied by its own Civil War. Consequently it could do no more than decline to participate in the joint expedition and remind the powers of their promise of non-intervention in Mexican domestic affairs and non-acquisition of territory. Later the United States refused to recognize the Mexican Empire and continued friendly relations with the Juarist government. With the close of the American Civil War, however, the Washington government felt justified in assuming a firmer tone because the Mexican people had not seemed to rally to the Empire and the American public, ever mindful of the Monroe Doctrine, was becoming aroused against the presence of the French south of the border. In the autumn of 1865 Secretary Seward sent General Schofield on a special protest mission to Paris; on 16 December 1865 he dispatched a strong note declaring Franco-American relations would be in "imminent jeopardy" unless the French withdrew; and finally in February 1866 another note combined a promise of American non-intervention in Mexico with a virtual ultimatum demanding a set date for French evacuation.

Other factors besides American objections were also pressing Napoleon III to withdraw from Mexico. French opinion was becoming more hostile to the expedition, Prussia was threatening to disturb European peace, and Maximilian's bankrupt government was failing to impose itself on Mexico as well as to fulfill its Miramar obligations to France.

In the face of these increasing difficulties Napoleon and his advisers, after mature reflection, decided in January 1866 on the withdrawal of the French expedition in three contingents between October 1866 and October 1867. All to no avail did Maximilian send first Almonte and then Empress Charlotte herself on special missions to Paris to obtain promises of continued French aid. The one, instead of getting help, received a harsh lecture on Mexico's failure to execute the Miramar treaty; the other, meeting a gentle but firm *non-possumus,* broke under the strain of frustration and gradually became demented. The French evacuation finally took place in March 1867 when, according to revised plans, all the French troops left together instead of by three successive stages. Thereafter the days of the Mexican Empire were numbered. Maximilian, having refused to abdicate and flee with the French, was besieged and captured in Queretaro on 15 May 1867, and on the 19th of the following month was executed by a Juarist firing-squad.

The question of the influence of French public opinion on Napoleon's decision to withdraw is as disputed as that of the influence of American pressure. Randon and Rouher, advisers to the French Emperor, as well as Duniway and Perkins seemed to credit French opinion with considerable influence on the final decision to evacuate Mexico.[1] On the other hand Lally, who wrote a study devoted solely to the subject of the opposition to the Mexican expedition,[2] felt compelled to weaken the significance of his whole monograph by concluding that "as far as the Mexican policy was concerned, French domestic opposition of every sort was quite futile." It was, "so to speak, like Slavata and Martinitz, thrown out the window."[3] Lally was inclined to criticize Duniway for his reliance on memoirs. "For my part," Lally declared, "I have used the contemporary documents

---

[1] Randon's *Mémoires* recorded that "public opinion in France was showing every day more and more opposition to the expedition." Clyde A. Duniway, "Reasons for the Withdrawal of the French from Mexico," *Annual Report of the American Historical Association* [1902] (Washington, 1903), I, 320 note a, quoting from Randon's *Mémoires*, 81, 84–85. In 1867 Rouher, apologizing for the withdrawal, admitted that "nous [the Government] avons interrogé les fluctuations de l'opinion publique, et nous nous sommes résignés à prononcer le mot d'évacuation." Duniway, *loc. cit.*, p. 322, note f, quoting from *Annales du Sénat et du Corps Législatif (1867)*, 118. Duniway himself concluded that independently of American pressure "circumstances relating to Mexico herself, and to Napoleon's position in France and in Europe, had already determined the abandonment of . . . intervention [in Mexico] . . . ." Duniway, *loc. cit.*, p. 328. Dexter Perkins, while he insists on giving more weight to the importance of American pressure, still agrees with Duniway that "the unpopularity of his [Napoleon's] policy was a powerful factor in leading to its abandonment." Dexter Perkins, *The Monroe Doctrine 1826–1867*, 520. It is quite probable that Randon's and Rouher's observations on opinion may have been based on the secret reports of the *procureurs généraux*.

[2] Lally, *op. cit.*

[3] *Ibid.*, p. 150.

as a basis of my study, and in them I have found no reason to accept the assertions of the memoirists." [4] His criticism of Duniway, however, seems to be somewhat too severe. Duniway did use available documents as well as memoirs, and on the other hand Lally relied on the equally questionable newspapers and legislative debates and ignored the most important available documentary sources such as the French and American diplomatic archives and the reports of the *procureurs généraux*. Obviously there is still a need for continued study of the connection of French opinion with the evacuation of Mexico.

In such an endeavor the *procureur* reports will do much to shed new light. During 1866 and 1867 these reports reflected an ever increasing demand for withdrawal. When the policy of withdrawal was announced in the chambers and later when the troops actually left Mexico, these events were greeted with general satisfaction and approval. Three principal motives lay behind these sentiments: the financial cost of the unsuccessful campaigns, fear of war with the United States, and finally fear of trouble with Prussia. There was, of course, some consternation among holders of Mexican bonds and great indignation at the news of the execution of Maximilian, but scarcely any one suggested the continuance or renewal of the expedition. Although it seems certain that the Mexican expedition was prolonged in opposition to the expressions of opinion in the *procureur* reports, one is not yet justified in concluding that popular opinion did not influence the decision to withdraw. Again, those who would minimize the influence of American protests in favor of the influence of French opinion may find in these reports evidence that French opinion was, in fact, one of the important channels through which American pressure was exerted.

## JULY 1866

648. *Sigaudy, P. G.  Agen, 3 July 1866.*

La question du Mexique est toujours pendante. L'esprit public assoupi par l'annonce d'une conclusion prochaine s'est reveillé péniblement à la nouvelle des périls [5] auxquels nos intérêts étaient exposés. C'est principalement la classe moyenne qui séduite par l'attrait d'un grand bénéfice a fourni dans ce ressort la généralité des

---

[4] *Ibid.*, p. 147, note 50.
[5] This referred to the fears of the French holders of Mexican bonds that these obligations might never be met after the withdrawal of the French troops.

souscripteurs aux emprunts mexicains et elle se montre d'autant plus inquiète, qu'elle craint davantage.

### 649. *Blanc, P. G. Besançon, 13 July 1866.*

Quant à l'expédition du Mexique, on n'en parle que pour se rappeler avec satisfaction l'engagement pris, devant les chambres par le gouvernement pour la rentrée de nos troupes.

### 650. *Dubeux, P. G. Bordeaux, 9 July 1866.*

La question du Mexique elle-même est tout à fait oubliée;[6] en présence de la déclaration faite par le gouvernement[7] que le moment approche où notre armée se dispose à rentrer en France.

### 651. *Léo Duprez, P. G. Toulouse, July 1866.*

Au milieu de pareilles préoccupations [Roman question], les dernières discussions, qui ont eu lieu au Corps Législatif,[8] sont passées inaperçues à part de la question du Mexique.[9] Cette expédition avait fini par être acceptée comme un fait qui engageait l'honneur de nos armes en même temps qu'il intéressait la future d'une multitude de personnes. L'anxiété, qu'avait causée aux possesseurs d'Obligations Mexicaines le projet de rappel des troupes françaises, s'est singulièrement accrue après le discours de M. Jérôme David, qui a produit l'effet d'une retraite. On ne se dissimule pas la gravité de la continuation de l'anarchie et de la persistance des bandes dissidentes; et on n'entend pas parler que du désir de voir le gouvernement trouver une combination financière, qui prévienne un désastre,[10] qu'avaient empêché de prévoir, tant les assurances de M. M. Rouher et Corta que les garanties et constatations du Ministre des finances par M. Langlois.

[6] The preceding clause was underlined with pencil.
[7] See ch. ix, notes 152, 154.
[8] The discussion of 1866 in the Legislative Body on the Mexican question took place on two different occasions. On 2 March 1866 the Mexican paragraph of the Address was discussed and voted. On this occasion a prolonged consideration was postponed because some diplomatic correspondence with Mexico and the United States could not then be conveniently published. *Moniteur,* 3 March 1866. When the discussion on budget items came up and the diplomatic correspondence had been presented, the debate on the Mexican question was renewed (13 June 1866). At that time Favre spoke against the expedition and for immediate withdrawal in order to have France prepared to face the Austro-Prussian dispute. Jerome David replied for the Government, but he also defended the policy of a withdrawal in the near future. *Moniteur,* 14 June 1866.
[9] The preceding seven words were underlined with pencil.
[10] See ch. x, note 5.

## OCTOBER 1866

652. *Donnodévie, A. G.    Agen, 5 October 1866.*

c'est aussi avec une vive satisfaction que l'on attend le retour prochain de nos troupes du Mexique: cette expédition sur cette terre lointaine et peu connue n'a jamais pris grande faveur en France; peut-être est-ce parce que elle n'a pas été bien comprise? Cette confiance, du reste, que nous accusons dans la direction des affaires gouvernementales existe surtout dans les classes nombreuses qui vivent de leur travail: dans les régions plus élevées, l'esprit de parti y entretient souvent des idées de méfiance et un assez mauvais vouloir.

653. *Wateau, A. G.    Amiens, 9 October 1866.*

La situation précaire de l'Empire du Mexique [11] ne laisse pas aussi que de préoccuper l'opinion publique, surtout depuis que l'intérêt privé s'y trouve engagé et compromis. Les porteurs de valeurs mexicaines, et ils sont nombreux surtout dans la classe moyenne, se demandent avec anxiété quel sera le sort de leurs créances: [12] ils mettent leur espoir dans les mesures protectrices qu'il attendent de la sollicitude du Gouvernement Français sans la garantie morale [13] duquel ils n'auraient vraisemblablement pas prêté leurs fonds à un Empire qui ne pouvait leur offrir par lui-même des gages suffisants de sécurité.

[11] The preceding seven words were underlined with pencil.

During the summer of 1866 the French army had been executing a series of retreats in Mexico. To the northeast Monterey, Saltillo, and Tampico had been evacuated, and on the Pacific coast Guaymas and Mazatlan were abandoned a little later. La Gorce, *Second Empire*, V, 87–89.

[12] The preceding sentence was underlined with pencil.

[13] The French government tried to deny that it had ever given a moral guaranty of the Mexican Empire's bond issues. Technically this attitude was correct, but French subscribers had had confidence enough to invest in these Mexican bonds only because of the close connection of the French government with every stage of the flotation. The French Bourse listed the issues; the French receivers-general participated in the subscription campaign; and the French expedition in Mexico was itself a very potent argument for the soundness of such investments. La Gorce, *Second Empire*, IV, 349–350. Favre suggested the semi-official help given by the Government when he declared in the Legislative Body (13 June 1866): "Et vous n'avez pas oublié, messieurs, la discussion que souleva, à cet égard, l'emprunt dont le Gouvernement se constitua le tuteur officieux. Nous nous permîmes de signaler à l'attention de la Chambre et du pays les conditions significatives dans lesquelles cet emprunt apparaissait. . . . Vous n'en comprenez pas le danger; vous ne voyez pas que le Mexique n'emprunte aussi chèrement que parce qu'il est sûr qu'il ne remboursera jamais." *Moniteur,* 14 June 1866.

**654.** *Jorant, A. G.   Bordeaux, 17 October 1866.*

il n'en est pas de même [indifference] de la guere [*sic*] du Mexi-que,[14] à laquelle, il ne faut pas se le dissimuler, elle n'a jamais été sympathique; la situation cause de justes inquiétudes aux nombreux porteurs de titres mexicains.[15] Le Gouvernement Français a dégagé sa responsabilité, autant qu'il dépendent de lui, en stipulant qu'une partie des revenus des Douanes seraient affectés au paiement de ces valeurs.

**655.** *De Chenevière, P. G.   Bourges, 9 October 1866.*

deux autres questions ont été touchées incidemment dans les rap-ports qui me sont parvenus, celle de Rome et du Mexique. . . . quant au Mexique, l'espérance qu'on avait eue de voir ce mal-heureux pays s'organiser sous un gouvernement régulier est à peu près évanouie, et tout se réduit à savoir si le traité [16] assurera aux porteurs des titres de l'emprunt Mexicain les intérêts de leur capital.

**656.** *Rabou, P. G.   Caen, 10 October 1866.*

L'expédition du Mexique continue d'être impopulaire et on aspire toujours au retour de nos troupes. Plus que jamais, elle devient le bouc émissaire qu'on accable de toutes les responsabilités. On l'ac-cuse d'avoir enchaîné le bras de la france pendant les complications européennes des derniers temps. La pensée émise par quelques organes de la Presse de faire garantir par le Gouvernement français même dans une mesure restreinte, les souscripteurs de l'emprunt mexicain, est mal accueillie. On trouve qu'il serait excessif et injuste de rendre les contribuables victimes des chances volontairement courues par des spéculateurs qui n'ont, après tout, que recherché de gros bénéfices.

**657.** *Mourier, P. G.   Chambéry, 31 October 1866.*

J'ai l'honneur d'adresser à votre Excellence mon rapport tri-

---

[14] "Mexique" was underlined with pencil.

[15] The preceding sentence was underlined with pencil.

[16] The treaty in question referred to one of two that were in the process of negotiation at that time. In the *Livre Jaune* published in June 1866 there was mentioned a treaty signed on 27 September 1865 but not yet ratified which ar-ranged the manner of payment of the French claims on Mexico (Supplement, 26–27). Another agreement was also mentioned in a dispatch of 16 Feb. 1866 in which

mestriel sur la situation politique, économique et morale de mon ressort.

Trois questions ont à des degrés divers préoccupé dans ces derniers temps l'esprit public en Savoie, la question du Mexique, la question de Rome et celle de la réorganisation de l'armée.

La question du Mexique semble vidée.[17] L'époque du départ de nos troupes est aujourd'hui fixée et le Mexique cessera bientôt d'être une Charge pour la France. Autant on plaint le sort de l'Impératrice Charlotte,[18] autant on se montre généralement indifférent pour l'abdication de Maximilien.[19] Quelques hommes, en petit nombre, voient avec regret dans cette affaire l'influence prépondérante des Etats Unis d'Amérique et assistent avec chagrin la ruine de nos espérances, mais en général les nations sont profondément égoïstes et la plupart goûtent sans arrière pensée le bonheur de voir cesser nos sacrifices en hommes et argent.[20] Ce bonheur est augmenté chez plusieurs par un mauvais sentiment. Ils ressentent un plaisir secret de l'échec subi par le Gouvernement de l'Empereur.[21]

Les assemblées politiques ont il est vrai donné leur assentiment à l'expédition du Mexique mais elle avait été commencée sans que le pays fût consulté et après un insuccès chacun est disposé à diminuer sa part dans la résolution qui l'a amené.[22] Il faut bien reconnaître d'ailleurs que lorsqu'il s'agit d'une expédition lointaine force est bien à la nation de s'en rapporter à son chef et on ne lui pardonne alors la confiance qu'on a été contraint de lui accorder qu'autant que le succès a couronné ses desseins. Il n'en devrait point être ainsi. Tout le monde est sujet à l'erreur; mais quoique la nation dans les affaires qu'elle dirige elle-même soit loin d'être à l'abri des fautes, elle reprochera toujours les siennes au Pouvoir avec une certaine vivacité et celui-ci aurait à souffrir dans sa considération si plusieurs insuccès devaient se suivre.

Drouyn de Lhuys told Dano that as a part of the process of evacuation an understanding should be had with Maximilian to "déterminer les garanties que réclame la sécurité de nos créances." *Livre Jaune* (1866), Supplement, 36–38.

[17] The preceding sentence was underlined with pencil.

[18] See Introductory Note to ch. x.

[19] The preceding three words were underlined twice with pencil. In the margin were three pencil marks accompanied by a question mark.

Maximilian never abdicated, but at the time of the prospective withdrawal of the French troops there was naturally some popular speculation about his possible abdication.

[20] The preceding eleven words were underlined with pencil.

[21] The preceding two sentences were pencilled in the margin, and the last four words were underlined with pencil.

[22] The preceding part of this paragraph was pencilled in the margin.

**658.** *Carpentier, A. G. Douai, 5 October 1866.*

La question du remboursement de l'emprunt Méxicain n'émeut qu'un petit nombre de familles, et les spéculateurs.[23] Non seulement les classes laborieuses des villes et des Campagnes y restent complètement indifférentes, mais la portion la plus intelligente du Pays qui suit, jour par jour, les fluctuations de la politique et de la bourse, c'est-à-dire la grande majorité des habitants, verraient, avec regret, que le Corps législatif affectât les ressources de notre pays au remboursement de cet emprunt.

On considère que les souscripteurs ont entendu prendre part à une espèce de loterie, et qu'ils n'ont point à se plaindre d'un évènement qu'ils pouvaient ou devaient prévoir: En protégeant, autant que Nos intérêts nationaux le permettent, la position des personnes engagées dans cet emprunt, la responsabilité, même morale[24] du gouvernement, paraîtrait complètement hors de cause.[25]

**659.** *Souëf, A. G. Nancy, 22 October 1866.*

J'ai eu plus d'une fois à entretenir Votre Excellence des craintes que l'expédition du Mexique, toujours mal comprise, n'a cessé d'exciter dans ce pays. Ces craintes sont aujourd'hui plus vives que jamais, et la Nouvelle que les Souscripteurs de l'emprunt mexicain ne seraient point payés à l'échéance d'Octobre, n'était pas de nature à ramener l'opinion publique en faveur du Nouvel Empire.

L'émotion a été grande parmi les porteurs de titres et la sympathie ne pouvait manquer aux détenteurs de la classe ouvrière qui ne partageant point les inquiétudes générales ont compromis leurs économies dans une entreprise dont ils ne voyaient que les avantages sans en calculer les risques. Mais quelle que soit la commisération que leur situation impose, l'opinion publique ne va pas audelà de ce sentiment à leur égard. Il semblerait que la France vînt en aide dans des embarras qui pourront n'être, et ne seront sans doute, que momentanés à ceux qui ont suivi sa fortune et favorisé son œuvre en envoyant leurs capitaux au Mexique. Mais tel n'est point, je dois le dire, l'impression général. Les renseignements qui me parviennent des différents points de mon ressort sont unanimes en cela. La masse verrait avec défaveur une mesure qui tendrait à réparer le désastre

[23] The preceding two words were underlined with pencil. See ch. x, notes 5, 13.
[24] "Morale" was underlined with pencil.
[25] See ch. x, note 13.

à l'aide des fonds de l'Etat. Et cependant pour beaucoup de gens l'expédition du Mexique a trouvé son explication dans la circulaire de M^r de La Valette.[26]

Si la séparation avait été le résultat de la guerre qui a déchiré les Etats-Unis, la République du Sud et l'Empire Mexicain constitué par nos soins auraient formé un utile contre-poids à la République du Nord qu'ils séparaient à jamais de la Russie. Le fantôme de la gigantesque alliance entre ces deux vastes Etats s'évanouissait, et la Russie isolée et reléguée se voyait contenue par la Confédération européenne.

Les évènements en ont décidé autrement et rendu impossible, au moins en partie, la réalisation de ce plan auquel on ne saurait méconnaître la forte empreinte d'un génie politique et National. La guerre de la Sécession est terminée. L'Empire du Mexique parviendra-t-il à se maintenir? Il y a lieu de le croire; Cependant ce n'est point la pensée de la Majorité dans cette province. Mais quoiqu'il arrive, notre œuvre est considérée comme achevée. Elle a été glorieusement accomplie, mais l'opinion suppute aujourd'hui, non sans douleur, ce qui nous a coûté de sang et d'argent cette grande entreprise à laquelle on rend une justice tardive, sans que cette justice aille cependant jusqu'à la vouloir continuer. Aussi, lorsque le Gouvernement a refusé à deux de nos Généraux l'autorisation d'entrer dans le Ministère Mexicain,[27] la Satisfaction a été, je

[26] The circular of M. de La Valette of 16 Sept. 1866 explained the policy of France in view of the changed situation in Germany. In it the French government claimed that the new Germany was not a menace to France. It was a reversal of the Europe of 1815, the breaking of the alliance of the Northern Powers, and the recognition of the right of peoples to organize national states. All these, the circular asserted, were a part of France's policies. However, it had taught France that she "must perfect her military organization without delay." The association of northern Europe with the Mexican expedition is no doubt explained by referring to the well-known "agglomeration" passage of La Valette's circular: "Une puissance irrésistible, faut-il le regretter, pousse les peuples à se réunir en grandes agglomérations. . . . . . . La Russie et les Etats-Unis d'Amérique peuvent, avant un siècle compter chacune 100 millions d'hommes. Quoique les progrès de ces deux grands Empires ne soient pas pour nous un sujet d'inquiétude, et qu'au contraire nous applaudissons à leur efforts généreux en faveur de races opprimées, il est de l'intérêt prévoyant des nations du centre européen de ne point rester morcelées en tant d'Etats divers sans force et sans esprit publique." *Livre Jaune* (1866), No. VIII, 103–107.

[27] A notice published in the *Moniteur* (14 Sept. 1866) read as follows: "Par un décret du 26 juillet, S. M. l'Empereur du Mexique a confié le portefeuille de la guerre à M. le général Osmont, chef d'état major général du corps expéditionnaire, et celui des finances à M. l'intendant militaire Friant. Les devoirs militaires de ces deux chefs de service, attachés à une armée en campagne, étant incompatibles avec la responsabilité de leurs nouvelles fonctions, ils n'ont pas été autorisés à les accepter."

puis le dire, unanime. —Le nouvel Empire doit être abandonné à ses propres ressources, et l'on attend avec confiance le retour de nos troupes: Satisfait de la gloire qu'elles eut acquise, le pays espère fermement que leur rapatriement ne souffrira d'autres retards que ceux nécessités par l'honneur du drapeau. Je ne suis que l'écho du sentiment public à cet égard.

660. *Petit, A. G. Orléans, 6 October 1866.*

Quant à l'expédition du Mexique on est satisfait d'en voir approcher la fin. —Seulement les porteurs de titres de l'emprunt contracté par l'Empereur Maximilien se trouvent en face de perspectives qui excitent de leur part de légitimes doléances. Ils espèrent que le Gouvernement sauvegardera leurs intérêts dans la mesure du possible.

661. *Daguilhon, P. G. Pau, 27 October 1866.*

Le public aspire toujours ardemment à la prochaine rentrée en France des troupes que nous avons au Mexique. Si l'Empire que nous avons voulu fonder pour protéger les intérêts de notre commerce et servir la grande cause de la civilisation ne peut se soutenir par lui-même, l'opinion désire qu'il soit mis un terme aux sacrifices qui nous a coutés cette entreprise.

662. *Caresme, A. G. Riom, 12 October 1866.*

Partout les populations voient avec une vive satisfaction approcher le terme de l'expédition du Mexique.[28] Elles sentent instinctivement que peut-être le moment n'est pas éloigné où une concentration générale de nos forces sera nécessaire en Europe: [29] elles redoutent des complications avec les Etats-Unis,[30] dans lesquelles les chances heureuses ne seraient pas en proportion avec les périls et les sacrifices: elles croient peu, enfin, à la durée d'un ordre de choses régulier au Mexique, et elles appréhendent que ce malheureux pays ne soit voué à une anarchie perpétuelle, dont, tôt ou tard, ses puissants voisins profiteront pour l'absorber. Ce n'est pas, toutefois, il est bon de le remarquer ici, qu'à la lecture de la circulaire de Son Excellence M.

---

[28] The preceding nine words were underlined with pencil.

[29] After July 1866 all France became alarmed over the menace of Prussia who had badly defeated Austria on 3 July at Sadowa and was developing a strong united Germany on France's eastern frontier. This scare made the French government and people desirous of an early return of their much needed troops from distant Mexico.

[30] The preceding sixteen words were underlined with pencil.

de Lavalette,[31] beaucoup de gens, prévenus au premier moment, n'aient mieux compris la pensée féconde qui originairement conduisit notre drapeau au Mexique, et le vrai but de cette entreprise généreusement tentée pour maintenir l'équilibre des races dans le monde contre les envahissements des Anglo-Américains. Malheureusement, à mesure que, par suite de la fin de la guerre civile aux Etats-Unis, les difficultés augmentaient en Amérique, la passion politique s'emparait, en France, de là question pour en dénaturer le sens et rendre l'entreprise de plus en plus impopulaire. Aujourd'hui que l'honneur militaire est sauf et l'évacuation librement décidée par le Gouvernement Français, [32] il y a lieu de penser qu'en abandonnant le Mexique à sa destinée, la France, du moins, s'assurera du revenue des douanes que des actes récents lui ont concédé et saura trouver les moyens de se faire ainsi rembourser tout ou partie des frais de l'expédition.[33]

### 663. *Millevoye, P. G. Rouen, 13 October 1866.*

L'attention publique continue en outre à se porter sur les suites de l'intervention française au Mexique. Les mêmes désirs d'un prompt retour de nos soldats continuent à se manifester, les mêmes regrets et les mêmes critiques existent et ne font que s'étendre à mesure qu'on croit moins à la possibilité pour l'Empereur Maximilien de maintenir et de fonder solidement son autorité. Les dispositions prises pour sauvegarder les intérêts d'argent engagés dans cette affaire avaient été tout d'abord bien accueillies, les nouvelles reçues dans ces derniers temps,[34] en inspirant la crainte que les garanties offertes restassent illusoires ont ravivé les plaintes et fait désirer par les intéressés une protection plus efficace. On verrait cependant avec regret les mesures qui par leur nature ou par leur exécution pourraient le cas échéant motiver sous une autre forme une nouvelle intervention de nos soldats.

### 664. *Galles, A. G. Toulouse, 6 October 1866.*

Un intérêt d'une autre nature se rattache accessoirement à la situation du Mexique; [35] mais, il n'est pas non plus sans importance pour les porteurs d'obligations assez nombreux, assure-t-on, dans nos

---

31 See ch. x, note 26.
32 See ch. ix, note 154.
33 All of the preceding sentence was underlined with pencil.
34 See ch. x, note 11.
35 "Mexique" was underlined with pencil.

départements.[36] Les dernières conventions publiées par le Moniteur [37] leur auraient donné une complète satisfaction, si les nouvelles que la presse américaine propage,[38] ne leur faisaient craindre que l'existence même de l'empire du Mexique soit menacée [39] et que les gages accordés par lui à ses créanciers Européens deviennent par suite illusoires. Sans méconnaître ce qu'a de grave cet aspect de la question Mexicaine, et en accueillant volontiers la pensée que le budget de l'Etat put venir, dans une certaine mesure au secours de ceux de nos compatriotes qui seraient atteints, l'opinion publique,[40] lorsqu'elle dirige ses regards vers le Mexique, réserve ses plus vives sollicitudes pour des intérêts plus élevés et ses plus vives sympathies pour nos soldats; elle souhaite fortement que rien ne mette obstacle au retour de ceux-ci à l'époque annoncée et [41] que quelque entreprise insolente des Américains n'engage pas notre honneur à prolonger l'occupation.

## JANUARY 1867

665. *Reybaud, A. G. Aix, 15 January 1867.*

Les affaires du Mexique n'intéressent plus que les porteurs d'obligations de ce gouvernement. Le commerce Marseillais n'est d'ailleurs guère engagé dans des opérations avec le Mexique et les raisons de haute politique internationale qui avaient commandé notre expédition sont peu de nature à le toucher.

---

[36] The preceding eleven words were underlined with pencil.
[37] See ch. x, note 16.
[38] As early as 29 April 1866 the *N. Y. Herald* stated that "the affairs of his imperial house in Mexico and in Austria are in such a critical state that Maximilian must retire from Mexico with the French. . . . What else but his complete overthrow can follow his efforts to maintain his throne with any material reduction of his remaining French troops?" At the time Empress Charlotte left Mexico for Europe, the *N. Y. Herald* (1 Aug. 1866) printed a special editorial which began, "The events now transpiring in Mexico . . . leave no doubt that the empire of Maximilian is doomed. A few months more and neither French soldiers nor Austrian imperialism will stand between the Mexican republic and its normal condition of anarchy and confusion." So sure was this article of the empire's end that it devoted itself from here on, to what it deemed best for Mexico after the fall of Maximilian. Similar comments appeared in the paper on 3, 11, and 17 Aug. 1866. Upon receiving the news (23 August) of the failure of Charlotte's mission to Paris and her retirement to Miramar, the *N. Y. Herald* (26 Aug. 1866) hailed that as a sign of the future departure of Maximilian. On 5 Sept. 1866 the *Herald* stated that "reliable private advices from Washington inform us that Maximilian has expressed to the officers of his household his determination to abdicate at once unless the Empress shall receive from Napoleon the renewed supplies of men and money which she requests."
[39] The preceding ten words were underlined with pencil.
[40] The preceding twenty-eight words were underlined with pencil.
[41] The preceding fifteen words were underlined with pencil.

**666.** *Saudbreuil, P. G.    Amiens, 9 January 1867.*

L'expédition du Mexique n'a jamais été populaire en France.[42] Il convient de dire toutefois que dans les centres commerciaux importants comme Amiens & S^t Quentin on avait su apprécier et la pensée qui l'a fait entreprendre et les avantages qu'un établissement publique sérieux et stable offrirait dans ces parages lointains.

Aujourd'hui, dans le désarroi où les évenements ont jeté l'empire de Maximilien, deux seules préoccupations survivent: Le retour de nos troupes auxquels tout le monde applaudit et le sort des porteurs d'actions de l'emprunt Mexicain, sur lequel on cherche à exciter la compassion.[43] Chacun espère d'ailleurs que les mesures qui seront prises et notre bonne entente avec les Etats-Unis garantiront suffisamment et la sécurité de nos nationaux et la réalisation, autant que possible, des engagements contractés.[44]

On ne saurait nier que, par l'appât des avantages dont le programme a ébloui leurs yeux, l'emprunt mexicain n'ait tenté la cupidité de beaucoup de pauvres gens, et qu'il n'ait trouvé des souscripteurs jusqu'au fond des campagnes. Mais est-ce une raison pour que le gouvernement vienne à leur secours? [45] est-ce bien sérieusement que l'on voudrait voir sa garantie morale engagée par cette circonstance que les souscriptions ont été reçues dans les bureaux des receveurs généraux? Pour mon compte, je crains que la commiseration que l'on montre pour les malheureux en cette circonstance, ne câche une sollicitude pour des intérêts moins respectables.[46] Les mécomptes encourus ne sauraient être regardés comme un danger. Il est à souhaiter qu'ils se résolvent en une leçon qui prémunisse ceux qui la rendront contre les périls et les tentations de la spéculation.[47]

**667.** *Blanc, P. G.    Besançon, 12 January 1867.*

UN sentiment pénible s'attache enfin aux derniers épisodes de notre expédition du Mexique: ON voit toujours avec satisfaction le rapatriement de nos troupes, mais la triste fin de cette entreprise

---

[42] The preceding sentence was underlined with pencil.
[43] All of this paragraph to here was underlined and marked in the margin with pencil.
[44] See ch. x, note 16.
[45] All of this paragraph to here was underlined and marked in the margin with pencil.
[46] The preceding sentence was underlined with pencil.
[47] The last sentence was underlined with pencil.

commencée sous le charme d'illusions généreuses, coûte beaucoup à notre orgueil national.

**668. *Dubeux, P. G.  Bordeaux, 15 January 1867.***

L'expédition du Mexique n'a jamais été populaire dans ce ressort;[48] aussi voit-on avec satisfaction, approcher le moment du retour de notre armée. Pourvu que les intérêts français soient sauvegardés, on s'inquiète assez peu de la situation du Mexique.[49] Ce n'est pas sans satisfaction cependant qu'on a reçu les dernières nouvelles qui tendent à prouver que le gouvernement de Maximilien pourrait avoir, dans le pays, de plus profondes racines qu'il n'était permis de l'espérer, il y a trois mois et que, dans tous les cas, le Mexique saura rester indépendant et échapper encore une fois, à l'ambition persistante des Etats-Unis.

**669. *De Chenevière, P. G.  Bourges, 6 January 1867.***

ainsi que je l'avais déjà constaté au trimestre précédent, l'opinion a pris son parti de l'evacuation du Mexique.[50] ce n'est pas qu'un certain regret ne se mêle à cet assentiment, qui n'est au fond qu'un acte de résignation,[51] et que l'attention ne se reporte vers ces contrées où le germe de civilisation déposé par nos mains semble prêt à se raviver au moment où nous le croyions étouffé par l'anarchie; mais le pays ne peut pas oublier qu'il a pesé de tout son poids sur le Gouvernement pour l'assister à la résolution définitivement arrêtée, et qui n'est de la part de ce dernier qu'un hommage a ce qu'il a dû considérer comme le vœu public.[52] il y a d'ailleurs à ce rapatriement de nos troupes, au double point de vue de l'intérêt des familles et des charges du trésor,[53] de sérieux avantages dont on ne peut méconnaitre la portée. malgré le désir et l'espoir de la paix, nul ne se dissimule qu'il peut être opportun pour la France à un instant donné, d'avoir toutes les ressources dont elle dispose, sous sa main.[54]

**670. *Rabou, P. G.  Caen, 9 January 1867.***

L'attention publique a été vivement excitée, pendant le trimestre

---

[48] The preceding words were all underlined with pencil.
[49] The preceding sentence was underlined with pencil.
[50] The preceding seven words were underlined with pencil.
[51] "Résignation" was underlined with pencil.
[52] The preceding eight words were underlined with pencil.
[53] The preceding eight words were underlined with pencil.
[54] See ch. x, note 29.

écoulé, par trois graves événements politiques: [55] le rappel de notre armée du Mexique, l'évacuation de Rome et le projet de réorganisation de l'armée.[56]

L'expédition du Mexique n'a jamais été populaire; [57] on en voit la fin avec satisfaction,[58] et le rappel en masse de nos troupes,[59] au lieu d'un rapatriement partiel et successif qui pouvait présenter des dangers sérieux, a été unanimement apprové.[60]

671. *Leviel de la Marsonnière, P. G.   Colmar, 21 January 1867.*

Ainsi que je l'ai dit l'attention publique se porte particulièrement sur le Mexique et sur l'Allemagne.

J'ai eu l'honneur de signaler plusieurs fois à Votre Excellence le peu de goût des alsaciens pour l'expédition mexicaine. La gloire de nos armes et les premiers succès de notre politique dans ce beau et malheureux pays ont, de tout temps été impuissants à désarmer l'opinion d'industriels dont la politique, s'inspirait uniquement des intérêts de leur commerce, s'élève difficilement la hauteur des grands desseins. Il n'est donc pas étonnant que la malveillance triomphe aujourd'hui en ce pays, de l'insuccès d'une entreprise qui eût été si féconde en résultats sans les difficultés imprévues qui sont venues se conjurer contre elle. Cependant je dois dire qu'aujourd'hui l'expédition du Mexique n'est plus discutée que par les esprits systématiquement hostile. Il règne, à l'égard de cette affaire, une expèce de parti pris philosophique préparé aux pires surprises et insensible désormais aux fluctuations dont la publicité américaine [61] nous transmet à chaque instant les détails confus et bizarres, et qui sont comme les lueurs tourmentées d'un foyer prêt à s'éteindre.

672. *Imgarde de Leffemberg, P. G.   Dijon, 10 January 1867.*

L'entreprise du Mexique n'a jamais été populaire; c'est donc avec une réelle satisfaction qu'on a accueilli la nouvelle du prochain

[55] The preceding five words were underlined with pencil.
[56] The last half of this paragraph was pencilled in the margin.
[57] The preceding seven words were underlined with pencil.
[58] The preceding two words were underlined with pencil.
[59] The decision to change the manner of withdrawal from a gradual to a more remote withdrawal of them at one time was sent in a dispatch from Napoleon III to Bazaine on 30 Aug. 1866: "J'apprend la prise de Tampico," the Emperor begins. "Dans ces circonstances il ne peut être question de renvoyer les troupes. Il faut les conserver réunies, et les embarquer plus tard à la fois, après avoir puni les envahisseurs." Paul Gaulot, *La Vérité sur l'expédition du Mexique* (3 vols. Paris, 1889–1890), II, 146.
[60] The last part of this paragraph was pencilled in the margin.
[61] See ch. x, note 38.

rapatriement de notre armée & qu'on sent venir le moment où nous sortirons définitivement de cet embarras. Mais dans l'esprit public cette satisfaction se mêle à un sentiment d'humiliation. On sent que nos efforts dans ce lointain pays ont abouti à un échec; on suppose que la pression Américaine, autant que les difficultés inhérentes à l'entreprise elle-même, ont déterminé notre retraite & l'orgueil national souffre de cette double pensée; on suppute les sacrifices en hommes & en argent que nous avons inutilement faits & tous les porteurs d'emprunt Mexicain qui, pour le plus grand nombre, appartiennent à la classe des très petits capitalistes que la promesse des gros intérêts appelle plus que d'autres vers les placements hasardeux, reprochent au Gouvernement de les avoir poussés vers cette spéculation désastreuse.[62] Tous ces sentiments, inspirés par l'intérêt national ou privé, se manifestent avec aigreur; on rappelle les paroles Impériales si durement contredites par l'événement & les discours de l'opposition qui paraissent maintenant avoir eu l'avantage de la prévoyance. Aussi les adversaires de la politique du Gouvernement exploitent-ils cette fâcheuse solution comme un succès pour leur parti & ils trouvent dans les masses des auditeurs trop nombreux qui les écoutent & les approuvent. Il y a là politiquement un échec pour l'influence Gouvernementale.

673. *Chevalier, P. G.   Grenoble, 12 January 1867.*

Le rappel du Corps expéditionnaire du Mexique a causé une satisfaction générale. Cette impression favorable, exempte au début de toute préoccupation, est mêlée d'une certaine tristesse depuis que les complications survenues dans ce nouvel empire ont compromis l'avenir du Gouvernement que nos armes y avaient fondé.

Ce sentiment prend surtout sa source dans l'intérêt qu'inspirent les porteurs de titres Mexicains. Ces valeurs ont eu un moment de faveur sur notre marché et l'appât des lots offerts à la convoitise publique a tenté un grand nombre de petits capitalistes qui se voient aujourd'hui exposés à perdre le fruit de leur travail et de leurs économies. Je crois être l'interprète de l'opinion du pays en affirmant à Votre Excellence que toute mesure prise en leur faveur produira le meilleur effet.

674. *Olivier, P. G.   Limoges, 12 January 1867.*

l'opinion publique est unanime pour approuver le retour du corps expéditionnaire du Mexique. la présence de nos soldats dans

[62] See ch. x, note 13.

une contrée lointaine dans les conditions qui s'étaient produites depuis la cessation de la guerre civile aux Etats-unis, et dans l'état actuel de l'Europe, était une cause de préoccupations et d'inquiétudes. on est heureux de penser que toute cause de conflit avec les Etats-unis a disparu et que toutes les forces militaires de la france vont se trouver réunies. un petit nombre d'esprits sages et éclairés rend justice aux intentions qui ont décidé le Gouvernement à entreprendre cette expédition, et reconnaît que les circonstances fatales ont seules empeché les résultats qu'il se proposait d'atteindre. désormais les partis ne pourront plus s'emparer de cette expédition pour en faire l'objet de plaintes et le thème de leurs injustes attaques.

675. *Gaulot, P. G.  Lyons, 22 December 1866.*

Cette question Mexicaine,[63] par une déplorable fatalité, semble devoir ne nous apporter que d'amères déceptions.[63] L'étrange maladie de l'Impératrice,[64] son voyage et ses malheurs, les hésitations de l'Empereur Maximilien,[65] finissent tristement une campagne qui a grandi nos soldats mais trahi notre Politique.[66] Après plusieurs années de dévouement et de sacrifices nous ne laisseront que l'anarchie et notre amour propre est froissé.[67] Il faut constater aussi que les porteurs d'obligations Mexicaines sont nombreux dans ce Ressort et que les intérêts personnels blessés poussent vite à des récriminations.[68] Quoi qu'il en soit, le meilleur remède sera la rentrée de nos soldats et l'abandon de cette œuvre qui n'a jamais été comprise.[69] En présence des mesures ordonnées par le Gouvernement de l'Empereur, cette question sera bientôt usée et on demandera avec unanimité à ne plus en entendre parler.

676. *De Gérando, P. G.  Metz, 12 January 1867.*

Comme l'expédition du Mexique avait rencontré peu de sympathies, on a favorablement accueilli l'évacuation de ce pays par nos troupes.

---

[63] The two preceding words were underlined with pencil.
[64] See Introductory Note to ch. x.
[65] During October 1866 Maximilian had pondered the advisability of abdicating, but at the end of November after a very close vote of his advisory council against abdication he decided definitely to continue as Emperor unless the Mexicans by plebiscite should later repudiate him. Ollivier, *Empire libéral,* IX, 104–105.
[66] The preceding three words were underlined with pencil, and the entire sentence was pencilled in the margin.
[67] The preceding ten words were underlined with pencil.
[68] The preceding two words were underlined with pencil.
[69] The last three words were underlined with pencil.

**677. *Dessauret, P. G.   Montpellier, 10 January 1867.***

Les ardents de toute couleur . . . ont montré l'avenir, en un mot, sous les couleurs les plus sombres et sur leurs pas ils ont trouvé, pour les seconder, le concours intéressé des participants de l'emprunt Mexicain, affichant partout leur mécontentment et imputant leur déconvenue au gouvernement de l'Empereur qui rappelle notre corps expéditionnaire au moment où nos secours seraient plus particulièrement nécessaires à l'Empereur Maximilien . . .[70]

Je dois le déclarer toutes fois, Monsieur le Garde des Sceaux, les doléances des créanciers du Mexique, ont trouvé le Public assez froid et fort peu disposé à s'apitoyer sur le sort de joueurs avides séduits par le grossier appât d'un énorme leure [sic] aléatoire. Le rapatriement de nos braves, mettant fin à une expédition dont le prolongement était antipathique au pays, est demeuré l'objet de l'universelle approbation.

Il est un point seulement qui, à cet égard, a froissé les susceptibilities nationales: je veux parler de l'intervention des Etats-Unis d'Amérique dans une affaire où leur diplomatie s'est permis une insigne apreté de langage et n'a pas su renoncer à des habitudes de raideur tout au moins, peu courtoises envers une puissance amie et à laquelle ces Etats ont du leur indépendance autonomique.

**678. *Leclerc, P. G.   Nancy, 24 January 1867.***

La joie que cause le rapatriement de notre armé du Mexique se trouve un peu atténué par la certitude acquise de la stérilité absolue de nos efforts et de nos sacrifices, et aussi et surtout par le langage malveillant et hautain des Etats-Unis d'Amérique,[71] auxquels ce rapatriement donne satisfaction. Notre générosité traditionnelle, et souvent vantée, éprouve d'ailleurs quelques Scrupules à abandonner à lui-même, au milieu de difficultés inestimables, un Prince venu à notre suite, élevé par Nous sur un Trône mal affermi, atteint plus tard dans ses affections les plus chères, luttant enfin avec plus de persévérance que d'habilité contre une situation, amenée si non aggravée, par ses fautes et auquel la mauvaise fortune donne, dans sa chûte inévitable, une sorte de prestige et de grandeur.

L'amour propre national souffre donc un peu, mais le bon sens

---

[70] Ellipses were in the original text.
[71] Most of the preceding section of this extract was underlined with pencil. On the United States see ch. ix, note 132; and Introductory Note to ch. x.

populaire approuve hautement et unanimement la résolution de l'Empereur [72] de mettre fin à une expédition mal accueillie à son origine, mal comprise dans sa cause et dans son but, qui ne pouvait réussir que par le vote spontané de larges subsides et qui compromettaient chaque année les critiques injustes et les attaques passionnées d'une opposition, mesquine, tracassière et égoiste.

Le retour de nos troupes, une fois résolu, il importait qu'il s'effectuât sans péril pour celles qui s'embarqueraient les dernières, et, en décidant qu'elles partiraient toutes ensemble,[73] le Gouvernement a pris une mesure pleine de sollicitude et de sagesse, à laquelle les plus indifférents eux-mêmes ont applaudi.[74]

De cette grande entreprise qui devait ouvrir à la France des horizons nouveaux et créer à son profit sur les débris du despotisme et de l'anarchie un Gouvernement régulier, honnête et protecteur, il ne restera bientôt plus que le Souvenir de désastres financiers.[75]

Les Souscripteurs à l'emprunt mexicain jettent les hauts cris, ils voudraient que leurs titres fussent convertis en rente française; mais l'opinion publique ne ratifierait point cette conversion; elle s'y montre même très-hostile et je le conçois. Le Gouvernement français a, il est vrai, facilité l'emprunt que l'Empereur Maximilien faisait négocier, mais il ne l'a pas garanti; il n'existe entre lui et les prêteurs aucun lien de droit. Cet emprunt se contractait pour le Mexique à des conditions si onéreuses, qu'il ressemblait pour les capitalistes à une loterie plutôt qu'à un prêt sérieux. Ceux qui ont trouvé tout commode de placer leurs fonds à un intérêt énorme, devaient pressentir le danger d'une semblable opération; s'ils éprouvent aujourd'hui une perte sensible, ils ne peuvent raisonnablement et équitablement s'en prendre qu'à eux. Il convient, d'ailleurs, de ne point perdre de vue que les titres ne se trouvent plus qu'en très-faible partie entre les mains des porteurs originaires, et que comme la valeur de ces titres n'a cessé de baisser, les spéculateurs qui les possèdent aujourd'hui et auxquels ils ne coûtent presque rien, réaliseraient des bénéfices considérables, j'ai presque dit Scandaleux, si on les remboursait au taux d'émission. Que, par des stipulations diplomatiques, ou de toute autre manière, la France cherche, dans une raisonnable mesure, à sauvegarder leurs

[72] This paragraph up to this point was underlined with pencil.
[73] See ch. x, note 59.
[74] The last two-thirds of this paragraph was pencilled in the margin.
[75] The preceding eleven words were underlined with pencil.

intérêts, rien de mieux; mais il faudrait regretter, que, cédant à des Scrupules exagérés, elle allât plus loin.[76]

679. *Grandperret, P. G. Orléans, 5 January 1867.*

L'issue de la campagne du Mexique n'est pas de nature à compenser le désappointement [77] que nous ont laissé les évènements de l'Allemagne. Toutefois l'opinion publique applaudit à la résolution du gouvernement de renoncer sous réserves à cette expédition qui menaçait de donner naissance à de graves complications. L'honneur de nos armes est intact,[78] et, d'autre part, la concentration des forces de la France est regardée comme opportune et rassurante en face de la situation actuelle de l'Europe.

680. *De Marnas, P. G. Paris, 14 February 1867.*

Notre entreprise Mexicaine touche à son terme; [79] le pays a désormais la certitude qu'elle ne lui coûtera plus aucun sacrifice en hommes ou en argent et les conditions dans lesquelles doit s'effectuer l'évacuation, sont un sûr garant qu'aucune mésintelligence ne troublera l'amitié traditionnelle de la France et de l'Union Américaine.[80]

681. *Daguilhon, P. G. Pau, 14 January 1867.*

On persiste à voir arriver avec satisfaction le terme de notre expédition au Mexique. Seule l'opposition, suivant sa critique habituelle, après avoir jeté sur cette expédition le blame le plus violent, semble s'affliger aujourd'hui des conditions dans lesquelles nous opérons notre retraite. Jamais peut-être le gouvernement ne donne à l'opinion publique une plus éclatante satisfaction qu'en sacrifiant cette entreprise. Mais c'est un mérite que ne voudraient pas lui laisser les partis hostiles qui aiment mieux représenter le gouvernement comme subissant l'influence des Etats-Unis. Heureusement nos troupes auront bientôt quitté le sol Mexicain et l'opposition n'aura un sujet d'attaque dont elle a tant abusé dans ces derniers années. Si nous parvenons, en nous retirant, à sauve-

---

[76] Nearly all of the last paragraph was either underlined or marked in the margin with pencil.
[77] The preceding nine words were underlined with pencil.
[78] The preceding six words were underlined with pencil.
[79] The first seven words were underlined with pencil.
[80] The last two words were underlined with pencil.

garder les intérêts que nous sommes allés défendre au Mexique, l'opinion sera satisfaite sans réserve. Il est un point toutefois sur lequel elle serait chatouilleuse. C'est la garantie directe que le gouvernement Français accorderait aux intérêts pécuniares qui se sont engagés dans les emprunts Mexicains en vue d'un luere [*sic*] qui n'a pas été réalisé.[81]

682. *Bodan, P. G.   Rennes, 21 January 1867.*

Le dénouement de notre expédition du Mexique, —l'évacuation de Rome par nos troupes, —il'agrandissement de la Prusse, —les projets de réorganisation militaire ont notamment provoqué les préoccupations de l'Esprit public.

La Haute Pensée politique qui détermina l'Expédition du Mexique n'a jamais été bien comprise par l'opinion, qui, ne sachant point voir les résultats profonds et féconds, qu'il était permis d'espérer, à l'origine de cette grande entreprise, ne prêta au Gouvernement, —en cette occasion—qu'une confiance complaisante, —au fond incertaine et sans véritable entrainement. Aussi les critiques formulées par l'opposition, contre cette «DISPENDIEUSE ET LOINTAINE AVENTURE» vinsent-elle exercer une influence de plus en plus marquée, sur le sentiment général et l'on se prit à souhaiter ardemment la fin d'une expédition dont les avantages, contestés ou amoindris, ne paraissaient pas en proportion avec l'étendue de nos sacrifices, —et dont le succès définitif demeurait problématique. . . .[82] Dans de pareilles dispositions, il semblait que le terme assigné à notre intervention et le rapatriement prochain de nos troupes dussent être accueilli avec une satisfaction éclatant. . . . .[82] et ces résolutions obtiennent, en effet, un assentiment des moins équivoques-Mais, il faut bien l'avouer, l'assentiment se trouve mélangé de quelque amertune, —d'une sorte de contrainte et d'embarras. Les supputations multipliées de tous les efforts dépensés pour une œuvre—qu'on dit avortée, —la prévision des ressentiments violents auxquels vont être abandonnés nos nationaux et les indigènes qui, confiants en notre protection, ont energiquement servi nos desseins, —les plaintes nombreuses de ceux qui ont livré leurs épargnes à des emprunts, contractés sous l'impulsion et le crédit du Gouvernement, —l'attitude prise par les Etats-Unis et certaines dépêches de Monsieur Seward [83]

[81] Nearly all of this extract was either underlined or marked in the margin with pencil.
[82] Ellipses in the original text.
[83] See Introductory Note to ch. x, and ch. ix, note 174.

importunent gravement beaucoup d'esprits et froissent, à la fois des intérêts matériels, l'équité et la fierté nationales. —Cette situation mérite, à mon sens, de fixer les plus hautes sollicitudes, et il me parait sérieusement opportun de rassurer tant d'intérêts en émoi et de redresser toutes les fausses appréciations qui, —exploitées par des passions hostiles, —inquiètent et blessent le sentiment d'un grand nombre et pourraient faire, à leurs yeux, de cette expédition du Mexique, un grief définitif contre le Gouvernement Impérial. —Une entreprise conçue dans un noble but, honore encore un pays, —même quand la fortune contraire vient en trahir les résultats; —l'intervention de la France aura, toujours, pour effet certain de développer, au Mexique, les idées de droit, de justice et de civilisation et il est, d'ailleurs permis d'espérer encore que, —malgré le départ imminent de nos soldats, les événements ne réaliseront pas les sombres perspectives que déroule si complaisamment, à nos regards, l'esprit de parti.

683. *Massin, P. G.    Riom, 12 January 1867.*

Si la question romaine a pu un moment éveiller quelques anxiétés, la résolution prise par le Gouvernement de rappeler le corps expéditionnaire du Mexique [84] a fait naitre un sentiment unanime de satisfaction & de soulagement. On craignait que nous ne fussions entrainés à faire de nouveaux et inutiles sacrifices d'hommes & d'argent, & on applaudit à la fin d'une expédition que rendait stérile l'impuissance du Peuple que l'Empereur avait eu la pensée de régénérer. La résolution prise n'a d'ailleurs rien d'humiliant pour nos armes; tout ce qu'on était en droit d'attendre d'elle, l'armée française a su l'accomplir, & on se sent disposé à oublier les déconvenues de cette guerre lointaine, pourvu que le Gouvernement fasse des efforts pour sauvegarder, dans les limites du possible, les intérêts engagés dans l'emprunt mexicain. Quoi qu'il en soit, les partis hostiles triomphent, ils se livrent aux plus amères critiques, proclament bien haut qu'avec le régime parlementaire l'expédition n'eut point eu lieu, et ils comptent sur les débats qui se produiront à ce sujet, au Corps Législatif, pour agiter le pays & jeter la défaveur sur le Gouvernement.

684. *Millevoye, P. G.    Rouen, 12 January 1867.*

L'expédition du Mexique n'a jamais été bien comprise. Dans les premiers temps, elle n'a cependant pas eu, en Normandie, l'im-

[84] See ch. ix, note 154; and ch. x, note 59.

popularité que ne lui a pas fait défaut dans la plus grande partie de l'Empire. La population industrielle et commerçante y voyait un nouveau marché ouvert à ses produits et elle acceptait volontiers une entreprise de laquelle elle espérait tirer de gros bénéfices. Le résultat n'ayant pas répondu aux prévisions, nos manufacturiers n'ont plus que du blâme pour le gouvernement. L'opposition exploite habilement l'insuccès de l'expédition. Elle lui reproche tout: son but, les sacrifices qu'elle a coûtés, la direction qu'elle a reçue, le choix de l'Empereur Maximilien, le prestige de notre influence amoindri, nos alliés abandonnés. On est froissé de voir nos soldats en retraite devant Juarez,[85] et la France pliant devant l'intervention hautaine des Etats-Unis. Le mot de *vaincus* prodiqué par la presse de l'opposition agit sur la fibre nationale. L'emprunt mexicain, très-répandu parmi le petit commerce et les petits rentiers, soulève des récriminations d'un autre genre et tout aussi vives. Il y a en ce moment sur la question du Mexique un redoublement de mauvaise humeur qui ne manquera pas d'écho au Corps Législatif. A Rouen, l'opposition annonce hautement une lutte ardente sur ce terrain et des révélations pleines de scandales. Tel est l'état fâcheux de cette question et le parti que les passions hostiles ont su en tirer. Il existe cependant parmi les hommes éclairés quelques esprits réfléchis qui ont vu dans l'expédition du Mexique une grande pensée politique. Ils se disent que la puissance toujours ascendante des Etats-Unis ne tardera pas a devenir une menace pour l'Europe, si elle ne trouve son contre-poids sur le continent Américain, et ils restent convaincus qu'en essayant de réorganiser le Mexique, l'Empereur voulait surtout former une force nouvelle qui, en s'alliant par des liens étroits avec les Etats voisins put être une préoccupation sérieuse pour l'union Américaine et donner au besoin un puissant secours aux confédérés si, comme on peut le prévoir, la lutte s'engageait de nouveau dans un temps plus ou moins prochain. Ceux qui envisagent la question à ce point de vue élevé sont loin d'imputer à l'Empereur l'insuccès de l'expédition; Ils l'attribuent avec raison à la dissolution complète dans laquelle s'abîme le peuple mexicain. Ils jugent aussi avec sévérité le prince Maximilien. Tout le monde pensait qu'il serait le premier soldat de son nouvel empire: on s'est étonné d'abord, on s'est irrité ensuite lorsqu'on l'a vu enfermé dans son palais uniquement occupé à multiplier des décrets inutiles.

[85] See ch. x, note 11.

685. *Léo Duprez, P. G. Toulouse, 8 January 1867.*

Nos troupes reviennent du Mexique et on s'en applaudit mais que de récriminations à propos de cette expédition [86] et que d'intérêts froissés! l'opposition triomphe de cette retraite; sa force s'en accroît et elle y trouve de mauvaises satisfaction, mais l'orgueil national [87] en souffre et l'héroïsme déployé, là comme ailleurs, par notre armée, ne lui offre qu'une compensation insuffisante.[88]

## APRIL 1867

686. *Dubeux, P. G. Bordeaux, 12 April 1867.*

Durant ce dernier trimestre, il n'a plus été question de Rome ni du Mexique.[89] . . . Nos soldats reviennent du Mexique [90] et les populations saluent avec respect ces troupes aguerries qui, dans ces lointaines contrées, ont porté si haut l'honneur de nos armes.

687. *Imgarde de Leffemberg, P. G. Dijon, 13 April 1867.*

Je ne puis mieux justifier l'apaisement qui suit le fait accompli qu'en parlant de l'affaire du Mexique. Elle n'a jamais été populaire, le résultat auquel elle a abouti est certainement de nature à donner carrière aux esprits chagrins et cependant, depuis le retrait de notre armée le silence se fait autour de ce grave incident [91] non seulement parce que l'esprit de critique trouve à s'exercer sur les préoccupations du moment, mais aussi parce que, heureuse ou non, on sent l'opération terminée.

688. *Morcrette, P. G. Douai, 4 April 1867.*

L'opinion hâte de ses vœux la fin de l'intervention au Mexique pour laquelle elle n'a jamais eu grande sympathie. Si, de ce côté, l'amour propre national a éprouvé quelque froissement, si l'expédition a grevé notre budget de lourdes charges, on applaudit cependant à la sage résolution de l'Empereur ordonnant le rapatriement de

---

[86] The first sixteen words were underlined with pencil.
[87] The preceding three words were underlined with pencil.
[88] The last three lines of this extract were pencilled in the margin.
[89] The preceding sentence was underlined with pencil.
[90] Between 15 Feb. and 11 March 1867 the French troops sailed from Vera Cruz. La Gorce, *Second Empire,* V, 121–123. A dispatch to the Minister of Marine and Colonies from Vice-Admiral Baron de la Roncière le Noury (Vera Cruz, 16 March 1867) reported in part: "Evacuation entièrement terminée, sans aucune incident. Personne n'est resté en arrière. . . ." *Moniteur,* 22 March 1867.
[91] The preceding fourteen words were underlined with pencil.

nos troupes.[92] —Quant aux intérêts privés [93] compromis dans les emprunts mexicain,[94] ils ne parviennent, malgré leurs efforts et leurs doléances, à exciter aucun mouvement de l'esprit public en leur faveur.[95] C'est qu'en effet, excepté un bien petit nombre, les porteurs de valeurs mexicaines ne sont que des spéculateurs ayant cédé, lors de la souscription, à l'appât de revenus considérables mais aléatoires ou s'étant mêlés, dans ces derniers temps, au commerce qui s'est fait de ces titres à cause de la garantie qu'on veut tenter d'obtenir. Mais nul ne se méprend sur le caractère des menées mises en pratique, et la masse des contribuables n'accueillerait qu'avec irritation et chagrin tout projet de loi ayant pour but d'indemniser, aux dépens du trésor, des gens dont la témérité ou la cupidité ne mérite aucune commisération.[96]

### 689. *Morcrette, P. G.   Douai, 5 April 1867.*

Rome et le Méxique sont oubliés: les regards et les préoccupations sont ailleurs. Ce qu'on désirait est accompli ou s'accomplit, c'est le rapatriement des troupes qui fortifie notre armée de nombreux bataillons aguerris par une lointaine et glorieuse campagne.

### 690. *Gaulot, P. G.   Lyons, 28 March 1867.*

La nouvelle de la complète évacuation du Mexique [97] a été reçue aussi avec une satisfaction marquée.[98] Le pays désire ne plus s'occuper de cette expédition lointaine, qui du moins, à côté de ses mécomptes, a montré la force morale et le courage de nos soldats. —Autour de cette question Mexicaine on n'entend plus que les lamentations des porteurs de titres. Tous répètent bien haut qu'ils ont été conseillés, rassurés et excités par les agens des Finances. . . . .[99] Il serait utile peut-être qu'une mesure put être adoptée pour adoucir les pertes.[100]

92 See ch. ix, note 154; and ch. x, note 59. The preceding clause was pencilled in the margin.
93 The preceding three words were underlined with pencil.
94 The preceding two words were underlined with pencil.
95 The preceding ten words were underlined with pencil.
96 The last half of the preceding sentence from "la masse" to the end was underlined with pencil.
97 See ch. x, note 90.
98 The preceding sentence was underlined with pencil.
99 Ellipses in the original text.
100 The last three sentences were underlined and marked in the margin with pencil.

691. *Izoard, P. G. Nancy, 23 April 1867.*

L'expédition du Mexique, accueillie dès l'origine avec défaveur par l'opinion publique, était devenue tout-à-fait impopulaire [101] par suite des critiques dont elle était périodiquement l'objet de la part de l'opposition.[102] On n'y voyait qu'une guerre sans issue, imposant à la France des sacrifices hors de proportion avec les résultats qu'on pouvait en attendre. —Quoi qu'il en coutât à notre amour-propre de renoncer à une entreprise pour laquelle nous avions versé le sang de nos soldats, l'opinion général réclamait l'évacuation du Mexique [103] comme un acte de sage et prévoyante politique. On a donc vu avec une satisfaction unanime la rentrée de nos troupes s'effectue [104] sans péril pour elles & dans des conditions honorables pour la France. Il faut se féliciter que cette résolution ait été prise avant les complications qui pouvaient en imposer la nécessité & que le Gouvernement soit dégagé d'une question qui était incessamment exploitée contre lui.

692. *Daguilhon, P. G. Pau, 16 April 1867.*

Quelles qu'aient été les déceptions [105] de notre établissement au Mexique, l'opinion a été soulagée [106] à la nouvelle que nos derniers soldats avaient quitté la Vera-Cruz.[107] Cette expédition, j'ai souvent eu l'occasion de le dire, n'a jamais été populaire.[108]

693. *Bodan, P. G. Rennes, 23 April 1867.*

Il convient de remarquer que, si l'opinion applaudit à l'heureux retour de nos troupes,[109] les partis persistent à relever à leur profit, l'insuccès de cette entreprise et les porteurs d'obligations mexicaines, alarmés de la dépréciation de leurs titres, attendent impatiemment une garantie ou un règlement équitable du Gouvernement dont ils ont suivi l'impulsion, en livrant leurs fonds.[110]

[101] The preceding fourteen words were underlined with pencil.
[102] The preceding two words were underlined with pencil.
[103] The preceding six words were underlined with pencil.
[104] This sentence up to this point was underlined with pencil. See ch. x, note 90.
[105] The preceding five words were underlined with pencil.
[106] The preceding four words were underlined with pencil.
[107] See ch. x, note 90.
[108] The last sentence was underlined with pencil.
[109] See ch. x, note 90. The preceding words of this extract were underlined with pencil.
[110] This entire extract was pencilled in the margin.

694. *Léo Duprez, P. G.   Toulouse, 5 April 1867.*

Si les enseignements de la guerre d'Allemagne nous ont mis ainsi en présence d'une pénible et impopulaire nécessité, l'expédition du Mexique nous lègue, à son tour, ses embarras. On me signale, de divers côtés, les doléances et les récriminations des porteurs d'obligations qui ne sont ni des spéculateurs, ni des joueurs de bourse, mais la plupart de petits capitalistes, de modestes fonctionnaires qui assurément, sans la garantie que leur présentait l'immixtion du gouvernement français dans les affaires de ce pays n'y auraient pas expédié leurs économies.[111] Ces malheureux créanciers se refusent à croire qu'après avoir dépensé son argent et le leur pour faire respecter les intérêts de quelques Français aventuriers qui, à leurs risques et périls, étaient allés chercher fortune au Mexique dans des entreprises toutes privées, le Gouvernement Impérial ne fasse rien pour ses loyaux sujets qui ont suivi sa foi et subventionné son entreprise.[112] Ce n'est pas sans un douloureux étonnement qu'ils ont entendu un député déclarer, du haut de la tribune, que ces emprunts ont été publiquement discutés et qu'ils n'ont qu'à s'imputer de n'avoir pas profité des avertissements que la discussion leur a donnés. —Ils répliquent que la discussion s'était engagée entre le Gouvernement et une opposition violente et systématique; que, suivant leurs précédents et leurs tendances, c'est au Gouvernement qu'ils ont eu confiance plutôt qu'à ses ennemis et ils demandent s'ils doivent en être punis.[113] Ils vont plus loin «le Gouvernement, disent-ils, avait déclaré qu'il ne retirerait ses troupes du Mexique que lorsque les institutions qu'elles y protégeaient seraient fondées et l'œuvre de la pacification accomplie; nous avions donc pour nous la garantie de l'épée de la France et, si on nous la retire, avant que le résultat recherché et promis ait été atteint, n'avons-nous droit à une garantie d'un autre ordre?» Cette difficulté qui survit aux faits accomplis menace de perpétuer la polémique que cette expédition a soulevée: [114] Que le Gouvernement satisfasse à ces réclamations ou qu'il les repousse, il en résultera de nouvelles récriminations contre son entreprise, qui demeure toujours l'argu-

[111] This extract up to this point was very frequently underlined with pencil. See ch. x, note 13.

[112] The preceding nineteen words were underlined with pencil, and the entire extract up to this point was pencilled in the margin along with the marginal notation "Vu."

[113] The preceding sentence was pencilled in the margin.

[114] The preceding sentence was underlined with pencil.

ment favori de ceux qui regrettent le gouvernement parlementaire et en appellent le retour.

## JULY 1867

695. *De Plasman, P. G.   Bastia, 19 July 1867.*

La mort le l'Empereur Maximilien,[115] qui a excité l'indignation publique, ne pouvait manquer de fournir à certains orateurs l'occasion de reproduire leurs éternels griefs contre l'ordre de choses établie.[116] Leur manœuvre est loin d'avoir obtenu le succès qu'ils désiraient. L'opposition a montré dans cette occasion qu'elle sacrifiait le patriotisme à sa rancune, et l'événement a prouvé que les éloges donnés à Juarez, lorsque nos troupes combattaient contre lui, s'adressaient, en définitive, à un assassin.[117]

696. *Blanc, P. G.   Besançon, 13 July 1867.*

Que dire du Mexique et de l'horrible catastrophe [118] qui a marqué la fin de cette expédition gigantesque mais désastreuse, sans rentrer au cœur du pays et traduire ses impressions les plus intimes? Jamais infortune n'a causé plus de deuil, et on peut dire que le crime de Queretaro n'aurait pas fait naitre plus d'émotion si la victime eût française.[119]

697. *Dubeux, P. G.   Bordeaux, 10 July 1867.*

Il n'y a qu'un cri pour flétrir le meutre de l'Empereur Maximilien.[120] Puisse cette triste fin d'une expédition qui n'a jamais été qu'assez froidement accueillie dans le pays, mettre un terme aux discussions que l'opposition animée par ses rancunes bien plus que par le sentiment des intérêts nationaux, renouvelle en toute circonstance sur une question déjà jugée et qu'il importe de ne pas sans cesse raviver. Notre armée est de retour; notre drapeau s'est

---

[115] See Introductory Note to ch. x.

[116] Upon hearing the news of Maximilian's execution, the opposition in the Legislative Body launched a bitter attack on the Government. Jules Favre declared that France was guilty of this bloodshed. "Dans un pays libre," he shouted, "vous seriez mis en accusation." Thiers, in less violent language, blamed the personal form of government, counted the cost of the failure, pointed out France's loss of prestige, and closed with regret that France had wasted away her strength in Mexico when it was so badly needed near the Rhine. Ollivier, *Empire libéral*, IX, 523–528.

[117] This extract was pencilled in the margin.

[118] See the execution of Maximilian in Introductory Note to ch. x.

[119] The preceding sentence was underlined with pencil.

[120] The preceding sentence was underlined with pencil. See Introductory Note to ch. x.

toujours et partout montré glorieusement au premier rang. Que demandons de plus dans une affaire où tout a tourné contre les provisions et les plus sages précautions de la France? [121]

698. *Boivin-Champeaux, A. G.    Caen, 8 July 1867.*

Le drame qui vient d'avoir, au Mexique, un si déplorable dénouement,[122] produit, dans le ressort de la Cour de Caen, un profond et douloureux retentissement.[123] Les hommes de toutes les nuances d'opinion se sont réunis pour détester cet acte de cruauté, cette sauvage violation du droit des gens; et la note insérée hier dans le Moniteur a été l'écho fidèle des sentiments unanimes de la population.[124]

L'expédition du Mexique, depuis qu'elle avait pris des proportions imprévues, avait été désapprouvée par un certain nombre de personnes; les mécomptes survenue sous le double rapport politique et financier avaient été nombreux; Aujourd'hui tout s'efface [125] et tout s'oublie en présence de la catastrophe dont on a voulu douter jusqu'au dernier moment.

699. *Imgarde de Leffemberg, P. G.    Dijon, 9 July 1867.*

Ce n'est pas, tant s'en faut! que le question Mexicaine soit tout à fait oubliée, mais elle se rattache à un autre ordre d'idées que celui dont je viens de parler [German question]. L'impopularité première et persistante de l'entreprise qu'il y a 5 ans nous avons tentée, son insuccès et les infortunes royales [126] qui l'ont suivie en ont fait principalement une affaire de politique intérieure. Elle est maintenant terminée et l'on trouve déjà un soulagement en pensant que de nouveaux sacrifices ne seront plus à faire et qu'il ne reste plus qu'à apurer les comptes de ceux qui ont été faits. Mais cette expédition reste dans les souvenirs comme un grief contre le gouvernement qui l'a résolue sans l'assentiment de l'opinion et qui

---

[121] The last sentence was nearly all underlined with pencil.
[122] For the execution of Maximilian see Introductory Note to ch. x.
[123] The preceding sentence was underlined with pencil.
[124] Champeau was no doubt referring to the official notice of Maximilian's death in the *Moniteur* of 5 July 1867. In this notice were the following expressions of condemnation: "L'assassinat de l'empereur Maximilien excitera un sentiment universel d'horreur. Cet acte infâme ordonné par Juarez imprime au front des hommes, qui se disent les représentants de la république mexicaine, une fléau[?] sûre qui ne s'effacera pas; la réprobation de toutes les nations civilisées sera le premier châtiment d'un gouvernement qui a à sa tête un pareil chef."
[125] The preceding three words were underlined with pencil.
[126] For insanity of Charlotte and execution of Maximilian see Introductory Note to ch. x.

n'aurait pu la faire comprendre et pardonner que par le succès. Ce qu'il y avait de hauteur dans ses projets, de prévision dans ses calculs a été trompé par l'évennement et est méconnu par l'opinion. Aujourd'hui, cette affaire n'apparait plus dans les discussions que comme un argument propre à faire ressortir la nécessité de l'intervention plus directe et moins tardive des assemblées dans la direction de la politique du Pays: elle devient tous les jours l'un des moyens les plus fréquemment employés pour appuyer les idées parlementaire qui, depuis le 19 Janvier [127] surtout, reprennent créance.[128]

700. *Morcrette, P. G. Douai, 3 July 1867.*

*Méxique.*

On suit avec intérêt les péripéties de la chûte de Maximilien; [129] mais si ce souverain garde la vie sauve, l'affaire du méxique sera définitivement oubliée. Cependant les contribuables verraient avec regret qu'une indemnité fut allouée par l'Etat français aux porteurs des obligations Méxicaines.[130] Les souscribuables connaissaient bien, dit-on, la valeur aléatoire de ces titres qui d'ailleurs sont, aujourdhui entre les mains de spéculateurs les ayant achetés à vil prix.

701. *Izoard, P. G. Nancy, 27 July 1867.*

L'attention qui s'était un moment détournée du MEXIQUE depuis le retour de notre armée, a été ramenée violemment vers cette malreureuse contrée par la fin lugubre de l'EMPEREUR MAXIMILIEN.[131] La douloureuse impression produit par cet évênement a été si profonde qu'elle a absorbé tout l'intérêt pendant quelques semaines.[132] La trahison qui a mis ce malheureux Souverain entre les mains de ses ennemis, l'acte odieux & barbare qui l'a livré à la mort en dissimulant un assassinat sous un semblant de formes juridiques ont soulevé partout l'approbre & l'indignation. Mais cet anathême jeté par la civilisation européenne aux fureurs sanglantes du Mexique n'a pas empêché d'entendre les débats retentissants

[127] On 19 Jan. 1867 Napoleon III decreed that "les membres du Sénat et du Corps législatif peuvent adresser des interpellations au Gouvernement." *Moniteur,* 20 Jan. 1867.
[128] The last clause of the preceding sentence was underlined with pencil.
[129] See Introductory Note to ch. x.
[130] The preceding sentence was underlined with pencil.
[131] See Introductory Note to ch. x.
[132] The preceding sentence was underlined and marked in the margin with pencil.

qui ont eu lieu au Corps Législatif [133] sur cette malheureuse entreprise. Sans considérer les circonstances qui qui [sic] pouvaient en faire espérer le succès & les avantages que la France aurait pu en recueillir, on la juge par ses résultats. C'est assez dire que, même parmi les amis du Gouvernement, elle ne laisse que des regrets.

702. *Grandperret, P. G. Orléans, 12 July 1867.*

Il est inutile que je parle ici de la triste issue des affaires du Mexique ni de la récente catastrophe [134] qui vient de remplir les âmes d'indignation et de douleur. Sur ces événements, le sentiment public est connu.

703. *Daguilhon, P. G. Pau, 12 July 1867.*

La mort tragique de l'Empereur Maximilien [134] a excité [135] des sentiments unanimes de douleur et de réprobation. Tout en mettant un sceau funèbre à notre expédition, cet attentat, pour beaucoup de gens, légitime notre malheureuse tentative.[136] Il montre combien le Mexique était incapable de se régénérer lui-même et combien Juarez était indigne de le gouverner.[137]

704. *Bodan, P. G. Rennes, 22 July 1867.*

Il était permis de craindre que la sanglante catastrophe,[138] qui vient de souiller le sol du Mexique,[139] eût un fâcheux contre-coup dans des contrées qui n'ont jamais assez compris la grandeur de notre expédition. Ce résultat ne s'est pas produit dans la mesure redoutée et, si générale qu'ait été l'indignation,[140] les perfides insinuations de la presse légitimiste comme les violences de l'opposition de gauche sont venues échouer,[141] le plus souvent contre le bon sens et la loyauté des populations.[142] Ces récriminations incessantes au sujet de l'expédition du Mexique sont déjà un thème qui tend à s'user et dont l'influence ne se réveillera bientôt plus que pour aggraver les fautes qui pourraient se produire à l'avenir.

[133] See ch. x, note 116.
[134] For the execution of Maximilian see Introductory Note of ch. x.
[135] The preceding eight words were underlined with pencil.
[136] The preceding ten words were underlined with pencil.
[137] This entire extract was pencilled in the margin.
[138] For the execution of Maximilian see Introductory Note of ch. x.
[139] The preceding ten words were underlined with pencil.
[140] The preceding sixteen words were underlined with pencil.
[141] See ch. x, note 116.
[142] The preceding ten words were underlined with pencil.

Toutefois, les doléances des porteurs d'obligations Mexicaines ne se lassent pas et il serait prudent, à mon sens, autant qu'il paraitrait équitable d'aviser promptement au moyen de calmer des plaintes, dont l'effet est de fixer péniblement l'attention sur une question qui a failli créer un malentendu entre le Gouvernement et la Nation.[143]

705. *Massin, P. G.   Riom, 11 July 1867.*

La nouvelle officielle de la mort de l'Empereur Maximilien,[144] a produit dans tout le Ressort la plus douloureuse émotion; [145] il n'y a qu'une voix pour flétrir cet acte d'infâme & lâche cruauté, le plus odieux qu'ait jamais enregistré l'histoire.

## OCTOBER 1867

706. *Mourier, P. G.   Chambéry, 30 September 1867.*

La mort de Maximilien [146] a terminé tristement notre expédition du Mexique,[147] il n'en est plus question aujourd'hui que comme d'un évènement historique. Un pétit nombre d'hommes recherchent les causes de sa chûte, la majorité ne s'occupe plus de lui.[148] Plus que jamais aujourd'hui les nations semblent pressées de vivre et d'oublier tous les évènements qui n'ont plus un intérêt présent. Je ne m'en étonne ni ne le regrette tant qu'il ne s'agit pas d'évènements dont l'influence morale peut être regrettable. Pour ceux-là il est bon qu'ils restent dans le souvenir afin que le jour où la punition arrivera tout le monde la reconnaisse et y applaudisse.

707. *Bernard, A. G.   Dijon, 9 October 1867.*

J'ai l'honneur d'adresser à Votre Excellence mon rapport sur la situation politique, économique et morale du Ressort de la Cour impériale de Dijon, pendant le troisième trimestre de l'année courante.

Depuis longtemps l'opinion publique n'avait été aussi profondément agitée que pendant les mois qui viennent de s'écouler; aussi

[143] All of the last sentence was underlined with pencil.
[144] The preceding four words were underlined with pencil. See Introductory Note to ch. x.
[145] The preceding four words were underlined with pencil.
[146] See Introductory Note to ch. x.
[147] The preceding eleven words were underlined with pencil.
[148] The preceding seven words were underlined with pencil.

est-il difficile d'analyser les fluctuations, même en ne s'attachant qu'aux évennements les plus importants de la Politique intérieure ou extérieure qui en ont été la cause.

1<sup>er</sup>.

Au moment même où l'exposition universelle jetait son éclat le plus vif et où l'amour propre national, humilié par l'opposition de la Prusse à l'annexion du Luxembourg et par les agrandissements audacieux de cette puissance se relevant de ses Blessures en voyant les souverains des plus grandes nations se réunir à Paris comme pour rendre un hommage solennel à l'influence morale de la France, l'exécution de l'infortuné Maximilien [149] ravivait les souvenirs douloureux de l'Expédition du Mexique.[150]

A l'indignation de voir la trahison et l'assassinat accomplis impunément cette œuvre sanglante s'est joint immédiatement, dans les cœurs dévoués à l'Empereur, un autre sentiment, celui de la crainte [151] que les hommes les plus ardents de l'opposition, ceux qui avaient signalé les Périls de l'Expédition,[152] et à qui la triste réalité des évennements donnait le mérite de la prévoyance, ne commissent l'injustice de faire remonter jusqu'à Sa Majesté la responsabilité de ce dernier malheur. Cette crainte n'était que trop fondée; mais il n'y a eu qu'un cri dans toutes les classes pour protester contre les violences de M. Jules Favre.[153]

708. *Rogé-Belliard, A. G. Lyons, 7 October 1867.*

Si l'impopularité de la Guerre du Mexique avait pu être conjurée, le temps, les Sympathies qu'a éveillée la fin tragique de l'Empereur,[154] la lumière qui s'est faite sur les hommes et sur les choses de ce Pays auraient amorti les plaintes et les mécontentements. Mais cette expédition est devenue comme la date fatale de l'effacement de Notre prospérité nationale, de notre suprématie extérieure,[155] et les Souscripteurs d'Emprunt ne sont plus les seuls à rappeler amèrement ce qu'elle nous coûte.

[149] See Introductory Note to ch. x.
[150] Most of the two preceding paragraphs were underlined with pencil.
[151] The preceding seven words were underlined with pencil.
[152] This paragraph from this point to the end was all underlined and marked in the margin with pencil.
[153] See ch. x, note 133.
[154] See Introductory Note to ch. x.
[155] This sentence was underlined with pencil up to this point.

709. *Choppin d'Arnouville, A. G.   Montpellier, 26 October 1867.*

Au début de ce trimestre, la mort tragique de l'Empereur Maximilien [156] a été l'objet d'une indignation profonde et d'un deuil
véritable de la part de tous les honnêtes gens. L'échec considérable
qu'a subi notre politique, l'abaissement de notre influence dans
tout le continent Américain, non moins que le crime impuni commis sur un Prince adopté par la France, aimé pour ses qualités
chevaleresque et à qui aucune douleur semble n'avoir été épargnée
avant sa mort, ont été l'objet de commentaires qui s'apaisent à peine,
et de regrets qui, dans les partis hostiles, se sont transformés en
récriminations des plus malveillantes. —Aujourd'hui, la question des
intérêts privés semble avoir pris le dessus, et les nombreux porteurs
d'obligations Mexicaines attendent avec impatience de la justice du
Gouvernement qui a encouragé leurs souscriptions,[157] une mesure
qui puisse rémédier à une situation vraiment intéressante.[158]

710. *Belle, A. G.   Toulouse, 4 October 1867.*

Elle [opinion] a accueilli avec le sentiment de la plus douloureuse
sympathie la nouvelle de la mort de l'Empereur Maximilien; [159]
le meurtre de ce prince a causé un sentiment général d'indignation
et ceux même qui n'avaient pas approuvé la guerre du Mexique ou
qui affectaient de voir dans les soldats de Juarez, les champions de
l'indépendance nationale, n'ont pas hésité à flétrir, comme il le
méritait, l'auteur de cet acte de barbarie aussi odieux que contraire
à une bonne politique. Je dois signaler, à cet occasion, les doléances
des porteurs de titres Mexicains qui se demandent avec inquiétude
si le Gouvernement ne fera pour eux aucun sacrifice.

[156] See Introductory Note to ch. x.
[157] See ch. x, note 13.
[158] Most of this extract was underlined and marked in the margin with pencil.
[159] See Introductory Note to ch. x.

# INDEX